아일랜드 홀리데이

아일랜드 홀리데이

2018년 10월 31일 초판 1쇄 펴냄

지은이	김현지
발행인	김산환
편집	서수빈
디자인	윤지영
마케팅	정용범
지도	글터
펴낸 곳	꿈의지도
인쇄	두성 P&L
종이	월드페이퍼

주소	경기도 파주시 경의로 1100, 604호
전화	070-7535-9416
팩스	031-947-1530
홈페이지	www.dreammap.co.kr
출판등록	2009년 10월 12일 제82호

979-11-89469-09-2-14980
979-11-86581-33-9-14980(세트)

지은이와 꿈의지도 허락 없이는 어떠한 형태로도 이 책의 전부, 또는 일부를 이용할 수 없습니다.
※ 잘못된 책은 구입한 곳에서 바꿀 수 있습니다.

IRELAND
아일랜드 홀리데이

글·사진 김현지

꿈의지도

CONTENTS

006   목차
009   아일랜드 전체지도
010   프롤로그
012   100배 활용법

IRELAND BY STEP
여행 준비&하이라이트

STEP 01
PREVIEW
아일랜드를 꿈꾸다

- 016   01 아일랜드 MUST SEE
- 024   02 아일랜드 MUST DO
- 030   03 아일랜드 MUST EAT

STEP 02
PLANNING
아일랜드를 그리다

- 034   01 아일랜드를 말하는 8가지 키워드
- 039   02 한눈에 쏘옥! 지역별 여행 포인트
- 042   03 나만의 아일랜드 여행 레시피
- 048   04 아일랜드 들어가기
- 050   05 아일랜드 렌터카로 여행하기 + 추천 드라이브 코스
- 054   06 아일랜드 축제 캘린더
- 058   07 아일랜드의 위대한 문학가를 만나다
- 062   08 가슴 뛰게 하는 아일랜드의 대표 가수들
- 064   09 아이리시 펍 즐기기
- 066   10 아일랜드를 추억하는 기념품
- 069   11 분위기를 마신다, 아일랜드 맥주 VS 위스키
- 072   12 아일랜드 여행 체크리스트

IRELAND BY AREA
아일랜드 지역별 가이드

01 더블린 076

078	PREVIEW
079	GET AROUND
088	THREE FINE DAYS
090	MAP

■ 리피강 남동쪽

093	MAP
094	SEE
110	EAT
121	ENJOY
128	BUY
134	SLEEP

■ 리피강 남서쪽

141	MAP
142	SEE
151	EAT
155	ENJOY
158	SLEEP

■ 리피강 북쪽

160	MAP
162	SEE
173	EAT
179	ENJOY
180	SLEEP

■ 더블린 근교

184	위클로
194	미스

02 골웨이와 골웨이 주변 206

208	PREVIEW
209	GET AROUND
211	TWO FINE DAYS
212	MAP
214	SEE
219	EAT
226	ENJOY
232	BUY
233	SLEEP

■ 골웨이 주변

239	둘린
245	모허 절벽
250	버렌
252	이니시모어섬
258	코네마라 & 카밀모어 수도원
261	슬라이고

03 **코크와** **코크 주변** **272**	274 275 278 280 282 292 296 299	PREVIEW GET AROUND THREE FINE DAYS MAP SEE EAT ENJOY SLEEP

■ 코크 주변
- 305 코브
- 310 킨세일

04 **케리** **320**	322 323 326 328 339 342 344	PREVIEW MAP GET AROUND SEE EAT ENJOY SLEEP

05 **킬케니** **350**	352 353 355 356 357 363 365 366	PREVIEW GET AROUND ONE FINE DAY MAP SEE EAT ENJOY SLEEP

06 **북아일랜드** **368**	370	PREVIEW

■ 벨파스트
- 372 PREVIEW
- 373 GET AROUND
- 376 MAP
- 378 ONE FINE DAY
- 379 SEE
- 395 EAT
- 401 SLEEP

■ 런던데리
- 407 GET AROUND
- 408 MAP
- 409 SEE
- 413 EAT

■ 앤트림
- 416 SEE

- 430 여행 준비 컨설팅
- 438 인덱스

아일랜드 전도
Ireland

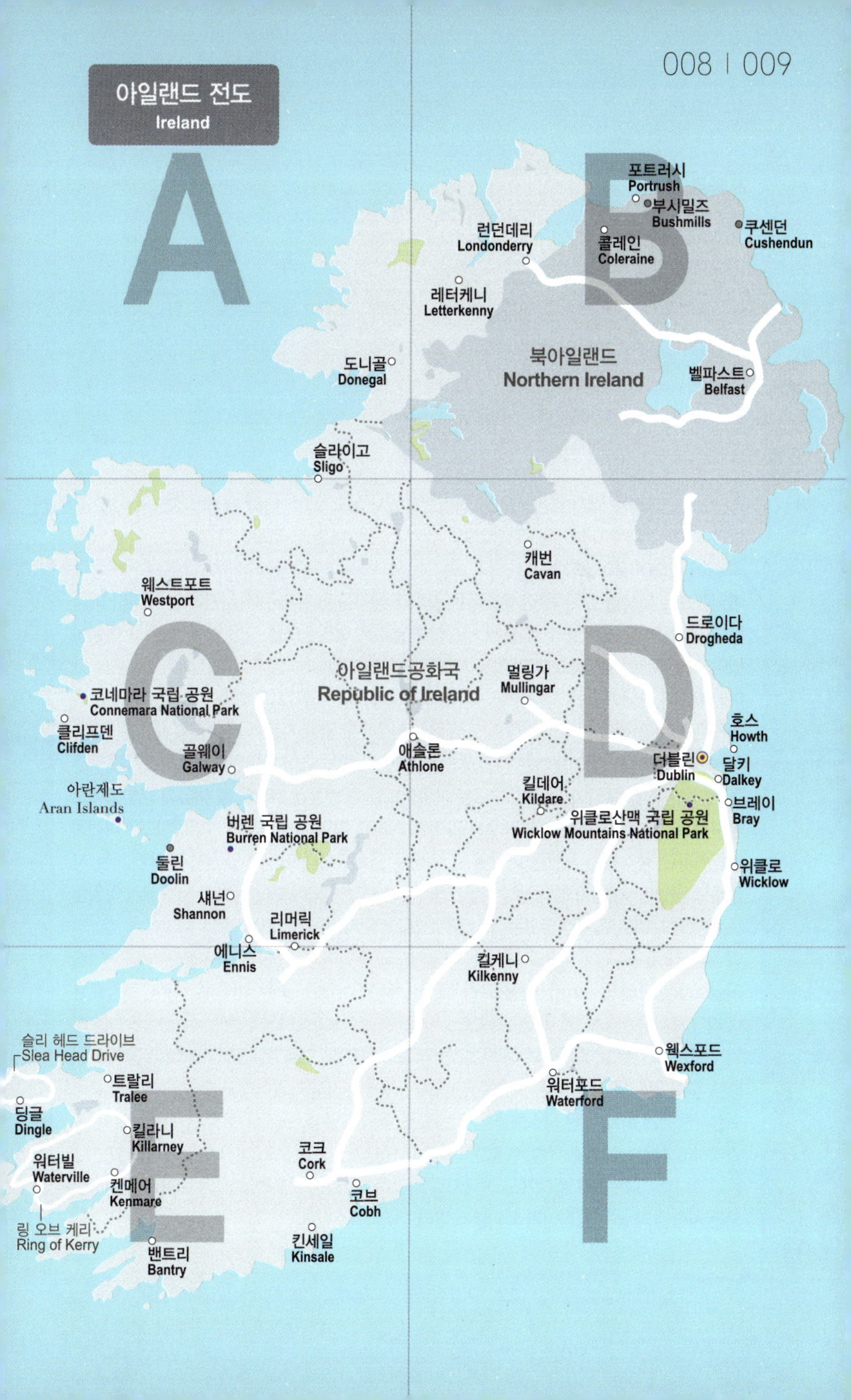

008 | 009

A

B
포트러시 Portrush
부시밀즈 Bushmills
쿠센던 Cushendun
런던데리 Londonderry
콜레인 Coleraine
레터케니 Letterkenny
도니골 Donegal
북아일랜드 Northern Ireland
벨파스트 Belfast
슬라이고 Sligo

C
웨스트포트 Westport
코네마라 국립 공원 Connemara National Park
클리프덴 Clifden
아란제도 Aran Islands
골웨이 Galway
둘린 Doolin
섀넌 Shannon

D
캐번 Cavan
아일랜드공화국 Republic of Ireland
멀링가 Mullingar
드로이다 Drogheda
애슬론 Athlone
호스 Howth
더블린 Dublin
달키 Dalkey
킬데어 Kildare
위클로산맥 국립 공원 Wicklow Mountains National Park
브레이 Bray
버렌 국립 공원 Burren National Park
위클로 Wicklow
리머릭 Limerick
에니스 Ennis
킬케니 Kilkenny

E
슬리 헤드 드라이브 Slea Head Drive
트랄리 Tralee
딩글 Dingle
킬라니 Killarney
워터빌 Waterville
켄메어 Kenmare
코크 Cork
코브 Cobh
링 오브 케리 Ring of Kerry
밴트리 Bantry
킨세일 Kinsale

F
웩스포드 Wexford
워터포드 Waterford

프롤로그

어느덧 6년이라는 짧지 않은 시간을 아일랜드에서 살고 있다. 나와 남편에게는 또 다른 고향이 되었고, 내 아이에게는 유년시절의 추억이 가득 담긴 모습으로 아일랜드는 우리 가족의 삶에 깊숙이 들어왔다.
아일랜드로 이사를 왔을 땐 잠시 머무는 곳이라 생각을 했기 때문에 시간이 날 때마다 아일랜드 구석구석을 여행했다. 덕분에 시간이 지날수록 아일랜드를 깊이 알 수 있었고 여행에 있어서 아일랜드 사람들보다 더 많은 지식을 가지게 되었다.
아일랜드에 관심이 있는 사람들을 만나면 하나 같이 하는 이야기가 있다.
"아일랜드는 여행을 가고 싶어도 제대로 된 가이드북도 없고 자료가 너무 부족해요."
눈을 떼지 못할 만큼 아름다운 자연과 인심 좋은 사람들, 각 지역의 독특한 위스키와 맥주들, 흥겨운 전통 음악과 펍 문화가 있는 아일랜드는 한 번쯤은 여행을 할 이유가 충분함에도 불구하고 그동안은 정보가 부족해서 많이 알려지지 않았던 나라였다. 아일랜드가 여전히 영국이라고 생각하는 사람들도 많았고, 이름은 들어봤으나 어디에 있는지 알지 못하는 사람들도 많았다. 여행자의 입장이 아닌, 현지인의 입장이 되어 보니 정보가 부족해서 아일랜드 여행을 제대로 즐기지 못하는 사람들이 그렇게 안타까울 수 없었다.
이 책은 아일랜드 단독 가이드북이다. 아일랜드의 주민이기 이전에 여행자였던 나의 기억을 되살려 여행자의 입장에서 아일랜드를 꼼꼼하게 담기 위해 노력한 책이기도 하다. 대중교통이 발달하지 않은 나라에서 대중교통으로 아일랜드를 스마트하게 여행할 수 있는 방법을 담기 위해서 고심했고, 이 책 하나만 있으면 적어도 어디를, 어떻게, 언제 여행해야 할지 고민하는 일이 없도록 만들었다. 또한 아일랜드 내에서 유명하지 않더라도 방송을 통해서 한국 여행자들에게 화제가 된 장소들을 다루는 것도 잊지 않았다.
소박하고 황량하지만 거부할 수 없는 매력을 가진 나라 아일랜드. 내가 이곳에서 느꼈던 감동이 이 책을 읽는 독자들에게도 전해지길 바라며 〈아일랜드 홀리데이〉가 여행을 준비하는 모든 사람들의 좋은 길잡이가 되기를 바란다.

Special Thanks to

아일랜드를 알릴 수 있도록 멋진 사진을 제공해준 아일랜드 관광청과 북아일랜드 관광청에 감사드립니다.
출간 기회를 허락하신 꿈의지도 김산환 대표님, 전체적인 윤곽을 잡고 기획을 해 주신 윤소영 팀장님, 꼼꼼하게 하나부터 열까지 열정적으로 작업을 해 주신 서수빈 에디터, 아름다운 아일랜드의 모습을 세심하게 담아준 윤지영 디자이너님 감사합니다.
기도와 격려로 매 순간을 함께 해 주신 양가 부모님들과 언제나 든든한 남편, 아들 주하에게 사랑과 감사의 인사를 전합니다.

김현지

알림 사항
이 책은 2018년 10월까지의 정보를 기반으로 만들어졌습니다. 〈아일랜드 홀리데이〉와 여행하면서 잘못된 정보를 발견하셨거나 불편한 점이 있었다면 아래 메일로 제보 부탁드립니다. 독자의 제보는 더 정확한 개정판을 만드는 데 도움이 됩니다.
김현지 작가 hailey.hjkim2@gmail.com

〈아일랜드 홀리데이〉 100배 활용법

아일랜드 여행 가이드로 〈아일랜드 홀리데이〉를 선택하셨군요. '굿 초이스'입니다.
아일랜드에서 뭘 보고, 뭘 먹고, 뭘 하고, 어디서 자야 할지 더 이상 고민하지 마세요.
친절하고 꼼꼼한 베테랑 〈아일랜드 홀리데이〉와 함께라면 당신의 아일랜드 여행이 완벽해집니다.

1) 아일랜드를 꿈꾸다
❶ STEP 01 » PREVIEW 를 먼저 펼쳐보세요. 대자연의 감동과 아이리시 감성이 공존하는 아일랜드에서 꼭 봐야 할 것, 해야 할 것, 먹어야 할 것들을 안내합니다. 놓쳐서는 안 될 핵심 요소들을 사진으로 만나보세요.

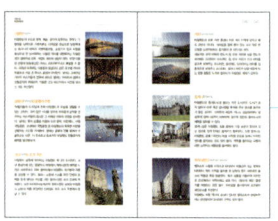

2) 여행 스타일 정하기
❷ STEP 02 » PLANNING 을 보면서 나의 여행 스타일을 찾아보세요. 아일랜드는 어떤 곳인지, 각 도시들은 어떤 매력을 품고 있는지 하나하나 알려 드립니다. 취향에 따라 여행 일정과 스타일이 놀랍게 달라질 거예요.

3) 여행 플랜 짜기
❸ STEP 02 » PLANNING 을 보면서 나만의 여행 스타일을 정해 보세요. 짧지만 강한 3박 4일 일정부터, 10일, 렌터카로 여행하는 2주 코스 등 다양한 코스를 제안합니다. 총 8개의 여행 코스와 함께라면 걱정은 없습니다.

4) 지역별 일정 짜기
여행의 콘셉트와 목적지를 정했다면 이제 지역별로 묶어 동선을 그려 봅시다. ❹ 아일랜드 지역편 에서 아일랜드의 지역별 관광지와 레스토랑 등을 소개합니다. 도시를 가장 알차게 여행할 수 있는 효율적인 루트를 제시합니다.

5) 교통편 및 여행 정보
아일랜드는 교통편도 다양하고 여행자가 꼭 알아야 하는 정보도 많습니다. ❺ 아일랜드 지역편에서는 지역과 도시별로 여행지를 찾아가거나 여행지에서 이동할 수 있는 다양한 교통편을 알려줍니다.

6) 숙소 정하기
어디서 자느냐가 여행의 절반을 좌우합니다. 숙소가 어디인지에 따라 일정도 달라집니다. ❻ 아일랜드 지역편 » SLEEP 에서는 지역별 여행지마다 먹고 잘 수 있는 곳들을 알려 줍니다. 배낭여행자들을 위한 게스트하우스, 호수와 푸른 초원이 내려다보이는 화려한 호텔, 상상도 못할 가성비 넘치는 숙소까지. 자신의 취향에 맞는 숙소를 찾아보세요.

7) D-day 미션 클리어
여행 일정까지 완성했다면 책 마지막의 ❼ 여행준비 컨설팅을 보면서 혹시 빠뜨린 것은 없는지 확인해 보세요. 여행 80일 전부터 출발 당일까지 날짜별로 챙겨야할 것들이 리스트 업 되어 있습니다.

8) 홀리데이와 최고의 여행 즐기기
이제 모든 여행 준비가 끝났으니 〈아일랜드 홀리데이〉가 필요 없어진 걸까요? 여행에서 돌아올 때까지 내려놓아서는 안 돼요. 여행 일정이 틀어지거나 계획하지 않은 모험을 즐기고 싶다면 언제라도 〈아일랜드 홀리데이〉를 펼쳐야 하니까요. 〈아일랜드 홀리데이〉는 당신의 여행을 끝까지 책임집니다.

Step 01
PREVIEW

아일랜드를 꿈꾸다

01 아일랜드 MUST SEE
02 아일랜드 MUST DO
03 아일랜드 MUST EAT

1 버스킹의 성지, 그래프턴 거리(098p)

PREVIEW **01**

아일랜드 MUST SEE

유럽 문학, 예술의 중심지인 더블린을 시작으로 서쪽의 골웨이 지역과
남쪽의 케리 지역, 북아일랜드에서 끝없이 펼쳐지는
아일랜드의 자연과 역사의 아름다움을 경험하게 된다.

2 세상에서 가장 아름다운 책, 켈스의 서(095p)

3 아일랜드 관광의 일등 공신, 기네스 스토어하우스(148p)

4 이보다 더 더러울 수 없다, 베이컨의 작업실(162p)

STEP 01
PREVIEW

5
배낭여행자들의 천국, 골웨이 시티(216p)

©Tourism Ireland

6
끝이 보이지 않는 대자연의 장엄한 아름다움, 모허 절벽(247p)

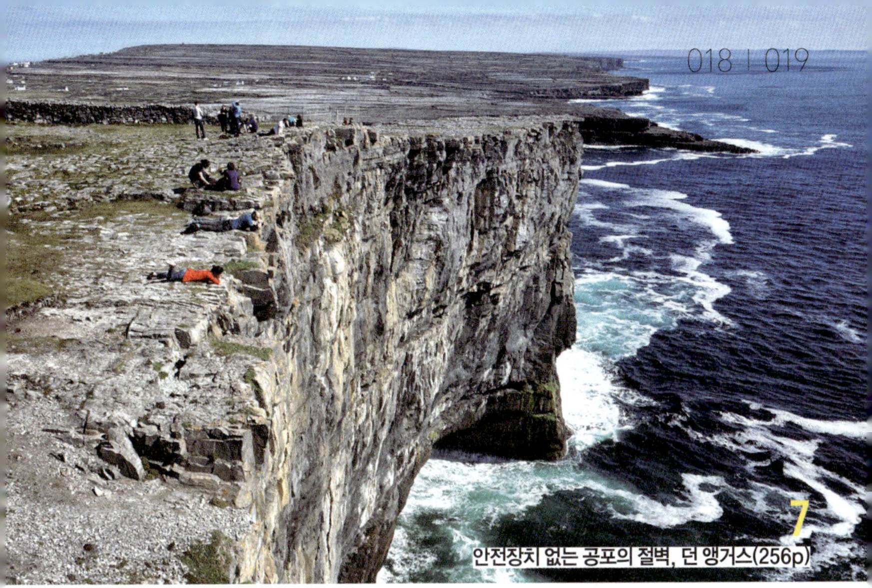

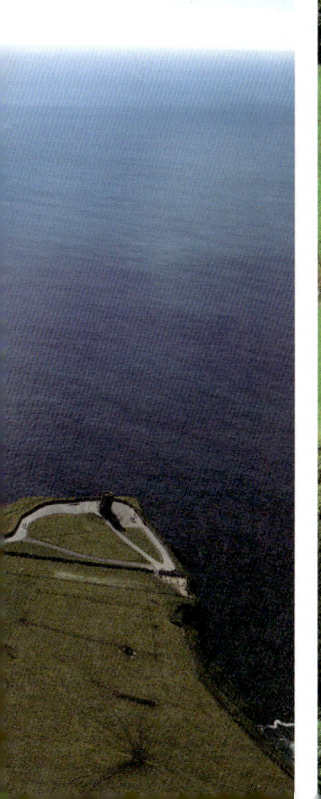

7
안전장치 없는 공포의 절벽, 던 앵거스(256p)

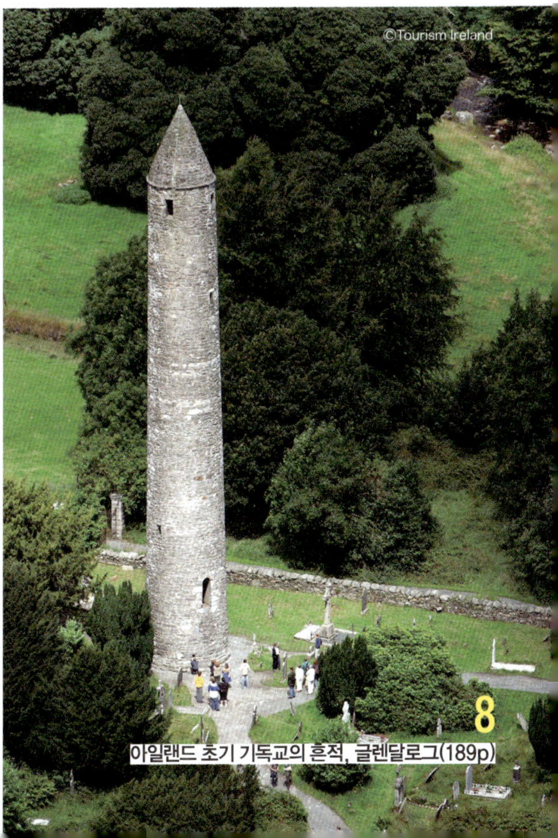

ⓒTourism Ireland

8
아일랜드 초기 기독교의 흔적, 글렌달로그(189p)

STEP 01
PREVIEW

©Tourism Ireland

©Tourism Ireland

9
부와 권력을 가진 가문의 화려한 저택, 킬케니성(360p) ©Tourism Ireland

©Tourism Ireland

10 이집트 피라미드보다 400년 이상 앞선 무덤, 뉴그레인지(196p)

11 아일랜드의 종합 선물세트, 링 오브 케리(328p)

STEP 01
PREVIEW

12
아슬아슬한 대서양의 해안 도로, 슬리 헤드 드라이브(336p) ⓒTourism Ireland

ⓒTourism Northernireland

13
〈왕좌의 게임〉의 감동을 그대로, 다크 헤지스(427p)

14 육각형 돌들 사이에서 느껴지는 자연의 경이로움, 자이언츠 코즈웨이(417p)  
©Tourism Northernireland

15 타이타닉호에 관한 모든 것, 타이타닉 박물관(386p)

아일랜드
MUST DO

PREVIEW 02

눈으로 보는 것보다
몸으로 체험할 때 비로소
아일랜드의 진짜 매력을 느낄 수 있다.
처음 만나는 여행자,
현지인들과 함께 어울리고 즐기면서
아일랜드를 깊이 경험해 본다.

1 피닉스 공원에서 사슴에게 먹이 주기(171p)

3 기네스 스토어하우스에서 맥주 자격증 받기(148p)

4 아이리시 펍에서 맥주 마시며 전통 음악 즐기기(127p)

2 버스커들의 음악을 들으며 더블린 걷기(098p)

5 대서양 절벽의 아찔함을 몸으로 느끼기(247p)

STEP 01
PREVIEW

6 두 발로 걸으며 아일랜드의 숨은 자연을 발견하기(190p)

8 아슬아슬한 캐릭아레드 로프 다리 건너기(421p)

7 자전거로 아일랜드 자연 느끼기(255p)

9 블라니 스톤에서 키스하기(289p)

10 리버댄스 공연 즐기기(105p)

STEP 01
PREVIEW

11 솔트힐에서 다이빙하기(218p)

13 이륜마차 타고 킬라니 국립 공원 여행하기(332p)

12 링 오브 케리 드라이브하기(329p)

14 아이리시 전통 펍에서 라이브 뮤직 세션 참여하기(241p)

STEP 01
PREVIEW

골라 마시는 재미,
아일랜드 지역 맥주

아일랜드의 대표 음식,
피시 앤 칩스

이스트가 들어가지 않은 빵,
버터를 바른 **소다브레드**

PREVIEW 03

아일랜드 MUST EAT

아이리시 펍에서 전통 음식을 즐기면서 기네스 맥주를
비롯해 다양한 지역의 맥주와 위스키를 경험할 수 있다.
365일 자연의 기운을 받고 자란 신선한 양고기와
소고기, 해산물은 아일랜드의 자부심이다.
저렴한 가격으로 양질의 유제품을 즐기는 덤도 누릴 수 있다.

기네스 맥주가 들어간
기네스 스튜

진짜 위스키가 들어간
아이리시 커피

깊고 진한 버틀러스
초콜릿과 핫초코

더블린 커피계의 황제
3fe 커피

자연의 기운을 그대로 받은
아일랜드산 양고기 요리

아일랜드 바닷가에서 잡은
다양한 굴

싸고 저렴하게 먹을 수 있는
아일랜드산 버터와 치즈

물보다 더 많이 마시는
블랙티

3번 증류해 마시는
아이리시 위스키

아일랜드의 롯데리아, 슈퍼맥의
타코 프렌치 프라이

Step 02
PLANNING

아일랜드를 그리다

01 아일랜드를 말하는 8가지 키워드
02 한눈에 쏘옥! 지역별 여행 포인트
03 나만의 아일랜드 여행 레시피
04 아일랜드 들어가기
05 아일랜드 렌터카로 여행하기 + 추천 드라이브 코스
06 아일랜드 축제 캘린더
07 아일랜드의 위대한 문학가를 만나다
08 가슴 뛰게 하는 아일랜드의 대표 가수들
09 아이리시 펍 즐기기
10 아일랜드를 추억하는 기념품
11 분위기를 마신다, 아일랜드 맥주 VS 위스키
12 아일랜드 여행 체크리스트

STEP 02
PLANNING

PLANNING 01
아일랜드를 말하는 8가지 키워드

'대서양의 에메랄드'로 불리며 사계절 내내 푸른 초원을 가진 나라. 하루에 사계절 날씨를 모두 경험할 수 있는 나라. 영국으로부터 독립을 선언한 지 100년이 지난 지금, 북아일랜드의 6개 지역을 제외한 아일랜드는 '아일랜드 공화국'이란 이름을 가지고 전 세계에 영향력을 끼치고 있다. 글로벌 IT, 제약회사들의 유럽 본사가 위치해 있고 21세기 급성장을 통해 '켈틱 타이거'라는 별명을 가지고 있다. 우리에게 익숙하면서도 생소한 아일랜드에는 무엇이 있을까?

영국의 식민지와 독립운동 역사

아일랜드를 이야기할 때 영국의 식민지 역사와 독립운동 이야기를 빼놓을 수 없다. 기원전 8세기경부터 시작된 아일랜드는 기원후 5~7세기까지 켈트 문화로 번성했으나 8세기부터 주변 세력의 잦은 침략으로 시달림을 받아야 했다. 12세기 중순부터 아일랜드를 향한 잉글랜드의 침략이 본격적으로 시작되었고 이후 약 800년간 잉글랜드의 통치를 받게 된다. 오랜 식민지 생활의 결과로 독특한 켈트 문화유산을 지키기 힘들었고 게일어(아일랜드어)는 영어로 대체될 수밖에 없었다.

18세기부터 일어난 독립운동은 20세기에 들어 본격화되고 1916년 4월 24일, 부활절 봉기에서 패트릭 피어스는 독립선언문을 낭독하였다. 일주일도 되지 않아 봉기는 실패로 끝나고 14명이 처형되었지만 영국의 가혹한 처벌로 인해 아일랜드 내에서 동정 여론이 퍼지고 독립에 대한 새로운 시각이 형성되었다.

그 후 독립전쟁과 내전을 겪으며 아일랜드는 영국 연방에서 완전히 독립하여 '공화국'이란 명칭을 얻었지만 북아일랜드의 6개 구역은 영국자치령으로 오늘날까지 남아 있다. 800년 가까운 영국의 식민지 역사는 아일랜드의 역사와 문화, 삶의 영역까지 들어올 수밖에 없었다. 현재 아일랜드 공화국은 주권 국가이지만 도시 곳곳에서, 삶의 많은 영역에서 영국의 문화와 풍습을 쉽게 발견할 수 있는 것도 이러한 이유 때문이다.

감자 대기근과 이민의 역사

아일랜드 역사에서 빼놓을 수 없는 또 한 가지 사건은 19세기 초 감자 대기근이다. 1845~1852년 사이에 일어난 '감자 마름병'으로 당시 약 800만 명이었던 아일랜드 인구 중 100만여 명이 죽고, 100만여 명이 아일랜드를 떠났다. 대기근 이후에도 해외 이주는 계속되어 1900년대 중반에는 800만 인구 중 절반만 남게 되었다.

감자 대기근이 벌어지는 와중에도 아일랜드에는 밀과 고기 등이 있었지만 영국은 아일랜드에서 재배한 모든 곡식을 배에 실어 브리튼섬으로 운반했다. 영국 상인들의 시장주의 원칙에 따라 밀을 구호품으로 사용하지 않아 수많은 아일랜드인들은 굶어 죽을 수밖에 없었다. 다수의 아일랜드인들은 배를 타고 미국, 캐나다 등지로 건너갔으며 결과적으로 전 세계 곳곳에 아일랜드 공동체를 만드는 계기가 되었다. 2013년 미국 인구조사 결과에 따르면 전체 인구의 19.5%가 아일랜드계 미국인으로 조사되었다.

아이리시 펍

한국으로 따지면 술집으로 분류할 수 있지만 단순히 술을 마시는 장소로 규정하기 힘들다. 아이리시 펍Irish Pub은 아일랜드인의 삶과 문화가 녹아 있는 삶의 현장이기 때문이다. 특별한 안주 없이 맥주 한 잔을 시켜 놓고 옆 사람과 몇 시간 담소를 나누는 모습은 이곳에서 가장 흔하게 볼 수 있는 풍경. 스포츠 경기가 있는 날은 스포츠를 함께 관람하며 응원을 하고, 점심시간에는 펍 음식에 맥주를 곁들여 달콤한 휴식을 취하기도 한다.

모든 상점이 문을 닫는 밤이 되면 아이리시 펍은 더 활기를 띠기 시작해 다양한 장르의 음악을 들으며 사람들을 만나고 사귀는 사교의 중심지가 된다. 아일랜드 사람들의 희로애락이 담겨 있는 장소. 아이리시 펍은 아일랜드인의 삶 그 자체이다.

아일랜드 전통 음악

신나고 경쾌한 멜로디를 듣고 있으면 몸이 저절로 들썩거리게 되는 아일랜드 전통 음악은 기원전 5세기 켈트족의 역사에서부터 시작된다. 그들은 동유럽 음악에서 영향을 받은 것으로 전해지며 기원후 10~17세기에는 고대 귀족들과 족장들을 위해 하프 연주가 성행했다.

아일랜드 음악은 약 1700년대 중반부터 아일랜드 전통 음악 담당처가 전 세계에 흩어져 있는 음악을 모으면서 공식적으로 기록되기 시작하였다. 1840년대 아일랜드에 대기근이 발생하면서 약 200만 명 이상이 전 세계로 이주를 했고 그때 아일랜드 음악이 미주(특히 뉴욕, 시카고, 보스턴)로 전파되면서 1900년대에 아일랜드 음악의 부흥이 시작되었다.

그중 바이올린 연주자인 마이클 콜먼Michael Coleman은 뉴욕과 아일랜드에 큰 영향을 미친 인물이다. 해외에서 유행을 한 아일랜드 음악이 아일랜드로 역수입되면서 1960년대에는 지방의 아이리시 펍에서 연주되기 시작한다. 아일랜드 전통 음악은 아일랜드 바이올린인 피들Fiddle과 아일랜드 플루트Irish Flute, 틴 휘슬Tin Whistle, 파이프Uilleann Pipes, 보드란Bodhran 등이 주로 많이 사용된다.

아일랜드 문학

윌리엄 버틀러 예이츠, 조지 버나드 쇼, 사무엘 베케트, 시머스 히니 등 네 명의 노벨 문학상 수상자를 배출한 인구 500만 명의 작은 섬나라 아일랜드. 그들의 문학의 토대는 영국의 식민지 지배 이전의 게일 문학에서 시작된다. 영어는 13세기부터 전해졌는데 외세의 침입에도 게일어는 문학의 지배적인 언어로 남아 있었다. 18세기에는 브라이언 메리먼Brian Merriman에 의해 다양한 게일어 시가 쓰였지만 19세기부터는 영어로 쓴 작품이 늘어나면서 게일 문학이 점차 쇠퇴하게 된다. 앵글로 아이리시 문학의 초기 작가로는 〈걸리버 여행기〉를 쓴 조너선 스위프트Jonathan Swift이며, 희곡 작가로는 윌리엄 콩그리브William Congreve, 리처드 브린즐리 셰리든Richard Brinsley Sheridan 등이 있다.
19세기 말에는 윌리엄 버틀러 예이츠William Butler Yeats에 의하여 문예부흥운동이 주도적으로 전개되었다. 외국에서 활동을 한 대표적인 아일랜드 작가로는 제임스 조이스와 오스카 와일드가 있는데 정서적인 면에서는 영국 문학과 차이를 보인다.

기네스 맥주

아일랜드는 잘 몰라도 기네스 맥주를 모르는 사람은 찾기 힘들다. 흑맥주의 대표 주자인 기네스는 전 세계인들에게 아일랜드를 알리는 1등 공신 역할을 하고 있다. 기네스의 역사는 1759년 창시자인 아서 기네스가 더블린 부둣가에 위치한 폐공장을 임대하면서부터 시작된다.
18세기에는 지금과 같은 글로벌 대형 맥주 브랜드가 없었고 대부분 가내 수공업으로 이루어졌다. 아서 기네스는 당시 영국에서 유행하던 '포터Porter' 흑맥주를 연구한 뒤 이보다 진한 맛을 강조한 '엑스트라 스타우트 포터'를 출시했다. 지금의 기네스 엑스트라 스타우트의 전조이다. 기네스는 말린 보리와 볶은 무두질 보리에서 추출한 탄 향을 특징으로 한다. 또한 질소와 이산화탄소를 이용해 만든 부드러운 거품이 특징이다.
2000년에 문을 연 기네스 스토어하우스는 기네스의 역사와 맥주 제조 기술을 소개하는 곳이자 아일랜드 최고의 관광명소로 더블린 여행에서 빼놓지 않고 가야 할 곳이다.

STEP 02
PLANNING

버스킹과 버스커

언제부턴가 아일랜드를 이야기할 때 빼놓지 않고 나오는 이야기가 버스킹과 버스커이다. 버스킹은 영어 단어 'busk'에서 유래했다. 길거리에서 음악을 연주하거나 노래를 부르거나 춤을 추는 행위를 버스킹busking이라 부르고 사람을 가리켜 버스커busker라 부른다. 음악을 연주하고 노래를 부르는 것을 좋아하는 성향을 가진 아일랜드인들은 장소를 가리지 않고 연주를 하기 시작했다. 2006년 존 카니 감독의 영화 〈원스〉의 성공은 아일랜드 버스커에 대한 관심으로 이어졌고 다양한 매체를 통해 버스킹을 하기 좋은 나라 상위권에 오르면서 버스킹은 아일랜드 대중문화의 큰 영역을 차지하게 되었다.

와일드 아틀란틱 웨이

아일랜드의 국도를 달리다 보면 쉽게 볼 수 있는 것이 물결무늬가 그려진 와일드 아틀란틱 웨이 Wild Atlantic Way 표지판이다. 와일드 아틀란틱 웨이는 대서양 연안을 따라 아일랜드 남서쪽의 코크 Cork 해안에서부터 서북쪽의 도니골Donegal에 이르는 해안 도로이다. 동쪽에 비해 해안 절벽이 발달한 서쪽은 뛰어난 경치를 가지고 있다. 렌터카로 좁고 구불구불한 해안 도로를 달리는 즐거움은 아일랜드 여행의 가장 큰 매력 중 하나이다.

PLANNING 02
한눈에 쏘옥! 지역별 여행 포인트

유라시아 대륙의 북서쪽, 영국의 좌측에 있는 섬나라 아일랜드는 지도 모양이 대한민국과 비슷하며 사면이 바다로 둘러싸여 있다. 수도 더블린은 지도상 오른쪽 중앙에 위치하며 '여행자의 도시'인 골웨이는 더블린과 비슷한 선상의 서쪽 끝에 자리 잡고 있다. 북아일랜드의 수도인 벨파스트는 더블린에서 북쪽으로 약 170km 올라간 곳에 위치한다. 아일랜드 제 2의 도시인 코크는 남쪽 끝 중앙에 자리 잡고 있다. 비슷한 것 같으면서도 제각기 다른 매력을 가진 도시들의 특징을 하나씩 살펴보자.

더블린 Dublin

아일랜드의 수도로 문학, 예술, 음악이 공존하는 곳이다. 더블린을 남북으로 가로지르는 리피강을 중심으로 남동쪽에는 트리니티 대학과 국립 박물관들, 쇼핑가가 있고 시청을 중심으로 한 남서쪽에는 더블린 역사를 대변해주는 더블린 성과 킬마이넘 감옥, 세인트 패트릭 성당이 있다. 또한 더블린 관광의 일등공신인 기네스 스토어하우스도 빼놓을 수 없다. 리피강 북쪽에는 더블린의 얼굴과도 같은 오코넬 거리와 유럽에서 가장 큰 피닉스 공원이 위치한다. 낮에는 그래프턴 거리의 버스커들의 연주에 취하고 밤에는 아이리시 펍에서 전통 음악에 취해 보자. 더블린 근교 바닷가에서 시간을 보내는 것도 추천한다.

골웨이 Galway와 골웨이 주변

'여행자들의 도시'답게 진짜 아일랜드의 모습을 경험할 수 있는 곳이다. 크지 않은 시내를 걸으며 자유롭게 음악을 연주하는 버스커들의 몸짓은 그 자체로 여유와 낭만을 선사한다. 낮에는 투어 상품을 이용해 모허 절벽, 아란제도, 버렌 국립 공원, 코네마라 국립 공원 등 아일랜드의 독특한 자연을 경험하는 시간을 가져본다. 밤에는 골웨이 전통 펍에서 더블린과는 다른, 더 친숙하고 토속적인 아일랜드 전통 음악의 매력을 발견해 보자.

코크 Cork와 코크 주변

아일랜드 남쪽에 위치하는 아일랜드 제 2의 도시이다. 시내 중심가에 있는 잉글리시 마켓에서 재래시장의 매력을 느끼고 크라우포드 아트 갤러리에서 아일랜드 화가들의 작품을 감상할 수 있다. 블라니 스톤에 키스를 하면 언변의 능력을 얻게 된다는 미신을 가진 블라니성은 코크 근교에 위치한다. 또한 타이타닉의 마지막 정박지였던 코브와 아일랜드 남부의 여름 휴양지인 킨세일도 모두 코크 주변에서 만날 수 있다.

케리 County Kerry

아일랜드의 모든 자연 풍경이 이곳 케리 지역에 있다고 해도 과언이 아니다. 대서양을 향해 뻗어 있는 크고 작은 반도들을 드라이브하는 즐거움이 큰 곳이기도 하다.
대표적인 곳이 이베라 반도의 링 오브 케리와 딩글 반도의 슬리 헤드 드라이브 코스이다. 링 오브 케리가 산과 바다를 골고루 보여주는 코스라면, 슬리 헤드 드라이브는 바다를 집중적으로 보여주는 코스이다. 킬라니 타운과 딩글 타운에 있는 전통 펍들은 도시의 펍보다 더 아일랜드 색채가 강하다.

킬케니 Kilkenny

아일랜드의 '중세도시'로 불리는 작은 도시이다. 도시가 크지 않아서 하루 혹은 반나절을 투자해 주요 명소를 둘러보기 좋은 곳이다. 서북쪽의 세인트 카니스 성당에서부터 남동쪽의 킬케니성까지 타박타박 걸으며 천천히 중세도시의 매력을 찾아볼 수 있다.
킬케니성은 아일랜드 성들 중에서 가장 보존이 잘되어 있는 성으로 성 안에도 볼거리가 풍부하다. 또한 킬케니는 아일랜드 공예 디자인이 처음 시작된 곳으로 킬케니 디자인 센터를 둘러보는 것도 잊지 말자. 맥주를 좋아하는 사람이라면 스미딕스 체험관을 둘러봐도 좋다.

북아일랜드 Northern Ireland

벨파스트 시청을 시작으로 타이타닉 박물관이 있는 북쪽의 타이타닉 쿼터 지역을 둘러본 후 남쪽의 퀸스 대학교와 울스터 박물관 쪽을 방문한다. 투어 상품을 이용하여 자이언츠 코즈웨이나 캐릭아레드 로프 다리, 〈왕좌의 게임〉 촬영지를 여행하는 것은 필수. 하이킹을 좋아한다면 코즈웨이 워킹 코스를 추천한다.
아일랜드 독립 역사에 관심이 있다면 벨파스트의 분쟁지역이나 런던데리의 프리데리 구역도 잊지 말자.

PLANNING 03
나만의 아일랜드 여행 레시피

당신에게 주어진 시간을 가장 효율적으로 써보자.
3일부터 2주까지 다양한 일정에 맞춘 최적의 스케줄을 제안한다.

Tip 아일랜드 여행, 버스 or 렌터카?
여행 일정에 따라 버스와 렌터카를 선택할 수 있다. 여행자들이 많이 가는 더블린, 벨파스트와 같은 대도시는 버스가 잘 발달해 있다. 또한 투어 버스를 이용하면 렌터카가 없이도 유명한 곳은 모두 갈 수 있다. 대도시 중심으로 짧게 여행을 한다면 버스가 더 편리하다.
도시가 아닌 지방을 중심으로 여행하고 아일랜드의 자연을 천천히 감상하고 싶다면 렌터카를 추천한다. 투어 버스는 투어 비용도 만만치 않고 원하는 시간을 효율적으로 쓸 수 없기 때문이다. 아일랜드 자동차는 운전석이 한국과 반대이고 좁은 이차선 도로가 많은 편이지만 차량이 많지 않기 때문에 생각보다 운전이 힘들지 않다. 또한 서쪽과 남쪽 지역은 대서양을 향해 뻗어 있는 해안 드라이브 코스가 많아 운전하는 스릴과 재미를 느낄 수 있다.

Ireland 3박 4일 코스

여행 제안 1
짧고 임팩트 있는 여행
(더블린+골웨이)

1일차 더블린 도착, 더블린 시내 구경, 더블린 펍
2일차 더블린 시내 구경 및 저녁버스로 골웨이 이동, 골웨이 펍
3일차 골웨이에서 모허 절벽 투어 후 저녁 골웨이 펍
4일차 더블린 공항으로 출발

여행 제안 2
'비긴 어게인'을 따라 떠나는
(더블린+슬레인성+골웨이)

1일차 더블린 도착, 더블린 시내 구경, 더블린 펍
2일차 아침 일찍 슬레인성,
　　　 늦은 오후 더블린 시내 구경,
　　　 밤 버스로 골웨이 이동
3일차 골웨이에서 모허 절벽 투어 및 골웨이 시내 구경,
　　　 골웨이 펍
4일차 더블린 공항으로 출발

> **Tip** 더블린-골웨이 구간에서 갈 때는 더블린 공항, 돌아올 때는 더블린으로 돌아오는 버스 티켓을 끊을 경우, 버스에린 회사를 이용하면 요금을 절약할 수 있다. 다른 회사(시티링크와 고버스)들은 왕복티켓의 경우, 출발과 도착 장소가 다르면 편도 티켓 두 장을 따로 끊어야 하는 반면에 버스에린은 더블린, 더블린 공항이 한꺼번에 묶여 있어서 요금이 동일하다. 단, X20번을 탑승할 것. 20번은 완행버스로 소요시간이 길다.

STEP 02
PLANNING

Ireland 1주일 코스

여행 제안 1

더블린과 골웨이, 케리 지역을 둘러보는 일주일 코스

골웨이에서 케리 지역으로 바로 가는 버스가 없기 때문에 골웨이를 먼저 여행한 후 더블린, 케리 지역 순으로 여행하는 방법을 추천한다.

- **1일차** 더블린 공항에서 바로 골웨이행 버스 탑승. 저녁 골웨이 펍
- **2일차** 모허 절벽 투어, 저녁 골웨이 펍
- **3일차** 아란제도나 코네마라 국립 공원 투어 중 하나를 선택. 투어 후 더블린행 버스를 타고 더블린으로 이동.
- **4일차** 더블린 여행
- **5일차** 더블린 여행 또는 더블린 근교 (호스, 달키, 브레이 등) 중 마음에 드는 한 곳을 여행. 저녁에는 킬라니 타운으로 이동
- **6일차** 링 오브 케리 투어나 딩글 투어 중 하나를 선택.
- **7일차** 더블린 국제공항으로 출발.

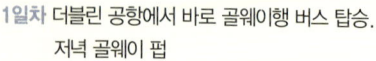

골웨이 1~3일차
더블린 3~5·7일차
킬라니 5·6일차

3일차 자이언츠 코즈웨이
북아일랜드
벨파스트 1·2일차
골웨이 5·6일차
더블린 3~5·7일차

여행 제안 2

더블린과 골웨이, 북아일랜드를 여행하는 일주일 코스

더블린 공항에서 바로 벨파스트로 넘어가 북아일랜드 여행 후 더블린, 골웨이 순으로 여행을 한다.

- **1일차** 더블린 도착 후 공항에서 벨파스트 가기, 벨파스트 여행
- **2일차** 벨파스트 여행, 벨파스트 펍
- **3일차** 자이언츠 코즈웨이 투어, 저녁에 더블린으로 이동
- **4일차** 더블린 여행
- **5일차** 더블린 또는 근교 여행 후 골웨이로 이동, 골웨이 펍
- **6일차** 골웨이 투어 프로그램, 골웨이 펍
- **7일차** 더블린으로 이동

여행 제안 3

대중교통과 렌터카를 같이 즐기는 **일주일 코스**

더블린은 렌터카보다는 대중교통이나 도보 여행을 추천한다. 더블린 여행이 끝난 후 골웨이행 버스를 타고 골웨이 시내에서 렌터카를 빌려 골웨이 근교와 케리 근교를 여행하는 방법이 있다.

1일차 더블린 도착. 더블린 여행, 더블린 펍
2일차 더블린 여행 후 저녁 버스로 골웨이 이동, 골웨이 펍
3일차 골웨이에서 렌터카 대여(210p 참고) 후 둘린,
  모허 절벽 여행 후 둘린에서 1박, 둘린 펍 즐기기
4일차 둘린에서 킬라니로 출발(2시간 40분 소요)
  킬라니 국립 공원
5일차 링 오브 케리 여행 후 딩글 가기
6일차 딩글 여행 후 골웨이 들어가 렌터카 반납하기
7일차 골웨이에서 더블린 국제공항으로 가기

STEP 02
PLANNING

Ireland 10일 코스

여행 제안 1

아일랜드를 일주하는 10일 코스

북아일랜드를 제외한 더블린, 위클로, 골웨이
코크와 케리 지역을 집중적으로 여행하는 코스이다.

1일차 더블린도착, 더블린 여행
2일차 더블린 여행 및 근교 여행
3일차 위클로 산맥 국립 공원, 킬케니 투어 프로그램,
 더블린에서 골웨이로 출발
4일차 골웨이 투어 프로그램
5일차 골웨이 투어 프로그램
6일차 골웨이에서 코크로 이동, 코크 여행
7일차 코크 근교 여행(코브나 킨세일 중 택 1),
 코크에서 킬라니 이동
8일차 킬라니 국립 공원
9일차 링 오브 케리 여행 또는 딩글 여행
10일차 더블린으로 이동

여행 제안 2

아일랜드 전역의 펍을 여행하는 10일 코스

유명한 명소보다는 아일랜드의 자연과 유명한
전통 펍을 위주로 한 여행이다.

1일차 더블린 도착. 공항에서 골웨이로 이동. 골웨이 펍
2일차 아란제도 여행, 저녁 골웨이 펍
3일차 아침, 둘린으로 이동. 모허 절벽 하이킹 코스, 둘린 펍
4일차 골웨이 이동, 골웨이 시내 구경 및 더블린으로 이동
5일차 더블린 여행 및 더블린 펍
6일차 더블린 여행 및 킬라니로 이동
7일차 킬라니 국립 공원, 킬라니 펍
8일차 링 오브 케리 여행, 킬라니 펍
9일차 딩글 투어 여행, 킬라니 펍
10일차 더블린 공항으로 이동

Ireland 2주 코스

여행 제안 1

렌터카로 여행하는 2주 코스

렌터카를 이용해 아일랜드의 유명한 곳을 모두 돌아보는 여행이다. 아일랜드 전역을 모두 돌기에는 2주도 빠듯할 수 있기 때문에 관심이 없는 곳은 생략하는 것도 다른 여행을 알차게 할 수 있는 방법이다.

- 1일차 더블린 도착. 공항에서 벨파스트 이동
- 2일차 벨파스트 시내 여행
- 3일차 벨파스트에서 자이언츠 코즈웨이 해안도로 여행 후 런던데리에서 1박
- 4일차 런던데리 반나절 여행 후 슬라이고 도착
- 5일차 슬라이고 반나절 여행 후 골웨이 도착
- 6일차 아란 제도 1일 투어
- 7일차 골웨이에서 둘린으로 이동, 모허 절벽 여행 둘린에서 1박
- 8일차 둘린에서 딩글. 슬리 헤드 드라이브
- 9일차 딩글에서 킬라니 이동, 킬라니 국립 공원
- 10일차 링 오브 케리 여행
- 11일차 코크 이동 후 킨세일 여행
- 12일차 코크에서 킬케니 이동, 킬케니 반나절 여행, 더블린 이동
- 13일차 더블린 여행
- 14일차 더블린 반나절 여행 후 공항 이동

아일랜드 들어가기

아일랜드를 여행하기 위한 첫 번째 관문, 교통 정복하기. 아일랜드는 직항 편이 없어서 다른 나라를 거쳐 가야 한다. 막연히 생각할 때는 난감하지만 어디서 어떻게 이동할지 정확히 계획 한다면 여행에 대한 두려움보단 설렘이 더 커질 것이다.

아일랜드 입국하기

아일랜드에는 4개의 국제공항과 8개의 국내공항이 있다. 그 중 더블린 국제공항Dublin International Airport에 가장 많은 노선이 다닌다. 한국에서 더블린으로 가는 직항 편은 없기 때문에 영국, 프 랑스, 독일 등 유럽이나 중동을 경유해야 한다. 인천에서 더블린까지는 환승 시간을 포함해 약 15~17시간 소요된다.
스카이스캐너(www.skyscanner.co.kr)와 같은 항공권 예약 사이트를 이용하면 다양한 시간대 와 가격대의 항공권을 비교&검색할 수 있다. 항공권은 비수기의 경우 60만 원 후반부터 시작한다.

| 인천~더블린 경유 항공편 |

항공편	출발 시간	경유	도착 시간	총 비행시간	제휴사
네덜란드항공	00:55	암스테르담	08:10	16시간 15분	스카이팀
영국항공	10:55	런던	18:20	16시간 25분	원월드
루프트한자	15:20	프랑크푸르트	22:25	16시간 05분	스타얼라이언스
에어프랑스	08:55	파리	16:05	15시간 10분	스카이팀
아시아나항공	14:20	런던	21:05	15시간 35분	스타얼라이언스
에어프랑스	14:00	파리	21:30	16시간 30분	스카이팀
에미레이트	23:55	두바이	12:05	20시간 10분	스카이팀
에티하드항공	00:15	두바이	14:05	22시간 50분	스카이팀

> **Tip** 네덜란드항공은 인천에서 밤에 출발해 더블린에 아침에 내리는 항공편이 많다. 또한 스카이팀이 라 인천에서 출발하는 대한항공 비행기를 타고 암스테르담까지 가는 경우가 많다. 도착하는 날부 터 알차게 여행을 계획한다면 네덜란드 항공을 추천한다.

아일랜드 항공사

라이언에어와 에어링거스 항공사가 대표적이다. 라이언에어는 유럽에서 가장 큰 저가 항공사로 유럽과 아프리카, 중동 지역 34개국에 직항 서비스를 제공한다. 불친절한 항공사 순위에 종종 오르는 불명예를 가지고 있지만 파격적인 가격 덕분에 꾸준한 고객을 유지하고 있다.
에어링거스는 아일랜드에서 두 번째로 큰 항공사이며 유럽 전역과 미주로 가는 직항 편을 운행하고 있다. 아일랜드에서 미국 중, 동부(뉴욕, 보스턴, 시카고 등)로 가는 항공권은 비수기에는 왕복 400유로 미만부터 시작해 저렴한 가격으로 미국 여행을 즐길 수 있다.

Data 홈페이지 라이언에어 www.ryanair.com, 에어링거스 www.aerlingus.com

영국 여행 후 아일랜드 여행하기

아일랜드만 여행하기 아쉬운 당신이라면 런던과 에든버러를 포함한 여행 일정을 계획할 수 있다. 다른 나라에 비해 영국에서 아일랜드로 가는 항공편은 매우 많고 저렴하다. 프로모션기간에는 런던-더블린 구간이 왕복 20유로밖에 되지 않는다.
한국에서 런던으로 가는 직항 편을 이용해 런던이나 에든버러를 여행한 후 아일랜드로 들어가자. 런던의 경우, 히드로 공항이 아닌 외곽 공항(게트윅, 스텐스테드, 루튼 공항)을 이용하면 런던-아일랜드 왕복 구간을 평균 40유로(수하물 부치지 않을 경우)선에서 구입할 수 있다.

| 주변국에서 아일랜드로 들어오는 항공편 |

출발지	도착지	소요 시간	왕복 요금
런던 외곽 공항 (게트윅, 루튼, 스텐스테드 공항)	더블린	1시간 20분	22유로~
영국 리버풀	더블린	1시간	22유로~
영국 맨체스터	더블린	1시간	22유로~
스코틀랜드 에든버러	더블린	1시간 10분	22유로~
프랑스 파리 외곽공항(부베 공항)	더블린	1시간 40분	40유로~
네덜란드 암스테르담	더블린	1시간 40분	45유로~
스페인 바르셀로나	더블린	2시간 40분	45유로~

STEP 02
PLANNING

PLANNING 05
아일랜드 렌터카로 여행하기
+ 추천 드라이브 코스

아일랜드의 진짜 매력을 발견하기 위해선 렌터카로 여행을 해야 한다. 아일랜드는
주요 거점 도시를 제외하고는 대중교통이 발달하지 않아 도시 간 이동 시간이 매우 길다.
주요 관광지에는 투어 버스가 잘 발달해 있지만 비용적인 문제가 크다.
도로사정은 고속도로보다는 대부분 2차선의 국도이지만 차량이 적은 편이다.
또한 지방 근교는 주차비가 저렴하고 주차 공간이 많아서 운전하기는 수월하다.
단, 더블린과 코크, 벨파스트와 같이 큰 도시를 운전하는 것은 추천하지 않는다.
주차비가 비싸고 복잡하며 도로 연결이 까다로운 곳이 많다.

더블린 공항에서 인기 좋은 렌터카 회사

1. 유럽카 카 렌털 Europcar Car Rental
친절한 서비스와 정확하고 빠른 일처리로 후기가 좋다. 상황에 따라 차종을 업그레이드해주는 서비스도 제공한다.
홈페이지 www.europcar.ie

2. 버짓 렌터카 Budget Car Rental
대여료가 저렴하고 스마트폰용 어플이 있어 쉽게 예약이 가능하다. 아일랜드 내 15곳의 지점이 있어 반납이 편리하다.
홈페이지 www.budget.ie

3. 아비스 렌터카 Avis Car Hire
친절한 고객 서비스와 대여, 반납 시스템이 편리하다.
홈페이지 www.avis.ie

4. 353 카 렌털 아일랜드 353 Car Rental Ireland
대여료가 저렴하고 아일랜드 내 17개 지점이 있어 반납이 편리하다.
홈페이지 www.353carrental.ie

5. 엔터프라이즈 렌털 Enterprise Rent-A-Car
전 세계적으로 잘 알려진 렌터카 회사이며 직원들의 서비스와 일처리가 빠르다.
홈페이지 www.enterprise.ie

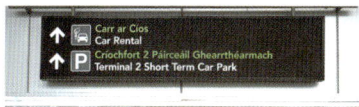

렌터카 예약 시 주의사항

1. 스카이스캐너나 익스피디아와 같이 비교 검색사이트를 통해 렌터카를 검색하면 회사별로 가격대를 비교할 수 있다.

2. 아일랜드는 자동차 운전석이 한국과 반대이고 길이 좁고 험한 곳이 있어 오토매틱으로 예약하는 것을 추천한다. 현장에서 빌릴 경우 매뉴얼(수동)만 남아 있기도 하니 온라인 예약을 권장한다. 단, 수동 차량 대여료가 훨씬 저렴하다.

3. 렌터카 회사마다 비용, 보험적용 범위, 차량 인도와 반납 방법이 다르므로 홈페이지에서 자주하는 질문과 Q&A란을 꼼꼼히 따져보고 예약하는 것이 좋다.

4. 렌터카 인수 시 예약자의 신용카드, 여권, 한국운전면허증, 국제운전면허증은 필수다(일부 렌터카 회사에서는 보증금으로 신용카드를 2개 요구하는 경우도 있다).

5. 일부 렌터카 회사는 대여와 반납 장소를 다르게 설정할 수 있다. 반납 장소에 따라 편도 요금을 50~70유로 지불해야 한다. 대여기간이 길어질수록(보통 4일 이상) 대여료가 내려가며, 반납 장소가 달라도 추가비용을 받지 않는다.

6. 보험은 렌터카를 예약할 때 함께 가입한다. 보험은 자차보험(CDW)과 슈퍼보험(SCDW) 두 가지 가운데 선택할 수 있다. 자차보험은 사고 시 일정 비용을 본인이 부담해야 한다(회사마다 보험 적용 범위 달라진다). 슈퍼보험은 사고 시 본인 부담금이 없는 보험이다. 이 보험은 선택사항으로 1일 약 10유로의 비용이 추가된다. 단, 차량 도난 사고는 자차보험에 포함되어 있다.

7. 운전자가 두 명 이상일 때에는 약간의 보험료 (1일 약 2유로)를 지불하고 운전자 추가보험을 들 수 있다.

8. 내비게이션, 어린이 카시트 대여는 옵션이며 유료인 경우가 많다. 유심을 구입했다면 구글맵 내비게이션을 사용하면 된다.

9. 반납 시 기름을 가득 채워야 하는 옵션인지, 안 채우고 돌려주는 옵션인지 확인하고 예약한다.

10. 대도시 호텔은 주차비가 별도인 곳이 대부분이므로 미리 확인을 한다.

아일랜드에서 운전하기

1. 자동차 운전석이 한국과 반대이다. 차종에 따라서 와이퍼 등의 차량 조작 위치가 다르므로 출발 전에 기능을 숙지한다.

2. 소도시일수록 신호등 대신 원형 교차로를 사용한다. 아일랜드는 항상 우측에서 오는 차가 우선이다. 진입 전에 우측에서 차가 오는지를 살펴야 한다. 원형 교차로를 주행하다가 나가는 도로가 아닌 곳을 지나칠 때는 오른쪽 깜박이를 켜서 원형 교차로 안에 있을 거라고 알려주고, 나가려는 도로에 가까이 오면 왼쪽 깜박이로 나가는 표시를 해준다. 원형 교차로 안에서 통상적으로 첫 번째나 두 번째 출구로 나갈 땐 바깥 차선을, 세 번째나 네 번째 출구로 나갈 때 안쪽 차선에서 달려야 한다.

3. 더블린의 주요도로와 고속도로를 제외하면 대부분 1~2차선이다. 심지어 유명한 명소로 가는 국도도 좁은 2차선이거나 넓은 1차선인 곳이 많다.

4. 지방 국도의 경우, 도로가 매우 좁아도 최고 속력이 80Km 이상인 도로들이 많다. 처음에는 좁은 도로에서 쌩쌩 달리는 차에 적응하기 힘들지만 차량 통행량이 적어 운전을 하다 보면 익숙해진다.

5. 흐린 날이 많고 운전 중 갑자기 비가 오거나 구름이 몰려오는 경우가 많기 때문에 전조등은 항상 켜 둔다.

6. 지방 국도는 밤에 차들이 거의 다니지 않고 가로등이 없는 곳이 매우 많다. 특히 좁은 해안도로나 구불구불한 도로는 사고의 위험이 크므로 해가 진 이후 운전은 삼가는 것이 좋다.

7. 한국처럼 전용 휴게소가 발달하지 않았다. 주유를 해야 하거나 화장실을 가야 할 땐 근처의 편의점을 이용한다. 지방 편의점은 밤 10시까지만 영업을 하는 곳이 많다.

8. 보행자 우선. 신호등이 없는 길이라도 횡단보도가 있고 보행자가 서 있으면 멈춰야 한다.

주차 및 길거리 주차권 발급 방법

도시에서 주차할 때는 주차 전용 빌딩이나 〈P〉라고 표시된 도로에 하면 된다. 주차 빌딩에 들어갈 때 주차권을 받고, 나가면서 근처 기계에서 주차비를 내는 방식으로 한국과 동일하다. 길가에 유료 주차를 할 때는 주차권 발급기에서 시간을 정하고 선불로 주차권을 받는데, 최대 2시간이 대부분이다. 주차요금은 지

역마다 다르며 더블린이 가장 비싸다. 더블린은 시간당 3~4유로이다. 길거리 주차가 주차 전용 빌딩보다 조금 더 저렴하다. 지방의 타운은 시간당 1유로이다.

❶ 원하는 시간만큼 동전을 넣는다. 잔돈을 거슬러주지 않으니 금액에 맞춰 넣자(대부분 카드 결제 불가능).
❷ 프린트 버튼(일반적으로 녹색 버튼)을 누른다.
❸ 주차권을 자동차 운전석 유리 앞에 놔둔다.

주유하기

대부분 셀프로 운영된다. 대표 주유소는 토파즈Topaz, 텍사코Texaco, 애플그린Apple Green 등이며 휘발유 가격은 리터당 1.47유로(한화로 약 1,930원, 2018년 10월 기준)이다. 24시간 주유소는 없고 대도시는 12시 이전, 지방은 10시 이전에 문을 닫는다.

❶ 자동차의 주유구가 있는 방향으로 차를 주차하고 시동 끄기.
❷ 차종에 맞는 기름 선택하기(검은색은 디젤, 녹색은 휘발유).
❸ 주유기의 손잡이를 주유구에 넣은 후 손잡이 안쪽을 눌러서 원하는 만큼 기름 넣기(주유기에 주유 금액과 주유량이 표시된다).
❹ 주유기의 번호를 확인한 후 편의점에 들어가서 결제하기. 현금과 카드 모두 가능하다(주유 기계에서 결제하는 시스템은 거의 없다).

렌터카 반납하는 방법

여행 종착지의 렌터카 업체를 찾아가 카운터 직원에게 차 열쇠를 건네고 신용카드로 결제하면 마무리 된다. 더블린 국제공항에서 차량 반납을 할 경우, 대여를 한 오피스와 반납 오피스가 다른 곳이 있기 때문에 렌터카 업체에 미리 반납 위치를 확인해 두는 것이 좋다.

추천 드라이브 코스

링 오브 케리 Ring of Kerry
킬라니에서 출발해 이베라Iveragh 반도의 182km를 달리는 코스이다(329p 참고).
슬리 헤드 드라이브 Slead Head Drive
딩글 타운에서 출발해 슬리헤드Slea Haed로 가는 153km 드라이브 코스이다(336p 참고).
앤트림 코스트 Antrim Coast **드라이브 코스**
벨파스트에서 출발해 북아일랜드의 해안선을 따라 달리는 드라이브 코스이다. 일반적으로 벨파스트에서 런던데리까지 약 250km길을 말하지만 포트러시Portrush까지 약 143km을 달릴 수도 있다. 〈왕좌의 게임〉 촬영지와 겹치는 곳이 많다(426p 참고).

> **Tip** 렌터카 요금은 시즌과 렌터카 회사에 따라 다르다. 비수기는 기본 승용차 기준 24시간에 2~3만 원 미만(보험료 미포함)이다. 성수기(5~9월)는 10~30% 정도 요금이 오른다.

STEP 02
PLANNING

PLANNING 06
아일랜드 축제 캘린더

일 년 내내 크고 작은 축제가 열리는 나라. 해가 길어지는 5월부터 10월 사이에 가장 많은 축제들이 기획되지만 소규모로 진행되는 축제들은 계절에 상관없이 개최된다. 아일랜드 전통 음악 축제를 비롯해 재즈, 연극, 댄싱 축제들이 많은 편이며 아일랜드 사람들이 좋아하는 스포츠(게일릭 풋볼, 헐링, 아이리시 댄스, 경마 등) 축제도 많다. 아일랜드의 각 도시에서 펼쳐지는 축제 정보는 디스커버 아일랜드 홈페이지에서 확인할 수 있다.

Data 디스커버 아일랜드 www.discoverireland.ie/whats-on

1월 말
템블 바 트래드페스트 Temple Bar Tradfest
2006년부터 시작된 더블린의 전통 음악 축제. 펍에서 펼쳐지는 무료 공연부터 더블린 시청과 더블린성, 세인트 패트릭 대성당 등에서 펼쳐지는 유료 공연까지 다양하다. 단순히 전통 음악 연주를 넘어 현대 음악을 접목시킨 뮤지션들의 다양한 라이브 연주를 감상할 수 있다.
홈페이지 tradfest.ie

3월 셋째 주
세인트 패트릭 데이 St. Patrick's Day
3월 셋째 주 수요일부터 4일간 열리는, 아일랜드에서 가장 큰 축제이다. 남녀노소 모두 녹색으로 옷을 맞춰 입고 축제를 즐긴다. 3월 17일 정오, 더블린 오코넬 거리에서 출발하는 2시간의 퍼레이드가 하이라이트. 이날은 아일랜드 전역에서 크고 작은 퍼레이드가 펼쳐진다. 축제 기간 저녁에는 관공서와 성당, 대학 건물들이 녹색으로 변하는 진귀한 풍경도 만날 수 있다.
홈페이지 stpatricksfestival.ie

5월 셋째 주
플레드 누아 Fleadh Nua
'새로운 축제'라는 뜻을 가진 전통 음악 축제. 1974년부터 시작했으며 전통 음악 보존 지역인 클래어 지역 Co. Clare의 에니스 Ennis 타운에서 약 8일간 열린다. 아일랜드 전통 음악과 문화를 홍보하는 것이 목적이며 축제 기간 중에는 콘서트, 아이리시 댄스와 길거리 행사 등 약 100여개 이상의 개별 행사가 펼쳐진다.
홈페이지 www.fleadhnua.com

6월 16일
블룸스데이 페스티벌 Bloomsday Festival
제임스 조이스의 소설 〈율리시스〉를 사랑하는 전 세계 문학인의 날이다. 6월 16일에 가장 큰 행사가 진행되고 16일이 있는 주간에도 크고 작은 행사들을 개최한다. 행사 당일에는 소설 속의 등장인물들처럼 옷을 입고 주인공처럼 아일랜드 감자튀김과 돼지 간, 신장을 아침으로 먹는다. 행사는 제임스 조이스 센터에서부터 시작한다.
홈페이지 www.bloomsdayfestival.ie

7월 마지막 주
골웨이 경마 축제 Galway Racing Festival
일주일 동안 펼쳐지는 경마 축제이다. 단순히 경마 경기를 관람하는 것을 넘어 아일랜드 문화를 함께 즐긴다. 축제 기간 중 가장 바쁜 날은 골웨이 플레이트Galway Plate가 열리는 수요일과, 골웨이 허들hurdle과 레이디 데이Ladies' Day가 열리는 목요일이다. '레이디 데이'에는 가장 화려하고 우아한 모자를 쓴 여성을 선발한다.
홈페이지 www.galwayraces.com

7월 말
로즈 오브 트랄리 축제 Rose of Tralee Festival
한국의 '춘향 선발대회'와 비슷하지만 타운 전체의 축제로 자리 잡았다. 일년 내내 전 세계 지역구에서 선발된 지, 덕, 체를 겸비한 여성들 중에서 한 명을 선출하며 행사는 케리 지역의 트랄리Tralee 마을에서 진행된다. 행사가 있는 일주일간 거리 공연, 극장, 서커스, 퍼레이드 등 다양한 축제들이 펼쳐진다.
홈페이지 www.roseoftralee.ie

9월 셋째 주 금요일
컬처 나이트 Culture Night
금요일 단 하루 열리는 문화&예술 이벤트이다. 더블린을 비롯한 각 지역의 기관과 단체들은 밤 늦게까지 다양한 프로그램을 무료로 제공한다. 아일랜드의 유명한 명소들을 무료로 입장을 할 수 있는 날이기도 하다.
홈페이지 culturenight.ie

9월 마지막 주
골웨이 굴&해산물 축제
Galway Oyster&Seafood Festival
1954년부터 시작해 세계적인 축제로 자리 잡았다. '굴 까기' 올림픽 행사와 해산물 산책로, 최고 레스토랑 선정, 퍼레이드 등의 이벤트로 눈과 입이 즐겁다. 행사 티켓은 미리 예매하는 것이 좋다.
홈페이지 galwayoysterfestival.com

9월 중순
더블린 프린지 페스티벌 Dublin Fringe Festival
문화예술인들의 다양한 실험정신과 자유로운 상상력을 볼 수 있는 '대안 문화 축제'이다. 특별

골웨이 경마 축제

골웨이 굴&해산물 축제

한 기준이나 형식도 없으며 참여 멤버들 역시 아마추어에서 프로까지 다양하다. 1947년 스코틀랜드 에든버러에서 시작된 공연이 확장되어 더블린에는 1955년부터 시작하였다. 더블린의 공연장, 거리, 펍, 도로에서 100개 이상의 개별 퍼포먼스가 펼쳐진다.
홈페이지 www.fringefest.com

9월 말부터 10월 중순
더블린 연극 영화제 Dublin Theatre Festival
1957년부터 시작된 유럽에서 가장 오래된 연극 영화제 중 하나이다. 행사가 진행되는 애비 극장은 예이츠와 그레고리에 의해 설립된 곳으로 아일랜드 민족 연극 운동의 중심지 역할을 한 곳이다. 공연은 한 편당 평균 15~30유로 선이며 공연 시작 30분 전에는 남은 티켓을 10유로에 판매하기도 한다.
홈페이지 dublintheatrefestival.com

9월 매주 일요일
올 아일랜드 파이널 시즌 All-Ireland Finals
매주 일요일마다 남·녀 헐링과 게일릭 축구 결승전이 있는 달이다. 경기는 더블린 크로크 파크 경기장에서 열리지만 아일랜드 전역의 펍에서 운동 경기를 관람하고 응원하는 사람들로 뜨거운 열기를 느낄 수 있는 달이다.
홈페이지 crokepark.ie/match-day

10월 중순 주말
오픈 하우스 더블린 Open House Dublin
더블린에 있는 유명한 명소와 건축적으로 의미가 있는 건물을 무료로 개방하는 주간이다. 행사 리스트에는 더블린의 유명한 명소도 포함되고 건축상을 받은 개인 주택이나 평소에는 출입이 통제된 상업용 건물도 포함된다. 대표적인 상업 건물에는 에어비앤비, 페이스북, 구글 유럽 본사 등 글로벌 IT 회사도 포함된다.
홈페이지 openhousedublin.com

10월 마지막 주
기네스 코크 재즈 페스티벌
Guinness Cork Jazz Festival
아일랜드에서 가장 큰 재즈 페스티벌로 1978년부터 시작되었다. 일주일 내내 코크의 공연장과 펍에서 재즈 페스티벌이 열린다.
홈페이지 www.guinnessjazzfestival.com

기네스 코크 재즈 페스티벌

PLANNING 07
아일랜드의 위대한 문학가를 만나다

4명의 노벨 문학 수상자를 비롯해 제임스 조이스, 오스카 와일드와 같이 문학 역사에 획을 그은 인물을 배출한 나라. 우리가 알고 있는 문학가보다 더 많은 현대 작가들이 오늘날에도 활발한 활동을 하며 영향력을 끼치고 있다.

아일랜드를 빛낸 작가들과 작품

조지 버나드 쇼 George Bernard Shaw(1856~1950)

더블린 출신으로 예술에 조예가 깊은 어머니의 영향을 받았다. 정부 인사로 근무하던 아버지의 사업 실패가 부모님의 별거로까지 이어졌다. 그 후 아버지와 함께 살면서 부동산 소개소에서 일했으나 일에 적성을 느끼지 못하고 어머니와 누나가 살고 있는 런던으로 가 본격적인 집필 활동을 시작했다. 영국의 지식인들과 다양한 토론 활동과 꾸준한 집필 활동에도 불구하고 그의 소설은 출판사로부터 거절당하기 일쑤였다. 노벨 문학상을 수상한 많은 작가들이 20대부터 빛나는 재능을 보였던 것과는 달리 그의 20대는 실패와 좌절로 점철된 시기였다. 하지만 그는  포기하지 않았고 19세기 말에는 소설을 넘어 희곡으로 방향을 전환한다.
쇼에게 노벨 문학상을 안겨주는 데 결정적 역할을 한 〈성녀 조앤〉은 그가 68세에 발표한 말년의 대작이다. 또한 그에게 대중적 명성을 안겨 준 〈피그말리온〉은 1938년에 영화화되어 그에게 아카데미 각본상을 안겨주었다. 94세의 나이로 사망하기 전까지 60여 이상의 희곡을 발표하였으며 놀랍도록 섬세한 음악 평론가, 탁월한 극비평가, 정치, 경제, 사회를 아우르는 사회비평가 겸 대중연설가란 수식어를 갖고 있다. 예술가들 중에서 손꼽히게 많은 편지를 남긴 작가이기도 하다.

오스카 와일드 Oscar Wilde(1754~1900)

더블린 출신으로 유복한 가정에서 자랐다. 유년기에 여류 시인인 어머니를 통해 접했던 그리스, 로마 고전에 대한 열정과 트리니티 대학 재학 시절의 고대 역사 교수들, 옥스퍼드 대학에서 만난 존 러스킨 교수를 거치면서 순간의 환희와 쾌락을 중시하는 심미주의에 빠지게 되었다. 1882년, 뉴욕에 머물면서 영국 문예부흥과 신이교주의를 전파하기 위해 각 지방에서 강연을 하였고 큰 성공을 거둔다. 1888년에 동화집 〈행복한 왕자〉를 출판하고 다음 해 유일한 장편 소설인 〈도리언 그레이의 초상〉을 잡지에 발표하였다. 이후에도 활발한 집필 활동을 하고 재치 있는 입담으로 많은 명언을 남겼다. 하지만 1895년 미성년자와 동성연애 혐의로 기소되어 유죄 판결을 받고 2년 동안 레딩 교도소에 수감되었다. 이
사건으로 영국에서 영원히 추방되어 평생 돌아가지 못했으며 프랑스 파리에서 1900년 비참한 생을 마감한 비운의 작가이기도 하다.

브람 스토커 Bram Stoker(1847~1912)

더블린 출신. 트리니티 대학을 졸업한 후 연극계에 입문하였다. 흡혈귀 전설에서 아이디어를 얻어 1897년 〈드라큘라〉를 발표하여 큰 명성을 얻었다. 이 소설은 조지프 셰리든 레퍼뉴의 〈카밀라〉와 함께 흡혈귀 문학의 고전으로 손꼽히며 오늘날에도 꾸준히 영화, 연극, 뮤지컬로 각색되고 있다. 영국의 유명 배우인 헨리 어빙의 개인 비서로도 잘 알려져 있다.

윌리엄 버틀러 예이츠 William Butler Yeats(1865~1939)

아일랜드를 대표하는 민족주의 시인이자 극작가이다. 그레고리 여사, 에드워드 마틴과 함께 아일랜드 문예 부흥 운동을 일으킨 중심인물이기도 하다. 그는 더블린 근교의 샌디마운트에서 태어났지만 슬라이고에서 유년시절을 보냈다. 어린 시절부터 아일랜드의 신화와 전설에 관심이 많았는데 그가 24살에 출간한 초기 시집인 〈오이진의 방랑기〉는 켈트 문학 특유의 깊고 그윽한 정서를 풍겨, 세기말 시인들의 호평을 받았다. 1900년 이후의 작품들은 현실적이고 실제적인 정서를 반영했다. 초기 작품에 나
타났던 여성적이고 초월적인 스타일은 남성적이고 구체적인 스타일로 변화했다. 대표작으로는 〈캐서린 백작부인〉이 있으며 1923년 아일랜드 작가 최초로 노벨 문학상을 수상하였다.

제임스 조이스 James Joyce(1882~1941)

1882년 더블린 근교인 라스가에서 태어났다. 그리스, 라틴, 프랑스, 이탈리아, 독일 등 각국어에 통달하였고 일찍부터 셰익스피어, 단테, 플로베르 등의 작품을 탐독하였으며 아리스토텔레스, 토마스 아퀴나스 등의 철학을 흡수하였다. 아일랜드의 문예부흥 기운에 반발해 학교 졸업과 동시에 파리로 갔다. 22살에 아일랜드를 떠나 37년간 망명인 신분으로 외국에서 집필했지만 그의 소설 속 배경은 언제나 더블린이었다. 그는 고대 그리스 호메로스의 원작 〈오디세이아〉에 영향을 받아 〈율리시스〉라는 20세기 최고의 작품을 집필한다. 또한 그가 남긴 마지막 작품인 〈피나간의 경야〉는 실험적 작품으로 불리며 〈율리시스〉에 사용된 '의식의 흐름' 수법이 종횡으로 구사되었다. 더블린의 수많은 펍과 길에서 그의 흔적을 발견할 수 있다.

사무엘 베케트 Samuel Beckett(1906~1989)

더블린 출생으로 트리니티 대학을 졸업한 후 파리와 더블린에서 프랑스어 교사로 근무하였다. 1938년 이후 프랑스에 거주하면서 영어와 불어로 소설과 희곡을 발표하기 시작하였다. 희곡 〈고도를 기다리며〉의 성공으로 이름이 알려졌으며 이후 연극적 환상의 원리를 부정하는 전위적인 연극 운동 '반연극'의 선구자가 되었다. 3부작 소설인 〈몰로이〉, 〈말론은 죽다〉, 〈이름 붙일 수 없는 것〉은 누보 로망의 선구적 작품이며 그 외에도 다양한 희곡을 집필하였다. 친구였던 제임스 조이스로부터 받은 문학적 영감을 그만의 독특한 언어로 발전시켜 소설에서는 내면세계의 허무함을 글로 전달하였으며 희곡에서는 인물의 움직임이 적고 대화가 없는 드라마를 추구하였다. 그는 전 작품을 통해 세계의 부조리와 죽음을 기다리는 절망적인 인간의 삶을 묘사한 작가이기도 하다. 1969년에 노벨 문학상을 받았다.

셰이머스 히니 Seamus Heaney(1939~2013)

북아일랜드 출신. 시인이자 극작가, 번역가로 예이츠 이후 아일랜드 시인으로 가장 뛰어나다는 평가를 받고 있는 사람이다. 1966년 시집 〈어느 자연주의자의 죽음〉을 발표하면서 등단했다. 아일랜드 사람이면서 영국식 교육을 받아야 했던 유년의 경험이 어두운 상상력의 근저를 이루면서 초기에는 조국의 비극적인 역사를 다룬 작품을 많이 발표했다. 이후 시의 서정성을 노래하면서 문학성을 인정받게 된다. 1995년 노벨 문학상을 수상하였으며 주요 작품으로는 〈겨울나기〉, 〈들일〉, 〈스테이션 아일랜드〉 등이 있다.

현대에 활동하는 아일랜드 작가들과 작품

존 코널리 John Connolly(1986~)

더블린 출신으로 트리니티 대학에서 영문학을 전공했다. 1999년 〈모든 죽은 것〉으로 200년에 미국사립탐정소설가협회(PWA) 최우수상을 수상하며 단숨에 스릴러 작가로 부상했다. 이후 출간한 〈검은 심연〉, 〈죽음의 종족〉, 〈하얀 길〉로 이어지는 찰리 파커 시리즈를 발표하며 스릴러 작가로서의 입지를 굳혔다.

존 밴빌 John Banville(1945~)

아일랜드 웩스퍼드 출신으로 1976년 전기소설인 〈닥터 코페르니쿠스〉를 발표하고 제임스 테이트 블랙 메모리상을 수상하며 문단의 주목을 받기 시작했다. 1981년 〈케플러〉를 집필하고 가디언 픽션상을 수상했다. 1989년 〈증거의 책〉으로 부커상 최종 후보에 올랐고 2005년 〈신들은 바다로 떠났다〉로 부커상을 수상했다. 어두운 유머와 극도로 섬세한 문체가 특징이다.

로디 도일 Roddy Doyle(1958~)

소설가이자 시나리오 작가. 아일랜드 노동 계급의 삶을 많이 서술하였고 무거운 사회 문제들을 통해 아일랜드 정체성을 다루었다. 1993년 〈패디 클라크 하 하 하 Paddy Clarke Ha Ha Ha〉로 부커상을 수상하였다. 한국에는 그의 동화책이 많이 번역되어 있다.

콜름 토빈 Colm Tóibín(1955~)

콜롬비아 대학의 인문학 교수이다. 아일랜드 출신임에도 불구하고 2011년 영국의 옵서버 저널에서 영국의 300대 지식인 중 한 명으로 지명되기도 했다. 대표 저서로는 〈브루클린〉 〈노라 웹스터〉 등이 있다.

앤 엔라이트 Anne Enright(1962~)

아일랜드의 어려웠던 과거부터 현대의 시대정신, 가족 관계, 사랑에 관한 주제를 주로 소재로 삼는다. 2007년 〈개더링 The Gathering〉으로 맨부커상을 수상하였고 1991년 아일랜드 문학상인 루니상, 2001년 앙코르상, 2008년 아일랜드 소설을 수상한 이력이 있다.

PLANNING 08
가슴 뛰게 하는 아일랜드의 대표 가수들

한때는 동네 펍에서 연주되던 음악이 미국 이민자들에 의해 '아일랜드 포크송'이란 이름으로 대중화되었고 1970년대 이후 전 세계 음악가들과의 협업으로 새로운 현대 음악을 구축하였다. 영국 팝송으로 알고 있는 노래들 중 알고 보면 아일랜드 출신 가수들의 노래들이 상당하다. 대중적으로 잘 알려진 대표 가수들을 소개한다.

1. 밴 모리슨 Van Morrison

북아일랜드의 싱어송라이터로 아일랜드의 재즈, 포크, 켈틱, 블루스, 알앤비 등 다양한 장르를 혼합해 락의 예술적 영역을 넓힌 가수로 평가 받는다. 대표곡으로는 'Astral Weeks' 'Moondance' 'Crazy Love' 등이 있다.

2. 게리 무어 Gary Moore

가수의 이름은 잘 몰라도 한 번쯤은 들어보았을 'Still Got The Blues'가 그의 대표곡이다. '블루스 기타의 살아 있는 전설'로 불리며 40년간 활동하였다.
음악계에 종사하던 아버지의 영향으로 여러 악기를 배웠는데, 기타리스트 행크 마빈의 기타 연주에 매료를 느껴 기타리스트의 길을 걷게 되었다. 대표곡으로는 'Parisienne Walkways' 'Empty Room' 등이 있으며 2011년 우리 곁을 떠났다.

3. 시네이드 오코너 Sinead O'Connor

여성 싱어송라이터로 1980년대 후반 데뷔 앨범 〈The Lion and the Cobra〉로 이름을 알렸다. 1990년 'Nothing Compares 2 U'로 빌보드 차트 4주 연속 1위를 차지하며 세계적인 명성을 얻게 된다. 박박민 머리와 솔직한 발언, 행동으로 수많은 논란의 중심에 서기도 했다.

4. 유투 U2

전 세계 팝 역사를 이야기할 때 빼놓을 수 없는 4인조 록밴드로 아일랜드의 자랑이자 자존심이다. 정치적, 이념적, 종교적 내용을 담은 노래를 포함해 현재까지 17장의 정규 앨범을 발표했고 그래미상을 22번 수상해 그 어떤 밴드보다도 많은 기록을 세웠다. 'With or Without You', 'One', 'Beautiful Day' 등 무수한 히트곡을 남겼다.

5. 엔야 Eithne Ni Bhraonain

아일랜드의 대표적인 뉴에이지 가수. U2 다음으로 전 세계에서 음반이 많이 팔린 여성 솔로 가수이며 4번의 그래미상을 수상하였다. 켈트 신화에 영향을 받아 웅장하면서도 몽환적이고 신비로운 스타일의 음악을 많이 선보여 그녀만의 독창적인 음악 세계를 구축하였다. 'Orinoco Flow', 'Only Time', 'Anywhere Is' 등 수많은 히트곡을 비롯해 〈반지의 제왕〉, 〈아바타〉, 〈호빗〉과 같은 판타지 영화의 OST에 많이 참여했다.

6. 웨스트라이프 Westlife

1998년에 결성된 5인조 팝 남성 보컬 그룹이다. 2000년 MTV 유럽 뮤직 어워드 최우수상과 TV 힛츠 어워드 최우수 밴드상을 수상하며 전 세계적으로 선풍적인 인기를 끌었다. 슬라이고는 그들의 고향이자 활동무대로 유명한 관광지가 아님에도 불구하고 한국 사람들에게 익숙했던 타운이기도 했다. 대표곡으로는 'My Life'가 있고 현재는 4인조 그룹으로 활동 중이다.

7. 글렌 핸사드 Glen Hansard

영화 〈원스〉의 주인공으로 더 잘 알려져 있는 싱어송라이터이다. 〈더 프레임즈〉 밴드로 데뷔하였다. 〈원스〉의 흥행과 함께 타이틀곡인 'Falling Slowly'로 아카데미 주제상을 받았다. 가수로 데뷔하기 전, 더블린 그래프턴 거리에서 버스커로 노래를 부르기도 했다.

8. 데미안 라이스 Damien Rice

이름 때문에 한국 사람들에겐 '쌀아저씨'로 통하는 싱어송 라이터이다. 1990년대 록 밴드 주니퍼에서 음악을 시작했고 감성적이고 서정적인 음악을 많이 발표했다. 영화 〈클로저〉 OST 중 'The Blower's Daughter'로 인기를 얻었으며 대표 곡으로는 'Elephant', 'Amie' 등이 있다.

PLANNING 09
아이리시 펍 즐기기

아이리시 펍은 아일랜드인들의 정체성을 대변하는 곳이다. 세대와 인종, 계급을 초월하여 함께 술을 마시고, 이야기를 나누고, 노래를 부르고, 친구를 사귀고, 여유를 즐길 수 있는 가장 좋은 곳이다. 조용한 펍에서는 독서도 가능하다. 펍의 성격에 따라 춤을 위한, 연주를 위한, 노래를 위한, 스포츠를 위한, 사교를 위한 펍으로 나눠진다. 술 한 잔으로 전 세계 모든 사람을 만나고 친구를 사귈 수 있는 곳이자 아일랜드 사람들의 따뜻한 마음과 재치를 경험할 수 있는 곳. 아일랜드인의 삶과 역사가 담겨 있는 장소이다.

이야기 장소

관광객을 위한 펍은 전 세계에서 온 여행자들과 함께 아침부터 밤까지 이어지는 라이브음악을 들을 수 있는 곳이다. 아일랜드 사람들이 즐겨 찾는 펍을 방문하면 그곳에서 술을 마시는 현지인들과 쉽게 이야기를 나눌 수 있다. 아일랜드 사람들은 이야기하는 것을 좋아하고 의외로 외국인들에게 관심이 많다. 한국 사람들을 향한 그들의 가장 주된 관심사는 언제나 '북한' 이야기이다. 한국에서 왔다고 말하면 5명 중의 4명은 북한에 관한 질문을 하곤 한다. 한국 정세에 대해 약간의 준비를 하고 그들을 만난다면 더 자연스러운 대화를 할 수 있을 것이다.

에티켓

맥주는 바텐더에게 직접 주문을 하고 그 자리에서 돈을 지불하는 셀프식으로 현금과 카드 모두 가능하다. 다 마신 술잔은 테이블에 그냥 올려 놓으면 된다. 서양의 관습으로 통용되는 더치페이 문화가 발달했을 것 같지만 아이리시 펍에서는 예외다. 일반적으로 아일랜드 사람들과 술을 마실 땐 라운드 시스템Round system이 적용된다. 누군가가 나에게 술을 사주면 다음 술은 내가 그 사람의 것까지 함께 사는 식이다. 상대방의 술을 사는 타이밍은 그 사람의 파인트 잔이 다 비워지면 사주면 된다.

아이리시 펍 음식

통상적으로 펍에서 술을 마실 때 안주를 먹지 않지만 음식을 파는 펍에서는 술과 함께 식사를 즐길 수 있다. 펍에서 먹어볼 만한 전통 음식을 소개한다.

1. 더블린 코들 Dublin Coddle
아이리시 스튜의 일종으로 일반적인 스튜가 양고기나 돼지고기, 소고기를 주재료로 한다면 더블린 코들은 소시지가 주재료다. 다른 스튜보다 후추나 파슬리와 같은 향신료가 듬뿍 들어간다.

2. 비프 앤 기네스 파이 Beef and Guinness Pie
비프 스튜와 페이스트리를 함께 곁들여 먹는 음식으로 기네스 맥주를 육수로 사용하여 스튜의 풍미를 더한다. 스튜 위에 올리는 빵은 페이스트리처럼 부서지는 것이나 파이처럼 꾸덕꾸덕한 것을 올리는 등 다양하다.

3. 피시 앤 칩스 Fish and Chips
아일랜드의 대표적인 서민 음식이다. 대구나 해덕, 헤이크 같은 흰 살 생선에 튀김옷을 입혀 튀겨 내고 두툼한 감자튀김을 함께 놓는다. 재미있는 것은 아일랜드 사람들은 감자 칩에 식초를 뿌려 먹는 것을 좋아한다.

4. 시푸드 차우더 Seafood Chowder
각종 생선과 채소를 크림 우유에 넣어 끓인 차우더는 아이리시 펍에서 쉽게 볼 수 있는 메뉴이다.

5. 슬로우 쿡 캐비지&베이컨
Slow cook Cabbage and Bacon

감자와 베이컨, 양배추를 장시간 쪄서 파슬리와 같은 향신료와 소금 간을 해서 먹는 음식이다. 아일랜드 가정집의 대표 음식이기도 하다.

6. 뱅거스 앤 매쉬 Bangers&Mash
영국음식으로 분류되지만 아이리시 펍에서도 쉽게 볼 수 있다. 으깬 감자 위에 소시지와 그레이비를 올린 요리이다.

PLANNING 10
아일랜드를 추억하는 기념품

과거에는 그 지역을 대표하는 제품들은 그 지역에서만 구입이 가능했지만 오늘날에는 더블린에 있는 대형 쇼핑몰이나 디자인 센터에서 유명한 제품을 모두 구입할 수 있다. 대표적인 장소가 킬케니 숍과 아보카 핸드위버 매장이다. 아일랜드를 대표하고 기억할 수 있는 제품과 구입 장소를 정리했다.

아보카 담요 Avoca Blanket
100% 천연 양모로 만든 아보카 담요는 선명하고 화려한 색상이 특징이다. 알록달록 화려하지만 촌스럽지 않고 집안을 화사하게 만들 수 있는 아이템으로 최고! 아보카 매장Avoca Hanweaver이나 킬케니 숍Kilkenny Shop에서 구입 가능.

아란 스웨터&트위드 모자 Aran Sweater&Tweed Cap
한 때 영국 왕실까지 납품되었던 스웨터는 집집마다 그 가문이 가지고 있는 독특한 스웨터 패턴을 가지고 있는 것이 특징이다. 비가 잦은 환경에서 일하는 사람들을 위해 만들었기 때문에 스웨터에 물이 잘 스며들지 않는 특징도 가지고 있다. 양모와 기타 모사를 섞어 촘촘하게 짠 트위드 모자도 아일랜드를 대표하는 기념품이다. 킬케니 숍이나 아란 스웨터 매장에서 구입 가능.

워터포드 크리스탈 Waterford Crystal
워터포드 도시 이름을 딴 크리스탈 회사로 크리스탈 제품 브랜드에서는 세계적으로 유명한 회사이다. 킬케니 숍이나 공항 내 기념품 숍에서 구입 가능.

클라다 링 Claddagh Ring
골웨이 지역의 클라다 마을의 전통 약혼반지로 반지를 끼는 방향에 따라서 그 의미가 달라진다. 골웨이 시내뿐만 아니라 더블린 시내에서도 매장을 쉽게 찾을 수 있다.

전통악기 Ireland Traditional Instrument
아일랜드 전통 음악에 사용되는 아일랜드 바이올린인 피들Fiddle과 아일랜드 플루트Irish Flute, 틴 휘슬Tin Whistle, 파이프Uilleann Pipes, 보드란Bodhran 등은 더블린 악기 점이나 클라다 레코드Claddagh Records에서 구입이 가능.

켈틱 문양 액세서리 Celtic Design Jewelry
고대 켈틱 문양으로 만든 브로치나 액세서리 기념품으로 시중 주얼리 매장에서 구입 가능하다.

아일랜드 작가들의 소설책 Irish Novel
개인적으로 좋아하는 아일랜드 작가나 아직 한글판으로 출간되지 않은 소설책들은 이슨Eason 매장이나 하지스 피기스Hodges Figgis, 율리시스 래어 북스Ulysses Rare Books 서점에서 구입이 가능하다.

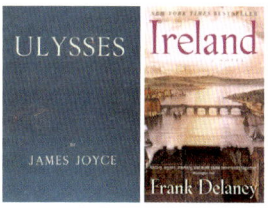

아일랜드 위스키 Irish Whiskey
3번의 증류 과정을 거쳐 목 넘김이 부드럽고 크리미한 것이 특징이다. 제이슨 위스키와 부시밀이 가장 대표적이다. 공항 면세점을 비롯하여 시중 슈퍼마켓에서 구입이 가능.

Theme
저렴하고 유용하게 즐기는 마트 쇼핑

부담스럽지 않은 선에서 가족, 친구의 선물을 찾는다면 슈퍼마켓으로 향하자.
한국에서 이미 구매대행으로 구입하는 물건부터 아일랜드에서 장만하면
이득인 아이템들이 슈퍼마켓에 모여 있다.

아이리시 티 Irish Tea
터키 다음으로 1인당 티 소비량이 많고 쌀쌀한 날씨 덕분에 아일랜드인들은 우유를 넣은 홍차를 물처럼 마신다.
라이온스Lyon's와 바리스Barry's 티가 유명하다.
1통에 2유로 선.

케리골드 버터 Kerrygold Butter
365일 푸른 들판에서 목초를 먹인 소에서 짜는 우유로 만든 버터는 깊고 풍부한 맛이다. 미국 여행자들이 꼭 사는 제품이기도 하다.
500g에 3유로 선.

테이토 감자칩 Tayto Potato Chip
감자가 주식인 나라답게 감자칩을 많이 생산한다. 그 중 테이토 회사가 가장 유명하다. 한국 감자칩보다 짜게 느껴질 수 있다.
작은 6봉지에 2유로 선.

버틀러스 핫 초콜릿 Butlers Hot Chocolate
버틀러스 초콜릿 회사에서 출시한 핫초코용 초콜릿. 일반 코코아 가루보다 더 깊고 풍부한 맛을 제공한다. 슈퍼마켓이나 버틀러스 매장에서 구입 가능.
한 상자에 5유로 선.

밀크초콜릿 Irish Milk Chocolate
1년 내내 목초지에서 자란 젖소들이 제공한 우유로 만든 초콜릿은 진한 부드러움을 가지고 있다.
1개당 1유로~

아일랜드 치즈 Irish Cheese
유제품의 발달은 치즈의 발달로 이어진다.
케리골드kerrygold, 칼버리Carbery, 거빈 치즈 Gubbeen Cheese 회사의 제품들이 유명하다.
1개당 3유로~

플라하반 포리지 오트밀 Flahavan's Oatmeal
한국에서 구매대행을 하는 제품. 현지에서는 더 다양한 제품을 저렴한 가격에 구입할 수 있다.
500g에 2유로~

PLANNING 11
분위기를 마시다, 아일랜드 맥주 VS 위스키

아일랜드에서는 기네스 맥주와 함께 각 지역의 다양한 맥주를 즐길 수 있다. 아일랜드를 대표하는 흑맥주부터 탄산이 강한 에일, 과일향이 나는 맥주, 각 지방에서만 판매하는 맥주까지 종류가 매우 다양하다. 맥주만큼이나 아일랜드산 위스키도 유명하다. 보통 위스키라고 하면 스카치 위스키를 떠올리지만 위스키의 원조는 아일랜드이다. 스카치 위스키가 2번의 증류를 거치는 것에 반해 아이리시 위스키는 3번의 증류를 거쳐 목 넘김이 부드럽고 달콤하며 크리미한 맛을 가지는 것이 특징이다.

추천 맥주 브랜드

아이리시 펍에서 즐기는 스타우트와 에일 맥주 외에도 슈퍼마켓에서 판매하는 맥주들은 셀 수 없이 다양하다. 그 중 아일랜드 사람들이 즐겨 마시는 맥주를 소개한다.

기네스 드래프트 Guinness Draught

기네스를 부드럽다고 말하는데 그 맥주는 기네스 드래프트를 지칭하는 말이다. 맥주 안에 들어있는 질소 볼이 맥주를 따는 순간 맥주에 섞여 부드럽고 크리미한 맛을 낸다. 아이리시 펍에서 기네스를 주문하면 마시게 되는 맥주이다.

기네스 홉 하우스 13
Guinness Hop House 13

기네스사에서 출시한 라거 맥주로 여성들에게 인기가 많다. 살구와 복숭아의 달콤한 풍미를 느낄 수 있고 라거 맥주의 시원한 청량감과 탄산을 즐길 수 있다. 알코올 도수는 4.1도이다.

비미시 스타우트
Beamish Stout

기네스 드래프트와 비교했을 때 더 가볍고 쓴맛이 난다. 캐러멜의 달콤함과 커피향도 함께 느낄 수 있다.

포터하우스 오이스터 스타우트
Porterhouse Oyster Stout

신선한 굴과 곡물, 홉을 발효시켜 만든 독특한 맥주이다. 기대하는 것만큼 해산물의 향이 느껴지지 않고 맥아 향과 크림 향이 나는 것이 특징이다.

머피스 아이리시 스타우트
Murphy's Irish Stout

기네스와 비미시보다 더 가볍고 감미로운 맛이 특징이다. 디저트 음식에 곁들여 마신다.

스미딕스 아이리시 에일
Smithwick's Irish Ale

달콤한 과일과 깊은 맥아, 커피, 볶은 보리 향을 함께 느낄 수 있다. 기네스 홉 하우스보다 약간 싱거운 맛이 느껴지기도 한다.

오하라 셀틱 스타우트
O'hara's Celtic Stout

홉, 보리, 누룩, 물. 기본 원료에 충실한 향과 맛을 가진 맥주이다. 홉과 볶은 보리의 조합은 풍성하고 부드러운 맛을 내며 부드러운 커피 향도 느낄 수 있다.

벌머 사이다 Bulmers Cider

가장 대표적인 사이다 브랜드로 17가지 과일 맛을 가진 술을 출시했고 애플 사이다가 가장 유명하다. 맥주가 아닌 사이다Cider로 분류되지만 알코올 도수는 4.5도이다. 아이리시 펍에서도 판매한다.

추천 위스키 브랜드

아일랜드어로 '삶의 물'을 뜻하는 위스키. 전 세계적으로 유명한 위스키부터 지방색이 강한 위스키까지 다양한 종류의 위스키를 소개한다.

제임슨 위스키 Jameson Whiskey

아일랜드에서 가장 유명한 위스키 브랜드이다. 첫 향은 아몬드 및 바닐라, 과일향이 코 끝을 스치고 마지막은 부드럽게 구운 나무 향이 나는 것이 특징이다.

부시밀즈 Bushmills Whiskey

콜라, 소다, 진저에일과 같은 믹서와 함께 마시면 좋은 위스키로 토스트 오크와 바닐라의 강렬한 향을 가지고 있다. 맛은 캐러멜과 너트 열매의 중간 느낌이다.

킬베간 위스키
Kilbeggan Single Grain Irish Whiskey

94%의 옥수수와 6%의 맥아로 구성되어 있다. 윤기 나는 체리 빛깔을 가진 위스키는 코코넛 크림과 바닐라, 붉은 여름 열매의 향이 나며 헤이즐넛과 비스킷 단맛, 가벼운 향신료 맛이 난다.

콰이트 맨 위스키
The Quiet Man Irish Whiskey

50년간 비밀리에 바텐더로 일한 아버지를 위해 아들이 만든 술이다. 믹서기가 여러 개의 증류기로 위스키를 골고루 섞어서 이상적인 향을 만들어낸 후 오크 통에 숙성을 했다. 가볍고 부드러운 향이 난다.

코네마라 피트 싱글 몰트 위스키
Connemara Peated Single Malt Whiskey

일반적인 아이리시 위스키와 달리 단일 맥아를 사용하고 2번의 증류를 통해 위스키를 완성했다. 코네마라 지역에서 많이 생산되는 토탄에서 곡물을 훈연해 위스키를 제조하는 것이 포인트이다. 달콤한 꿀과 사과, 레몬 맛이 난다.

툴라모어 듀 아이리시 위스키
Tullamore Dew Irish Whiskey

세계에서 두 번째로 잘 팔리는 아일랜드 위스키이다. 부드럽고 목넘김이 좋다. 아이스를 넣어 마시거나 칵테일용으로 많이 사용된다.

파워 아이리시 위스키
Power Irish Whiskey

아일랜드에서 꾸준한 인기를 얻고 있는 위스키로 아이리시 커피를 만들 때 많이 사용한다. 강향 향신료와 꿀 향이 나지만 끝 맛은 강하고 매운맛이 나는 것이 특징이다.

레드브레스트 싱글 팟 스틸
Redbreast Single Pot Still

깔끔하고 부드러운 맛이 특징이다. 구리 팟 스틸에서 3번의 증류를 거쳐 전통 방식을 고수한다. 국제 주류 경연 대회에서 정기적으로 상을 수상하는 위스키로 아일랜드에서도 귀한 술이다.

아일랜드 여행 체크리스트

설렘이 가득한 여행일지라도 기본적인 여행 규칙을 숙지해야 여행의 즐거움이 배로 늘어난다. 떠나기 전 미리 체크하면 좋은 리스트를 정리해 보았다.

아일랜드 여행, 언제가 좋을까?

초여름부터 가을이 여행하기 좋다. 서머타임이 시작되는 3월 말부터 해가 길어지기 시작해 6월 말에는 10시가 넘어도 어둡지 않다. 아일랜드 여름은 6월부터 8월로 규정되지만 여름 연평균 기온이 15도 안팎이라 서늘한 편이고 바람이 불면 체감 온도는 더 내려간다. 여름이라도 긴팔은 필수로 준비해야 한다.

9월 중순에는 여름보다 온도가 더 올라가는 '인디안 서머' 기간이 있어 더 따뜻한 날씨를 즐길 수 있다. 서머타임이 끝나는 11월부터 3월 중순은 오후 4~5시만 되도 어둡다. 겨울 평균 온도는 5도 안팎으로 영하로 떨어지는 날은 별로 없지만 바람이 부는 날이 많아 체감온도는 훨씬 낮다.

아일랜드에서 비란?

아일랜드 삶의 일부분이다. 편서풍 영향을 많이 받는 해양성 기후로 하루에도 날씨 변화가 심하다. '하루에 모든 계절을 만날 수 있다'는 우스갯소리가 있을 정도이다. 아침에 화창하다가도 어느새 먹구름이 몰려와 비가 오고, 비가 오는 중에 한쪽 하늘에는 해가 떠 있다. 그래서 이곳에서 무지개를 보는 일은 매우 흔한 일이다. 몸이 휘청거릴 정도의 강한 바람이 불다가 언제 그랬냐는 듯이 잠잠해 지기도 한다.

아일랜드는 1년 중 300일 이상 비가 내리는데 하루 종일 비가 내리는 식이 아니라 잠깐 내렸다 그치는 비가 대부분이다. 또한 강한 바람을 동반한 비가 많아서 우산이 무용지물일 때가 많다. 비가 안 오는 날을 찾아 여행 일정을 짜는 것은 불가능하며 여행 중 비가 오는 날이 적었다면 매우 운이 좋은 경우라 할 수 있다.

화폐와 물가는?

유로Euro를 쓴다.
1유로=1,309(2018년 10월 기준). 맥주, 와인은 저렴한 편이고 슈퍼마켓에서 판매하는

식자재들은 한국과 비슷하거나 더 저렴하다. 시외 교통비는 기차와 버스에 따라 금액의 차이가 있지만 전체적으로 한국보다 비싸다. 외식비도 서울보다 비싼데 맥도널드 빅맥 세트(6.7유로)를 기준으로 점심은 10~15유로, 저녁은 15~20유로에 먹을 수 있다.

한국에서 아일랜드 가는 법은?

직항 노선은 없고 주변 국가를 경유해서 가야 한다. 영국이나 독일, 네덜란드, 프랑스, 터키 등을 1회 경유해 더블린 국제공항으로 갈 경우 13~17시간 소요된다.

비자가 필요한가?

생겐 조약 가입 국가는 아니지만 비자 없이 여권만 보여주면 입국이 가능하며, 무비자로 최대 90일까지 머물 수 있다. 출입국 카드도 작성할 필요 없다(단, 여권 유효기간이 6개월 이상 남아 있어야 함). 90일 이상 여행할 경우, 학생 비자나 취업비자를 따로 발급받아야 한다.

계절별 옷차림은 어떻게 할까?

계절에 상관없이 긴 팔 셔츠와 머플러, 모자 달린 바람막이 잠바는 필수(우산은 옵션).
초봄(3~4월) 평균 10~15도. 강한 바람을 동반한 추운 겨울 날씨와 따뜻한 봄 날씨가 교차되므로 겨울 패딩이나 코트 필수. 간헐적으로 내리는 비를 피할 수 있는 모자 달린 옷이나 방풍 점퍼 필수.
늦봄(5월)과 늦가을(10월) 평균 13~16도. 해가 있을 때는 따뜻하지만 비가 오고 바람이 불면 춥다. 가벼운 패딩과 모자 달린 옷을 준비해야 한다.
여름(6~8월)과 초가을(9월) 평균 15~20도. 6월 날씨가 가장 좋아 25도까지 올라가는 날도 간간히 있다. 7월 중순부터 8월은 다시 서늘해진다. 전반적으로 한국의 늦봄 날씨지만 바람이 불고 습도가 높아서 체감 온도는 낮고 땀은 나지 않는다. 추위를 많이 타는 사람들은 두꺼운 옷을 입어도 무방하다. 반팔 셔츠보다는 얇은 긴팔 셔츠를 더 많이 입는다.
겨울(11~2월) 평균 5~10도. 영하로 떨어지는 날은 거의 없지만 바람이 강하고 비가 자주 와서 체감 온도는 0도 이하로 떨어진다. 지나치게 두꺼운 패딩보다는 적당한 두께의 패딩과 가벼운 옷을 여러 개 겹쳐 입는 것이 더 따뜻하다. 털모자, 장갑, 핫팩 필수.

언어는?

공식적인 언어는 아일랜드어(게일어로 부름)이고 제 2의 언어가 영어이지만 실제로는 영어가 사용된다. 서쪽의 일부 게일어 지역에만 게일어를 사용한다.

시차는?

서머타임이 적용되는 3월 마지막 일요일부터 10월 마지막 일요일까지는 8시간 느리고, 그 외 여름과 가을은 9시간 느리다. 한국이 밤 12시일 때 아일랜드는 전날 오후 3시(서머타임 적용 시)다.

아일랜드에서 심카드 이용하는 법

최근에는 한국에서도 심카드 구입이 용이해졌다. 여행 전 미리 구입을 하는 것도 방법이다. 아일랜드에서 여행자들에게 추천하는 심카드는 쓰리three 통신사의 20유로 심카드이다. 28일간 데이터는 무제한, 음성 통화는 20유로만큼 사용 가능하며, 같은 통신사끼리 무료 통화, 문자 메시지는 3,000개까지 가능하다.

쓰리 매장은 더블린 쇼핑가인 그래프턴 거리와 헨리 거리에서 쉽게 찾을 수 있으며 심카드 개통 시간은 5분도 채 걸리지 않는다(주의, 심카드를 사용하기 위해선 컨트리 록이 해제되어 있어야 한다).

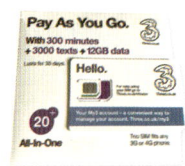

쓰리 매장 주소 46 Grafton St./ 35 Henry St.

> **Tip** 심카드 없이 무료 와이파이를 최대한 사용하는 것도 방법이다. 아일랜드는 공항을 비롯해 공공기관, 호텔, 레스토랑, 카페, 쇼핑센터에서 무료 와이파이를 제공하는 곳이 많다. 호텔 체크인 및 레스토랑, 카페에서 주문 시 직원에게 와이파이 사용 가능 여부와 패스워드를 문의해 보자.

IRELAND BY AREA

아일랜드 지역별 가이드

1 더블린
2 골웨이&골웨이 주변
3 코크&코크 주변
4 케리
5 킬케니
6 북아일랜드

Ireland By Area

01

더블린
Dublin

리피강 남동쪽 | 리피강 남서쪽 |
리피강 북쪽 | 더블린 주변

아일랜드의 수도 더블린은
문학, 예술, 음악이 공존하는 도시이다.
유럽 문학의 중심도시라 할 만큼 내로라할
문학가들의 본거지이기도 하다.
한 나라의 수도치고는 작은 규모에
살짝 당황할 수 있지만 실망은 여기까지.
타박타박 도시를 걷고 있노라면
어디선가 흘러나오는 버스커들의 노랫소리에
'낭만'이란 단어가 절로 떠오른다.

IRELAND BY AREA 01
더블린

Dublin
PREVIEW

더블린은 도시를 관통하는 리피강을 중심으로 남쪽과 북쪽으로 나뉜다.
북쪽 중앙에는 아일랜드의 세종대로로 통하는 오코넬 거리가 있고
남동쪽에 위치한 트리니티 대학과 대학가를 중심으로 형성된 그래프턴 거리 및
템플 바에서는 더블린의 색깔을 확실히 찾을 수 있다.

SEE

아일랜드 지성의 상징인 트리니티 대학, 아일랜드 문학의 상징인 더블린 작가 박물관부터 20세기 표현주의 화가인 프란시스 베이컨의 작업실을 만날 수 있는 시립 휴레인 미술관, 무료로 즐길 수 있는 아일랜드 국립 박물관들, 아픈 역사의 현장을 느낄 수 있는 더블린성과 킬마이넘 감옥 등도 빠놓을 수 없다. 아일랜드를 떠올릴 때 가장 먼저 언급되는 기네스 스토어하우스는 기네스 맥주 마니아들에게 잊을 수 없는 추억을 선사할 것이다.

EAT

감자가 주식인 아일랜드의 대표적인 음식은 피시 앤 칩스다. 호텔 조식으로 무조건 먹게 되는 아이리시 브렉퍼스트도 빠놓을 수 없다. 다양한 인종이 살고 있는 더블린에는 멕시코, 브라질, 인도, 터키, 그리스, 베트남 등 전 세계의 모든 음식을 맛볼 수 있다.

BUY

주요 쇼핑가는 남동쪽의 그래프턴 거리와 북쪽의 헨리 거리를 중심으로 밀집해 있다. 퀄리티가 있는 기념품을 찾는다면 킬케니 숍Kilkenny Shop과 아보카 AVOCA 매장을 방문하자. 아란 제도의 양털 제품과 아이리시 위스키, 유제품 구입도 잊지 말자.

SLEEP

더블린 전역에 숙소가 분포해 있지만 리피강 남동쪽에 있는 숙소들이 명소와도 가깝고 도보로 여행하기 좋다. 리피강 북쪽 오코넬 거리 근처의 숙소들은 공항버스 등 대중교통을 이용하기 편리한 장점이 있다. 가족 단위로 여행한다면 에어비앤비나 아파트 형식의 숙소를 구하는 것도 방법. 배낭여행자들이 많은 더블린 시내에는 싸고 시설이 좋은 호스텔도 많으니 참고하자.

Dublin
GET AROUND

어떻게 갈까?

더블린 국제공항(DUB)은 한국에서 가장 저렴하게 갈 수 있는 아일랜드 국제공항이다. 직항 편이 없어 유럽이나 중동을 경유해서 들어와야 하는 단점이 있지만 도착 스케줄이 아침부터 저녁까지 다양하며 공항에서 시내까지의 접근성이 좋다.

| 더블린 국제공항에서 시내로 가기 |

공항에서 시내까지는 약 12km정도이다. 공항의 규모가 작고 제1터미널과 제2터미널은 도보로 5분도 걸리지 않기 때문에 어느 터미널에서 내리는지는 그리 중요하지는 않다. 가장 빠른 수단은 택시지만 공항버스를 이용해도 시내까지 20~30분이면 도착한다.

1. 공항버스

에어코치Aircoach와 에어링크Airlink로 나눌 수 있다. 에어코치는 하늘색 공항 전용 버스로 24시간 운행하며 온라인으로 예매하면 가격이 할인된다. 에어링크는 더블린 버스 회사에서 운영하는 초록색 공항버스이며 새벽 4시 45분(일요일 6시 30분)부터 밤 12시 30분까지 운행한다. 지정석이 아니기 때문에 사람이 많을 때는 서서 갈 수도 있다.

	에어코치	에어링크
편도	성인(13세 이상) 7유로(온라인 6유로), 어린이(5~12세) 2유로(온라인 1.5유로)	성인(13세 이상) 6유로, 어린이(5~12세) 3유로
왕복	성인 12유로(온라인 11.5유로), 어린이 4유로(온라인 3유로)	성인 11유로, 어린이 5유로
티켓 구입	온라인 또는 현장구매	자동 티켓발급기 또는 운전사에게 구매

Data 홈페이지
에어코치 www.aircoach.ie
에어링크 dodublin.ie
타는 곳
제1터미널 : 공항을 나와 왼쪽의 버스 이정표를 따라 간다.
제2터미널 : 중앙의 노란 조각상을 지나서 구름다리를 건넌 후 한층 내려간다.

에어코치

에어링크

2. 일반버스

시내로 가는 버스는 16, 33, 41, 700번이며 보통 40분 이상 소요된다. 요금은 3.3유로(교통카드 2.6유로)로 가장 저렴하지만 짐이 많을 경우 불편하고 시간이 오래 걸리는 단점이 있다. 거스름돈을 주지 않기 때문에 티켓 구입은 정류장 앞 자동 티켓 발급기를 통해 구입해야 한다.

Data 타는 곳 제1터미널 출구에서 나와 계속 직진. 공항버스 정류장, 단기&렌터카 주차장을 지나면 골웨이나 코크 등으로 갈 수 있는 고속버스 정류장들 중 15번 존.

3. 택시

시간대와 교통상황에 따라 다르지만 평균 20~35유로 정도 든다. 추가 인원당 1유로가 부과되며 만 12세 이하 어린이는 1명까지는 무료이다. 어린이가 2명 이상일 경우 1유로 추가된다.

Data 타는 곳 공항버스 탑승하는 곳 바로 옆에서 이용이 가능하다.

4. 렌터카

더블린 시내의 도로는 대부분 4차선 이하로 좁은 편이며 교통이 매우 혼잡하다. 또한 시내의 호텔 주차장은 유료가 많고 주차비가 비싸기 때문에 렌터카를 이용해서 시내로 들어가는 것은 추천하지 않는다.

어떻게 다닐까?

더블린의 대중교통은 트램인 루아스Luas와 버스, 택시로 나눌 수 있다. 더블린 시내는 생각보다 좁고 주요 명소가 도심에 밀집되어 있어서 도보로 다닐 만하다. 하지만 남서쪽의 기네스 스토어하우스나 킬마이넘 감옥, 북서쪽의 피닉스 공원은 도심에서 떨어져 있다(시내에서 도보로 약 30분). 시간의 제약을 받는 여행자라면 버스나 루아스를 탈 것을 추천한다. 또한 더블린 근교를 여행하기 위해서는 버스나 철도청에서 운행하는 기차인 다트Dart를 타야 한다.

1. 루아스 Luas

전기로 운행하는 지상 전동차로 그린라인과 레드라인으로 나뉜다. 복잡한 서울 지하철에 비교하면 매우 단순하다. 그린라인은 리피강을 기준으로 강남쪽에 세로 형태로 되어 있고 레드라인은 강북쪽에 수평으로 자리 잡고 있다. 각 라인은 다시 3~4개의 구간으로 나뉘어 있고 각 구간별로 요금이 차등 지급된다. 특이하게 루아스는 한국의 전철과 달리 개찰구가 없다. 완전히 개방되어 있어서 돈을 내는 것은 시민의 양심에 달려 있지만 수시로 티켓을 검사하는 요원들이 다니기 때문에 꼼수를 부리는 일은 없도록 하자.

Data 타는 방법 루아스 정류장에 설치된 자동판매기에서 목적지를 선택하고 티켓을 구입한다. 탑승 전 자동판매기 옆 카드 인식기에 카드를 찍는다. 타고 내릴 때 개찰구를 통과할 일이 없기 때문에 티켓을 잘 소지하고 있어야 한다.

---

2. 버스 Bus

110개의 버스 노선이 더블린과 근교를 촘촘하게 연결하고 있다. 더블린 버스의 상징은 파란색과 노란색이 칠해진 2층 버스이다. 더블린 구석구석을 연결하는 거의 유일한 교통수단이기도 하다. 주의할 점은 버스 승차 시 운전기사에게 직접 목적지를 말한 후, 운전기사가 책정하는 요금을 지불해야 한다는 것이다. 한국처럼 내릴 때 자동으로 요금이 계산되지 않으며, 도착지마다 요금이 다르다. 또 버스에서 거스름돈을 주지 않기 때문에 미리 동전을 준비하는 것이 좋다. 거스름돈을 받아야 하는 경우에는 영수증을 지참하고 오코넬 거리에 있는 더블린 버스 회사Dublin Bus Head Office에 가야 한다. 버스 노선과 요금에 대한 정보는 더블린 버스 홈페이지를 참고하자.

Data 요금 현금으로 지급할 경우 1회 승차 시 정차역 개수에 따라 2.1~3.65유로(교통카드 이용 시 1.5~2.9유로)
홈페이지 www.dublinbus.ie

---

3. 택시

택시 승강장에서 타거나 지나가는 택시를 세우면 된다. 기본요금은 3.8~4.2유로이며 인원당 1유로씩 추가 요금을 지급해야 한다. 인터넷으로 택시 요금을 미리 계산해볼 수 있다. 더블린에는 우버 택시도 이용 가능하다.

Data 택시 요금 미리 알아보기 www.transportforireland.ie

4. 렌터카

렌터카는 더블린 국제공항에서 인수하는 것과 더블린 시내에서 인수하는 방법 두 가지가 있다. 인수 장소는 여행 일정에 따라 달리 선택하는 것이 좋다. 만약 더블린에서 하루나 이틀을 여행하고 지방으로 가는 일정이라면 우선 도시 여행을 하고, 다른 도시로 이동하는 날 시내나 공항에서 차를 인수하는 것이 좋다.

더블린 시내는 교통이 매우 복잡하고 주차비가 비싸다. 더블린 시내에서 스트릿 파킹은 시간당 2.9유로이며 최대 2시간까지 가능하다. 전용 주차장 주차비는 장소에 따라 달라지는데 평균 3.5유로이다. 더블린 근교는 주차비가 무료이거나 시간당 1유로인 곳이 많다. 더블린 시내에서 렌터카를 대여할 경우 구글 검색창에서 'Rent a Car in Dublin'을 입력한 후 자신의 숙소에서 가까운 대리점을 찾으면 된다. 도시에 따른 주차장과 요금 정보는 파코피디아 홈페이지에서 확인한다.

Data 파코피디아 홈페이지 www.parkopedia.ie

Tip 립 비지터 카드 Leap Visitor Card

아일랜드 교통카드인 립카드Leap Card에서 제공하는 여행자용 카드이다. 카드 한 장으로 더블린 에어링크 공항버스, 시내버스, 루아스, 다트 및 15km 이내의 기차를 선택한 기간 동안 무제한으로 사용할 수 있다. 비지터 카드는 1일, 3일, 7일권으로 나뉘며 카드 유효기간은 시간에 따르기 때문에 24시간짜리인 1일권은 이틀에 걸쳐서 사용할 수 있다. 더블린의 주요 명소들은 시내에 밀집해 있어서 교통카드 없이 다닐 수 있는 곳이 대부분이지만 더블린 근교를 여행한다면 1일권 구입이 더 경제적이다.

Data 요금 1일권(24시간) 10유로, 3일권(72시간) 19.5유로, 7일권(168시간) 40유로
구입 장소 더블린 공항 : 1터미널 버스&여행 인포메이션 데스크, 2터미널 출구 앞 스파Spar 편의점
더블린 시내 : 더블린 버스 회사, 디스커버 아일랜드 센터, 비지트 더블린 센터
홈페이지 about.leapcard.ie

※ 이런 여행자에게 립 비지터 카드 추천!

1. 이른 아침에 더블린에 도착하는 여행자
더블린 공항에서 시내까지 가는 공항버스(편도 6유로)를 타고 이른 오후부터 관광을 시작한다. 시내에서 도보로 가기 힘든 기네스 스토어하우스나 피닉스 공원, 킬마이넘 감옥 등 최소 2곳 이상을 대중교통을 이용해 여행한다.

2. 더블린 근교와 시내에서 먼 명소를 가는 여행자
오전에 기네스 스토어하우스, 피닉스 공원, 킬마이넘 공원 등을 둘러본 후 늦은 오후에는 다트Dart를 타고 더블린 근교(호스, 달키, 브레이 등) 여행을 즐긴다.

바이킹 스플래시 투어 Viking Splash Tours

Tip 약 75분간의 육지&수상 투어이다. 바이킹 뿔이 달린 모자를 쓰고 중세 시대와 조지안 시대에 이르는 더블린의 사소하고 재미있는 이야기를 들을 수 있다. 세인트 스티븐 그린 공원에서 시작해 더블린성을 지나 크라이스트 처치 대성당, 세인트 페트릭 대성당, 메리언 스퀘어 공원, 오코넬 거리, 트리니티 대학 등 더블린의 주요 명소를 여행할 수 있다. 육지 투어가 끝나면 더블린의 대운하 독Grand Canal Dock의 물에 들어가 수상 여행을 즐긴다.

Data 출발 장소 세인트 스티븐 그린 공원 북쪽 게이트 앞 주소 St Stephens Green North, Dublin 2 요금 성인 25유로, 어린이(2~12세) 13유로, 청소년(13~17세) 17유로, 학생(학생증 제시) 22유로, 가족(어른2+어린이2) 70유로 홈페이지 www.vikingsplash.com

INFO 관광안내소

더블린 공항 제1터미널 관광안내소
Dublin APT Terminal 1 Information Center
Data 가는 법 1층(Level 0) 도착하는 곳 중앙
운영 시간 06:00~19:00, 크리스마스 휴무

더블린 공항 제2터미널 관광안내소
Dublin APT Terminal 2 Information Center
Data 가는 법 도착하는 곳Arrivals 오크 바Oak Bar 맞은편
운영 시간 06:00~19:00, 크리스마스 휴무

더블린 시티 비지터 센터
Visitor Dublin Centre in City Centre
Data 가는 법 그래프턴 거리 입구에서 우회전
주소 25 Suffolk St, Dublin 2
운영 시간 월~토 09:00~17:50, 일·공휴일 10:00~15:00, 12월 15~16일, 1월 1일 휴무

더블린 시티 디스커버 아일랜드 고객 센터
Discover Ireland Centre in City Centre
Data 가는 법 오코넬 거리 스파이어 첨탑에서 그레셤 호텔 쪽으로 도보 1분
주소 14 Upper O'Connell St, Dublin 1
운영 시간 월~토 09:00~17:00, 일·공휴일·12월 8일 휴무

버스아라스 시외버스 터미널
Busaras Central Station
Data 가는 법 오코넬 동상에서 리피강을 오른쪽에 끼고 도보 8분, 루아스 레드라인 Busáras역 하차
주소 20-22 Store St, Dublin 1
전화 01-836 6111
홈페이지 www.buseireann.ie

휴스턴 중앙 기차역 Dublin Heuston
Data 가는 법 오코넬 동상에서 리피강을 왼쪽에 끼고 도보 30분, 루아스 레드라인 Heuston역 하차
주소 Heuston Station, St. Johns Road West, Dublin 8 홈페이지 www.irishrail.ie

코널리 기차역 Dublin Connolly Railway Sation
Data 가는 법 더블린 시외버스 터미널에서 도보 3분, 루아스 레드라인 Connolly역 하차
주소 North Dock, Dublin
홈페이지 www.irishrail.ie

주 아일랜드 대한민국 대사관
Embassy of the Republic of Korea
Data 가는 법 오코넬 다리 정류장에서 대중교통으로 22분
주소 Clyde House, 15 Clyde Rd, Dublin 4
전화 01-660 8800, 01-660-8053
운영 시간 월~금 09:00~12:00, 13:30~17:00, 토·일 휴무 홈페이지 irl.mofa.go.kr

📣 |Theme|
더블린 패스의 모든 것

더블린 패스란?

더블린의 주요 관광명소 25곳 이상을 줄 서지 않고 무료로 입장할 수 있는 패스다. 또 공항에서 더블린 시내로 들어가는 에어코치와 시티투어 홉 온 홉 오프Hop-on Hop-off 버스(24시간 유효) 도 이용할 수 있다. 그 밖에 더블린의 상점, 레스토랑, 극장 및 관광명소에서 특별 할인 혜택을 누릴 수 있다.

더블린 패스 가격		주요 명소 입장료	
1일권	어른 59유로, 어린이 29유로	기네스 스토어하우스	25유로
		달리 캐슬	9유로
		더블리니아	9.5유로
		더블린 동물원	17유로
2일권	어른 77유로, 어린이 34유로	더블린성	7유로
		더블린 시티투어 버스	20유로
		더블린 작가 박물관	8유로
		더블린 작은 박물관	10유로
3일권	어른 94유로, 어린이 44유로	세인트 패트릭 대성당	7유로
		에어코치 공항버스 1회	7유로
		올드 제임슨 양조장	20유로
		제임스 조이스 센터	5유로
5일권	어른 114유로, 어린이 54유로	지니 존스턴 기근선 투어	9.5유로
		크라이스트 처치 대성당	7유로
		total	161유로(성인 기준)

이런 사람에게 추천!

1. 더블린에 일찍 도착해 첫날부터 관광을 하는 사람
더블린 공항에서 에어코치(7유로)를 타는 것부터 더블린 패스를 사용할 수 있다.

2. 짧은 일정(1~2박)으로 더블린을 여행하는 사람
일정이 짧아 도시를 도보로 돌아보기 힘든 사람은 시티투어 버스(20유로)를 탈 것을 추천한다.

3. 일정 중 기네스 스토어하우스가 포함되는 사람
입장료 중 가장 비싼 곳이 기네스 스토어하우스(25유로)이다. 사람이 가장 붐비는 곳이기 때문에 더블린 패스가 있으면 패스트 패스Fast Pass로 빨리 들어갈 수 있다.

4. 하루에 명소를 3곳 이상 많이 둘러보는 사람
기네스 스토어하우스를 제외한 나머지 명소의 입장료는 10유로 미만이다. 본인이 꼭 가야 할 명소를 선택한 다음 더블린 패스가 경제적인지, 독립 구매가 경제적인지 비교해본다.

주의사항

더블린 패스에 적용되는 입장료를 내는 순간 효력이 발생한다. 밤늦게 더블린 공항에 도착해서 에어코치 공항버스를 타는 일은 없도록 한다.

구입 및 수령 방법

구입 방법 관광안내소나 홈페이지(www.dublinpass.com)에서 구입 가능

수령 방법 온라인 구입 시 집으로 배송하거나(유료) 더블린 관광안내소에 가서 이메일로 받은 예약증과 교환한다. 또는 스마트폰에서 더블린 패스 어플로 바로 이용할 수 있다.

수령 장소 더블린 공항 1, 2터미널이나 더블린 시내의 관광안내소

더블린 시티 비지터 센터
Visitor Dublin Centre in City Centre
Data 가는 법 그래프턴 거리 입구에서 우회전 후 도보 1분 **주소** 25 Suffolk St, Dublin 2
운영 시간 월~토 09:00~17:30, 일·공휴일 10:30~15:00, 12월 25일~26일, 1월 1일 휴무

더블린 시티 디스커버 아일랜드 고객 센터
Discover Ireland Centre in City Centre
Data 가는 법 오코넬 거리 입구에서 위로 도보 5분 **주소** 14 Upper O'Connell St, Dublin 1
운영 시간 월~토 09:00~17:00, 일·공휴일·12월 8일 휴무

모바일 더블린 패스 수령 방법

온라인 구입 시 '모바일 티켓' 옵션을 선택하고 구입을 하면 바로 이용이 가능하다.
1. 안드로이드용 또는 iOS용 무료 더블린 패스The Dublin Pass 어플을 설치한다.
2. 어플 내 메뉴에서 'Your Mobile Dublin Pass'항목을 선택한다.
3. 구입 후 이메일로 받은 주문 번호 Reference Number를 입력하고 Submit을 선택한다.

※모바일 더블린 패스는 어플을 다운받은 시간이 아닌, 티켓을 사용한 시점부터 효력이 발생한다. 모바일 더블린 패스 어플 안에는 더블린의 여러 지역 정보와 더블린 패스의 명소 목록, 지도, 교통 노선, 지역 기후, 통화, 공휴일, 유용한 전화 등이 수록되어 있다. 더블린 패스를 구입하지 않더라도 어플만 설치해 모바일 가이드북으로 활용할 수 있다.

IRELAND BY AREA 01
더블린

|Theme|
더블린 투어 버스 홉 온 홉 오프 Hop-on Hop-off

짧은 일정으로 더블린을 여행하거나 단시간 내 관광지를 효율적으로
둘러보고 싶은 사람들, 가족 여행객에게 좋은 상품이다. 정해진 기간 동안
무제한 승하차하며 관광지를 오갈 수 있는 장점이 있다.

투어 버스 티켓 구입

1. 현장에서 직접 구입하거나 온라인에서 구입할 수 있다.
2. 온라인 구입이 현장보다 15~25% 저렴하다. 온라인으로 티켓을 구입할 경우 이메일로 전송된 E-티켓을 운전사에게 보여주면 된다.
3. 정확한 운행 시간과 승하차장, 운행 루트 등은 각 업체의 홈페이지에서 확인할 수 있다.
4. 만 14세 이하 어린이는 무료이다.

투어 버스 종류

1. 시티 사이트싱 더블린 City Sightseeing Dublin
일명 '레드버스'로 통하는 투어 버스로 전 세계에 가장 많은 라인을 보유하고 있다. 버스 투어 시간은 약 1시간 30분이다. 더블린 패스 소지자는 1일권을 무료로 이용할 수 있다.

Data 현장 티켓 구입처 13 O'Connell St Upper, North City, Dublin 1 **전화** 01-531-1711
요금 1일권 성인 20유로, 청소년 10유로, 2일권 성인 25유로, 청소년 10유로(온라인 구매 시 할인)
홈페이지 citysightseeingdublin.ie

2. 시티스케이프 Cityscape
'옐로우 버스'로 통하는 투어 버스이다. 투어 시간이 2시간 30분으로 가장 길다. 제휴한 호텔의 경우, 호텔 앞에서 타고 내릴 수 있는 편리함도 있다. 시티스케이프 소지자들은 기네스 스토어하우스의 입장료를 1유로 할인 받을 수 있다. 배차 간격은 20분이다.

Data 현장 티켓 구입처 16 O'Connell St Upper, North City, Dublin 1
전화 01-465-9972

요금 1일권 성인·학생 12유로(온라인 기준), 3일권 성인·학생 18유로(온라인 기준) 현장구입 시 온라인 가격보다 최대 25% 비싸다.
홈페이지 cityscapetours.ie

3. 에어링크&더블린 투어 버스
Airlink and DoDublin Hop-On-Hop-Off
더블린 버스 회사에서 운영하는 투어 버스로 2일간 투어 버스와 공항에서 더블린 시내로 들어가는 747 또는 757 버스 서비스를 함께 제공한다. 투어 시간은 약 2시간 15분이다. 배차 간격은 15~20분이고 에어링크 투어 버스 티켓 소지자들은 더블린 작은 박물관(입장료 10유로)을 무료로 입장할 수 있다.

Data 구입 방법 홈페이지를 통해 구입. 주의할 점은 바우처는 반드시 인쇄해 더블린 공항이나 더블린 시내에서 교환해서 사용해야 한다. 이메일로 받은 바우처를 스마트폰으로 그대로 보여주는 것은 티켓의 효력을 갖지 못한다.
요금 공항 셔틀버스(편도)+48시간 투어 버스 25유로, 공항 셔틀버스(왕복)+48시간 투어 버스 30유로
홈페이지 dodublin.ie

바우처 교환처

공항 제1터미널 인포메이션 데스크
Bus & Travel Information Desk
Data 가는 법 도착지 Arrival Hall로 나오자마자 우회전
운영 시간 월~토 08:00~21:30,
일 09:00~17:30

더블린 시내 더블린 버스 회사
Dublin Bus Head Office
Data 가는 법 오코넬 거리 입구에서 위로 도보 4분
주소 59 Upper O'Connell St, Dublin 1
운영 시간 월~금 09:00~17:30,
토 09:00~14:00, 일·공휴일 09:30~14:00

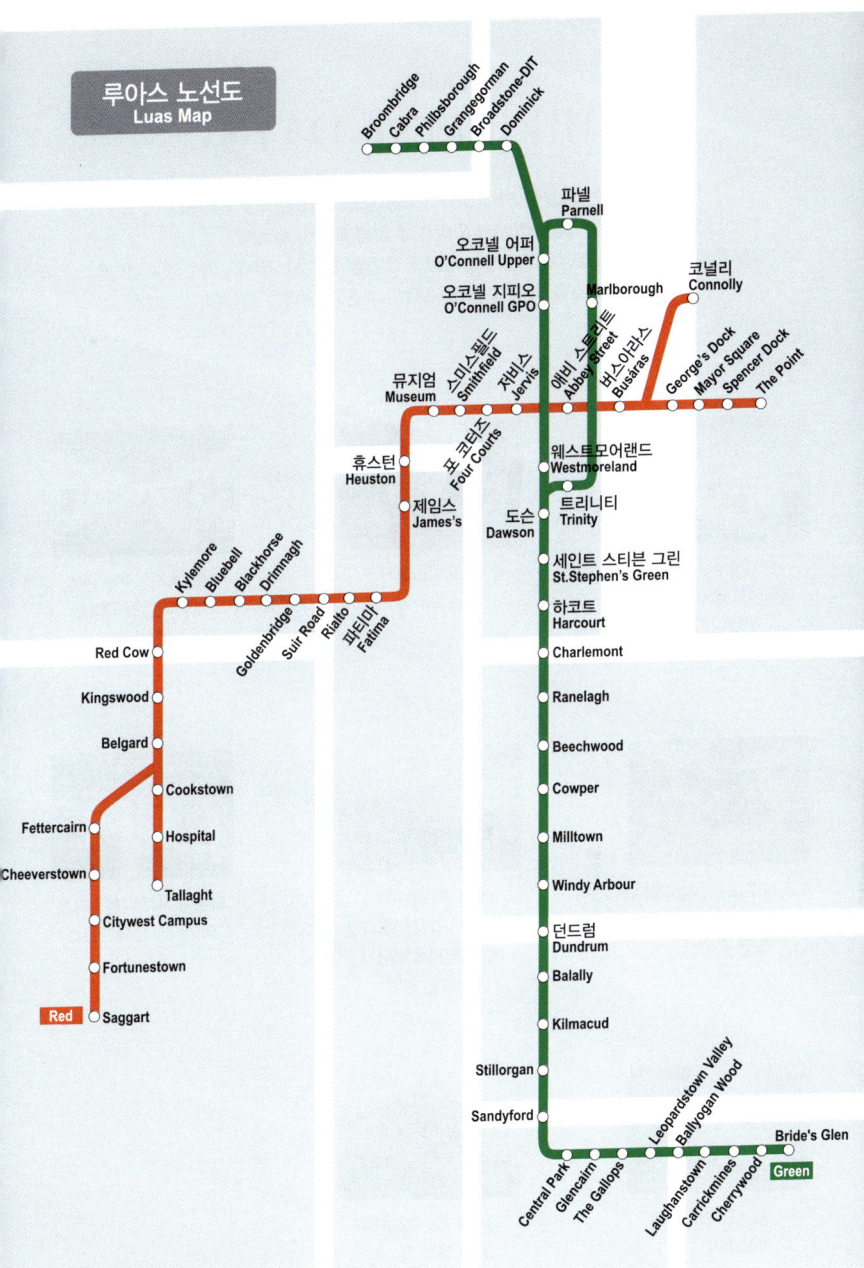

IRELAND BY AREA 01
더블린

Dublin
THREE FINE DAYS

1~2일차에는 더블린 시내에 밀집되어 있는 주요 명소를 둘러보고
밤에는 템플 바에서 아이리시 펍의 매력에 빠진다.
3일차에는 기네스 스토어하우스에서 세상에서 가장 맛있는 기네스 맥주를 마신 후
버스나 다트를 타고 더블린 외곽이나 근교 여행을 떠난다.

1일차

오코넬 거리에서
아일랜드 역사의 현장
만나기

도보 2분 →

헨리 거리에서
쇼핑하기

도보 5분 →

시립 휴레인 미술관에
서 베이컨의 작업실
만나기

도보 1분 ↓

아일랜드 국립 미술관에서
아일랜드 화가들의
작품 감상하기

← 도보 8분

트리니티 대학에서
세상에서 가장 아름다운
책과 도서관 만나기

← 도보 15분

더블린 작가 박물관에서
아이리시 문학가들과
조우하기

↓ 도보 5분

그래프턴 거리에서
버스킹 즐기기

 도보 7분 →

템플바에서 아일랜드
전통 음악 즐기기

2일차

더블린성에서
파란만장한
더블린 역사 이해하기

도보 1분 →

체스터 비티 도서관
에서 부자의 수집품
감상하기

도보 4분 →

크라이스트 처치
대성당에서 지하
유물들 감상하기

도보 6분 ↓

더블린 펍에서
공연 즐기기

← 버스 15분

킬마이넘 감옥에서
아일랜드 독립운동의
아픈 역사 만나기

← 버스 15분

세인트 패트릭
대성당에서 아일랜드
민중 교회 경험하기

3일차

기네스 스토어하우스
체험하기

버스&다트
1시간 →

더블린 근교에서
여유로운 반나절 보내기

IRELAND BY AREA 01
더블린

- 비지터 센터 방향 Phoenix Park Visitor Centre
- 대통령 관저 Áras an Uachtaráin
- 더블린 동물원 Dublin Zoo
- 주차장 Car Park
- 피닉스 공원 Phoenix Park
- 리피강 북쪽 (p159)
- 웰링턴 기념비 Wellington Monument
- 자전거 대여점 Phoenix Park Bike
- 리피강 River Liffey
- 휴스턴 역 Dublin Heuston
- 휴스턴 Heuston
- 아일랜드 미술&장식 박물관 National Museum of Ireland-Decorative Arts & History
- 뮤지엄 Museum
- 공원 Croppies Acre Memorial Park
- 제임스 조이스 다리 James Joyce Bridge
- 종합병원 Hospital
- 아일랜드 현대 미술관 Irish Museum of Modern Art
- 킬마이넘 감옥 Kilmainham Gaol
- 제임스 James's
- 기네스 스토어하우스 Guinness Storehouse
- 세인트 제임스 병원 St James Hospital
- 파티마 Fatima
- 리알토 Rilto
- 수어 로드 Suir Road
- 리피강 남서쪽 (p140)
- 브릭필즈 공원 Brickfields Park
- 더블린 전도 Dublin

090 | 091

- 블레싱턴 거리 공원 / Blessington St Park
- 그레인지고먼 / Grangegorman
- 세인트 조지 교회 / St George's Church
- 크로크 파크 호텔 / The Croke Park Hotel
- 레드 도어 더블린 / Red Door Dublin
- 마운트조이 스퀘어 공원 / Mountjoy Sq Park
- 벨베데레 대학 / Belvedere College
- 브로드스톤 / Broadstone
- 제임스 조이스 센터 / James Joyce Centre
- 킹스 인스 공원 / King's Inns Park
- 빈티지 키친 / The Vintage Kitchen
- 코널리 역 / Connolly Rail Station
- 오코넬 어퍼 / O'Connell Upper
- 멀리건 / Mulligan's
- 도미니크 / Dominick
- 제이콥스 인 / Jacobs Inn
- 코널리 / Connolly
- 올드 제임슨 양조장 / Old Jameson Distillery
- 버스아라스 / Busaras
- 제너레이터 호스텔 / Generator Hostels
- 저비스 / Jervis
- 더블린 세관 / Custom House
- 스펜서 호텔 / The Spencer Hotel
- 고버스 정류장 / Bobus Stop
- 타라 역 / Tara Station
- 스미스필드 / Smithfield
- 포 코터즈 / Four Courts
- 하페니 다리 / Ha'penny Bridge
- 리피강 / River Liffey
- 기근 청동 조각상 / Famine Memorial
- 트리니티 / Trinity
- 지니 존스턴 기근선 / Jeanie Johnston Tall Ship
- 피어스 역 / Pearse Station
- 킬케니 숍 / Kilkenny Shop
- 트리니티 대학 / Trinity College
- 커피엔젤 / Coffeeangel
- 크라이스트 처치 대성당 / Christ Church Cathedral
- 더블린성 / Dublin Castle
- 피그스 이어 / The Pig's Ear
- 럭셔리 아파트, 인크레더블 뷰 / Luxury Apartment, Incredible View
- 국립 도서관 / National Library of Ireland
- 고고학 박물관 / National Museum of Ireland – Archaeology
- 국립 미술관 / National Gallery of Ireland
- 세인트 패트릭 대성당 / St Patrick's Cathedral
- 리피강 남동쪽(p92)
- 3fe
- 마시 도서관 / Marsh's Library
- 세인트 스티븐 그린 / St Stephen's Green
- 자연사 박물관 / Natural History Museum
- 메리언 스퀘어 공원 / Merrion Square
- 세인트 스티븐 그린 공원 / St Stephen's Green
- 도허니&네즈빗 / Doheny&Nesbitt
- 토너스 펍 / Toners Pub
- 부줌 / Boojum
- 파이브 스타 스티븐 그린 아파트 / 5 Star Stephen's Green Apartment
- 맷 더 트레셔 / Matt the Thresher
- 분센 / Bunsen
- 아이비 가든 / Iveagh Gardens
- 레크리뱅 / L'Ecrivain
- 딘 더블린 / The Dean Dublin
- 국립 콘서트 홀 / The National concert Hall
- 피츠윌리엄 스퀘어 / Fitzwilliam Square
- 피클 인디안 레스토랑 / Pickle Indian Restaurant
- 하코트 / Harcourt
- 하우스 더블린 / House Dublin
- 닥스 레스토랑 / Dax Restaurant
- 넘버31 / Number 31
- 샌디마운트 호텔 / Sandymount Hotel

리피강 남동쪽
South-East of the Liffey

더블린 여행은 이곳에서 시작해서 이곳에서 끝난다고 해도 과언이 아니다.
아일랜드 대표하는 트리니티 대학은 세계에서 가장 아름다운
책과 도서관을 보유하고 있다. 영화 〈원스〉의 주요 촬영지였던
그래프턴 거리와 작은 골목 안에는 더블린에서 가장 '핫'한 상점들이
밀집해 있다. 펍을 여행하지 않고 아일랜드 여행을 논할 수 없듯
다양한 색깔을 가진 펍에서는 아이리시 음악을 연주하는 사람들과
그 음악을 사랑하고 즐기는 사람들로 매일 축제의 밤이 펼쳐진다.

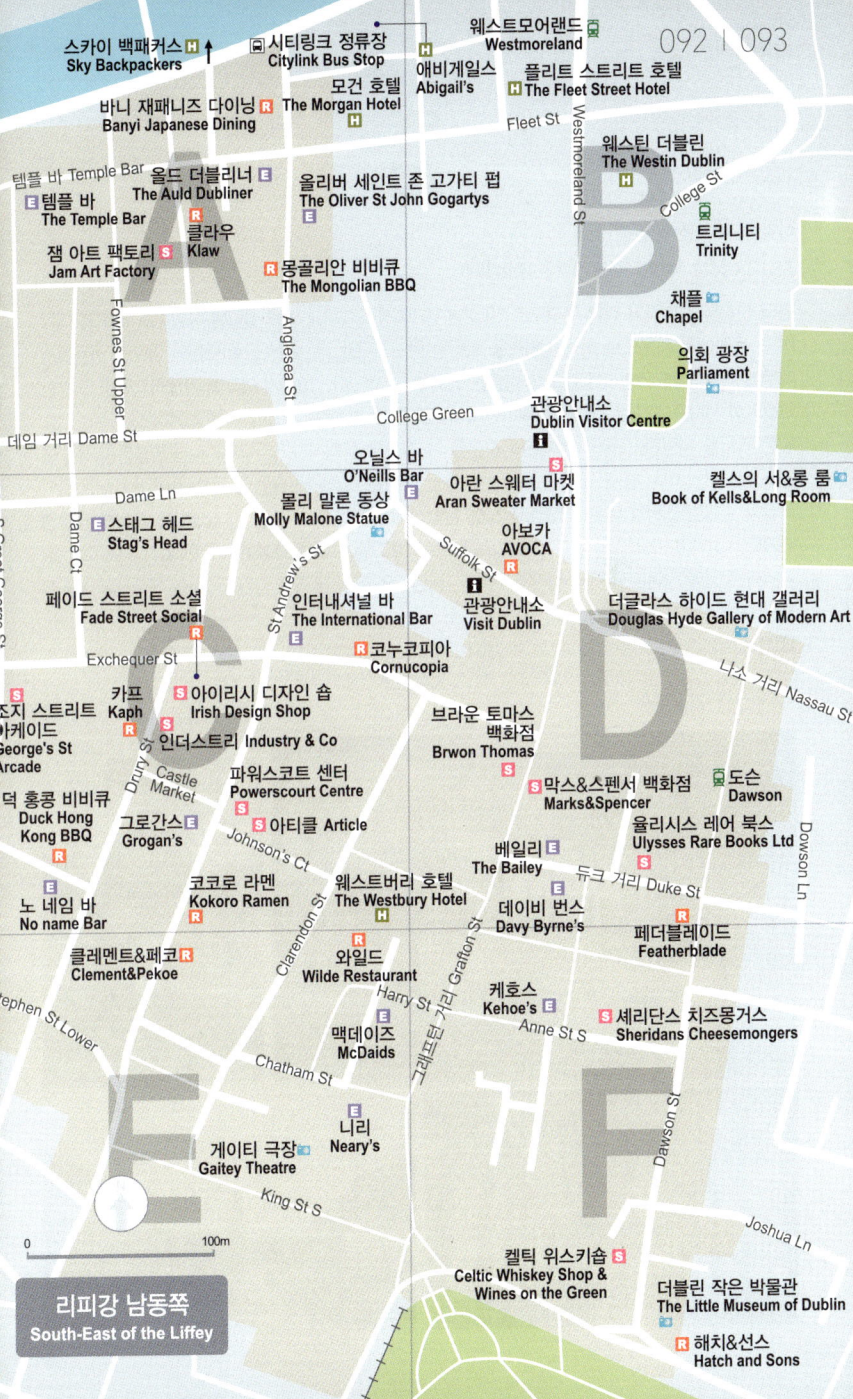

IRELAND BY AREA 01
더블린-리피강 남동쪽

SEE

아일랜드의 지성의 상징
트리니티 대학 Trinity College Dublin

영국 신교를 전파하기 위한 목적으로 1952년 엘리자베스 1세에 의해 설립된 아일랜드 최초의 대학이다. 유럽에서 처음으로 여성의 입학을 허용한 학교이지만 개신교(성공회)들의 입학만 허용했기 때문에 가톨릭교도였던 아일랜드 사람들은 입학할 수 없었다. 19세기 이후에 가톨릭교도를 포함한 비성공회 신자들에 대한 차별을 철폐하면서 1873년부터 가톨릭교도의 입학을 허용하였다.
깊은 역사를 자랑하는 중앙 캠퍼스의 전경은 그 자체로 클래식하고 우아하다. 울퉁불퉁한 돌길을 걷고 있노라면 마치 중세 시대로 회귀한 듯하다. 유명한 트리니티 졸업생으로는 1951년 노벨 물리학상을 수항한 월턴을 비롯해 1969년 노벨 문학상 수상자이자 <고도를 기다리며>를 집필한 사무엘 베케트, <걸리버 여행기>의 작가 조너선 스위프트, 1923년 노벨 문학상을 수상한 윌리엄 예이츠, 양자역학 발전에 기여한 수학자 윌리엄 해밀턴, 낭만주의 작가 오스카 와일드, 소설 <드라큘라>를 집필한 브램 스토커 등이 있다.

Data 지도 091p-H 가는 법 그래프턴 거리에서 도보 5분. 또는 루아스 그린라인 Trinity역 하차
주소 College Green, Dublin 2 전화 01-896-1000 운영 시간 중앙광장과 도서관 24시간 개방
홈페이지 www.tcd.ie

©Tourism Ireland

| 트리니티 대학 깊이 들여다보기 |

1. 켈스의 서 Book of Kells

트리니티 대학의 꽃으로 일컬어지는 켈스의 서는 9세기 초 스코틀랜드 아이오나 지방의 수도승들이 복음 전달을 목적으로 만든 성서 필사본이다. 이 책에는 신약 4복음서(마태, 마가, 누가, 요한)가 라틴어로 번역되어 있다. 필사자 4명과 삽화가 3명이 수년간에 걸쳐 손으로 만든 680쪽짜리 책에는 약 185마리분의 양피지가 사용되었다. 전시장에서는 매일 2쪽씩 다른 페이지의 복음서를 보여주기 때문에 켈스의 서를 다 보기 위해선 1년 동안 매일 출근 도장을 찍어야 한다. 아직까지 이 책이 정확히 어디에서 만들어졌는지는 알려지지 않았다. 다만 트리니티 대학에 옮겨지기 전까지 아일랜드 켈스 수도원에 소장되어 있어 켈스의 서로 불린다.

켈트족은 그들의 독특한 예술 정신을 발휘해 그에 걸맞은 삽화를 화려하고 아름답게 그려 놓았다. 삽화는 페이지마다 다른 디자인과 색채를 사용했고 가장자리는 금으로 장식했다. 삽화 장식은 너무 복잡해서 확대경을 써야 볼 수 있을 정도. 물감이 없던 시절에 광물이나 동식물에서 추출한 천연물감으로 그림을 그리고, 그것을 예술로 승화시킨 수도승들의 작업을 실제로 보면 미술에 일가견이 없더라도 절로 고개가 숙여진다. 전시관 안에는 켈스의 서 이전에 제작된 책부터 고대 수도사들의 기록문화 등도 소개해 놓았다. 중세 기독교 문화의 연구에 중요한 역할을 하는 켈스의 서. 중세 역사의 새로운 시도를 보고 싶다면 놓치지 말자.

구 도서관(켈스의 서&롱 룸)
Data 운영 시간 5~9월 08:30~17:00(일 09:30~), 10~4월 09:30~17:00(일 12:00~16:30)
요금 성인 11~14유로(시간에 따라 다름), 학생·노인 11유로, 12세 이하 무료 홈페이지 www.tcd.ie

> **Tip** 트리니티 대학 학생들이 진행하는 투어 프로그램이 있다. 대학의 주요 장소와 〈켈스의 서〉 및 구 도서관을 소개하는 것으로, 비용은 성인 14유로, 학생·노인 13유로이다. 자세한 내용은 투어 홈페이지(www.tcd.ie/visitors/tours)를 참조하자.

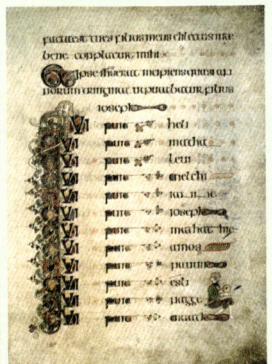

2. 롱 룸 Long Room

Writer's Pick!

구 도서관Old Library의 1층에 켈스의 서 전시장이 있다면 2층에는 세계에서 가장 아름다운 도서관으로 선정된 롱 룸이 있다. 65m의 규모를 자랑하는 롱 룸은 1712년부터 20년에 걸쳐 지어진 도서관이다. 1860년 무렵에 책을 더 보관하기 위해 천장을 증축했고 덕분에 관객을 압도하는 웅장함을 가지게 되었다. 영화 〈스타워즈 에피소드 2 – 클론의 습격〉에 나오는 제다이 어카이브의 모티브로도 사용된 이곳은 양쪽으로 빼곡한 책들과 높은 천장 덕분에 도서관이라기보다는 규모가 어마어마한 고딕 성당처럼 느껴진다. 20만여 권의 장서가 짙은 갈색빛이 도는 서가 안에 빼곡히 들어 있는 풍경은 생각보다 더 황홀하고 경이롭다.

3. 의회 광장과 종탑
Parliament Square&Campanile

트리니티 대학 정문을 통과하면 십자 모양의 의회 광장이 펼쳐지고 중앙으로 종탑이 보인다. 트리니티 대학의 상징이자 매년 선거철이나 대학 광고 포스터에 빠지지 않고 등장하는 이 종탑은 1853년에 건축가 찰스 레니온이 설계했다. 높이는 약 30m이며 화강암을 사용하였다. 종탑을 둘러싼 4개의 코린트식 기둥은 각기 신성, 과학, 법률, 의학을 상징한다. 종탑이 울릴 때 그 아래로 지나가는 학생은 시험에 낙제한다는 믿거나 말거나 한 미신이 있어서 시험 기간에는 탑 아래로 지나가는 학생들을 찾아볼 수 없다고 한다.

4. 채플 Chapel

대학 부속 예배실은 영국 조지 3세 시대의 건축가 윌리엄 챔버 경에 의해 설계되어 1798년에 완공되었다. 당시 가장 숙련된 석공 세공인이었던 미카엘 스테이플턴의 이오니아식 기둥과 도장 유리창을 볼 수 있다. 내부 투어는 가이드 관람으로만 가능하다.

5. 지구 안의 지구 시리즈 조형물 Sphere within Sphere

도서관 앞에 설치된 조형물이다. 얼핏 보기에 지구를 형상화한 듯한 이 조형물은 이탈리아 조각가 아르날도 포모도로의 〈지구 안의 지구〉 시리즈이다. 로마 바티칸 박물관을 비롯해 미국 유엔 본부 등 전 세계 13곳의 장소에 설치되어 있다. 동상의 안에 있는 구는 지구를 상징하고 밖에 있는 구는 종교적인 의미를 지닌다. 작가는 조형물을 통해 지구상에 존재하는 복잡한 것들이 부패하고 부식하면서 드러난 완벽한 실체가 새로운 매력을 발산하는 것을 표현하고자 하였다.

6. 사이언스 갤러리 Science Gallery

트리니티 대학 정문을 기준으로 동북쪽에 위치한다. 2008년부터 운영되고 있으며 영구전시보다는 상설전시가 대부분이다. 실제 리서치 결과들을 보여주기 때문에 더 현장감 있는 관람이 가능하다. 초등학생부터 대학생까지 과학과 기술을 쉽고 재미있게 접할 수 있는 기회를 제공하는 것이 갤러리의 목표이다. 그 해의 트렌드를 반영한 과학 발명품이나 체험할 수 있는 전시물이 많아 자녀와 함께 방문하기 좋은 곳이다. 갤러리 내 카페에서 판매하는 커피의 퀄리티도 매우 좋다.

Data 운영 시간 화~금 12:00~20:00, 토~일 12:00~18:00, 월 휴무 요금 무료 홈페이지 www.sciencegallery.ie

7. 더글라스 하이드 현대 갤러리
Douglas Hyde Gallery of Modern Art

트리니티 대학 내에 있는 현대 갤러리로 현존하는 작가들의 작품들만 전시하는 것이 특징이다. 순수 미술을 비롯해 텍스타일, 비디오 아트, 공예 등 다양한 장르의 현대 예술 작품을 기획하여 전시한다.

Data 운영 시간 월~수·금 11:00~18:00(목 ~19:00, 토 ~16:45, 일·공휴일 휴무 요금 무료
홈페이지 www.douglashydegallery.com

〈원스〉와 함께 떠나는 더블린 여행

|Theme|

〈원스〉는 〈싱 스트리트〉, 〈비긴 어게인〉으로 한국인의 감성을 자극한 존 카니 감독의 첫 번째 음악 영화이다. 특별한 세트장 없이 더블린 시내에서 촬영한 덕분에 여행자들은 손쉽게 촬영 장소를 걸으며 영화의 감동을 느낄 수 있다. 〈원스〉의 촬영지이자 더블린의 주요 명소를 따라 여행을 떠나 보자.

1. 그래프턴 거리 Grafton Street

영화는 남자 주인공이 쇼핑가에서 버스킹을 하는 장면으로 시작된다. 그래프턴 거리는 더블린의 대표 쇼핑거리로 더블린에서 가장 바쁜 거리이기도 하다. 아일랜드의 '핫'한 상점이 밀집해 있고 다양한 버스커들과 예술가들을 만날 수 있는 곳으로 더블린 여행에서 빼놓을 수 없는 거리이다.

Data 지도 093p-F
가는 법 오코넬 거리 입구 동상에서 리피강 건넌 후 도보 6분. 루아스 그린라인 Dawson역 하차 후 도보 2분

2. 세인트 스티븐 그린 공원 St. Stephen's Green Park

남자 주인공과 소매치기가 실랑이를 벌이던 공원으로 그래프턴 거리를 따라서 올라가면 자연스럽게 만나게 된다. 10만㎡가 넘는 큰 공원 안에는 산책로가 잘 조성되어 있고 작은 호수, 폭포, 분수 등도 만날 수 있다. 더블린 시민들과 여행자들에게는 훌륭한 야외 식사 장소를 제공하고, 어린아이들에게는 오리와 백조에게 먹이를 줄 수 있는 작은 동물원으로, 연인들에게는 낭만적인 데이트 장소 역할을 한다.

Data 지도 091p-L
가는 법 그래프턴 거리 시작점에서 위로 도보 8분 또는 루아스 그린라인 St.Stephen's Green역 하차
주소 St Stephen's Green, Dublin 2
홈페이지 ststephensgreenpark.ie

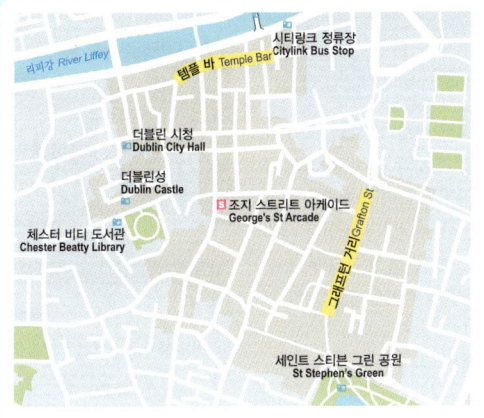

빅토리안 양식의 쇼핑센터 정문

아케이드 내의 중고서점

3. 조지 스트리트 아케이드 George's Street Arcade

영화 초반에 두 주인공이 창가 자리에 앉아 식사를 하며 이야기를 나눈 곳으로 1881년 더블린에 처음으로 세워진 빅토리안 양식의 쇼핑센터이다. 붉은 벽돌과 뾰족한 지붕 디자인이 멀리서도 눈에 띈다. 건설 당시 영국의 색채가 강하게 드러나 더블린 사람들에게 환영을 받지 못했었다. 1892년에는 화재가 일어나 잠시 위기를 맞았지만 우여곡절 끝에 1894년 다시 개장하여 지금까지 운영되고 있다. 아케이드 안에는 카페, 레스토랑, 액세서리 상점, 옷가게, 골동품 가게, 서점, 레코드 가게 등 다양한 상점들이 옹기종기 모여 있어 구경하는 재미가 쏠쏠하다.

Data 지도 093p-C
가는 법 그래프턴 거리 시작점에서 오른쪽으로 세 골목 직진 후 좌회전
주소 2 South Great George's St, Dublin 2
운영 시간 월~수 09:00~18:30, 목~토 09:00~19:00, 일 12:00~18:00
홈페이지 www.georgesstreetarcade.ie

4. 템플 바 구역 Temple Bar

남자 주인공이 런던으로 떠나기 전 여자주인공을 만나는 마지막 장면은 템플 바 구역에서 촬영했다. 템플 바 구역은 더블린 문화와 예술의 중심지로 주말이면 푸드 마켓, 북 마켓, 디자인 마켓이 열리는 더블린에서 가장 활발한 구역이다. 다양한 전통 펍이 즐비해 있어 아이리시 펍과 음악을 찾는 사람이라면 무조건 방문해야 하는 곳. 템플 바 구역의 펍은 127p를 참고하자.

Data 지도 093p-A
가는 법 오코넬 거리 입구 동상에서 하페니 다리 쪽으로 도보 5분

아일랜드 고대 역사를 한눈에
고고학 박물관 National Museum of Ireland – Archaeology

아일랜드 국립 박물관은 전시 주제에 따라 4개의 박물관으로 나뉜다. 그중 3개는 더블린에, 1개는 메이요 지역County Mayo에 위치한다. 로마의 판테온 신전을 본떠 만든 고고학 박물관은 총 2층으로 이루어져 있다. 아일랜드의 선사 시대부터 바이킹 시대와 중세 시대의 유물을 전시하고 있고 켈트족과 초기 기독교 시대의 유물을 볼 수 있다. 선사 시대 유물들은 BC 2200년에서 BC 50년 것으로 추정된다.

Data 지도 091p-H 가는 법 그래프턴 거리 입구에서 동쪽으로 도보 6분 주소 Kildare St, Dublin 2 전화 01-677-7444
운영 시간 화~토 10:00~17:00, 일 14:00~17:00,
월요일과 크리스마스 및 부활절 전 금요일은 휴관 요금 무료
홈페이지 www.museum.ie

바이킹시대의 롱보트

| 고고학 박물관에서 꼭 봐야할 유물 |

아다 성배 Ardagh Chalice

초기 기독교 시대의 가장 큰 보물 중 하나이다. 넓적한 와인 잔을 연상시키는 성배는 두 개의 손잡이가 달린 은으로 만들어졌다. 둥근 잔 부분은 금테로 띠가 둘러져 있다. 금테 띠 안에는 켈틱 문양에서 많이 사용하는 동물, 새, 기하학 문양을 새겨 놓았다. 금테 아래에는 4개의 브로치가 좌우 대칭으로 붙어 있다. 잔의 아래쪽에도 금으로 정교한 장식이 되어 있어 잔을 들었을 때 잔 아래의 섬세한 문양을 느낄 수 있다. 성배를 두른 띠와 손잡이 부분, 성배 아래에 금으로 정교한 장식을 새겨 놓아 8세기 아일랜드 시대의 철기 문화와 금속 세공이 얼마나 발전했는지를 알 수 있다.

타라 브로치 Tara Brooch

AD 700년경에 만들어진 켈틱 브로치로 19세기에 발견되었다. 아일랜드 초기 기독교 예술품 중 가장 중요한 작품이며 현존하는 브로치 중에서 가장 아름다운 브로치라 일컫는다. 약 18cm의 브로치는 금테로 이루어져 있으며 앞면과 뒷면에는 복잡한 추상무늬를 새겨 놓았다. 황색과 에메랄드빛을 띠는 타라 브로치는 장신구라기보다는 하나의 예술품으로 여겨진다. 1850년 더블린에서 북쪽으로 약 50km 떨어진 미스 지역의 베티스타운 해변에서 발견되었고 영국과 파리의 박람회를 거친 후 빅토리아 여왕에 의해 윈저성으로 보내졌다가 마침내 이곳에 안착했다.

아일랜드 금 세공품 Ór Ireland's Gold

청동기 시대(BC 1800)에는 판금으로 만들어졌으며 초승달 모양의 장식이 주를 이룬다. 새로운 금 세공법이 개발된 BC 1200년에는 금을 비틀어 만든 목걸이 등이 출현했다. BC 900년경 시기의 새로운 스타일의 섬세한 귀걸이나 화려한 장식의 목걸이 등도 전시되어 있다.

달간 윙

아일랜드 대표 미술관
Writer's Pick!
국립 미술관 National Gallery of Ireland

1854년에 설립되었으나 대중에게는 1864년에 공개되었다. 아일랜드 화가의 작품을 비롯해 이탈리아, 네덜란드, 후기 인상주의 화가들(모네, 피카소, 고흐 등)의 작품이 전시되어 있다. 유화는 약 2,500점, 드로잉(소묘) 약 5,000점, 판화 및 조각 5,000점 등을 소장하고 있다. 2002년 기존 건물에 밀레니엄 윙 Millennium Wing을 개관하면서 클래식함에 현대적인 감성을 더한 국립 미술관으로 거듭났다. 2017년 6월에는 오랫동안 보수 공사로 출입이 금지되었던 달간 윙Dargan Wing과 밀타운 윙Milltown Wing이 재개장하면서 미술관은 중후하고 고풍스러운 아름다움이 더해졌다. 그동안 공간이 협소해서 전시하지 못했던 아이리시 화가들의 작품을 많이 만날 수 있다. 국립 미술관이지만 규모가 크지 않아 두 시간 정도면 충분히 둘러볼 수 있다.

Data 지도 091p-H
가는 법 그래프턴 거리 입구에서 동쪽으로 도보 6분
주소 Merrion Sq. W, Dublin 2
전화 01-661-5133
운영 시간 월~토 09:15~17:30,
목 09:30~20:30,
일 11:00~17:30,
공휴일 10:00~17:30,
크리스마스 및 부활절 전 금요일 휴관
요금 무료
홈페이지 www.nationalgallery.ie

밀레니엄 윙

| 국립 미술관에서 눈여겨볼 작품들 |

1. 개를 안고 손잡이 달린 단지를 든 시골소녀
Cottage Girl with Dog and Pitcher

18세기 영국의 화가였던 토마스 게인즈버러Thomas Gainsborough의 작품이다. 게인즈버러는 로코코풍의 정교한 자연주의를 결합시킨 초상화를 많이 그렸다. 작가 특유의 감성으로 소녀의 얼굴만큼은 선이 곱고 아름답게 표현해 놓았다.

2. 브르타뉴 지방의 코벤트 정원 A Convent Garden, Brittany

더블린 태생 화가 윌리엄 존 리치William John Leech의 작품이다. 후기 인상주의 영향을 많이 받아 빛과 색의 특성을 이용한 작품에 관심이 많았다. 작품 속 여인의 표정은 결연하고 엄숙해 보이며 성스러운 분위기마저 감돈다. 화창함과 대조적으로 여인의 표정은 매우 결의에 차 있다.

3. 귀부인의 자화상 Portrait of Doña Antonia Zárate

19세기 초, 스페인 미술을 대표하는 고야Goya의 작품이다. 여성이 입은 검은 드레스와 레이스 장식, 장갑 등에서 흑백의 대조가 나타나고, 앉아 있는 소파의 색도 검은 드레스와 강한 대조를 이루고 있다. 섬세하게 표현된 여성의 우울한 표정은 그녀의 고민을 함께 생각하게 만든다.

4. 편지를 쓰고 있는 숙녀 Woman Writing a Letter, with her Maid

대중에게는 〈진주 귀걸이를 한 소녀〉로 더 잘 알려진 네덜란드 화가, 베르메르Johannes Vermeer의 작품이다. 그는 여성을 소재로 한 작품을 많이 남겼고 현실의 모습을 자주 표현했다. 그 속에 담긴 인물과 분위기는 엄숙하고 신비롭기까지 하다.

5. 이집트로 피신 중 휴식을 취하는 풍경
Landscape with the Rest on the Flight into Egypt

네덜란드 대표 화가 렘브란트Rembrandt의 작품이다. 그는 빛과 어둠을 극적으로 배합해 빛 가운데 그려진 작품에 신성함과 아름다움을 극대화하는 데 탁월한 재능을 가지고 있었다. 헤롯왕을 피해 이집트로 피신하던 중 휴식을 취하는 성가족의 풍경을 그린 작품이다.

6. 체포되신 예수 The Taking of Christ

이탈리아의 대표 화가 카라바조Caravaggio의 작품이다. 예수에게 입맞춤을 하는 유다와 예수를 잡기 위한 3명의 군인들의 표정과 움직임이 매우 역동적이다. 어둠 가운데서 주요한 인물에 적절한 빛을 투과해 중요한 사건을 더 부각시키는 카라바조만의 기법이 두드러진 작품이다.

아름다운 리딩 룸과 예이츠의 전시관이 한자리에
국립 도서관 National Library of Ireland

아일랜드의 역사와 삶에 관한 지적 기록을 수집하고 보존, 홍보하는 데 주력하는 곳이다. 1877년 개관 이래 아일랜드에서 출판된 대부분의 문헌들을 보유하고 있다. 참고 문헌 도서관이라 책 대여는 불가능하고 도서관 안에서 열람만 가능하다. 도서관 2층의 리딩 룸은 누구나 입장이 가능하다. 원형 돔 모양을 가진 리딩 룸 내부는 은은한 연녹색과 자연 채광이 열람실 분위기를 한층 우아하고 아름답게 만들어준다. 도서관 지하에는 아일랜드의 대표 시인인 예이츠 W.B.Yeats의 상설 전시관이 있다. 그의 정신적 고향이었던 슬라이고 사진이 그의 시와 함께 전시되어 있고 유년시절부터 심취했던 다양한 사상에 관한 문헌 자료들이 순차적으로 전시되어 있는 등 볼거리가 풍부하다.

Data 지도 091p-H 가는 법 고고학 박물관 옆
주소 7-8 Kildare St, Dublin 2 전화 01-603-0200
운영 시간 문헌정보실&리딩 룸 화~토 09:30~19:45(목·금 ~16:45, 토 ~12:45) 일·월 휴관, 예이츠 전시관 월~토 09:30~19:45
(목~토 ~16:45), 일 13:00~16:45

아일랜드에 서식하는 동물들을 한눈에 볼 수 있는
자연사 박물관 Natural History Museum

1857년, 더블린의 메리언 스퀘어 Merrion Square에 설립되었고 전시물은 큰 목재 프레임의 유리 상자 안에 진열하는 빅토리안 캐비닛 스타일로 전시되어 있다. 소장품은 약 2만 점이며 총 3층 건물이다. 1층은 아이리시 룸 Irish Room으로 아일랜드에 서식했던 동물들의 표본이 전시되어 있다. 입구에 세워져 있는 자이언트 사슴 해골과 상어 뼈가 관중을 압도한다. 2층에는 멸종 위기에 처한 종들을 포함하여 전 세계에서 수집한 동물과 곤충이 전시되어 있고 3층은 안전상의 이유로 온라인으로만 관람이 가능하다. 국립박물관의 규모 치고는 작은 편이라 관람 소요 시간은 한 시간이 채 걸리지 않는다. 가족 단위 여행자들에게 추천하는 장소이다.

Data 지도 091p-L
가는 법 고고학 박물관 뒤편 주소 Merrion St Upper, Dublin 2
전화 01-677-7444
운영 시간 화~토 10:00~17:00(일 14:00~),
월요일과 크리스마스 및 부활절 전 금요일은 휴관 요금 무료
홈페이지 www.museum.ie/Natural-History

아이리시 룸

더블린의 산증인
더블린 작은 박물관 The Little Museum of Dublin

조지안 하우스를 개조해 만든 박물관은 더블린 시민들이 기증한 5000여 점의 물건을 바탕으로 더블린의 역사를 대변하는 곳이다. 제임스 조이스부터 U2에 이르기까지 더블린의 문화, 사회 전반을 세밀하게 살펴볼 수 있다. 3층 건물로 이루어진 박물관 벽에는 더블린의 다양한 역사가 담긴 사진들이 전시되어 있으며 과거에 사용하던 물건들도 그대로 보존하고 있어 큰 골동품 가게에 온 느낌이다. 당시의 하우스 인테리어도 살펴볼 수 있다. 20세기 초 더블린 사람들의 실제 생활상이 궁금한 사람들에게 추천한다.

Data 지도 093p-F 가는 법 스티븐 그린 쇼핑센터에서 도보 4분. 또는 루아스 그린라인 St.Stephen's Green역에서 도보 3분 주소 15 St Stephen's Green, Dublin 전화 01-661-1000 운영 시간 월~일 09:30~17:00(목 ~20:00) 요금 어른 10유로, 학생 8유로(가이드 투어 포함) 홈페이지 www.littlemuseum.ie
더블린 패스

Tip 이곳은 꼭 가이드 투어로 박물관을 관람하길 바란다. 가이드 투어는 매시 정각에 시작, 한 시간에 한 번씩 진행된다. 더블린 투어 버스Dublin Hop-On-Off 티켓 소지자들은 무료로 입장할 수 있다.

💬 | Talk |
리버댄스 공연 Riverdance

아일랜드를 대표하는 세계적인 문화 상품으로 아일랜드 전통 음악과 무용을 전자악기와 접목시킨 퍼포먼스이다. 1994년 유로비전 음악 콘테스트에서 축하 공연으로 선보였던 리버댄스가 우승자보다 더 주목을 받았고, 공연 제작자는 이 댄스에 아일랜드 역사 스토리를 입혀서 한 편의 뮤지컬로 완성했다. 미국의 탭댄스와 비슷하지만 양팔을 붙이고 오로지

발로만 리듬을 맞춰 1분에 35번 이상 스텝을 밟는 것이 특징이다. 더블린에서는 매년 6월부터 9월에 게이티 극장Gaitey Theatre에서 공연이 펼쳐진다.

Data 게이티 극장
지도 093p-E 가는 법 그래프턴 거리에서 위로 도보 5분 주소 South King St, Dublin 2 요금 25유로~ 홈페이지 riverdance.com

더블린-리피강 남동쪽

|Theme|
메리언 스퀘어의 더블린 문들과 오스카 와일드

메리언 스퀘어Merrion Square는 아일랜드에서 조지안 양식이 가장 잘 보존되어 있는 공원 구역이다. 1762년 이후 공원 주변으로 조지안 양식의 타운하우스들이 배치되기 시작하여 19세기 초반에 대부분 완성되었다. 조지안 양식은 영국 왕 조지 1~3세의 이름을 딴 것으로, 18세기에서 19세기 초까지 영국과 미국에서 크게 유행한 건축 양식이다. 17세기의 바로크 양식보다 비례와 대칭을 강조했는데, 벽에는 그리스와 로마식의 기둥 모양을 넣고, 문틀이나 창틀에는 지붕 모양의 페디먼트Pediment 장식을 많이 사용했다.

이곳의 또 다른 볼거리는 '더블린 문The Doors of Dublin'이라 불리는 알록달록한 조지안 양식의 현관문들이다. 19세기 중반, 엄격한 건축 가이드라인을 준수해야 했던 하우스 주민들이 규제에 걸리지 않으면서도 다른 집들과 차별을 두기 위해 현관문을 화려하게 색칠했다. 그 결과 메리언 스퀘어의 현관문은 더블린에서만 볼 수 있는 특별한 관광명소가 되었다.

특히, 메리언 스퀘어가 시작되는 모퉁이 1번 집은 아일랜드계 소설가인 오스카 와일드Oscar Wilde가 어린 시절 살던 집으로 더 유명하다. 초록색 문 옆으로 그의 탄생일과 사망일, 그의 직업과 이 집에서 살던 시기가 적힌 둥근 문패가 걸려 있다. 유명한 외과 의사였던 아버지와 시인이었던 어머니 밑에서 자란 와일드는 유복한 어린 시절을 보냈다. 유년기에 어머니를 통해 접했던 그리스&로마 고전에 대한 열정과 트리니티 대학 재학 시절에 만난 역사 교수의 영향으로 고전을 깊이 탐구했다. 그 이후 옥스퍼드 대학에서 만난 존 러스킨 교수의 영향으로 순간의 진리와 매 순간의 내적인 힘을 강조하는 심미주의를 실현하는 작가가 되었다.

맞은편에는 메리언 스퀘어 공원이 있는데 안에는 아담한 산책로와 어린이를 위한 놀이터가 잘 조성되어 있다. 이곳에서 오스카 와일드의 동상도 만날 수 있다. 커다란 돌 위에 세워진 와일드의 동상은 붉은 칼라가 달린 초록색 재킷을 입고 거만한 자세로 돌 위에 눕듯이 기대어 앉아 있다. 비소를 머금은 와일드의 표정에서 삶을 바라보는 그의 태도가 엿보인다. 동상 앞의 비석에는 그가 남긴 수많은 명언이 새겨져 있는데 어디선가 한 번은 들어봤을 법한 위트 있는 명언들은 가볍게 웃으며 보다가도 마음속으로 곱씹게 되고 고개를 끄덕이게 한다. 이 외에도 메리언 스퀘어 주변에는 아일랜드 국회 건물인 렌스터 하우스Leinster House를 비롯해 정부 건물들, 국립 박물관, 국립 미술관 등이 자리 잡고 있다.

색다른 쇼핑센터를 구경하는 즐거움
파워스코트 센터 Powerscourt Centre

원래 18세기 파워스코트 경의 대저택이었던 곳을 현재는 쇼핑센터로 사용하고 있다. 외관은 쇼핑센터라기보다는 주택에 가까운 모습을 갖고 있지만 안으로 들어서는 순간 독특한 공간 활용에 그저 감탄할 수밖에 없다. 다채로운 건축 양식을 사용해 건축학도들에게 인기 있는 곳이기도 하다. 건물 외관은 조지안 양식으로 좌우 균형과 대칭을 강조했다면 실내 복도, 천장, 창문 난간 등은 로코코 양식을 사용하여 화려함과 섬세함을 강조했다. 과거 무도회장이던 파워스코트 갤러리는 네오클래식 양식을 사용해 웅장하고 우아한 멋을 자랑한다. 입점해 있는 매장은 40개가 채 되지 않지만, 대부분 독립 매장의 성격을 띠고 있어 구경하는 재미가 쏠쏠하다. 색다른 쇼핑센터를 경험하고 싶은 사람들에게 추천한다.

Data 지도 093p-C
가는 법 그래프턴 거리 입구에서 도보 4분
주소 59 William St, Dublin 2 **전화** 01-679-4144
운영 시간 월~일 10:00~18:00(목 ~20:00, 토 09:00~, 일 12:00~)
홈페이지 www.powerscourtcentre.ie

💬 | Talk |
몰리 말론 동상

세인트 앤드류 교회 앞에 수레를 끌고 가는 무표정한 여성의 동상이 보인다. 아일랜드 전래동화에 등장하는 '몰리 말론 Molly Malone'의 이야기는 17세기로 거슬러 올라간다. 몰리는 가난을 이겨내기 위해 낮에는 생선을, 밤에는 몸을 팔다가 병에 걸려 어린 나이에 숨을 거뒀다. 이후 이 거리에는 몰리 말론이 유령이 되어 생선 손수레를 끄는 소리가 들렸다고 한다. '몰리'라는 실존인물에 대한 이야기는 여전히 분분하다. 그럼에도 더블린 밀레니엄 위원회는 1988년에 이 동상을 세웠고 6월 13일을 '몰리 말론의 날'로 선포했다. 몰리 말론을 소재로 한 아일랜드 전통 포크 음악은 우리나라의 '아리랑'과 유사해 보인다. 20세기 초 무장독립투쟁을 벌였던 아일랜드 공화국군의 광복군가로도 불렸다. 영국의 오랜 식민지하에서 희생된 한 여인의 삶과 시련을 기억하는 동상이기도 하다.

Data 지도 093p-C
가는 법 그래프턴 거리 입구에서 도보 1분
주소 Suffolk St, Dublin 2

도심 속 비밀의 정원
아이비 가든 Iveagh Gardens

세인트 스티븐 그린 공원과 인접해 있지만 여행자들에게는 잘 알려져 있지 않은 곳이다. 더블린의 '비밀의 정원'이란 수식어를 가지고 있는 이곳은 작은 규모임에도 300년 이상의 역사와 함께 잘 관리된 잔디와 꽃들이 펼쳐진다. 봄이 되면 장미, 튤립, 백합 등의 꽃들이 만발하며 여름에는 다양한 축제의 향연이 펼쳐지는 곳이기도 하다. 한적한 공원을 찾는 이들에게 추천한다. 공원 운영 시간을 잘 준수해서 방문하는 게 좋다.

Data 지도 091p-L
가는 법 루아스 그린라인 Harcourt 역에서 도보 3분 **주소** Clonmel St, Saint Kevin's, Dublin 2
운영 시간 12월~1월
월~토 08:00~15:30
(일·공휴일 10:00~),
2월·11월 월~토 08:00~16:00
(일·공휴일 10:00~),
3월~10월 월~토 08:00~18:00
(일·공휴일 10:00~)
홈페이지 iveaghgardens.ie

| Talk |
빈티지 티 투어

빈티지 스타일의 버스를 타고 애프터눈 티를 즐기며 더블린을 여행하는 색다른 투어이다. 투어는 약 1시간 반 정도 소요된다. 오코넬 거리와 트리니티 대학, 조지안 양식이 보존되어 있는 지역을 포함해 도보로 걷기 부담스러운 크라이스트 처치 대성당, 세인트 패트릭 대성당, 피닉스 공원 등까지 아우른다. 버스 안에서 우아하게 홍차와 디저트를 먹으며 여유 있는 오후를 즐겨 보자. 예약 필수이며, 출발 15분 전에 더블린 세관Custom House 앞에 집결한다.

Data 지도 091p-H(더블린 세관)
가는 법 루아스 레드라인 Busáras역 하차 후 도보 2분
주소 1 Custom House Quay, North Dock, Dublin 1.
투어 날짜 수~일요일
투어 시간 11:00, 13:15, 15:30 **요금** 1인 40~50유로
홈페이지 www.vintageteatours.ie

IRELAND BY AREA 01
더블린-리피강 남동쪽

EAT

미셸 오바마도 다녀간 곳
맷 더 트레셔 Matt the Thresher

현지인이 인정한 시푸드 레스토랑이다. 미셸 오바마를 비롯해 파리의 스타 셰프인 조엘 로부숑 등 전 세계 각국의 유명 인사들이 그 맛을 입증했다. 홍합과 다양한 해산물의 육즙이 살아있는 홍합찜Roaring Water Bay Mussels Pot은 스타터 요리지만 한 끼 식사로도 든든하고 푸짐한 해산물이 가득한 차우더 수프도 이 집의 인기 메뉴이다. 양이 적은 사람들이라면 스타터 메뉴에서 고르길 바란다. 어떤 음식을 시켜도 기본 이상은 하는 곳이며 주말에는 피아노 연주를 들으며 분위기 있게 식사를 즐길 수 있다.

Data 지도 091p-L
가는 법 메리언 스퀘어에서 도보 7분
주소 32 Pembroke St Lower, Dublin 2 **전화** 01-676-2980
운영 시간 월~토 10:00~21:45(토 12:00~), 일 12:30~20:45
가격 런치 메인 디시 15~17유로, 디너 메인 디시 18~27유로, 차우더 수프 9유로, 홍합찜 9.5유로~ **홈페이지** mattthethresher.ie

한 가지 메뉴로 승부하는 곳
페더블레이드 Featherblade

점심과 저녁에 상관없이 합리적인 가격으로 스테이크를 즐길 수 있는 곳이다. 고기 부위에 따라서 스테이크를 선택할 수 있는데 페더블레이드 스테이크Featherblade Steak가 가장 유명하다. 스테이크와 곁들여 먹는 사이드 메뉴는 크림드 스피나치Creamed Spinach를 추천하고 소스는 허브나 갈릭 소스를 추천한다. 소스 값도 따로 받기 때문에 두 명에서 하나를 주문하거나 고기 고유의 맛을 즐기고 싶은 사람은 소스는 따로 주문하지 않아도 된다. 사이드 메뉴와 소스 값을 따로 받지만 20유로 미만으로 훌륭한 스테이크를 즐길 수 있는 곳이다. 저녁 예약 필수.

Data 지도 093p-D
가는 법 트리니티 대학 정문에서 도보 5분
주소 51 Dawson St, Dublin 2 **전화** 01-679-8814
운영 시간 화~금 12:00~15:00, 17:00~22:00, 토 12:00~22:00, 일 13:00~20:00, 월 휴무 **가격** 페더블레이드 스테이크 13유로, 사이드 메뉴 1.5유로, 소스 3유로 **홈페이지** featherblade.ie

 SNS에 올리고 싶은 분위기
와일드 Wilde

그래프턴 거리 내 웨스트버리 호텔에 위치한 고급 레스토랑이다. 클래식한 둥근 조명과 대리석 테이블, 푹신한 의자는 1900년대 상류층 사회에서 영감을 받은 인테리어로 고급스럽고 아름답다. 커다란 창문 사이마다 늘어져 있는 식물들은 그 자체로 싱그러워 자연을 느끼기에 충분하다. 어느 자리에 앉아도 예쁜 사진을 찍을 수 있고 친절한 서비스는 기본이다. 디너 메인 디시는 평균 20유로 이상이지만 평일 점심부터 이른 저녁에는 3코스를 25유로에 먹을 수 있어 경제적이다. 맛있는 음식만큼이나 분위기가 좋은 레스토랑이다.

Data 지도 093p-E
가는 법 웨스트버리 호텔 2층
주소 Balfe St, Dublin 2
전화 01-646-3352
운영 시간 12:30~21:30
가격 디너 메인 플랫 아이언 스테이크 24유로, 오가닉 새먼 26유로, 3코스 25유로 (평일 12:30~17:00)
홈페이지 www.doylecollection.com

정통 일본 라멘을 먹고 싶을 때
코코로 라멘 Kokoro Ramen

더블린에서 일본식 라멘이 생각날 때 가는 곳. 현지 일본인도 인정한 일본식 라멘집이다. 진한 육수와 탱글탱글한 면발의 조화가 아름답다. 육수가 깊고 담백해 국물도 남김없이 먹게 되는 곳이다. 돈코츠 오리지널(차슈와 마늘 추가)을 추천한다. 점심시간(11:30~15:00)에는 10~12유로로 라멘을 주문할 수 있다.

Data 지도 093p-C
가는 법 파워스코트 센터 옆
주소 51 William St S, Dublin 2
전화 01-547-0658
운영 시간 월~수·일 11:30~22:00, 목~토 11:30~23:00
가격 돈코츠 오리지널 (차슈, 마늘 추가) 15.5유로
홈페이지 theramenbar.ie

아일랜드에서 프랑스를 느끼다
닥스 레스토랑 Dax Restaurant

Writer's Pick!

더블린의 부촌인 피츠윌리엄 스퀘어에 자리 잡은 고급 프렌치 레스토랑이다. 와인 바로 시작했다가 현재는 프랑스 요리를 전문으로 하고 있다. 2014년 아일랜드 레스토랑 어워드에서 베스트 레스토랑으로 선정되었으며 트립어드바이저에서도 항상 5위 안을 굳건히 지키고 있다. 프랑스 시골의 부유한 저택 느낌으로 도톰한 흰색 테이블보와 정갈한 플레이팅에서 고급스러움이 묻어난다. 생선 요리가 유명하며 제철 생선으로 요리를 하는 '오늘의 생선요리Fish of the Day'가 인기가 많다. 저녁 단품 메뉴는 상대적으로 비싸므로 런치 코스나 디너 얼리버드 코스를 추천한다.

Data 지도 091p-L
가는 법 세인트 스티븐 공원 입구에서 도보 11분
주소 23 Pembroke St Upper, Dublin 2
전화 01-676-1494
운영 시간 런치 화~금 12:30~14:15, 디너 화~토18:00~22:00, 일·월 휴무
가격 런치 2코스 27.5유로, 3코스 32.5유로, 디너 얼리버드(~18:45) 2코스 32유로, 3코스 39유로, 메인 디시 29~35유로
홈페이지 www.dax.ie

채식주의자를 위한 카페
코누코피아 Cornucopia

영국과 아일랜드 채식주의자 사이에서는 이미 유명한 채식 레스토랑으로 30년째 단골을 모으고 있다. 고기나 생선 없이도 충분히 맛있는 음식을 제공하여 샐러드는 거기서 거기라는 편견을 깨준다. 시간에 관계없이 건강한 음식을 먹기 위한 더블리너들로 매장이 붐빈다. 메인 채소요리를 선택한 후 10가지 샐러드 중 2가지를 선택하면 된다. 1인분 양은 여성 둘이서 나눠먹을 수 있을 정도로 푸짐하다.

Don't Miss! 비건 케이크, 오늘의 수프

Data 지도 093p-C
가는 법 그래프턴 거리에서 도보 3분
주소 19-20 Wicklow St, Dublin 2
전화 01-677-7583
운영 시간 월 08:30~21:00, 화~토 08:30~22:00, 일 12:00~21:00
가격 아침 뷔페(5가지 선택 가능) 8.95유로, 런치&디너 메인 요리 12~13.95유로, 수프와 빵(스몰 사이즈) 4.35유로
홈페이지 www.cornucopia.ie

여행지에서 우아한 요리를 경험하고 싶다면
레크리뱅 L'Ecrivain

2003년부터 지금까지 미쉐린 원스타를 가지고 있는 레크리뱅은 눈으로 한 번 먹고, 입으로 한 번 더 즐기는 고급 프렌치 레스토랑이다. 셰프는 아일랜드의 다양한 요리 프로그램에 출연하고 있는 아일랜드계 유명 요리사인 데리 클락이다. 더블린에서 특별한 이벤트를 하고 싶거나 기념일에 방문하기 좋다. 가격이 부담스럽다면 금요일 런치 2코스를 노려보자. 35유로라는 비교적 저렴한 가격으로 미쉐린 음식을 맛볼 수 있다.

Data 지도 091p-L
가는 법 세인트 스티븐 공원 입구에서 도보 10분
주소 109a Baggot St Lower, Dublin 2
전화 01-661-1919
운영 시간 월~목·토 18:30~22:30, 금 12:30~15:30, 18:30~22:30, 일 휴무 **가격** 금요일 런치 2코스 35유로, 3코스 45유로, 평일 디너 메인 디시 30~45유로
홈페이지 lecrivain.com

다양한 지역의 굴을 맛볼 수 있는 곳
클라우 Klaw

아일랜드의 다양한 지역에서 수확한 굴을 먹어볼 수 있는 레스토랑이다. 서쪽 골웨이 지역에서 수확한 굴은 크리미하고, 동남쪽 워터포트 지역의 굴은 짭짤하다. 서북쪽 둔 캐슬 지역의 굴에서는 '단짠'의 맛을 느낄 수 있으며, 서쪽 플래기 쇼어 지역의 굴은 미네랄이 풍부하다. 다양한 굴 가운데서 원하는 지역의 굴을 선택하여 주문할 수 있다. 골웨이산 굴이 한국의 굴 맛과 가장 유사하다. 한국과는 다른 굴의 맛을 접해보고 싶다면 이곳을 주목하자.

Data 지도 093p-A
가는 법 템플 바 구역 방향으로 하페니 다리를 건넌 후 직진 1분
주소 5A Crown Alley, Dublin 2
전화 01-549-3443
운영 시간 12:00~22:00 (월·화 16:00~)
가격 개당 2~3유로(생산지에 따라 다름), 시푸드 차우더 7유로
홈페이지 klaw.ie

> **Tip** 매일 오후 5~6시 해피아워에는 모든 굴을 개당 1.5유로에 판매한다. 해산물이 가득 들어간 시푸드 차우더는 추운 몸을 녹이기에 안성맞춤!

제대로 된 인도 음식을 찾는 사람들에게
피클 인디안 레스토랑 Pickle Indian Restaurant

이국적인 분위기가 물씬 느껴지는 바닥 마감재와 가구들, 각종 소품이 캐주얼한 분위기를 연출하고 화려한 조명과 벽에 걸린 컬러풀한 영화 포스터들이 묘하게 어우러진다. 2016년 아이리시 레스토랑 어워드의 수상 이력과 레스토랑 푸드&와인 매거진에서 뽑은 '꼭 가봐야 하는 레스토랑'으로 선정되었다. 인도 북쪽에 위치한 뉴델리 지역의 요리법을 선보이고 있어 생선보다는 닭과 양을 이용한 요리가 많고 특히 탄두리 치킨이 유명하다.

Data 지도 091p-K
가는 법 루아스 그린라인 Harcourt역에서 도보 3분
주소 43 Camden St, Dublin 2
전화 01-555-7755
운영 시간 월~토 17:00~22:30 (수~금 12:00~14:15 런치 운영), 일 15:00~22:00
가격 런치박스 12~16유로, 단품 14유로, 디너 메인 20~15유로, 얼리버드 2코스(평일 17:00~18:00, 일 15:00~18:00) 22유로
홈페이지 www.picklerestaurant.com

몽골식 즉석 철판 요리
몽골리안 비비큐 The Mongolian BBQ

원하는 누들과 채소, 고기, 새우 등을 볼에 담아주면 즉석에서 철판요리를 해주는 레스토랑. 볼 하나에 모든 재료를 담아야 하기 때문에 기술이 좋을수록 더 많은 양의 음식을 먹을 수 있다. 먼저 볼 바닥에 누들을 한 번 깔고, 각자 좋아하는 채소와 고기를 담은 후 다시 누들을 올리는 것이 보다 많은 재료를 수북하게 담을 수 있는 팁. 칠리소스와 데리야끼 소스가 한국인 입맛에 가장 맞다.

> **Tip** 런치 타임(12:00~16:30)은 볼 하나당 6.9유로. 얼리버드(16:30~18:30)는 14.9유로, 7시 이후는 16.9유로이다.

Data 지도 093p-A
가는 법 템플 바 구역 내 맥도날드에서 도보 2분
주소 7 Anglesea St, Temple Bar, Dublin 2
전화 01-670-4154
운영 시간 월~토 11:30~21:30 (금·토 ~22:30, 일 12:00~)
가격 런치 6.9유로, 디너 16.9유로
홈페이지 www.mongolianbbq.ie

젊은 취향 저격
페이드 스트리트 소셜 Fade Street Social

비욘세도 다녀간 퓨전 레스토랑. 시끌벅적한 분위기 속에 빈티지한 소품, 노출 조명으로 마감한 인더스트리얼 인테리어가 돋보이며 레스토랑, 가스트로 바, 칵테일 바의 인테리어가 달라서 어디에 앉는지에 따라 분위기가 다르다. 세련된 테이블과 센스 있는 메뉴판은 젊은 취향 저격! 플레이팅도 감각적이고 여럿이 다양한 메뉴를 주문해 맥주와 함께 먹기 좋다. 메인 셰프가 미쉐린 스타를 받았기 때문에 어떤 메뉴를 시켜도 맛은 평균 이상이고 숯불에서 요리한 양고기와 돼지고기가 인기가 많다. 다만 가격대에 비해 양이 적다. 저녁 시간은 예약 필수. 홈페이지에서 예약 가능.

Data 지도 093p-C
가는 법 조지 스트리트 아케이드 후문에서 도보 2분
주소 6 Fade St, Dublin 2
전화 01-604-0066
운영 시간 월~수 17:00~22:00, 목·일 12:30~15:00, 17:00~22:00, 금·토 12:00~15:00, 17:00~23:00
가격 타파스 메뉴 한 접시당 5~8유로, 숯불 양고기 29유로, 숯불 돼지고기 26유로
홈페이지 www.fadestreetsocial.com

홍콩식 오리고기를 먹을 수 있는 곳
덕 홍콩 비비큐 Duck Hong Kong BBQ

더블리너들에게 숨은 맛집으로 통하는 곳. 홍콩에서 전통적으로 오리고기를 요리할 때 사용하는 '불릿 오븐Bullet Oven'으로 조리를 해 겉은 윤기가 흐르고 속은 육즙이 살아 있다. 트래디셔널 로스트 덕Traditional Roast Duck은 뼈가 많은 편이기 때문에 1유로를 추가해 뼈 없는 로스트 덕을 주문하길 바란다. 스몰과 라지 사이즈가 있으며, 양이 적은 여성이라면 스몰을 추천. 홍콩 요리 특유의 향신료 향과 맛이 강해 호불호가 갈릴 수 있다.

Data 지도 093p-C
가는 법 조지 스트리트 아케이드 후문에서 도보 2분
주소 15 Fade St, Dublin
전화 01-671-8484
운영 시간 12:00~20:00 (목~토 ~22:00)
가격 단품 스몰 사이즈 7.45유로, 라지 사이즈 9.45유로, 세트(단품 스몰+오리고기 스프링롤+탄산음료)11.5유로, 버블티 3.5유로
홈페이지 duck.ie

IRELAND BY AREA 01
더블린-리피강 남동쪽

합리적인 가격으로 미쉐린 스타급 만찬을 즐기는 곳
피그스 이어 The Pig's Ear

커다란 유리창과 삐걱거리는 나무 바닥이 인상적이다. 2009년부터 미쉐린 가이드에 꾸준히 소개되고 있으며 캐주얼하고 심플한 인테리어가 특징이다. 점심이나 얼리버드 메뉴로 주문하면 합리적인 가격으로 미쉐린 스타급 음식을 맛볼 수 있다. 점심 2코스가 23.95유로이고, 저녁 8시 이전에 주문하는 얼리버드 음식도 점심 코스 가격으로 즐길 수 있다. 예약 필수.

Data 지도 091p-H
가는 법 그래프턴 거리 입구에서 트리니티 대학 쪽으로 도보 4분
주소 4 Nassau St, Dublin 2
전화 01-670-3865
운영 시간 월~토
런치 12:00~14:45,
디너 17:30~22:00
가격 런치 2코스 23.95유로,
3코스 28.95유로

 Tip 치즈케이크, 생선 요리와 양고기 요리를 추천한다. 생선 요리 주문 시 덜 짜게(less Salt) 해달라고 하는 것이 좋다.

빈티지한 감성이 묻어나는 곳
빈티지 키친 The Vintage Kitchen

아이리시들이 자주 먹는 음식을 현대적인 감각으로 플레이팅하는 곳이다. 이름에 걸맞게 레스토랑에서는 LP판의 음악을 틀어주며 원하는 LP판을 가져가면 재생도 해준다. 계절에 따라 메뉴가 바뀌지만 점심의 해산물 리조또와 저녁의 양고기 요리는 이 집의 인기 메뉴다. 저녁 식사의 경우 세트 메뉴를 시키거나 2코스 이상의 요리를 시키면 개인이 가져온 와인을 마실 수 있는 BYOB(Bring your own bottle) 정책을 펼치고 있다. 사전 예약 필수이며 홈페이지의 이메일로 예약이 가능하다. 예약 당일 24시간 전에 이메일이나 전화로 한 번 더 확인해야 한다.

Data 지도 091p-H
가는 법 오코넬 거리 입구에서 도보 4분 주소 7 Poolbeg St, Dublin 2
전화 01-679-8705
운영 시간 월~토 런치 12:00~14:30, 디너 17:30~22:00
가격 런치 메인 디시 14유로,
디너 2코스 30유로, 3코스
36유로(월~토 17:30~22:00)
홈페이지 www.
thevintagekitchen.ie

더블린에서 다양한 종류의 회를 찾는다면
바니 재패니즈 다이닝 Banyi Japanese Dining

템플 바 근처에 있어 접근성이 좋다. 더블린의 대부분의 일식집은 연어회와 참치회만 취급하는 것에 반해 이곳에서는 농어Seabass, 넙치Turbot, 고등어Mackerel, 동죽Surf Clam, 광어Halibut 등 선택의 폭이 넓다. 영국 유명 호텔의 디저트 셰프로 있었던 오너 덕분에 디저트의 퀄리티도 좋은 편이다. 누들 종류나 핫푸드는 평균 이하이므로 참고하자.

Data **지도** 093p-A **가는 법** 하페니 다리 건너 템플 바 구역에서 도보 2분
주소 3-4 Bedford Row, Temple Bar, Dublin 2 **전화** 01-675-0669 **운영 시간** 월~일 12:00~22:30
가격 런치 벤토 10.9유로, 런치 2코스 17.9유로, 디너 벤토 14.9유로, 클래식 콤보 12.9유로
홈페이지 www.banyijapanesedining.com

Writer's Pick! **더블린에서 애프터눈 티를**
하우스 더블린 House Dublin

외관은 평범한 조지안 하우스에 불과하지만 안으로 들어가면 이야기가 달라진다. 이렇게 큰 공간이 집 안에 있었나 싶을 정도로 레스토랑은 크고 화려하다. 9개의 콘셉트로 공간이 나뉘어 있으며 앉아 있는 것만으로 기분이 좋아진다. 영국의 영향을 받은 아일랜드 상류 사회의 애프터눈 티를 경험해 볼 수 있다. 트레이는 총 3단으로 맨 아래층은 샌드위치류, 중간층은 케이크류, 맨 위층은 카나페로 이루어져 있다. 하우스 더블린의 다양한 분위기를 느끼고 싶다면 간단한 칵테일 바를 이용하거나 점심, 저녁 식사도 즐겨볼 수 있다. 모든 좌석은 24시간 전까지 전화나 홈페이지를 통해 예약해야 하며 애프터눈 티는 2인 이상 주문 가능하다.

Data **지도** 091p-L **가는 법** 루아스 그린라인 Harcourt역에서 하차 후 도보 7분
주소 27 Leeson St Lower, Saint Kevin's, Dublin 2 **전화** 01-905-9090
운영 시간 월~수 08:00~24:00, 목·금 08:00~03:00, 토 16:00~03:00, 일 휴무
가격 애프터눈 티 1인당 28유로(차나 커피를 주문할 경우), 런치 메인 디시 12~15유로, 디너 타파스 5~10유로, 디너 메인 디시 16~25유로 **홈페이지** housedublin.ie

조지안 하우스에서 즐기는 브런치

해치&선스 Hatch and Sons

1층 계단을 지나 반지하로 들어가면 조지안 양식의 창문, 벽난로, 원목 테이블이 놓인 레스토랑이 나타난다. 누군가의 집에 초대받은 듯한 느낌의 내부는 손님들에게 자연스러움과 편안함을 제공한다. 레스토랑의 이름인 해치Hatch는 19세기 후반에 있었던 낙농가의 이름으로, 두 형제에 의해 소유되어 해치&선스가 되었다. 신선한 소고기와 우유, 계란, 샐러드 등을 취급하며 자연적인 맛을 제공하는 데 주력한다. 19세기 당시 사용했던 농가의 물건들이 멋스럽게 장식되어 있어 사진 찍기 좋아하는 여행자들에게는 더할 나위 없는 곳이다.

Data 지도 093p-F
가는 법 더블린 작은 박물관 지하
주소 15 St Stephen's Green, Dublin 2
전화 01-661-0075
운영 시간 월~금 08:00~17:00 (수·목 ~21:00) 토 09:00~18:00, 일 10:00~17:00
가격 메인 디시 10~12유로, 커피 3~3.5유로~, 케이크류 4~6유로
홈페이지 www.hatchandsons.co

> **Tip** 레스토랑과 같은 건물에 속한 더블린 작은 박물관 입장권이 있는 고객은 모든 음식을 10% 할인받을 수 있다.

아이리시들이 사랑하는 카페
아보카 AVOCA

아이리시들 사이에서 '믿고 가는 카페'로 소문이 난 곳. 아보카 특유의 다채로운 디자인을 토대로 새롭고 실험적인 음식들을 선보이고 있다. 음식 회전율이 빨라 재료들이 신선한 것이 특징이다. 재료 본연의 맛을 느낄 수 있도록 조미료나 소스의 사용을 최소화한다. 기본 이상의 맛을 하는 곳으로 건강한 한 끼 식사를 할 수 있는 곳이다. 슈퍼푸드 샐러드나 아보카 팔라펠(15.5유로)을 추천한다.

Data 지도 093p-D
가는 법 그래프턴 거리 입구에서 우회전 후 도보 1분
주소 11-13 Suffolk St, Dublin 2
전화 01-672-6019
운영 시간 월~토 09:30~18:00 (목·금 ~19:00) 일 10:00~18:00
가격 아침(~11:45) 6~12유로, 런치 메인 디시 15~17유로
홈페이지 www.avoca.com

Writer's Pick! 초콜릿을 녹여 마시는 핫초코가 궁금하다면
클레멘트&페코 Clement&Pekoe

2011년 오픈한 카페로 고급 차와 커피를 판매한다. 한쪽 벽면에 전시된 다양한 티 보관함은 완벽한 인테리어 역할을 하고 있다. 천장의 샹들리에와 벽에 걸린 흑백 사진, 새로운 아지트로 탄생시킨 벽난로 공간 등 감각적인 인테리어는 사람들의 발길을 머물게 만든다. 차 종류는 녹차부터 홍차, 과일차까지 다양하다. 선호하는 스타일을 말해주면 추천도 해주기 때문에 차 애호가들에게는 완벽한 장소. 카페에서 생산하는 원두는 근처 5성급 호텔에서 사용할 만큼 품질이 뛰어나다.

Tip 코코아가루가 아닌 다크 초콜릿을 녹여 만든 코코아는 이 집의 인기 메뉴. 일반 핫초코보다 단맛은 덜하지만 깊고 부드러운 맛이 특징이다.

Data 지도 093p-E
가는 법 파워스코트 센터에서 도보 1분
주소 50 South William St, Dublin 2
전화 087-637-0123
운영 시간 월~금 08:00~19:00, 토 09:00~18:30, 일 11:00~18:00
가격 코코아 3유로, 커피 3~4유로, 차 2유로~

Writer's Pick! 더블린 최고의 커피숍
3fe

커피 좀 마신다 하는 사람들 사이에선 꽤 유명하며 각종 매거진에서 맛있는 커피를 거론할 때 빠지지 않는 곳이다. 이곳은 커피 주문 방식이 독특하다. 라테, 모카, 마키아토 등과 같이 커피 이름으로 주문을 하는 것이 아니라 원두 이름으로 주문을 한다. 메뉴판의 왼쪽에는 원두 종류가 적혀 있고 오른쪽에는 원두 원산지와 원두에 관한 설명이 적혀 있다. 원하는 원두를 선택한 후 필터 커피, 에스프레소, 카페라테 등을 선택하면 된다. 최근 아침, 브런치, 점심 메뉴도 10유로대의 가격으로 선보이고 있다. 3fe에서 판매하는 원두는 1~2주일 전에 로스팅을 한 제품으로 선물용으로도 아주 좋다.

Data 지도 091p-L
가는 법 그래프턴 거리 입구에서 왼쪽에 트리니티 대학을 끼고 약 15분 직진 **주소** 32 Grand Canal St Lower Dublin 2
전화 01-661-9329
운영 시간 월~금 07:30~17:30, 토·일 09:00~18:00
가격 커피 3~4유로
홈페이지 www.3fe.com

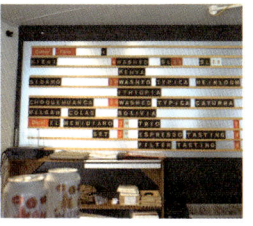

트렌디한 분위기를 느낄 수 있는 곳
 카프 Kaph

짙은 회색 페인트에 흰색 글씨로 작게 카페 이름이 새겨져 있어 그냥 지나치기 쉽다. 카페 앞 벤치에 앉아서 커피를 즐기는 사람들의 모습 속에서 카페의 자유로움이 그대로 전해진다. 1층은 매우 협소하지만 2층으로 올라가면 오랫동안 머물 수 있는 테이블이 많다. 대부분의 카페에서 커피 외에 음식을 함께 파는 것에 반해 카프는 작은 규모의 베이커리를 제외하곤 커피에 집중한다. 그래서 커피 메뉴는 다 맛있다. 직원들 모두 바리스타 자격증을 가지고 있어 원하는 취향을 이야기해 주면 원두도 추천해 준다.

Data 지도 093p-C
가는 법 조지 스트리트 아케이드 후문 앞
주소 31 Drury St, Dublin 2
전화 01-613-9030
운영 시간 월~토 08:00~19:00, 일 11:00~18:00
가격 커피 3~4유로 홈페이지 www.kaph.ie

체인점 커피 중에선 베스트 오브 베스트
커피엔젤 Coffeeangel

2004년 더블린 근교 호스의 부둣가에서 푸드트럭으로 시작한 커피엔젤은 현재 더블린에만 6개의 지점을 가지고 있다. 커피엔젤 팀은 아이리시 바리스타 챔피언 대회에서 우승을 하면서 사업을 조금씩 확장해 나갔다. 신선하고 품질 좋은 원두를 사용해 커피 본연의 맛을 고객에게 제공한다. 체인점이지만 독립 카페에서 맛볼 수 있는 커피 맛을 즐길 수 있다. 카페 한쪽에는 2주 이내에 로스팅한 원두와 각종 커피 용품도 선물용으로 판매하고 있다.

Data 트리니티 대학점
지도 091p-H 가는 법 트리니티 대학 옆
주소 15 Leinster St S, Dublin 2
전화 01-664-0000
운영 시간 월~금 07:30~17:00,
토 09:00~18:00, 일 10:00~17:00
가격 커피 3~4유로 홈페이지 coffeeangel.com

ENJOY

Writer's Pick!

재즈의 향연
인터내셔널 바 The International Bar

200년이 넘는 펍의 내부는 여타 오래된 더블린의 펍처럼 빅토리안 양식을 품은 채 살아가고 있다. 인터내셔널 바의 반전은 늦은 밤에 있다. 더블린의 유명한 펍은 저녁에 아일랜드 전통 음악이 펼쳐지지만 이곳에서는 코미디 공연과 재즈 공연이 펼쳐진다. 오랜 전통을 가진 재즈 공연을 무료로 즐길 수 있는 특별한 공간이다.

Data 지도 093p-C
가는 법 그래프턴 거리 입구에서 도보 3분
주소 23 Wicklow St, Dublin 2
전화 01-677-9250
운영 시간 월~목 09:30~23:30, 금~일 10:00~24:30
홈페이지 www.international-bar.com

> **Tip** 재즈 공연 화·목 21:30~23:30, 입장료 무료(5유로 도네이션 권장)
> 코미디 공연 월~수 21:30, 목·금·일 21:00, 토 20:15, 22:45 입장료는 5~10유로(요일마다 다름. 자세한 사항은 홈페이지 참고)

Writer's Pick!

이름이 없어서 더 오래 기억에 남는
노 네임 바 No name Bar

'이름 없는 술집'이란 뜻의 재미있는 이름을 가진 바. 이렇다 할 간판은 없고, 벽에 달린 달팽이 간판을 보고 찾아야 한다. 문을 열면 2층으로 올라갈 수 있는 낡은 계단이 보인다. 올라가는 것이 꺼려질 만큼 허름한 복도지만 술집으로 들어서는 순간 이전의 생각은 사라진다. 아파트를 개조해 만든 곳으로 내부는 누군가의 집에 온 것처럼 편안하고 아늑하다. 야외 흡연 구역도 눈여겨보길 바란다.

Data 지도 093p-C
가는 법 조지 스트리트 아케이드 후문에서 도보 1분
주소 3 Fade St, Dublin 2
전화 087-122-1064
운영 시간 월~수·일 12:30~23:30, 목 12:30~01:00, 금·토 12:30~02:30
홈페이지 www.nonamebardublin.com

|Theme|
제임스 조이스가 사랑했던 펍들

아일랜드의 소설가 겸 시인인 제임스 조이스James Joyce의 단골 펍이자
그의 소설에도 등장해 더 유명해진 펍들을 소개한다.

타임머신을 타고 빅토리안 시대로
스태그 헤드 Stag's Head

100년 넘게 빅토리안 양식이 잘 보존되어 있는 펍이다. 내부의 스테인드글라스는 아일랜드 예술가인 해리 클락의 작품이고, 박제된 수사슴은 100년도 넘은 알래스카산이다. 인테리어 하나하나에 정성을 담은 모습이 느껴진다. 한때 최고의 기네스를 파는 가게로 선정되기도 했다. 제임스 조이스의 단골 펍 중 한 곳이며, 매주 일요일 오후에는 원맨쇼 공연인 〈율리시스로의 산책 Strolling through Ulysses〉이 펼쳐진다.

Data 지도 093p-C
가는 법 그래프턴 거리 입구에서 도보 4분 주소 1 Dame Court, Dublin 2 전화 01-679-3687
운영 시간 월~토 11:00~24:30 (금·토 ~01:30), 일 12:00~24:00
홈페이지 www.facebook.com/stagsheaddublin

케네디 대통령의 단골 펍
멀리건 Mulligan's

1782년 개업한 멀리건은 한차례 이주 후 1854년부터 지금까지 한자리에서 150년 이상의 전통을 유지하고 있다. '기네스 파인트의 집'이라 불릴 정도로 기네스가 맛있는 집이다. 제임스 조이스의 단편 소설 〈더블린 사람들〉 중 '대응'에 등장하는 곳으로 조이스도 좋아했던 펍이다. 액자들이 많이 걸려 있는데, 그중 케네디 대통령의 사진이 단번에 눈에 띈다. 케네디 대통령은 기자 시절 편집국과 가까웠던 멀리건에 자주 들러 맥주를 마셨다고 한다. 아일랜드 영화나 드라마 촬영 장소로도 종종 이용된 곳이다.

Data 지도 091p-H
가는 법 오코넬 동상에서 강 건너 좌회전 후 도보 4분
주소 8 Poolbeg St, Dublin 2
전화 01-677-5582
운영 시간 월~토 10:30~23:30 (금·토 ~24:30), 일 12:30~23:00
홈페이지 www.mulligans.ie

블룸의 점심 식사 장소
데이비 번스 Davy Byrne's

제임스 조이스의 소설 〈율리시스〉 8장 에피소드에서 주인공 블룸이 점심을 먹으려고 들른 장소이다. 이곳은 조이스가 실제로 자주 다니던 술집이자 아내와의 첫 번째 데이트 장소이기도 하다. 소설 덕분에 유명해진 펍은 '데이비 번스 아일랜드 창작상'을 제정해서 젊은 작가들을 발굴하고 지원하는 일에 힘을 보태고 있다. 블룸이 먹었던 고르곤졸라 샌드위치와 레드 와인을 판매하고 있다.

Data 지도 093p-D 가는 법 그래프턴 거리 위로 걷다가 M&S에서 좌회전
주소 21 Duke St, Dublin 전화 01-677-5217 운영 시간 월~목 11:00~23:30, 금 11:00~24:30, 토 09:00~24:30, 일 11:00~23:00 홈페이지 www.davybyrnes.com

이곳에선 맥주보다 와인을
베일리 The Bailey

데이비 번스와 마주 보고 있는 곳으로 프랑스 와인 가문 중의 하나인 장퀴에르 도리올라 와인 Jonqueres d'Oriola Wine과 독점 체결을 맺고 와인을 판매하고 있다. 베일리 펍은 조이스와 깊은 연관을 가지고 있다. 1960년대 소설 〈율리시스〉의 배경 공간이 허물어질 위기에 처하자 베일리 펍의 주인이자 조이스의 팬이었던 라이언은 소설 속 주인공 가족이 살았던 에클레스 7번 집의 문을 구입한다. 라이언 덕분에 이 문은 현재 제임스 조이스 센터(163p)에 보관되어 있다.

Data 지도 093p-D 가는 법 그래프턴 거리 위로 걷다가 M&S에서 좌회전
주소 2 Duke St, Dublin 2 전화 01-670-4939
운영 시간 월~목 10:30~23:30, 금~일 12:30~24:30 홈페이지 www.baileybarcafe.com

펍 안의 갤러리
그로간스 Grogan's

그로간스 펍의 내부는 작은 갤러리를 연상시킨다. 벽면에 빽빽하게 걸려 있는 액자들은 이곳만의 독특한 매력을 발산하기에 충분하다. 전시된 작품들은 아일랜드를 비롯한 전 세계 여러 나라 작가들의 작품이며, 모두 구입이 가능하다. 실제로 그로간스 펍은 오랫동안 더블린의 작가와 화가, 시인들이 즐겨 찾는 곳이었다. 아일랜드식 체다 치즈와 전통 델리 햄으로 만든 그로간 토스트가 유명하다.

Data 지도 093p-C
가는 법 그래프턴 거리 입구에서 도보 4분
주소 15 South William St, Dublin 2
전화 01-677-9320
운영 시간 월~목 10:30~23:30, 금·토 10:30~24:30, 일 12:30~23:00

과거를 품고 있는 펍
케호스 Kehoe's

전형적인 빅토리안 양식을 품고 있는 펍으로 문을 열고 들어서면 과거로 회귀한 듯한 느낌을 받는다. 구석에 마련되어 있는 낡은 아일랜드 스타일의 방이 매력적인 곳으로 칸막이 안으로 들어가 술을 마셔야 할 것 같은 충동을 느끼게 한다. 어딜 가나 들을 수 있는 아이리시 음악이 들리지 않는 것이 이곳의 매력이라면 매력. 도심의 펍과 달리 이곳은 더블린 사람들이 그들의 일상을 영위하는 장소처럼 느껴진다. 11유로에 기네스, 페일 에일, 스미딕스, 부시밀즈 위스키를 테스팅해볼 수 있다.

Data 지도 093p-F
가는 법 그래프턴 거리 입구에서 위로 도보 4분
주소 9 South Anne St, Dublin 2
전화 01-677-8312
운영 시간 월~목 11:00~23:30, 금·토 11:30~24:30, 일 12:30~23:00
홈페이지 www.louisfitzgerald.com

더블린의 극장 바
니리 Neary's

빅토리안 양식이 보존되어 있는 곳으로 1887년 개업했다. 흰색 셔츠와 나비넥타이를 맨 직원들의 유니폼이 인상적이다. 입구에 달려 있는 램프와 내부 곳곳에 있는 4개의 가스 램프는 얼마 남지 않은 아일랜드 옛 시대의 유물들이다. 게이티 극장의 뒷문과 좁은 골목길을 사이에 두고 서로 마주 보고 있어 한때 많은 배우들이 즐겨 찾았다. 그 때문에 '더블린의 극장 바'란 별명을 가지고 있다.

Data 지도 093p-E
가는 법 그래프턴 거리 입구에서 위로 도보 4분
주소 1 Chatham St, Dublin
전화 01-677-8596
운영 시간 월~목 10:30~23:30, 금·토 10:30~24:30, 일 12:30~23:00
홈페이지 www.nearys.ie

365일 축제의 장
올리버 세인트 존 고가티 펍 The Oliver St. John Gogarty

템플 바 구역에서 붉은 건물의 템플 바만큼이나 존재감을 확실히 드러내는 곳이다. 4층으로 이루어진 건물은 노란색 페인트로 칠해져 있으며 다양한 나라의 국기가 걸려 있어 멀리서도 눈에 띈다. 1층은 퓨전 라이브 음악을, 2층은 아이리시 전통 음악을 들을 수 있어 관광객들에게 안성맞춤인 곳이다. 건물 안에는 펍뿐만 아니라 레스토랑, 호스텔, 아파트 형식의 숙소도 있다.

Data 지도 093p-A **가는 법** 템플 바 구역 내 **주소** 18-21 Anglesea St, Dublin 2
전화 01-671-1822 **운영 시간** 월~토 10:30~02:30, 일 12:00~01:30
전통 음악공연 월~토 14:30~02:00, 일 10:00~00:30(순차적으로 계속 연주)
홈페이지 www.gogartys.ie

더블린 경제를 알고 싶다면 이곳으로
도허니&네즈빗 Doheny&Nesbitt

펍 주변에 국회의사당과 정부 건물, 은행들이 많아 이곳의 주요 고객은 잘 차려입은 정치인과 언론인, 회사원들이다. 점심시간에는 기네스 한 잔에 펍 음식으로 식사를 하는 사람들로, 저녁 시간에는 퇴근하고 몰려온 회사원들로 펍은 항상 분주하다. 펍에서 이루어지는 대화가 주로 경제에 관련된 것이라 '도허니&네즈빗의 경제 학교'라는 별명을 가지고 있다.

Data 지도 091p-H
가는 법 스티븐 그린 쇼핑센터를 등지고 도보 약 8분
주소 5 Baggot St Lower, Dublin 2 전화 01-676-2945
운영 시간 월·화 09:00~00:30,
수·목 09:00~01:00,
금 09:00~02:00,
토 09:30~02:00,
일 10:30~24:00 홈페이지
www.dohenyandnesbitts.ie

 Writer's Pick! 예이츠가 유일하게 갔던 펍
토너스 펍 Toners Pub

도허니&네즈빗 맞은편에 위치한 펍. 1818년에 개업한 곳으로 더블린에서 오래된 펍에 속한다. 그 당시의 인테리어와 골동품, 깃발 등이 장식되어 있으며 시간이 지날수록 그 진가를 발휘하고 있다. 한쪽 벽에는 올리버 세인트 고가티와 예이츠의 사진이 그려져 있다. 예이츠는 평소에 펍의 시끄러운 분위기를 좋아하지 않는데, 토너스는 그가 유일하게 방문한 펍이다. 또 이곳은 최고의 기네스를 맛볼 수 있는 펍으로 선정되기도 했다. 펍 안쪽의 비어 가든Beer Garden은 토너스의 '시크릿 가든'으로 불린다. 아일랜드 사람들은 이곳에서 함께 스포츠 경기를 보거나 밴드 공연을 즐긴다.

Data 지도 091p-L
가는 법 스티븐 그린 쇼핑센터를 등지고 도보 약 9분
주소 139 Baggot St Lower, Dublin 2 전화 01-676-3090
운영 시간 월~목 10:30~23:30,
금·토 10:30~24:30,
일 11:30~23:30
홈페이지 www.tonerspub.ie

재미있는 공간을 가진 펍
오닐스 바 O'Neills Bar

트리니티 대학 근처에 있으며 1927년 문을 열었다. 창가 아래, 층계 아래 등 구석구석 숨어 있는 미로 같은 자리를 지나면 최대 700명까지 수용할 수 있는 넓은 홀이 나온다. 40종류가 넘는 맥주와 든든한 한 끼 식사를 즐길 수 있는 곳으로 식판 위에 맥주 한 잔과 음식을 올려놓고 신문을 보거나 스포츠 경기를 관람하는 사람들의 모습은 매우 흔한 풍경이다.

Data 지도 093p-C
가는 법 그래프턴 거리 입구에서 우회전, 몰리 말론 동상 앞
주소 2 Suffolk St Dublin 2
전화 01-679-3656
운영 시간 월~목 08:30~23:30,
금·토 08:00~24:30,
일 08:00~23:00
홈페이지 www.oneillspubdublin.com

템플 바 안의 템플 바
템플 바 The Temple Bar

더블린 관광엽서로 가장 많이 만들어지는 펍이자 더블린을 여행한 전 세계인들의 사진첩에 빠지지 않고 등장하는 펍이다. 더블린에서 템플 바는 펍과 문화 공간이 밀집해 있는 템플 바 구역을 의미하지만, 관광객들에게 템플 바는 모퉁이에 위치한 붉은색의 펍을 의미한다. 다양한 여행자들이 함께 어울리는 곳으로 펍이 문을 여는 시간부터 닫는 시간까지 아일랜드 전통 음악을 들을 수 있다. 라이브 공연은 오후 1시 30분부터 새벽까지 이어진다.

Data 지도 093p-A
가는 법 템플 바 구역 내
주소 47/48 Temple Bar, Dublin 2 전화 01-672-5286~7
운영 시간 월~목 10:30~01:30,
금·토 10:30~02:30,
일 11:30~01:00 홈페이지 www.thetemplebarpub.com

아이리시 디자이너를 만나는 곳
Writer's Pick! 킬케니 숍 Kilkenny Shop

1963년, 킬케니에서 시작해서 현재 아일랜드 주요 도시에 매장이 있는 종합 편집숍이다. 의류부터 액세서리, 주방용품, 문구용품, 도자기 공예, 유리 공예 등 아일랜드에서 활동하는 디자이너들의 제품을 만나볼 수 있다. 시티센터 매장은 2층을 카페테리아로 운영하고 있어 쇼핑 후 간단히 티타임을 가지거나 식사를 하기 좋다. 아일랜드 장인이나 디자이너들의 아이디어가 궁금하다면 킬케니 숍을 기억하자.

Data 지도 091p-H
가는 법 트리니티 대학 옆
주소 6 Nassau St, Dublin 2
운영 시간 월~토 08:30~18:30 (목 ~20:00), 일 10:00~18:30
홈페이지 www.kilkennyshop.com

아일랜드를 대표하는 국민 기업
아보카 AVOCA

아일랜드인들의 생활 패턴과 그들의 취향이 궁금하다면 아보카로 가보자. 18세기에 동쪽 위클로 지역 아보카 마을의 직물 공장에서 시작되어 현재는 직물 산업을 비롯한 주방용품, 생활용품, 식료품 등 아일랜드 삶의 모든 분야에 이르는 산업으로 확장하였다. 아보카에서 생산되는 직물은 베네통처럼 원색을 주로 사용하는데 소재가 좋아서 알록달록하면서도 촌스럽지 않은 것이 특징이다. 아보카에서 발행하는 요리책은 믿고 보는 책으로 정평이 나 있고 매장에서 판매하는 잼이나 오일, 드레싱, 케이크 등도 맛있다. 아보카 레스토랑(118p) 또한 아일랜드 사람들의 많은 사랑을 받고 있다.

Data 지도 093p-D
가는 법 그래프턴 거리 입구에서 우회전 후 도보 1분
주소 11-13 Suffolk St, Dublin 2
운영 시간 월~토 09:30~18:00 (목·금~19:00), 일 11:00~18:00
홈페이지 www.avoca.com

|Theme|
저렴이를 사려면?

여행을 하다 보면 급하게 필요한 물건들이 생기기 마련이다.
싸게 구입해서 요긴하게 쓸 수 있는 물건을 파는 상점들을 소개한다.

페니스 Penneys

옷가게의 '다이소'로 불릴 수 있는 곳. 트렌디한 아이템을 저렴한 가격으로 판매하는 아일랜드 종합 매장으로 다른 유럽에서는 프리막스 Primark로 불린다. 속옷부터 의류, 잡화, 가정용품 등을 판매하고 있으며 가격이 저렴해서 쇼핑을 하는 재미가 있는 곳이다. 저렴한 만큼 제품의 퀄리티를 기대하는 것은 무리이지만 급하게 옷을 사야 하거나 아이들의 옷을 사기에 안성맞춤인 곳이다. 어린이용 티셔츠는 2유로대부터, 바지는 5유로대부터 구입할 수 있다.

유로 자이언트 Euro Giant

아일랜드의 '다이소'로 불리는 곳으로 유로 숍 혹은 유로 자이언트로 불린다. 대부분의 제품을 1~2유로에 판매하며 아일랜드 전역 어디에서나 찾아볼 수 있다. 특히 문구류나 핸드폰 액세서리 등을 일반 매장보다 훨씬 저렴하게 구입할 수 있다.

딜즈 Dealz

유로 숍과 비슷한 성격의 매장으로 모든 공산품과 스낵 제품을 1~2유로에 판매하는 매장이다. 문구류나 공산품, 베이킹 용품, 수납용품은 유로 자이언트보다 디자인적으로 예쁜 것이 더 많고 제품의 내구성도 더 튼튼한 편이다.

알디 Aldi 와 리들 Lidl

독일에 본사를 두고 있는 글로벌 할인 슈퍼마켓으로 미국의 코스트코와 비슷하다. 자체 생산 제품을 주로 취급하기 때문에 저렴하지만 종류가 다양하지는 않다. 공산품의 경우 여름에는 물놀이 장비를 팔고 겨울에는 스키, 난방용품을 파는 등 소비자 패턴을 분석해서 일주일에 한두 번씩 새로운 물건으로 교체한다. 시중의 슈퍼마켓보다 물건의 질도 좋고 가격도 저렴해서 아일랜드 사람들도 매우 좋아하는 슈퍼마켓 체인이다. **Don't Miss** 리들 매장 내의 베이커리는 가격도 저렴하고 맛도 좋다.

IRELAND BY AREA 01
더블린-리피강 남동쪽

Data 지도 093p-C
가는 법 조지 스트리트 아케이드 후문 맞은편
주소 41 Drury St, Dublin 2
전화 01-679-8871
운영 시간 월~토 10:00~18:00 (목 ~19:00), 일 13:00~17:00
홈페이지 irishdesignshop.com

 젊은 아이리시 디자이너들의 제품을 만날 수 있는 곳
아이리시 디자인 숍 Irish Design Shop

젊은 아이리시 디자이너들의 제품을 만나볼 수 있는 곳이다. 다른 편집 숍과 달리 오로지 '아이리시 디자이너'의 제품으로만 구성되어 있다. 2008년 두 명의 주얼리 디자이너가 문을 연 이곳은 초기 여러 명의 아이리시 디자이너에게 스튜디오를 대여해 주고 제품을 함께 판매하는 형식으로 운영하였다. 현재 독립 매장을 소유하고 있으며 주말엔 디자인 워크숍을 열어 대중에게 디자인 제품 제작에 참여할 수 있는 기회도 주고 있다. 액세서리, 가정용품, 텍스타일, 세라믹 디자인 등 젊은 감각이 돋보이는 제품을 만날 수 있다.

디자이너의 취향이 반영된 곳
아티클 Article

2010년에 문을 연 편집 숍이다. 주인은 영국의 유명 디자인 브랜드인 하비타트Habitat를 비롯한 다양한 소규모 디자인숍의 매니저 경험을 살려 아티클을 오픈했다. 20년간의 노하우를 바탕으로 직접 유럽의 다양한 디자이너 제품들을 선택하여 판매하고 있다. 주인의 개인적인 컬렉션이기 때문에 본인이 소비자의 입장이 되어 집에 놓고 싶은 물건만 판다는 신념을 가지고 제품을 꼼꼼히 선택한다. 홈페이지에는 매달 새롭게 입고된 제품들을 분류해 놓아 그 달의 트렌드도 확인해볼 수 있다.

Data 지도 093p-C
가는 법 파워스코트 센터 내
주소 Powerscourt Townhouse, South William St, Dublin
전화 01-679-9268
운영 시간 월~토 10:30~18:00 (목 ~19:00), 일 13:00~17:00
홈페이지 articledublin.com

빈티지 제품 애호가인 디자이너의 편집숍
인더스트리 Industry & Co

전직 인테리어 디자이너가 오픈한 디자인 셀렉트 숍이다. 아일랜드뿐만 아니라 미국, 이탈리아, 네덜란드, 프랑스, 독일, 벨기에, 덴마크 등의 인더스트리얼 디자인을 취급한다. 빈티지 디자인 제품, 메탈 제품, 산업 제품, 재활용된 듯한 소품이 주를 이룬다. 매장 한쪽에서 운영하고 있는 카페 역시 감각적인 더블리너들의 아지트 역할을 하고 있다.

Data 지도 093p-C
가는 법 조지 스트리트 아케이드 후문 맞은편 주소 41 Drury St, Dublin 전화 01-613-9111
운영 시간 월~토 08:00~18:30 (목 ~19:00), 일 10:00~18:00
홈페이지 industryandco.com

감각적인 프린트 아트가 많은 곳
잼 아트 팩토리 Jam Art Factory

템플 바 구역 내에 위치한 디자인 편집 숍이다. 세라믹, 텍스타일, 주얼리, 프린트 아트, 생활소품 등 다양한 분야의 아이리시 디자이너들의 제품을 취급하고 있다. 다른 편집 숍에 비해 그래픽 디자이너의 프린트 아트가 유난히 많은 곳이기도 하다. 전문 디자이너뿐만 아니라 아마추어 학생들의 작품도 판매하고 있어 예비 디자이너들의 개성 넘치는 아이디어도 만날 수 있다. 신예 작가들의 작품이 많기 때문에 합리적인 가격으로 제품을 구매할 수 있다.

Data 지도 093p-A
가는 법 템플 바 구역 내
주소 14 Crown Alley, Temple Bar, Dublin 2
전화 01-616-5671
운영 시간 월 12:00~18:00, 화·수·토 10:00~18:00, 목·금 10:00~20:00, 일 12:00~17:00
홈페이지 jamartfactory.com

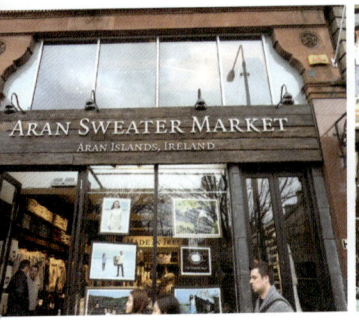

아일랜드 양모로 만든 제품을 찾는다면
아란 스웨터 마켓 Aran Sweater Market

아일랜드는 양털 스웨터가 유명한데 그중에서도 서쪽의 아란 제도Aran Island가 가장 유명한 지역이다. 아란 스웨터 마켓은 아란 제도 안에 있는 3개의 섬 중 이니시모어Inis Mor의 장인들과 현대 디자이너들이 협력하여 만든 새로운 브랜드이다. 전통 아란 스웨터에서 사용하는 소재와 짜임 패턴을 고수하면서도 현대적인 감각을 더했다. 매장에서는 여성복을 비롯하여 남성복, 아동복, 소품 등 다양한 양모 제품을 만날 수 있다.

Data 지도 093p-D
가는 법 그래프턴 거리 입구에서 도보 1분
주소 115 Grafton St, Dublin 2
운영 시간 09:30~19:00
홈페이지 www.aransweatermarket.com

아일랜드 문학가의 초판 서적이 궁금하다면
율리시스 레어 북스 Ulysses Rare Books Ltd

아일랜드 문학가들의 초판본을 찾는다면 이곳을 주목하자. 율리시스 레어 북스는 중고서점으로 오래되고 희귀한 책과 지도를 판매하는 서점이다. 내부는 협소하지만 진열장에는 제임스 조이스, 예이츠, 오스카 와일드 등 이름만으로도 존재감이 확실한 아일랜드 문학가들의 초판본이 대거 진열되어 있어 서점이면서 작은 문학 박물관의 느낌마저 든다. 지하에는 아일랜드 역사와 지형에 관한 지도도 판매하고 있다. 빈티지 지도를 찾는 사람들에게 이곳은 보물창고와 같은 장소가 될 것이다.

Data 지도 093p-D
가는 법 그래프턴 거리 입구에서 도보 3분
주소 10 Duke St, Dublin 2
전화 01-671-8676
운영 시간 월~토 09:30~17:45
홈페이지 www.rarebooks.ie

Writer's Pick!

위스키를 사랑하는 당신에게
켈틱 위스키 숍 Celtic Whiskey Shop & Wines on the Green

아일랜드에서 생산되는 거의 모든 종류의 위스키를 저렴하게 구입할 수 있는 곳이다. 스코티시 위스키와 전 세계 유명한 와인도 함께 판매한다. 직원들은 관련 지식이 매우 풍부하고 친절해 같은 위스키를 가장 저렴하게 구입할 수 있는 방법까지 알려준다. 아일랜드 지역의 위스키 이름과 판매용 미니어처들도 진열되어 있어 부담 없는 가격으로 다양한 위스키를 구매할 수 있다. 아일랜드 추천 위스키는 071p를 참고한다.

Data 지도 093p-F 가는 법 스티븐 그린 쇼핑센터에서 도보 4분
주소 27-28 Dawson St, Dublin 전화 01-675-9744
운영 시간 월~토 10:30~20:00(목 ~21:00), 일 12:30~19:00
홈페이지 www.celticwhiskeyshop.com

아일랜드산 치즈가 궁금하다면
셰리단스 치즈몽거스 Sheridans Cheesemongers

1995년 골웨이 시장에 처음 매장을 열었고 현재는 더블린, 골웨이, 워터포드, 미스 지역으로 매장을 확대했다. 매장 안에는 아일랜드산 치즈를 비롯해서 유럽의 다양한 치즈를 취급하고 있다. 치즈마다 생산지가 표기되어 있고, 선호하는 스타일을 이야기하면 치즈를 추천해 주기도 한다. 아일랜드산 치즈로는 더러스Durrus, 미니 거빈Mini Gubbeen, 캐셀 블루 머추어Cashel Blue Mature를 추천한다.

Data 지도 093p-F 가는 법 그래프턴 거리 입구에서 도보4분
주소 11 Anne St S, Dublin 2 전화 01-679-3143
운영 시간 월~수·금 10:00~18:00, 목 10:30~18:00,
토 09:30~18:00 가격 더러스 개당 8.8유로, 미니 거빈 개당 9.8유로,
캐셀 블루 머추어 킬로당 23.5유로
홈페이지 sheridanscheesemongers.com

IRELAND BY AREA 01
더블린-리피강 남동쪽

SLEEP

더블린의 얼굴
웨스틴 더블린 The Westin Dublin

화려했던 은행 건물을 5성급 호텔로 리모델링했다. 리피강 남쪽의 호텔 중에서 더블린의 주요 장소를 가장 빠르게 갈 수 있는 곳이기도 하다. 호텔 근처에 공항 셔틀버스 정류장이 있다. 전체적으로 따뜻한 컬러를 사용하고 있으며 호텔에서 사용하는 헤븐리 베드Hevenly Bed는 별도 쇼핑몰을 통해 구입할 수도 있다. 호텔 아래층에 위치한 민트 바Mint Bar는 2017년 '올해의 바 어워드'에 선정될 만큼 다른 바와 차별성을 가진다.

Data 지도 093p-B
가는 법 트리니티 대학에서 도보 2분
주소 at College Green, Westmoreland St, Dublin
전화 01-645-1000
요금 더블룸 비수기 200유로~, 성수기 250유로~ 홈페이지 www.thewestindublin.com

Writer's Pick!
그래프턴 거리의 얼굴
웨스트버리 호텔 The Westbury Hotel

쇼핑 중심가에 위치한 5성급 호텔이다. 그래프턴 거리에 있어 쇼핑족들에게는 더할 나위 없이 좋다. 호텔 내의 더 갤러리The Gallery 레스토랑에서는 그래프턴 거리의 전망을 즐기며 애프터눈 티를 즐길 수 있고 와일드Wilde(111p) 레스토랑에서는 우아한 식사를 경험할 수 있다. 칵테일을 좋아한다면 호텔 내의 마블 바Marble Bar를 기억하자.

Data 지도 093p-C
가는 법 그래프턴 거리 내 위치
주소 2 Balfe St, Dublin 2
전화 01-679-1122
요금 더블룸 비수기 190유로~, 성수기 300유로~
홈페이지 www.doylecollection.com

건축가의 주택에서 머무는 특별한 하루
넘버 31 Number 31

세계적인 건축가 프랭크 로이드 라이트의 제자였던 아일랜드 건축가, 샘 스티븐슨이 설계한 독특한 호텔로 조지안 건축물이 보전된 곳에 위치한다. 21개의 침실은 각자 다른 개성의 모던한 디자인으로 이루어져 있으며 세련된 프랑스 장식품들로 멋멋한 방에 특색을 더했다. 호텔 로비는 대저택의 거실을 방문한 것 같은 착각이 드는 디자인으로 꾸며져 있고 밖에서는 절대 상상할 수 없는 비밀의 정원이 마련되어 있다. 예약은 호텔 홈페이지를 통해서만 가능하다.

Data 지도 091p-L
가는 법 루아스 그린라인 Harcourt역에서 하차 후 도보 9분
주소 31 Leeson Close, Dublin 2
전화 01-676-5011
요금 스탠더드 디럭스 더블룸 비수기 150유로~, 성수기 220유로~
홈페이지 www.number31.ie

더블린에서 느끼는 북유럽 감성
딘 더블린 The Dean Dublin

2014년 11월에 문을 연 호텔로 모던한 인테리어와 가구, 마감재에서 북유럽 감성을 느낄 수 있다. 바로 옆에 아이비 가든이 있고, 도보 5분 거리에 세인트 스티븐 그린 공원과 그래프턴 거리가 있어서 도심과의 접근성도 좋다. 호텔 옥상에 있는 소피Sophie 레스토랑은 사면이 유리창이라 확 트인 공간에서 더블린 전경을 바라보며 식사를 할 수 있다. 호텔 투숙객이 아니더라도 멋진 전망 아래에서 한 끼 식사를 즐기고 싶은 사람들에게 추천한다.

Data 지도 091p-K
가는 법 루아스 그린라인 Harcourt역에서 하차 후 도보 9분
주소 31 Leeson Close, Dublin 2
전화 01-607-8110
요금 더블룸 비수기 130유로~, 성수기 160유로~
홈페이지 deandublin.ie

소피 레스토랑

IRELAND BY AREA 01
더블린-리피강 남동쪽

합리적인 가격대의 4성급 호텔
모건 호텔 The Morgan Hotel

템플 바 구역에 위치해 있는 4성급 부티크 호텔이다. 호텔에서 공항 셔틀버스, 관광안내소도 가깝고 템플 바를 비롯해 더블린의 주요 명소를 도보 10분 이내에 갈 수 있다. 호텔은 현대적이면서 클래식함이 결합된 디자인이다. 전체적으로 화이트톤의 벽과 가구, 침구류를 사용하여 깨끗하고 깔끔하다. 1베드 스위트룸은 4성급 호텔에 비해 합리적인 가격대를 선보이고 있어 보다 넓은 공간을 사용하고 싶은 사람들에게 제격이다.

Data 지도 093p-A
가는 법 트리니티 대학에서 템플 바 쪽으로 도보 4분
주소 10 Fleet St, Temple Bar, Dublin 2
전화 01-643-7000
요금 더블룸 기준 비수기 140유로~, 성수기 200유로~
홈페이지 www.themorgan.com

늦게까지 펍 문화를 즐기고 싶은 여행자들을 위한 곳
플리트 스트리트 호텔 The Fleet Street Hotel

템플 바 구역 초입에 위치한 3성급 호텔. 밤늦게까지 펍 문화를 즐기고 싶은 여행자들에게 추천한다. 도보 5분 거리에 유명한 관광 펍들이 밀집해 있다. 템플 바 구역뿐만 아니라 오코넬 거리와 트리니티 대학, 그래프턴 거리로의 접근성도 좋고 공항버스나 관광안내소의 접근성도 좋다. 위치적인 장점이 큰 호텔임에도 숙박비는 합리적이다. 단, 호텔 1층이 펍이고 템플 바 구역 내에 있어 밤에 시끄러울 수 있다.

Data 지도 093p-B
가는 법 트리니티 대학에서 템플 바 쪽으로 도보 4분
주소 19-20 Fleet St, Temple Bar, Dublin 전화 01-670-8124
요금 더블룸 비수기 90유로~, 성수기 130유로~
홈페이지 www.fleethotel templebar.com

 Writer's Pick! 더블린 컨벤션 센터 근처의 4성급 호텔
스펜서 호텔 The Spencer Hotel

더블린 컨벤션 센터 근처의 4성급 호텔이다. 주변에 페이스북, 구글 유럽 본사가 있어 학회나 출장으로 오는 사람들이 많이 찾는 곳이다. 호텔에서 리피강을 따라 도심으로 올라가는 산책로를 걷다 보면 지니 존스턴 기근선과 기근 동상도 만날 수 있다. 호텔 로비 한쪽에 있는 칵테일 바도 인기 만점이다.

> **Tip** 호텔 공식 홈페이지의 프로모션을 미리 확인하고 예약하자. 컨벤션 센터에 행사가 있을 때는 가격이 급격하게 오르기 때문에 미리 예약해두는 것이 좋다.

Data 지도 091p-H
가는 법 오코넬 거리 입구에서 동쪽으로 도보 15분. 또는 루아스 레드라인 Mayor Square역에서 하차 후 도보 5분
주소 Excise Walk, IFSC, Dublin 1 전화 01-433-8800
요금 더블룸 비수기 140유로~, 성수기 180유로~
홈페이지 www.thespencerhotel.com

바다가 인접한 호텔
샌디마운트 호텔 Sandymount Hotel

더블린에서 가장 가까운 근교인 샌디마운트 타운에 위치한다. 더블린 시내까지는 대중교통으로 약 15~20분 정도가 걸려서 4성급 호텔치고는 가격이 합리적이다. 호텔 근처의 다트 역을 이용하면 그래프턴 거리 등 더블린의 주요 명소를 쉽게 갈 수 있다. 호텔에서 도보 10분이면 바닷가를 갈 수 있는 장점이 있다. 169개의 객실을 보유하고 있으며 주변 환경과 호텔의 조화가 돋보여 2017년에는 월드 트래블 어워드 협회에서 수여하는 '유럽의 선도 그린 호텔 상'을 수상했다. 무료 주차장 이용이 가능하다.

Data 지도 091p-L
가는 법 코놀리 기차역에서 다트 이용 후 랜스다운 로드역에서 하차 후 도보 5분 주소 4 Herbert Road, Dublin
전화 01-614-2000
요금 더블룸 기준 비수기 100유로~, 성수기 130유로~ 홈페이지 www.sandymounthotel.ie

가족 단위 여행자들을 위한 아파트 호텔
파이브 스타 스티븐 그린 아파트 5 Star Stephen's Green Apartment

최근 에어비앤비가 성장하면서 아파트식 숙박 업체가 늘고 있다. 이곳은 그래프턴 거리와 세인트 스티븐 그린 공원 근처에 위치한 아파트식 호텔이다. 2016년 오픈하였으며, 약 32평대의 2베드룸으로 구성되어 있다. 모던한 스타일의 각 방에는 더블 침대가 놓여 있고, 거실 소파도 침대로 사용할 수 있어 최대 6명까지 숙박할 수 있다. 도심에서 약간 떨어져 있어 조용하지만 도심과의 접근성도 좋은 편이라 가족 단위로 여행하는 사람들에게 제격이다.

Data 지도 091p-L
가는 법 루아스 그린라인 St.Stephen's Green역에서 도보 9분
주소 12 Fitzwilliam Lane, Dublinm **요금** 2베드 베드룸 170유로~
홈페이지 없음. 호텔 예약 사이트에서 호텔 이름을 검색

더블린 대운하가 내려다보이는 전망
럭셔리 아파트, 인크레더블 뷰즈 Luxury Apartment, Incredible View

아파트 바로 옆으로 더블린 대운하가 흐르고 있어 멋진 전망을 자랑한다. 체계적으로 관리가 되고 있는 아파트형 에어비앤비라고 할 수 있다. 약 27평형대로 2개의 방과 2개의 욕실이 있다. 거실에는 침대 겸용 소파가 있어 최대 6명까지 투숙할 수 있다. 보드 개시 에너지센터 극장을 비롯해 더블린 컨벤션 센터와 IT 회사들이 가까이 있어 가족과 함께 학회나 출장을 오는 여행자들에게도 좋은 곳이다. 2박 이상 예약 가능하다.

Data 지도 091p-H **가는 법** 트리니티 대학에서 동쪽 대운하 방향으로 도보 15분
주소 3 Grand Canal Quay, Dublin 2 **요금** 2베드룸 210유로~
홈페이지 없음. 호텔 예약 사이트에서 호텔 이름을 검색

가성비 좋은 호스텔
Writer's Pick! 스카이 백패커스 Sky Backparkers

오코넬 거리와 가깝고 도로변이 아닌 골목 안에 있어 외부 소음이 없다. 2인실, 4인실, 6인실의 방이 있으며 다른 호스텔보다 방 하나당 적은 인원을 수용하는 것이 특징이다. 각 방에는 욕실이 포함되어 있고 마룻바닥이라 청결하다. 2층 침대에는 개인 커튼은 없지만 머리 쪽을 가릴 수 있는 작은 합판이, 침대 안에는 개인 조명과 2개의 콘센트, 소품을 올려놓을 수 있는 선반이 구비되어 있다. 로비는 작지만 아늑하고, 매일 저녁 소소한 이벤트가 펼쳐진다. 조식으로 기본 빵과 우유, 티, 시리얼, 삶은 계란 등이 제공된다. 엘리베이터가 없다는 단점이 있다.

Data 지도 091p-H 가는 법 오코넬 거리 시작점에서 도보 2분
주소 2-4 Litton Ln, North City, Dublin 1 전화 01-872-8389
요금 4베드 11~3월 중순 20유로대, 4~10월 35~40유로 홈페이지 www.skybackpackers.com

엘리베이터가 있는 호스텔
애비게일스 Abigail's

3인실부터 12인실까지 갖춘 대형 호스텔이다. 더블린 대부분 호스텔에 없는 엘리베이터가 있어 편리하다. 또 성수기와 비수기 구분 없이 일 년 내내 같은 금액으로 예약할 수 있다. 리피강 대로변에 위치해서 안전하고, 바로 뒤쪽에 템플 바가 있어 늦게까지 펍 문화를 즐길 수 있다. 침대 안에 개인 조명과 콘센트가 구비되어 있고 방마다 욕실이 있다. 침대 프레임은 개방형으로 침대 밑 개인 사물함을 위한 열쇠는 따로 준비하는 것이 좋다. 6인실은 상대적으로 방이 협소해 8인실을 추천한다.

Data 지도 093p-A
가는 법 오코넬 거리 입구에서 템플 바 쪽으로 도보 5분
주소 7-9 Aston Quay, Temple Bar, Dublin 2 전화 01-677-9300
요금 6베드 25유로, 12베드는 20유로 미만(조식 포함)
홈페이지 abigailshostel.com

리피강 남서쪽
South-West of the Liffey

더블린 시청을 시작으로 더블린의 역사를 만나는 곳이다.
더블린성에서 아일랜드의 파란만장한 역사를 살펴볼 수 있고
세인트 패트릭 대성당과 크라이스트 처치 대성당에서 민중과 지배자의
교회의 모습을 각각 발견한다. 한국의 서대문 형무소와 닮은꼴인
킬마이넘 감옥에서 아일랜드 독립운동의 아픈 역사를 마주한다.
아일랜드 관광의 일등 공신, 기네스 스토어하우스의 7층 전망대에서
세상에서 가장 맛있는 기네스를 맛보는 경험을 누려 보자.

©Tourism Ireland

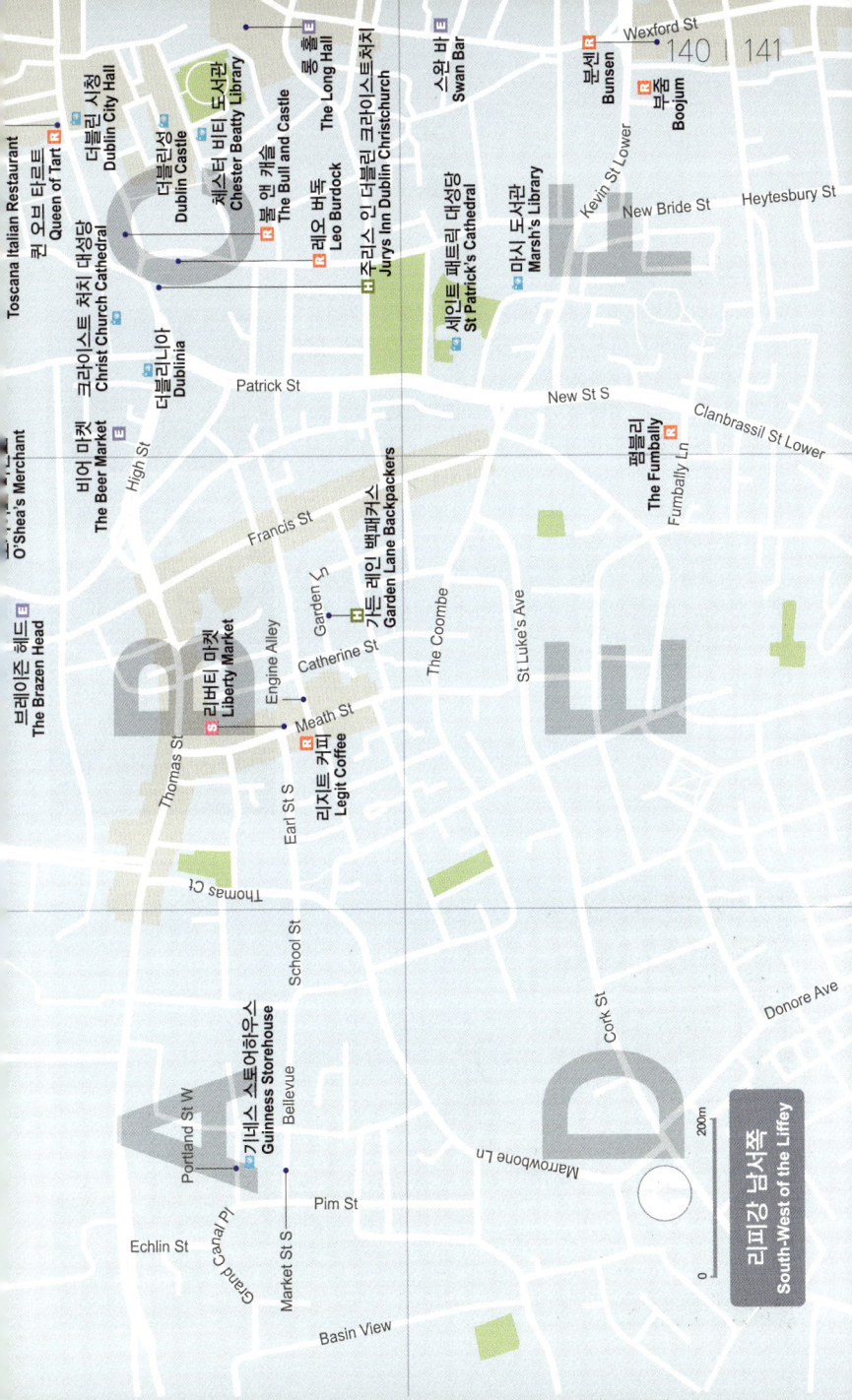

SEE

더블린의 굴곡진 역사의 현장
더블린성 Dublin Castle

9세기부터 더블린을 장악한 바이킹족은 도시를 보호하기 위해 요새와 옹벽을 세웠다. 이후 1204년 영국의 존 왕은 그 안에 성을 건립하였다(당시 요새 주위에 블랙 풀Black Pool이라고 부르는 검은 연못이 있었는데, '블랙 풀'이 아일랜드어로 '더블린DubhLinn'이다. 오늘날 더블린의 기원이다). 원래 성에는 높은 방어벽이 사면을 에워싸고 모서리마다 원형 타워가 있었는데, 1684년 화재로 대부분이 유실되고 현재는 레코드 타워Record Tower만 남아 있다. 더블린성은 아일랜드가 독립하는 1921년까지 영국 통치의 본거지로 영국 총독의 관저나 화약 창고, 감옥, 재판정 등으로 사용되었다. 현재는 아일랜드 대통령의 취임식이나 국제 세미나를 개최하는 장소로 사용되고 있다.

Data 지도 141p-C
가는 법 더블린 시청에서 도보 3분 **주소** Dame St, Dublin 2
전화 01-645-8800 **운영 시간** 09:45~17:45(마지막 입장 17:15),
12월 25~27일 및 1월 1일 휴무 **요금** 가이드 투어 없는 경우 어른 7유로,
학생 6유로(로열 성당과 옛 타워가 있던 지하 투어는 관람 불가). 가이드
투어 시 어른 10유로, 학생 8유로(가이드 투어 약 70분)
홈페이지 www.dublincastle.ie 더블린 패스

©Tourism Ireland

| 더블린성 자세히 들여다보기 |

스테이트 아파트먼트The State Apartment는 성의 남쪽에 위치하며 더블린성의 내부를 본격적으로 관람할 수 있는 건물이다. 다양한 성격을 가진 공간들을 만날 수 있다.

1. 복도 The State Corridor
성의 관저나 사무 공간으로 사용되었던 방을 연결해주고 있다. 1758년에 신고전주의 양식으로 설계되었다. 금장 문양의 천장이 돋보인다.

2. 왕의 알현실 The Throne Room
조지 4세의 방문을 기념해 만든 방이다. 방 안에는 그의 체구에 맞춰 제작된 커다란 의자가 놓여 있다. 빅토리아 여왕 재임 시절에는 의자가 너무 커서 의자 다리를 자르고 발받침을 두었다고 한다.

3. 픽처 갤러리 The Portrait Gallery
연회나 왕을 알현하기 전 대기하던 장소로 오늘날에는 국가 만찬이 이루어지는 곳이다.

4. 채플 로열 The Chapel Royal
고딕 스타일의 성당이다. 1821년 조지 4세 왕이 예배에 참석한 후 '채플 로열'로 불리게 되었다. 규모는 작지만 돌기둥과 나무 의자, 창문 장식에 새겨진 문양이 매우 정교하고 섬세하다. 가이드 투어로만 입장이 가능하다.

5. 제임스 코널리 방 The James Connolly Room
제임스 코널리는 1916년 부활절 봉기의 주축인물로 아일랜드 독립에 가장 큰 영향을 끼친 사람이다. 한때 총독실의 일부로 사용되었고 제 1차 세계대전 때는 부상당한 병사들을 위한 방으로 사용했다.

6. 드로잉 룸 The State Drawing Room
1838년에 만들어졌으며 현재도 국빈을 접대하는 장소로 이용되며 더블린성에서 가장 화려한 곳이다. 붉은색 실크 벽지 위에 걸려 있는 수많은 작품 중에는 17세기 유럽의 유명 화가인 앤서니 반 다이크 경의 초상화도 있다.

7. 세인트 패트릭스 홀 St. Patrick's Hall
대통령 취임식이나 국제회의와 같은 국가 행사를 치르는 장소로 더블린성에서 가장 중요한 곳이다. 진한 파란색 카펫과 파란색 벽, 금장으로 마감된 기둥과 천장, 천장에 달린 세인트 패트릭 기사단의 문양에서 차분하고 위엄 있는 분위기가 느껴진다.

IRELAND BY AREA 01
더블린-리피강 남서쪽

정부 및 기업, 개인의 행사장으로 사용되는
더블린 시청 Dublin City Hall

1769~1779년 토마스 쿨리가 만든 신고전주의 양식 건물이다. 1층의 원형 돔으로 이루어진 로비는 과거 상인들이 비즈니스를 논의했던 곳으로 현재는 정부의 공식 행사 및 기업과 개인의 행사장으로 사용되고 있다. 돔 아래 12개의 기둥 사이에는 아일랜드의 역사적인 사건을 담은 벽화와 아일랜드의 행정구역인 얼스터Ulster, 코노트Connacht, 먼스터Munster, 렌스터Leinster 네 지역의 깃발이 그려져 있고, 아래에는 더블린 시의 모토를 나타내는 글자가 새겨져 있다. 로비에서 나와 옆문으로 들어가면 더블린 역사가 시대 순으로 전시되어 있는 시청 박물관이 위치한다. 과거 더블린의 사진과 지도 및 더블린 시가 보유하고 있는 몇 가지의 보물도 만날 수 있다.

Data 지도 141p-C 가는 법 하페니 다리에서 도보 5분 주소 Dame St, Dublin 2 전화 01-222-2918
운영 시간 월~토 10:00~17:00 요금 무료 홈페이지 www.dublincity.ie/dublincityhall

 대부호의 수집품이 박물관으로
체스터 비티 도서관 Chester Beatty Library

알프레드 체스터 비티 경의 소장품이 전시된 박물관이다. 채굴 엔지니어이자 대부호였던 그는 전 세계를 여행하면서 다양한 물건을 수집했는데 박물관에 전시된 것만 약 2만여 점이 넘는다. 1층 전시실에는 몽골, 인도, 페르시아, 일본, 중국 등지에서 모은 물건들이, 2층 전시실에는 유대교 및 기독교, 이슬람교 등 전 세계 종교에 관한 물건들이 전시되어 있다. 고대 이집트의 파피루스 원본이나 세계에서 두 번째로 오래된 성서 조각과 같이 돈으로 환산하기 힘든 물건들도 보인다. 론리 플래닛에서 '더블린을 넘어, 유럽에서 최고로 멋진 박물관'이라는 극찬을 받은 곳이다.

Data 지도 141p-C 가는 법 더블린성 내의 잔디밭 부지에 위치
주소 Dublin Castle, Dublin 2 전화 01-407-0750
운영 시간 화~금 10:00~17:00, 토 11:00~17:00, 일 13:00~17:00, 월 휴무 요금 무료
홈페이지 www.cbl.ie

더블린에서 가장 오래된 성당
크라이스트 처치 대성당 Christ Church Cathedral

아일랜드에서 가장 큰 성공회 성당이자 더블린에서 가장 오래된 성당이다. 이곳은 바이킹 왕인 사이트릭Sitric에 의해 1030년에 목조 교회로 설립되었다가 이후 1171년, 영국의 펨브로크Pembroke 백작 2세에 의해 노르만 양식인 석조 건물로 개축되었다. 초기에는 고딕 양식이었지만 빅토리아 시대에 복원을 거치면서 다양한 건축 양식이 섞이게 되었다. 성당 내 바닥 타일과 지하 무덤에서 중세의 흔적을 발견할 수 있다.

Data 지도 141p-C 가는 법 더블린성에서 도보 4분
주소 Christchurch Pl, Dublin 8 전화 01-677-8099
운영 시간 3~10월 월~토 09:30~18:00, 일 12:30~14:30, 16:30~18:00,
4~9월 월~토 09:30~19:00, 일 12:30~14:30, 16:30~19:00, 11~2월 월~토 09:30~17:30,
일 12:30~14:30 요금 성인 7유로, 학생 5.5유로, 어린이(만 16세 이하) 2.5유로
홈페이지 christchurchcathedral.ie **더블린 패스**

| 눈여겨볼 유적들 |

- 지하 무덤에 새겨진 영국 왕가의 문장
- 펨브로크 백작의 기념비와 모형 무덤
- 1689년에 제작된 이동식 예배당
- 17세기 제임스 왕이 가져온 촛대
- 중세 시대 성경 필사본
- 오르간에 연결된 파이프에 들어갔다가 빠져나오지 못한 채 미라가 된 고양이와 쥐의 화석
- 제임스 1세가 1611년에 발행한 킹 제임스 성경

바이킹과 중세 더블린을 만나는 곳
더블리니아 Dublinia

크라이스트 처치 대성당의 아치형 통로를 따라 계단을 올라가면 더블리니아 박물관을 만나게 된다. 아일랜드 역사를 말할 때 바이킹 이야기는 빼놓을 수 없다. 스칸디나비아 반도에 살다가 아일랜드에 정착한 바이킹은 토착 문화에 빠르게 동화하면서 선박 축조나 화폐 주조 기술 등의 선진적인 문화를 전파했다. 박물관은 크게 바이킹의 침략과 아일랜드 중세 시대의 역사, 고고학자들의 유물 발굴 과정으로 나뉘어 있다. 다양한 시청각 자료와 과거의 모습을 재현한 모형들로 흥미를 더한다. 가족 단위의 여행자에게 추천한다.

Data 지도 141p-C 가는 법 크라이스트 처치 대성당 맞은편
주소 SI Michaels Hill, Christ Church, Dublin 8
전화 01-679-4611
운영 시간 3~9월 10:00~18:00(마지막 입장 17:30), 10~2월 10:00~17:30(마지막 입장 16:30) 요금 성인 9.5유로, 학생 8.5유로(크라이스트 처치 대성당+더블리니아 콤비네이션 입장권 성인 14.5유로) 홈페이지 www.dublinia.ie 더블린 패스

가장 오래된 공립 도서관
마시 도서관 Marsh's Library

아일랜드에서 가장 오래된 공립 도서관이다. 1701년 아일랜드의 대주교이자 트리니티 대학의 학장이었던 나르시서스 마시가 설립을 제안했고 설계는 아일랜드의 다양한 건축물을 설계한 윌리엄 로빈슨 경이 맡았다. 도서관은 18세기 건립 당시에 사용했던 의자와 선반을 그대로 사용하고 있으며 25,000권 이상의 책과 300점 이상의 필사본을 소장하고 있다. 내부는 트리니티 대학의 롱 룸의 축소판 같다. 롱 룸처럼 천장고는 높지 않지만 과거에 사용하던 책장과 책들을 그대로 보존하고 있어 도서관 자체에서 주는 감동이 크다.

Data 지도 141p-F
가는 법 세인트 패트릭 대성당 뒤편, 도보 1분
주소 St Patrick's Close, Wood Quay, Dublin
전화 01-454-3511
운영 시간 월·수~금 09:30~17:00, 토 10:00~17:00
요금 성인 3유로, 학생 2유로, 만 16세 이하 무료(현금만 가능)
홈페이지 www.marshlibrary.ie

아일랜드 민중 교회의 중심
세인트 패트릭 대성당 St. Patrick's Cathedral

아일랜드 복음화를 위해 노력한 세인트 패트릭 신부의 이름을 딴 성당 중 가장 큰 성당이다. 성당의 터는 패트릭 신부가 기독교로 개종하는 사람들에게 세례를 하던 우물 근처이다. 초기에는 목조 건물로 세워졌다가 1191년 노르만인들이 석조 건물로 개축하였고 몇 차례의 증축을 거쳐 현재의 모습이 되었다. 매년 11월 11일 아일랜드의 현충일인 리멤버런스 데이Remembrance Day 행사가 열리고 대통령의 장례식이 거행된다.

성당의 외관은 평범하지만 내부는 반전 매력이 느껴질 정도로 화려하고 볼거리가 풍부하다. 다채로운 켈트 문양이 새겨진 바닥과 화려한 스테인드글라스 창문, 아일랜드에서 가장 큰 오르간, 성가대석 위에 걸린 세인트 패트릭 기사단의 표장, 성당의 역사와 함께한 인물들의 조각상 등이 교회의 역사를 대변하고 있다. 패트릭 대성당 안에는 〈걸리버 여행기〉를 집필한 조나단 스위프트와 그의 연인 에스터 존슨의 무덤도 안치되어 있다. 스위프트는 1713년부터 1745년 사망할 때까지 성당의 주임 사제로 근무했다. 그는 성당 옆에 빈민 구제소를 세우고 지적장애인을 위한 병원 설립에 전 재산을 기부하기도 했다. 세인트 패트릭 대성당은 아일랜드의 종교와 역사를 한눈에 볼 수 있는 장소이다.

Data 지도 141p-F 가는 법 크라이스트 처치 대성당에서 남쪽으로 도보 5분
주소 St Patrick's Close, Wood Quay, Dublin 8 전화 01-453-9472
운영 시간 3~10월 월~금 09:30~17:00, 토 09:00~18:00, 일 09:00~10:30, 12:30~14:30, 16:30~18:00, 11~2월 월~금 09:30~17:00, 토 09:00~17:00, 일 09:00~10:30, 12:30~14:30
요금 성인 7유로, 학생 6유로 홈페이지 www.stpatrickscathedral.ie **더블린 패스**

최고의 기네스를 만나는 곳
기네스 스토어하우스 Guinness Storehouse

기네스는 아일랜드에서 가장 성공한 브랜드이자 흑맥주의 대표 주자이다. 전 세계인에게 아일랜드를 알리는 일등 공신이라 해도 과언이 아니다. 더블린 남서쪽의 기네스 공장 옆에 있는 기네스 스토어하우스는 비싼 입장료가 아깝지 않을 만큼 다양한 볼거리를 제공한다. 박물관은 기네스 공장의 콘셉트를 그대로 사용했고 천장을 비롯한 벽면은 의도적으로 철근과 각종 통풍, 환기 시설을 고스란히 노출시키는 디자인으로 설계하였다. 2015년 유럽 최고의 관광 명소로 선정된 기네스 스토어하우스를 완벽히 체험하고 싶다면 넉넉하게 2시간 이상 시간을 가지고 방문하는 것이 좋다. 박물관은 총 7층으로 이루어져 있으며 각 층의 구성은 아래와 같다.

1층 기네스 맥주에 사용되는 재료의 소개와 양조 과정을 소개한다.
2층 테이스팅 룸Tasting Room으로 기네스가 만든 다양한 맥주를 시음해볼 수 있는 장소이다.
3층 기네스 역사관으로 과거에서 현재까지 기네스의 광고 영상을 대형 스크린을 통해 볼 수 있다. 다양한 캐릭터를 모아 놓은 포토 존도 마련되어 있다.
4층 기네스 아카데미로 세상에서 가장 맛있는 기네스 맥주를 따르는 법을 알려 준다. 체험이 끝나면 본인 이름이 새겨진 수료증도 제공해 특별한 기념품을 원하는 사람들에게 좋다.
5층 식사를 할 수 있는 기네스 레스토랑. 6층은 직원 전용 공간이다.
7층 그래비티 바Gravity Bar로 사방이 통유리로 된 바에서 기네스를 마시며 더블린 전망을 감상할 수 있다. 입장료 안에 파인트Pint 한 잔을 마실 수 있는 티켓이 포함되어 있다.

Data 지도 141p-A
가는 법 루아스 레드라인 Fatima역에서 도보 7분. 오코넬 거리에서 도보 약 30분 소요
주소 St James's Gate, Dublin 8 **전화** 01-408-4800
운영 시간 9~6월 09:00~19:00(마지막 입장 17:00), 7~8월 09:00~20:00(마지막 입장 18:00), 12월 24~26일 휴관
요금 성인 25유로, 학생 20유로(ID 지참 시), 11~17세 16유로(온라인 결제 시, 날짜와 시간에 따라 5~30% 할인율 적용) **홈페이지** www.guinness-storehouse.com 더블린 패스

| Talk |
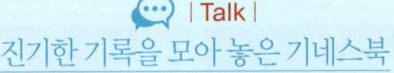

기네스북이 기네스 사에서 발행된다는 사실을 알고 있는지? 1950년대 기네스 사의 상무였던 휴 비버 경이 강변에서 사냥을 하고 있었는데, 황금물떼새가 너무 빨라서 한 마리도 잡지 못했다. 이에 세상에서 가장 빠른 새에 대한 자료를 찾아보았지만 찾을 수 없었다. 그는 황금물떼새뿐만 아니라 '누가 힘이 세냐', '누가 가장 빠르냐' 같은 문제로 술자리에서 논쟁이 자주 일어나는 것을 보고 기록을 남기기로 했다. 〈기네스북〉은 그렇게 1955년 8월 처음으로 출간되었다. 처음에는 술집에서 일어나는 심심풀이 논쟁을 해결하기 위해 시작되었으나 현재는 각종 세계적인 기록의 등용문이 되고 있다.

Croke Park

Croke Park is home to the Gaelic Athletic Association (GAA) / Cumann Lúthchleas Gael, a 32 county sporting and cultural organisation that has a presence on all five continents. Croke Park hosts some of the highest profile events in the Irish sporting calendar including the All-Ireland Football and Hurling Championship finals.

IRELAND BY AREA 01
더블린-리피강 남서쪽

파놉티콘 형태로 된 이스트 윙

민족 지도자들이 처형당한 광장

아일랜드의 바스티유
킬마이넘 감옥 Kilmainham Gaol

19~20세기 초 아일랜드 독립을 위해 권력에 대항한 인사들이 투옥되거나 처형된 곳이다. 전시실은 자유 관람이지만 실제 감옥은 투어로만 진행된다. 웨스트 윙West Wing은 과거의 모습이 그대로 남아 있는 감옥으로 두 평이 채 안 되는 방에 남녀노소 불문하고 많게는 열 명이 넘는 인원이 수감되었다. 파놉티콘Panopticon 건축 양식인 이스트 윙East Wing은 독특한 건축 양식 덕분에 영화나 드라마의 촬영장으로 종종 사용되었다. 여름 시즌에는 예약 필수.

Data 지도 090p-E
가는 법 루아스 레드라인 Suir Road역에서 도보 10분
주소 Inchicore Rd, Kilmainham, Dublin 8
전화 01-453-5984
운영 시간 09:30~18:00, 관람은 단체 투어로만 진행 (마지막 투어 시간 16:15)
요금 성인 9유로, 학생 5유로 (온라인 예매 시 1유로 할인)
홈페이지 kilmainhamgaolmuseum.ie

한 템포 쉬어가기 좋은 곳
아일랜드 현대 미술관 Irish Museum of Modern Art

17세기 영국의 은퇴한 군인들을 위해 세운 킬마이넘 로열 병원 Royal Hospital in Kilmainham을 아일랜드 정부가 재건축하여 1991년 미술관으로 개관한 곳이다. 애초에 프랑스 파리의 앵발리드Les Invalides에 기초하여 이 건물을 지었기 때문에 건물의 파사드나 건물 뒤편의 정원은 파리의 그것과 묘하게 닮아 있다. 총 4~5개의 전시관에서 전 세계 현대미술에 관한 다양한 기회 전시를 진행한다. 건물에 들어서면 넓은 중정이 펼쳐져 전시뿐만 아니라 건물과 정원을 산책하기에도 좋다.

Data 지도 090p-E
가는 법 루아스 레드라인 James's역에서 도보 7분
주소 Royal Hospital, Military Rd, Kilmainham, Dublin 8
전화 01-612-9900
운영 시간 화~일 11:30~17:30 (토 10:00~, 일 12:00~), 월 휴관 요금 무료
홈페이지 www.imma.ie

EAT

기본에 충실한 이탈리안 레스토랑
토스카나 Toscana Italian Restaurant

신선한 재료로 기본 이상의 맛을 내는 아늑한 분위기의 이탈리안 레스토랑이다. 시청 맞은편에 위치해 찾기도 쉽다. 어떤 음식을 시켜도 평균 이상의 이탈리안 음식을 맛볼 수 있으며, 해산물 요리가 대체적으로 맛있다. 점심에 가면 20유로 내외로 2~3코스를 먹을 수 있다. 토스카나 바로 옆에는 더블린에서 가장 유명한 퀸 오브 타르트 Queen of Tart(154p)가 있어 식사 후 디저트를 즐기기에도 좋다.

Data 지도 141p-C
가는 법 시청 맞은편에 위치
주소 3 Cork Hill, Dame St, Dublin 2
전화 01-670-9785 **운영 시간** 12:00~24:00
가격 런치 2코스(월~금 12:00~14:00)
13~15유로, 디너 얼리버드 3코스
(15:30~18:30) 23.95유로,
디너 메인 디시 15~20유로
홈페이지 www.toscanarestaurant.ie

더블린에서 가장 유명한 피시 앤 칩스 가게
레오 버독 Leo Burdock

음식의 맛보다는 역사 때문에 유명세를 치르는 곳. 100년 넘게 한 자리에서 피시 앤 칩스를 팔고 있다. 오랜 역사 덕분에 세계 유명 인사들이 이곳을 방문했고, 이곳을 다녀간 사람들의 이름이 레스토랑 입구에 적혀 있다. 다른 피시 앤 칩스 가게보다 특별하게 뛰어난 맛을 자랑하진 않지만 피시 앤 칩스의 나라에서 가장 유명한 가게를 찾는다면 이곳을 기억할 만하다. 템플 바 안에 있는 레오 버독은 2호점이다. 본점은 크라이스트 처치 대성당 근처에 있으며 앉아서 먹을 수 있는 테이블은 없다.

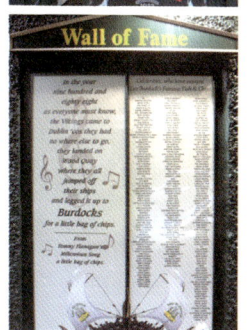

본점
Data 지도 141p-C **가는 법** 크라이스트 처치 대성당에서 도보 1분
주소 2 Werburgh St, Christchurch, Dublin 8
전화 01-454-0306 **운영 시간** 12:00~24:00
가격 피시 앤 칩스 9유로~, 버거 앤 칩스 7~8유로
홈페이지 www.leoburdock.com

IRELAND BY AREA 01
더블린 - 리피강 남서쪽

자유로운 영혼들의 안식처, 캐주얼한 분위기 최고
펌블리 The Fumbally

겉은 평범하지만 안으로 들어가는 순간부터 자연스럽고 빈티지한 분위기에 반할 수밖에 없는 곳이다. 내부에 있는 물건은 대부분 빈티지 제품이고 어느 것 하나 똑같은 테이블이나 의자가 없다. 제각기 다른 물건들로 가득하지만 이러한 점이 오히려 펌블리 고유의 자연스러움을 선사한다. 브런치를 비롯해 런치 메뉴, 커피도 모두 맛있다. 건강식을 추구하고 있어 채식주의자에게도 인기 있으며 젊은 아이리시들이 즐겨 찾는 곳이다.

Data 지도 141p-F
가는 법 세인트 패트릭스 대성당에서 도보 5분
주소 Fumbally Ln, Dublin 8
전화 01-529-8732
운영 시간 화·목·금 08:00~17:00, 수 08:00~17:00, 19:00~21:30, 토 10:00~17:00, 일·월 휴무
가격 펌블리 에그 5유로, 폴체타 샌드위치 6유로, 커피 3~4유로
홈페이지 thefumbally.ie

최고급 스테이크를 맛볼 수 있는 곳
불&캐슬 The Bull and Castle

더블린에서 가장 유명한 정육점인 F.X.버클리에서 운영하는 스테이크 전문점이다. 정육점에서 가장 숙성이 잘된 스테이크를 우선적으로 가져오기 때문에 품질이 보장된다. 스테이크 전문점답게 다양한 부위의 스테이크를 즐길 수 있다. 점심과 저녁의 스테이크 가격이 같기 때문에 분위기 있는 저녁 식사를 즐기는 것을 추천한다. 템플 바, 메리언 스퀘어 근처, 오코넬 거리 등 더블린에 총 7개의 지점을 가지고 있으므로 가까운 매장을 이용하도록 하자.

Data 지도 141p-C
가는 법 크라이스트 처치 대성당에서 도보 1분
주소 5-7 Lord Edward St, Dublin 8
전화 01-475-1122
운영 시간 12:00~22:00 (수·목 ~22:30, 금·토 ~23:00, 일 12:30~)
가격 필레 스테이크 32유로, 립아이 스테이크 28.5유로, 티본 스테이크 37유로
홈페이지 www.fxbuckley.ie

> **Tip** 크라이스트 처치 대성당 근처의 지점을 제외한 나머지 지점(템플 바, 메리언 스퀘어 근처, 오코넬 거리 등)은 'F.X. Buckley'로 검색해야 찾을 수 있다.

LA에 인앤아웃이 있다면, 더블린에는 이곳이 있다
분센 Bunsen

두 가지 메뉴로 승부를 보는 햄버거 전문점으로 결정장애를 가진 사람들에게 더할 나위 없이 좋은 곳이다. 레스토랑에 들어서면 명함 크기의 작은 메뉴판을 나눠주는데 두 종류의 햄버거가 전부다. 단품으로 운영하는 만큼 제공하는 음식에 대한 자부심이 대단하다. 햄버거 패티의 육즙이 살아 있음은 물론이고, 싱싱하고 푸짐한 채소와 부드러운 번은 유명한 햄버거들과 견주었을 때 전혀 밀리지 않는다. 2호점은 템플 바 구역 내에 위치한다.

Data **지도** 141p-F
가는 법 세인트 스티븐 공원에서 도보 5분
주소 36 Wexford St, Dublin 2 **전화** 01-552-5408
운영 시간 12:00~21:30(목~토 ~22:30, 일 13:00~)
가격 버거 7.25유로, 치즈버거 7.75유로, 더블 패티 추가 2.2유로
홈페이지 www.bunsen.ie

 맛있고 양도 많은 멕시칸 부리토를 찾는다면
부줌 Boojum

안 간 사람은 있어도 한 번만 간 사람은 없는 곳. 가성비 좋은 음식점을 찾는다면 무조건 이곳으로 가시라. 맛있고, 양도 많고, 값도 싸서 특히 학생들에게 인기가 많다. 1인분 양도 상당해서 여성 둘이 먹기에도 충분하고, 남자도 배부르게 먹을 수 있다. 더블린 북쪽의 애비 거리Abbey St, 오코넬 거리 근처 밀레니엄 워크웨이 Millennium Walkway 지점을 포함해 더블린에 총 8개의 매장이 있다.

Data **지도** 141p-F **가는 법** 세인트 스티븐 공원에서 도보 5분
주소 6-10 Kevin St, Lower, Dublin 8
전화 01-809-0077 **운영 시간** 월~일 11:30~22:00
가격 6.95~7.5유로 **홈페이지** www.boojummex.com

> **Tip** **알아두면 쓸모 많은 부리토 주문 방법**
> 1. 부리토로 먹을지, 볼에 담아 먹을지 선택한다.
> 2. 소고기, 돼지고기, 닭고기 중 하나를 선택한다. 이때 채식주의자라면 생략할 수 있다. (소고기보다는 닭고기, 돼지고기를 추천한다.)
> 3. 밥(2가지 종류)을 선택하고, 옐로 빈Yellow Bean과 블랙 빈Black Bean 중 하나를 선택한다.
> 4. 소스를 선택한다. 순한 맛, 중간 맛, 매운맛이 있다.
> 5. 채소, 치즈, 사워크림을 선택한다. (원치 않는 재료는 뺄 수 있다.)
> 6. 추가 요금을 내고 아보카도, 할라피뇨 등을 추가할 수 있다.

IRELAND BY AREA 01
더블린-리피강 남서쪽

더블린 최고의 디저트 카페
퀸 오브 타르트 Queen of Tart

더블린에서 가장 유명한 디저트 카페로 문 옆에 다닥다닥 붙어 있는 푯말로도 이곳의 위상을 느낄 수 있다. 카페는 더블린 시민과 관광객으로 항상 붐빈다. 이곳의 시그니처 메뉴는 당근 케이크. 일반 카페에서 파는 당근 케이크보다 덜 달고 부드러워 사람들이 가장 많이 찾는다. 그 외에 빅토리안 스펀지 케이크, 애플 크럼블 타르트, 라즈베리 치즈케이크 등을 추천한다. 1호점에서 리피강 쪽으로 1분 정도 걸어가면 더 넓은 2호점이 나온다.

2호점
Data 지도 141p-C
가는 법 더블린 시청에서 도보 1분
주소 4 Cork Hill, Dublin 2
전화 01-670-7499
운영 시간 08:00~19:00
(토·일 09:00~)
가격 케이크 한 조각 4~5유로,
타르트 4.95유로,
커피 및 티 2~3유로
홈페이지 www.queenoftarts.ie

Writer's Pick! 반전 매력을 가진 카페
리지트 커피 Legit Coffee Co.

'과연 이런 곳에 카페가 있긴 할까?' 싶을 정도로 허름한 시장가 안에 위치해 있다. 심플한 흰색 간판을 보고 들어가면 깔끔한 내부에 북적거리는 사람들을 보고 맛집임을 확신하게 된다. 더블린의 베스트 커피를 논할 때 항상 이름이 거론되는 곳으로 이곳의 카페 모카는 벨기에 초콜릿을 넣어 만들기 때문에 일반 카페 모카보다 훨씬 진하면서 단맛은 덜하다. 간단히 요기할 수 있는 음식들도 판매한다. 브런치 메뉴 중 에그스&그린스Eggs&Greens가 유명하다.

Data 지도 141p-B
가는 법 기네스 스토어하우스에서 도보 7분
주소 Meath Mart, Meath St, Merchants Quay, Dublin 8
운영 시간 월~토 08:00~16:00
(토 09:30~), 일 휴무
가격 커피 2~3유로, 샌드위치 5.5유로, 브런치 5~10유로
홈페이지 www.legitcoffeeco.com

ENJOY

역사의 순간을 함께한 곳
스완 바 Swan Bar

오늘날 더블린의 중심가는 오코넬 거리와 그래프턴 거리이지만 150년 전만 해도 조지 스트리트 아케이드가 있는 안기어 거리 Aungier St가 더블린의 중심가였다. 1661년 안기어 거리에 문을 연 스완 바는 여전히 자리를 지키며 역사의 한 구획을 차지하고 있다. 아일랜드 독립전쟁과 내전을 치르던 1920년대 당시, 이 건물은 시내에서 찾아보기 힘든 높은 건물이었기 때문에 아일랜드 군인들의 전략상 요충지였다. 건물 벽에 박힌 탄흔의 흔적이 그 사실을 증명한다. 빅토리안 양식으로 꾸며진 펍의 내부로 들어가면 펍의 전 주인이자 전설의 럭비 선수인 숀 린치Shawn Lynch의 동상과 그의 기념물들이 전시되어 있다. 운이 좋으면 럭비 중계를 보고 있는 노년의 숀 린치를 만나는 영광도 누릴 수 있다.

Data 지도 141p-F
가는 법 조지 스트리트 아케이드에서 도보 5분
주소 58 York St, Dublin
전화 01-475-2722
운영 시간 11:00~23:00
(금·토 ~00:30, 일 12:30~)
홈페이지 theswanbar.com

Writer's Pick! 영화의 한 장면이 생각나는 곳
롱 홀 The Long Hall

이발소를 연상시키는 외관이지만 더블린에서 가장 아름다운 펍을 거론할 때 언급되는 곳이다. 펍의 내부는 흑백영화의 한 장면에 나올 듯 매우 고혹적이다. 세심한 손길로 조각한 나무 조각과 화려한 유리, 금박으로 새겨진 무늬, 광택 나는 어두운 나무 마감재 등 펍의 인테리어가 매우 섬세하고 고급스럽다. 수십 년 동안 정치인들의 아지트였으며 아일랜드 가수들의 뮤직비디오 촬영지로도 사용되었다. 펍에서 만든 위스키도 판매한다.

Data 지도 141p-C 가는 법 조지 스트리트 아케이드에서 도보 2분
주소 51 South Great George's St, Dublin 2 전화 01-475-1590
운영 시간 12:00~23:30(금·토 ~00:30, 일 ~23:00)

 Writer's Pick! 기네스 빼고 다 있다!
비어 마켓 Beer Market

소규모 양조장에서 제조한 수제 맥주와 전 세계의 다양한 맥주를 판매하는 곳이다. 가장 많이 마시는 수제 맥주는 2번(Of Foam&Fury)으로 에일 맥주에 속하며 청포도 향이 나는 상큼한 맥주이다. 도수는 8.5도로 높은 편. 기네스 맥주가 생각난다면 4번(Stormy Port)을 추천한다. 기네스와 같은 스타우트 맥주이며 도수도 5.5도로 비슷하다. 기네스 맛에 민감한 사람은 맥주 맛을 비교하는 재미도 누려보면 좋다. 5번(Buried at Sea) 맥주는 기네스와 같은 스타우트지만 훨씬 부드럽고 초콜릿 향이 많이 느껴진다. 펍 안에는 게임을 즐길 수 있는 장소도 마련되어 있다.

Data 지도 141p-C 가는 법 크라이스트 처치 대성당에서 도보 2분
주소 13 High St, Merchants Quay, Dublin 8 전화 01-244-4917
운영 시간 12:00~24:00(목 ~01:00, 금·토 ~02:00) 홈페이지 www.galwaybaybrewery.com

더블린에서 가장 오래된 펍
브레이즌 헤드 The Brazen Head

여행자들에게는 템플 바만큼이나 유명한 더블린에서 가장 오래된 펍이다. 17세기에 여관과 선술집이었던 코치 하우스가 지금의 펍이 되었다. 건물의 일부 벽에서 11~13세기 벽의 흔적이 발견되어 17세기 이전부터 존재했을 것이라 추측하지만 정확한 문헌은 남아 있지 않다. 제임스 조이스는 〈율리시스〉에 브레이즌 헤드를 언급했고, 〈걸리버 여행기〉를 저술한 조나단 스위프트는 펍에 함께 있던 여관에서 한동안 살기도 했다. 365일 축제 같은 분위기 속에서 라이브 음악과 시원한 기네스를 즐길 수 있다.

Data 지도 141p-B 가는 법 크라이스트 처치 대성당에서 도보 6분
주소 20 Lower Bridge St, Merchants Quay, Dublin 8 전화 01-677-9549
운영 시간 10:30~00:30(화~목 ~23:30, 일 12:30~23:30) 홈페이지 www.brazenhead.com

더블린에서 사교댄스를 즐기고 싶다면
오시어스 머천트 O'Shea's Merchant

아일랜드의 전통문화가 잘 보존되어 있는 케리 지역 출신이 운영하는 펍으로 케리 지역의 음식과 전통음악을 경험할 수 있는 곳이다. 매일 밤 9시 이후에 전통 라이브 음악을 감상할 수 있고 매주 월요일 밤 9시 30분에는 아일랜드 전통 사교댄스인 세트 댄스Set dance를 즐길 수 있다. 입장료는 없으며 누구나 참여할 수 있다. 능숙하게 세트 댄스를 추는 아이리시들과 함께 살아 있는 아일랜드 문화를 느껴보자.

Data 지도 141p-B 가는 법 크라이스트 처치 대성당에서 도보 8분 주소 12 Lower Bridge St, Merchants Quay, Dublin 8 운영 시간 08:00~01:30 홈페이지 osheasmerchant.com

SLEEP

더블린 남동쪽에서 가장 좋은 위치

주리스 인 더블린 크라이스트처치

Jurys Inn Dublin Christchurch

크라이스트 처치 대성당 맞은편에 위치하는 4성급 호텔로 도로변에 위치해 찾기가 쉽다. 호텔에서 더블린성, 크라이스트 처치 대성당, 세인트 패트릭 대성당, 템플 바가 가깝고 그래프턴 거리와 오코넬 거리, 기네스 스토어하우스 등 주요 중심지도 도보로 10~15분 안에 갈 수 있다. 12세 미만 어린이까지 기존 침대 이용 시 무료 투숙이 가능하다.

Data 지도 141p-C
가는 법 크라이스트 처치 대성당 맞은편 주소 8 Christchurch Pl, Wood Quay, Dublin 8
전화 01-454-0000
요금 더블룸 비수기 100유로~, 성수기 160유로~
홈페이지 jurysinns.com

루프탑이 있는 호스텔

가든 레인 백패커스 Garden Lane Backpackers

리피강 남서쪽의 조용한 주택가에 있는 호스텔로 숙소에서 더블린 중심지까지는 도보로 약 15~20분 소요된다. 2016년 7월 오픈했으며 모던한 인테리어와 깔끔한 시설 덕분에 많은 배낭족들의 사랑을 받고 있다. 4인실, 6인실, 8인실로 이루어져 있으며 방마다 욕실이 포함되어 있다. 흰색 침구와 마룻바닥은 더욱 청결한 느낌을 준다. 조식 퀄리티가 좋으며 루프탑에 넓은 식당이 있어서 더블린의 전망을 한눈에 내려다보며 식사할 수 있다.

Data 지도 141p-B
가는 법 크라이스트 처치 대성당에서 도보 8분
주소 8 Garden Ln, Merchants Quay, Dublin
전화 01-561-6885
요금 6베드 9월 말~6월 26유로, 7~9월 초 49유로(조식 포함)
홈페이지 canbe.ie

리피강 북쪽
North Of The Liffey

서울에 세종로가 있다면 더블린에는 오코넬 거리가 있다.
아일랜드 역사가 숨 쉬는 오코넬 거리에서 더블린 여행을 시작한다.
아일랜드를 유럽 문학의 중심지로 만든 문학가들과 조우하기도 하고
때로는 슬프고 참혹한 역사를 갖게 될 수밖에 없었던
아일랜드를 만나기도 한다.

IRELAND BY AREA 01
더블린-리피강 북쪽

 Writer's Pick! 아트 컬렉터의 소장품이 한곳에
시립 휴레인 미술관 Dublin City Gallery The Hugh Lane

세계 최초의 공립 미술관이다. 1908년 아일랜드 태생의 아트 컬렉터이자 딜러였던 휴 레인에 의해 '뮤니서펄 갤러리 오브 모던 아트 The Municipal Gallery of Modern Art'라는 이름으로 설립되었다가 더블린 시에서 미술관을 관리하면서 현재의 이름으로 변경되었다. 휴레인 경이 소장했던 마네, 모네, 르누아르와 같은 인상파 화가들의 작품 일부를 전시하고 있으며, 매달 새로운 기획전도 열고 있다.

휴레인 미술관의 가장 큰 볼거리는 프랜시스 베이컨의 단독 전시실과 그의 작업실을 재현해 놓은 곳이다. 영국계 부모 밑에서 태어난 베이컨은 20세기 영국을 대표하는 표현주의 화가이다. 2013년 뉴욕 크리스티 경매에서 그의 작품인 〈루치안 프로이트의 세 가지 연구〉는 에드바르트 뭉크의 〈절규〉가 갱신했던 금액을 뛰어넘어 약 1,528억 원에 당시 경매 최고가를 경신하기도 했다. 베이컨 전시실에서는 그의 초기 습작들과 영감을 받은 다양한 잡지들, 인터뷰 영상이 전시되어 있다.

또 살아생전 단 한 번도 청소를 하지 않았다는 그의 작업실도 볼 수 있다. 베이컨의 작업실은 그의 유일한 상속인이자 가장 가까운 친구였던 존 에드워즈가 베이컨이 30년간 작업한 런던의 작업실을 휴레인 미술관에 기증하면서 탄생하게 되었다. 미술관은 고고학자와 예술가들을 고용하여 작업실에 남아 있던 유품을 정리하고 그 위치를 기록하였다. 3년이 넘는 시간이 걸려 완성한 베이컨의 작업실은 공간 자체로 대중에게 새로운 영감을 선사한다.

Data 지도 161p-G
가는 법 오코넬 거리 끝에서 위로 도보 6분
주소 Charlemont House, Parnell Sq N, Rotunda, Dublin 1
전화 01-222-5550
운영 시간 화~목 09:45~18:00,
금 09:45~17:00,
토 10:00~17:00,
일 11:00~17:00
요금 무료
홈페이지 www.hughlane.ie

유럽 문학의 중심
더블린 작가 박물관 Dublin Writers Museum

1991년 더블린이 유럽의 문화도시로 선정된 것을 기념하기 위해 설립한 곳이다. 1층에는 아일랜드 작가들의 소장품과 아일랜드 문학의 역사를 알 수 있는 전시실이, 2층에는 조지안 양식이 고스란히 느껴지는 강당과 작은 전시실이 마련되어 있다. 4명의 노벨문학상 수상자를 배출했다는 사실과 유럽 문학의 중심이라는 수식어와는 달리 박물관의 규모는 소박하다. 문학에 관심이 없는 사람들은 과감히 생략해도 무방하다.

Data 지도 161p-C
가는 법 오코넬 거리 끝에서 도보 6분
주소 18 N Parnell Sq
전화 01-872-2077
운영 시간 월~토 09:45~16:45, 일 11:00~16:30, 연말과 공휴일 11:00~(홈페이지 참고)
요금 성인 8유로, 어린이 5유로
홈페이지 www.writersmuseum.com 더블린 패스

율리시스의 팬들을 위한 장소
제임스 조이스 센터 James Joyce Centre

매년 6월 16일에 펼쳐지는 '블룸스데이'의 출발점이자 조이스의 삶과 작품을 소개하는 작은 박물관이다. 전시실에는 〈율리시스〉와 관련된 초판본과 희귀본, 소설 속 인물 가계도를 자세하게 설명해 놓았다. 2층에는 조이스가 파리에서 지냈던 침실을 그대로 재현해 두었다. 작은 침대 위에 놓인 그의 습작과 벽면에 붙여 놓은 작은 메모들, 방에 배치된 물건들을 통해 조이스의 성격을 유추할 수 있다. 조이스 센터에는 〈율리시스〉의 주인공들이 살았던 오리지널 에클레 거리 7번7Eccles St.의 대문도 만날 수 있다.

Data 지도 161p-H
가는 법 오코넬 거리 끝에서 도보 3분 주소 35 North Great George's St. Dublin 1
전화 01-878-8547
운영 시간 월~토 10:00~17:00, 일 12:00~17:00(10월~3월 월·공휴일 휴관)
요금 성인 5유로, 학생 4유로
홈페이지 jamesjoyce.ie
더블린 패스

Theme
아일랜드 역사가 숨 쉬는 곳, 오코넬 거리

더블린 공항에서 버스를 타고 시내로 들어오면 가장 먼저 만나게 되는 더블린의
대표 거리이다. 원래 드로게다 Drogheda 거리로 불리다가 오코넬 다리와 연결되면서
오코넬 거리로 불리고 있다. 20세기 초 아일랜드 독립운동의 중심지로
거리 중앙에는 아일랜드 독립과 발전을 위해 힘썼던 인물들의 동상이 세워져 있다.

윌리엄 스미스 오브라이언

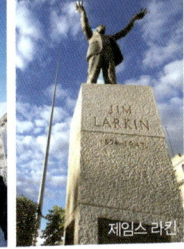
제임스 라킨

윌리엄 스미스 오브라이언
William Smith O'Brien

아일랜드 민족 의원의 지도자였으며 아일랜드 고유 언어인 게일어 사용을 장려한 인물이다.

제임스 라킨 James Larkin

아일랜드 노동조합 지도자이자 사회주의 운동가로 아일랜드 노동조합을 창설하였다.

존 그레이 경

찰스 스튜어트 파넬

존 그레이 경 Sir John Gray

의사이자 신문기자, 정치인이었으며 더블린에 최초로 수도를 공급하였다.

찰스 스튜어트 파넬
Charles Stewart Parnell

'독립운동의 아버지'라 불리는 파넬은 영국 하원 의원으로 재직하며 아일랜드의 권리 옹호에 힘을 썼다. 또한 아일랜드 토지를 영국 지주들의 손에서 되찾아내는 운동을 전개했다.

다니엘 오코넬
Daniel O'Connell

다니엘 오코넬

오코넬 거리의 시작을 알리는 동상으로 아일랜드 민족주의자들의 리더이자 19세기 가톨릭 해방에 기여한 사람이다. 아일랜드 자치에도 크게 기여해 아일랜드에서 세인트 패트릭 신부만큼이나 존경받는 인물이다. 2002년 유로화를 사용하기 전까지 통용되었던 아일랜드 20파운드 화폐에 등장했으며 그의 이름을 딴 식당이나 상점도 쉽게 찾아볼 수 있다.

스파이어 첨탑 The Spire

동상들 사이로 커다란 바늘을 뒤집어놓은 듯한 뾰족한 첨탑은 '빛의 기둥'으로도 불리는 스파이어 첨탑이다. 아일랜드가 영국으로부터 독립한 후 이뤄낸 경제발전을 기념해 2003년에 건립하였다. 원래 이곳에는 영국의 국민 영웅인 넬슨 제독의 동상이 있었는데, 상인들은 교통 체증을 이유로, 애국자들은 영국 식민지를 상기시킨다고 비판했다. 결국 넬슨 동상은 1966년 전직 IRA 멤버들의 부활절 봉기 50주년 기념 테러로 손상되었고 며칠 후 철거되었다. 한동안 그 자리에는 아무것도 세워지지 않았다가 1990년대부터 더블린 시가 오코넬 거리를 대대적으로 정비하면서 나라의 랜드마크가 될 탑을 건설하기로 결정했다.

120m의 높이를 자랑하는 첨탑은 500년 이상을 버틸 수 있도록 설계되었다. 하부 지름은 3m로 위로 올라갈수록 좁아져서 맨 꼭대기 지름은 15cm밖에 되지 않는다. 아일랜드의 강풍에도 견딜 수 있도록 꼭대기는 좌우로 1.5m가량 흔들리게 설계되었다. 첨탑 주변은 오코넬 거리의 만남의 장소이자 국제적인 인권운동이 펼쳐지는 곳으로, 시종일관 사람들로 붐빈다.

더블린 중앙 우체국 GPO

스파이어 첨탑 맞은편에 있으며 아일랜드 독립 역사에서 빼놓을 수 없는 중요한 장소이다. 아일랜드의 3.1운동이라 할 수 있는 1916년 4월 부활절 봉기 때 아일랜드 독립군은 이곳에 총사령부를 두었고 임시 대통령이었던 피어스가 중앙 우체국 앞에서 공화국 선언문을 낭독하였다. 부활절 봉기는 5일 만에 실패로 돌아가고 피어스를 비롯한 독립투사들은 처형되었지만 이를 계기로 아일랜드 독립에 새로운 국면을 맞이하게 되었다. 우체국 안에는 역사 증인 전시관Witness History Exhibition이 마련되어 있다. 부활절 봉기가 일어난 시기의 신문기사, 뉴스, 사진 등 역사적인 자료와 기록들을 터치스크린과 비디오, 오디오 등 다양한 시청각 자료를 통해 볼 수 있다.

Data 주소 O'Connell St Lower, North City, Dublin 1
전화 01-705-1818
운영 시간 더블린 중앙 우체국 월~토 08:30~18:00, 일 휴무,
역사증인전시관 월~일 10:00~17:30(일·공휴일 12:00~)
요금 성인 14유로, 학생 9유로(온라인 예매 시 할인)
홈페이지 www.gpowitnesshistory.ie 더블린 패스

IRELAND BY AREA 01
더블린-리피강 북쪽

|Theme|
조이스의 발자취를 따라 걷는 여행

제임스 조이스의 팬이라면 그의 발자취를 따라가는 여행을 빼놓을 수 없다. 더블린은 실제 조이스와 그의 소설과 관련된 장소로 가득하다. 지도를 따라 100년 전 그의 흔적이 담긴 장소로 여행을 떠나 보자.

에클레 7번 집 No. 7 Eccles St.

<율리시스>의 레오폴드 블룸이 그의 서사시를 시작한 곳으로 블룸이 아침에 일어나 아내에게 식사를 차려주고 자신은 근처 푸줏간에서 산 콩팥으로 아침을 먹은 집이다. 에클레 거리는 <율리시스> 팬들의 순례 장소로 여겨진다. 현재는 이 거리 일대가 재개발되고 소설의 배경지에 개인 병원이 들어서 사실상 7번가 집은 찾아볼 수 없다. 대신 소설적 배경이 되었던 7번가 집의 문은 제임스 조이스 센터 안에서 찾아볼 수 있다.

세인트 조지 교회 St George's Church, Hardwicke Place
1802년에서 1913년 사이에 지어진 조지안 건물이다. 과거 교회 건물은 현재 파티 장소로 사용되고 있다. 이 건물은 〈율리시스〉와 〈더블린 사람들〉에 언급되었다.

벨베데레 대학 Belvedere College, Denmark St.
자신의 성장 과정을 소설 속 주인공에 대입했던 소설 〈젊은 예술가의 초상〉에 등장한다.

제임스 조이스 센터
James Joyce Center, Nth Great George's St.
제임스 조이스에 관련된 물품이 전시된 곳이자 7번가 에클레 문이 보관되어 있는 곳이다. 6월 16일 블룸스 데이는 이곳에서 시작된다.

파넬 경 동상 Parnell Statue, O'Connell St.
오코넬 거리에 세워져 있는 파넬 경은 19세기, 아일랜드 자치권을 요구하는 운동을 일으켰던 사람이다. 조이스는 그의 이야기와 사상에 큰 영향을 받은 것으로 전해진다. 소설 〈젊은 예술가의 초상〉의 크리스마스 저녁 식사 장면에 그의 이야기가 반복적으로 등장한다.

그레셤 호텔 Gresham Hotel, O'Connell St.
오코넬 거리에서 가장 화려한 호텔로 당시에는 더블린의 사교의 중심지였다. 〈더블린 사람들〉의 '죽은자' 에피소드에서 가브리엘과 그레타가 그레셤 호텔에서 파티 후 밤을 보낸 장소로 등장한다.

스위니 약국 Sweny's Chemist, 1 Lincoln Pl.
〈율리시스〉 12장, 사이클롭스 에피소드에 나오는 약국이다. 현재는 조이스를 기념하는 사람들이 만든 비영리단체에서 이곳을 작은 박물관으로 운영하며 독서 토론회 등 조이스 관련 행사를 개최하고 있다. 이곳에 가면 소설 속 블룸처럼 레몬향 비누를 살 수 있다.

국립 도서관 National Library, Kildare St.
〈율리시스〉 9장, 스킬라와 카립디스 에피소드에 등장하는 도서관이다.

아일랜드 위스키의 자존심

올드 제임슨 양조장 Old Jameson Distillery

1780년 존 제임슨이 설립한 양조장이다. 1971년부터는 코크의 제임슨 양조장에서 위스키를 생산하고 있으며, 이곳은 위스키가 만들어지는 과정을 보여주는 전시관으로 사용되고 있다. 아일랜드인은 켈트 시대 초기부터 아일랜드 고유의 위스키를 제조했다. 위스키라는 단어는 원래 켈트어로 '생명의 물'을 뜻하는 '어스퀴보Usquebaugh'였는데, 이 단어가 '위스키 배Whiskey bae'로 변하고 다시 '위스키Whiskey'로 줄어든 것이다.

전시관은 투어로만 둘러볼 수 있으며 가이드는 곡물 저장 과정부터 발효, 증류까지 한 통의 위스키가 완성되는 과정을 8단계로 나누어 설명한다. 위스키를 만들 때 가장 중요한 것은 주원료인 보리. 제임슨은 최상의 보리와 우수한 저장 방식으로 세계 최고의 위스키로 자리 잡을 수 있었다. 아일랜드 위스키의 특징은 증류에 있다. 미국산 위스키는 한 번, 스코틀랜드산 위스키는 두 번 증류를 하는데 반해 아일랜드산 위스키는 세 번의 증류를 거쳐 순도 높은 위스키를 생산한다.

투어의 마지막에는 미국산, 스코틀랜드산, 아일랜드산 위스키를 직접 시음하고 비교하는 시간과 전시장 바에서 취향에 맞는 위스키를 마실 수 있는 기회를 제공한다. 제임슨 위스키의 상표에는 조그맣게 'Sine Metu'라는 라틴어가 적혀 있는데 '두려움이 없다'라는 뜻으로 제임슨 가의 좌우명이다. 최상의 곡물과 순도 높은 증류 과정을 거친 제임슨 위스키는 그의 명성에 걸맞게 지금도 전 세계인의 사랑을 받고 있다.

Data **지도** 160p-J **가는 법** 루아스 레드라인 Smith field역에서 도보 3분
주소 Bow St, Smithfield Village, Dublin 7 **전화** 01-807-2355 **운영 시간** 09:00~19:00
요금 성인 20유로, 학생 16유로(ID 제시), 어린이 10유로, 프리미엄 위스키 메이커 투어 55유로
홈페이지 www.jamesonwhiskey.com **더블린 패스**

아일랜드 독립을 위해 싸운 영혼을 기념하는 곳
아일랜드 독립 추모 공원 Garden of Remembrance

더블린 작가 박물관 맞은편에 있는 아일랜드 독립 추모 공원은 1916년 부활절 봉기로 목숨을 잃은 영혼들을 추모하는 곳으로 1966년 부활절 봉기 50주년에 설립되었다. 아담한 공원 안에는 십자가 모양의 연못과 그 사이에 여러 개의 벤치가 놓여 있고 공원 앞쪽으로 백조 동상이 4개 있다. 백조 동상은 아일랜드 전설에 나오는 백조의 아이들Children of Lir을 상징한다. 아일랜드가 영국으로부터 독립한 후 엘리자베스 여왕 2세는 이 공원에서 당시 대통령이었던 메리 매컬리스와 함께 추모식을 거행하기도 했다.

Data 지도 161p-G **가는 법** 오코넬 거리를 지나 파넬 거리 끝까지 직진 **주소** Parnell Sq E, Rotunda, Dublin 1

아일랜드 민족 연극 운동의 중심지
애비 극장 Abbey Theatre

1904년에 세워진 더블린의 국립 극장으로 아일랜드 민족 연극 운동의 중추적인 역할을 한 곳이다. 19세기 후반에 아일랜드 문예부흥운동Irish Literary Renaissance이 일어나면서 영국에서 독립하려는 움직임이 전개되었다. 이를 주도한 예이츠는 소극장 운동을 통해 상실된 민족 주체성을 되살리고자 했다. 그는 영국의 극장 운영자였던 애니 호니만의 도움 아래 오거스타 그레고리 여사와 뜻을 모아 애비 극장을 설립하였다. 이후 애비 극장은 션 오카시, 존 밀링턴 싱, 유진 오닐 등 아일랜드 민족주의 작가들을 대거 발굴하며 아일랜드 근대 연극의 전성기를 이끌었다. 아일랜드가 영국으로부터 독립한 이후에는 국립 극장으로 승격하였다.

 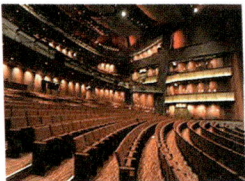

Data 지도 161p-L
가는 법 오코넬 거리 입구에서 도보 3분. 또는 루아스 레드라인 Abbey Street역에서 도보 1분 **주소** 26/27 Abbey St Lower Dublin 1 **전화** 01-878-7222
홈페이지 www.abbeytheatre.ie

감자 대기근 역사의 현장
지니 존스턴 기근선 Jeanie Johnston Tall Ship

지니 존스턴 기근선은 1847~1855년까지 감자 대기근 당시에 북아메리카로 약 2,500명의 사람들을 실은 이민선이다. 여타의 이민선은 배 안의 열악한 환경과 형편없는 음식 때문에 60% 이상의 사람들이 항해 도중 목숨을 잃었지만 지니 존스턴은 단 한 명의 사망자도 나오지 않은 유일한 이민선이다.
더블린 리피강에 떠 있는 이민선은 지니 존스턴을 그대로 복제해 만든 박물관이다. 입장은 정해진 시간에 가이드(영어)를 통해서만 가능하다. 객실 안은 매우 어두컴컴하며 최대한 사실적으로 복원되어 있다. 당시 모습을 재현한 모형과 배 안에 붙어 있는 당시의 기록들이 볼거리를 제공한다. 투어는 약 50분간 진행되고 그 중 25~30분은 가이드의 설명을 들으며 관람한다.

Data 지도 091p-H
가는 법 오코넬 거리 입구에서 도보 11분. 또는 루아스 레드라인 George's Dock역에서 도보 3분
주소 Custom House Quay, Dublin 1 **전화** 01-473-0111
운영 시간 4~9월 하루 6회(10:00, 11:00, 12:00, 14:00, 15:00, 16:00) 입장, 10~3월 하루 4회 (11:00, 12:00, 14:00, 15:00) 입장 **요금** 성인 10유로, 학생 9유로
홈페이지 www.jeaniejohnston.ie 더블린 패스

💬 | Talk |
〈기근〉 청동 조각상 Famine Memorial

아일랜드 조각가 로완 길레스피가 1997년에 완성한 청동 조각상이다. 스위스 조각가인 알베르토 자코메티의 작품인 〈걷는 사람 Walking Man〉과 비슷한 느낌인데, 얼핏 보기에도 뼈밖에 남지 않은 아일랜드 사람들의 행렬인 듯하다. 초점이 없는 눈빛, 슬픔에 찬 표정, '절망'이라는 단어가 저절로 떠오르는 그들의 모습은  19세기 중반 감자 대기근으로 고통 받았던 아일랜드 사람들의 실상을 여지없이 드러낸다. 지니 존스턴 기근선과 함께 아일랜드 감자 대기근의 역사를 대변해주는 장소이다.

Data **지도** 091p-H **가는 법** 오코넬 거리 입구에서 리피강을 오른쪽에 끼고 도보 8분
주소 1, Hawthorn Terrace, East Wall, Dublin 3

아일랜드인들의 생활을 엿볼 수 있는 곳
아일랜드 미술&장식 박물관 National Museum of Ireland - Decorative Arts & History

아일랜드의 장식예술과 역사를 소개하는 박물관이다. 17세기부터 진화해 온 가구 디자인, 의상 디자인, 실내 디자인의 변천사를 한눈에 볼 수 있다. 의상이나 실내 디자인은 당시 모습을 그대로 재현해보는 재미를 더한다. 당시 사용했던 은공예 작품들과 작은 소품들도 전시되어 있으며 동전과 화폐, 도자기, 유리 제품 등 당시 생활상을 엿볼 수 있는 거의 모든 제품을 모아두었다. 최근 활발하게 활동 중인 아일랜드 공예 디자이너들의 작품도 볼 수 있다.

3층 전시실에는 20세기 초 왕성한 활동을 했던 디자이너 겸 건축가인 에일린 그레이의 단독 영구 전시실이 있다. 아일랜드 출신의 그레이는 아르데코 양식의 선구자이자 모더니즘 가구와 건축 분야에서 독보적인 역할을 한 여성 디자이너이다. 전시관에는 그녀의 탄생부터 유년기, 대학 시절과 디자이너와 건축가로 활동하던 시기까지의 전 일대기를 전시해 놓았다. 전시관에 전시된 그녀의 가구들은 어딘가에서 한 번은 봤을 법한 가구들이라 더 반갑고 신기하다. 예술과 역사 전시실의 맞은편에는 세계 무대에서 활약했던 아일랜드 군인의 역사를 소개하는 '아일랜드 군인 자료실'이 있다. 2016년 이후부터는 1916년 부활절 봉기와 관련된 역사적인 사실들도 함께 전시하고 있다.

Data 지도 160p-I 가는 법 루아스 레드라인 Museum역 하차
주소 Collins Barracks, Benburb St, Dublin 7 전화 01-677-7444
운영 시간 화~일 10:00~17:00, (일 14:00~), 월·공휴일 휴무 요금 무료
홈페이지 www.museum.ie

© Tourism Ireland

사슴 떼를 만날 수 있는 곳
피닉스 공원 Phoenix Park

Writer's Pick!

유럽에서 가장 큰 공원으로 런던 하이드 파크의 5배 규모이다. 공원 안에는 아일랜드 대통령 관저, 미국 대사관저와 경찰청 본부, 더블린 동물원 등이 있다. 공원 내에 우뚝 솟은 웰링턴 기념비Wellington Monument는 더블린 태생의 웰링턴 공이 나폴레옹을 상대로 이뤄낸 워털루 전투 승리를 기념해 세운 것으로, 유럽에 있는 오벨리스크 중 가장 높다. 공원 안에는 잘 꾸며진 정원, 크리켓 구장, 여러 개의 축구장, 폴로 경기장이 있다. 1979년 아일랜드를 방문한 교황 바오로 2세가 집회를 가졌던 곳의 초대형 십자가도 만나볼 수 있다.

이곳의 하이라이트는 공원에 서식하는 사슴이다. 17세기 귀족들이 피닉스 공원에서 사슴 사냥을 시작하면서 이곳에 사슴들이 서식하기 시작했다. 드넓은 정원에서 무리 지어 다니는 사슴을 만나는 일은 이곳에선 낯설지 않다. 일부 사람들은 사슴이 좋아하는 당근을 챙겨 사슴 출몰 지역에 가기도 한다. 규모가 크기 때문에 자전거를 빌려서 구석구석까지 누비는 여유를 만끽하는 것이 좋다.

Data **지도** 090p-A **가는 법** 템플 바 구역 입구 정류장에서 버스로 20분
주소 Phoenix Park, Dublin 8 **홈페이지** www.phoenixpark.ie

작지만 알찬 곳
더블린 동물원 Dublin Zoo

피닉스 공원 내에 있으며 1831년에 개장해 유럽에서 세 번째로 오래된 동물원이다. 동선이 짜임새 있게 되어 있어 헤매지 않고 동물원 안의 동물들을 다 볼 수 있다. 호랑이와 사자, 기린, 돌고래가 있는 곳은 항상 인기가 많다. 가족 단위 여행자들에게 추천한다.

Data **지도** 090p-A **가는 법** 피닉스 공원 내 위치
전화 01-474-8900 **요금** 성인 18유로, 학생 14유로(ID 제시), 어린이 13.2유로(온라인 예매 시 할인)
운영 시간 09:30~16:30(2월 ~17:00, 3~9월 ~18:00, 10월 ~17:30, 11~12월 ~16:00)
홈페이지 www.dublinzoo.ie **더블린 패스**

EAT

더블린 최고의 레스토랑

챕터 원 Chapter One

더블린 트립어드바이저 1위를 놓치지 않는 레스토랑으로 꾸준히 미쉐린 원스타를 유지하고 있다. 더블린에서는 이례적으로 최소 2~3주 전에 예약을 해야 원하는 시간에 식사가 가능하다. 레스토랑 입구의 초인종을 누르면 정장을 입은 직원이 에스코트를 해준다. 레스토랑 벽 곳곳에는 현직 화가들의 작품이 걸려 있으며 벽에 걸린 작품에만 집중시킨 어두운 조명은 작은 갤러리에 온 착각이 들게 한다. 정갈하고 도톰한 흰색 테이블보 위에 음식이 바뀔 때마다 포크와 나이프를 바꿔 주고 테이블을 정리해 주는 등 음식을 먹는 동안 최고의 서비스를 경험할 수 있다. 사슴고기, 꿩고기 등 일반 레스토랑에서 맛보기 힘든 메뉴들도 자주 출시하고 음식에 맞는 와인이 메뉴판에 함께 소개되어 있다. 더블린 1위 레스토랑답게 눈, 코, 입을 모두 즐겁게 해주는 음식을 제공한다. 더블린에서 최고의 레스토랑을 선택하라면 단연 챕터 원이다.

Data 지도161p-G
가는 법 더블린 작가 박물관 옆 **주소** 18-19 Parnell Square N, Dublin 1 **전화** 01-873-2266
운영 시간 런치 화~목 12:30~14:00, 디너 화~토 17:30~22:30, 일·월 휴무
가격 런치 2코스 35유로, 3코스 42유로, 디너 4코스 80유로
홈페이지 www.chapteronerestaurant.com

Tip 홈페이지를 통해 2~3주 전에 사전 예약을 하는 것이 좋다. 예약 시 개인의 신용카드 정보를 입력해야 한다. 무료 예약 취소는 48시간 이전에만 가능하며 이후의 취소나 노쇼No show일 경우 1인당 50유로가 자동 차감된다.

건강하고 즐거운 식사를 추구하는 곳
브라더 허버드 Brother Hubbard North

더블린의 브런치를 이야기할 때 빼놓지 않고 등장하는 곳. 5년이 채 되지 않는 역사를 가지고 있지만 이미 더블린 젊은 층 사이에선 유명한 레스토랑이다. 그날 가져온 채소는 당일 사용하는 철칙을 고수하여 매일 신선한 재료로 본연의 맛을 낸다. 고기를 넣지 않아 담백하고 고소한 건강식 요리가 많아 채식주의자들에게도 유명한 곳이다. 커피 맛도 훌륭해 레스토랑은 언제나 붐빈다.

Data 지도 161p-K
가는 법 하페니 다리에서 도보 5분
주소 153 Capel St, Dublin 1
전화 01-441-1112
운영 시간 월 07:30~16:30,
화~금 07:30~22:00,
토 09:00~22:00,
일 09:00~16:30 가격 브런치 10~15유로, 커피 3~4유로
홈페이지 brotherhubbard.ie

따뜻한 쌀국수 국물이 그리울 때
아오바바 Aobaba

보라색과 연두색의 화려한 간판 때문에 선뜻 들어가기가 꺼려지는 곳이지만 한인들 사이에선 쌀국수 맛집으로 손꼽히는 곳이다. 저렴한 가격으로 진한 육수의 푸짐한 쌀국수를 맛볼 수 있으며, 기본 쌀국수도 맛있다. 춥고 바람이 불 때 찾으면 따뜻한 쌀국수 한 그릇으로 추운 몸을 녹이기 제격이다. 결제는 현금으로만 가능하므로 주의하자.

Data 지도 161p-K
가는 법 오코넬 거리 내 스파이어 첨탑에서 도보 7분
주소 46A Capel St, Dublin 1
전화 01-878-8555
운영 시간 12:00~22:00
가격 기본 쌀국수 소 6~7유로, 대 7~8유로

예이츠의 감성을 레스토랑에서도
와인딩 스테어 The Winding Stair

1층의 서점은 예이츠 시의 제목을 따서 이름 지은 곳으로 1970~1980년대 더블린의 랜드 마크 역할을 한 건물이다. 2층에 위치한 레스토랑은 2006년 오픈했으며 창문 너머로 보이는 더블린 뷰가 매우 아름답다. 주로 아일랜드 퓨전 가정 요리를 선보이는데, 그중 대구와 비슷한 생선인 해덕을 훈제해 크림소스와 함께 먹는 요리인 스모키 해덕(12.95유로)을 추천한다. 지역 양조장에서 공수한 맥주도 마실 수 있다. 식사를 끝낸 후 1층 서점에서 책을 읽는 호사도 누려 보자.

Data **지도** 161p-K **가는 법** 하페니 다리 앞
주소 40 Ormond Quay Lower, Dublin, 1 **전화** 01-872-7320
운영 시간 런치 12:00~17:00, 디너 17:30~22:30
가격 런치 2코스 21.95유로, 3코스 26.95유로, 메인 디시 10~30유로
홈페이지 winding-stair.com

앉은 자리에 따라 풍경이 달라지는 곳
울렌 밀스 The Woolen Mills

아일랜드 음식을 현대적인 감각으로 재해석한 음식을 제공한다. 레스토랑은 총 3층으로 이루어져 있으며 햇살이 좋은 날에는 1층의 야외 테라스에서, 더블린 풍경을 즐기고 싶다면 높은 층 창가의 테이블을 선택하자. 아일랜드 전통 스튜에 소시지를 넣은 하페니 브리지 코들(16유로)과 한입으로 먹기 힘들 만큼 크고 양도 많은 아이리스 비프칙 버거(18유로)가 인기다. 일요일 오후 12시부터 5시 사이에만 먹을 수 있는 브런치 메뉴 홈메이드 와플 샌드위치(13유로)도 추천.

Data **지도** 161p-K **가는 법** 하페니 다리 바로 앞 **주소** 42 Ormond Quay Lowe, Dublin 1
전화 01-828-0835 **운영 시간** 월~수 09:00~22:00, 목~금 09:00~22:30, 토 09:00~16:00,
17:00~22:30, 일 12:00~22:00 **가격** 런치 메인 10~13유로~, 런치 2코스24유로,
디너 메인 15~25유로, 얼리버드(17:00~18:45) 2코스 24유로 **홈페이지** thewoollenmills.com

인심 좋은 한국 사장님의 정직한 맛
브라더스 도시락 Brothers Dosirak

슈퍼 아시아 푸드Super Asia Foods라는 중국 슈퍼마켓 안에 위치한 작은 한인 레스토랑이다. 오랫동안 호텔에서 일한 경력을 가진 주방장 겸 주인은 음식에 대한 자부심을 가지고 레스토랑을 운영하고 있다. 기본 메뉴는 3~4개로 매일 동일하지만 그날의 재료에 따라 오늘의 요리가 매일 바뀐다. 저렴한 가격으로 기본 음식과 3개의 반찬, 앙증맞은 디저트까지 즐길 수 있는 곳으로 한국의 작은 골목가 안 밥집에 온 느낌이다. 운이 좋으면 반찬도 무제한으로 제공받을 수 있다. 실내가 매우 좁고 오픈형 주방이 테이블과 바로 붙어 있어 조용한 분위기에서 음식을 먹기는 힘들다. 여행 중 한식이 그리운 사람들이라면 저렴한 가격으로 푸짐한 한 끼를 즐길 수 있다.

Data 지도 161p-K 가는 법 스파이어 첨탑에서 도보 9분
주소 27 Capel St, Dublin 1 전화 087-097-5116
운영 시간 12:00~21:00 가격 홍합칼국수 6.95유로,
비빔밥 7.97유로, 짜장면 7.95유로, 오늘의 메뉴 7.95유로
홈페이지 www.jnbcateringservices.com

샐러드를 사랑하는 당신에게
찹드 Chopped

본인이 원하는 채소와 과일, 고기를 선택해서 먹을 수 있는 샐러드 가게이다. 주문 방법은 간단하다. 우선 샐러드를 볼 bowl에 담을지 랩wrap으로 할지, 샌드위치로 만들지 결정한다. 그리고 6가지 그린 채소 중 한 가지와 고기를 선택한다. 그 다음으로 30가지 이상의 채소와 과일 중 3가지를 선택하고 마지막으로 20가지 드레싱 중 기호에 따라 한 가지를 선택하면 된다. 큰 볼에 담긴 샐러드는 한 끼 식사로 부족하지 않을 정도로 양이 많다. 오코넬 지점 외에도 더블린에 13개 지점이 있다. 오코넬 거리의 지점은 협소하니 참고하자.

오코넬 지점
Data 지도 161p-L
가는 법 오코넬 거리, 더블린 비지터 센터 옆
주소 14-15 O'Connell St Upper, North City, Dublin 1
운영 시간 07:00~23:00
가격 볼 6.5유로, 랩 6유로, 샌드위치 5.5유로
홈페이지 chopped.ie

아일랜드의 대표적인 패스트푸드점
슈퍼맥 Supermac's

한국에 롯데리아가 있다면 아일랜드에는 슈퍼맥이 있다. 기본적인 치킨 메뉴를 비롯해 햄버거, 피시 앤 칩스 등이 있고 치킨은 KFC보다 더 기름지고 쫄깃한 식감이 특징이다. 두터운 칩 위에 고소한 나초 치즈를 얹어 먹는 타코 프라이즈(4.5유로)를 추천한다. 햄버거 번이 맛있지 않아 햄버거 종류는 추천하지 않는다. 오코넬 지점 외에도 아일랜드 전역에서 쉽게 찾을 수 있다.

Data 지도 161p-L 가는 법 오코넬 거리 입구에서 위로 도보 2분 주소 45/46 O'Connell St, Dublin 전화 01-872-1828 운영 시간 08:00~03:00(금 ~04:00, 토 ~04:30) 가격 치킨 스낵 박스 6.7유로, 코드 밀(피시 앤 칩스) 5.45유로 홈페이지 supermacs.ie

아일랜드에서 만나는 달콤함
버틀러스 초콜릿 Butlers Chocolates

아일랜드의 대표적인 초콜릿 회사이다. 오코넬 거리 외에도 더블린 곳곳에서 쉽게 발견할 수 있다. 커피 등 음료를 주문하면 버틀러스 초콜릿 하나를 맛보는 즐거움도 누릴 수 있다. 이곳의 별미는 뭐니 뭐니 해도 핫초코. 한때 아일랜드에서 가장 맛있는 핫초코로 유명했을 정도로 진한 초콜릿 맛이 일품이다. 매장에서 판매하는 초콜릿은 기념품으로 구입하기에도 좋다.

Data 지도 161p-H 가는 법 오코넬 거리 중앙우체국 옆 주소 31 Henry St, Dublin 1 전화 01-874-7419 운영 시간 월~금 07:15~19:00(목 ~21:00, 금 ~20:00), 토 08:00~19:00, 일 09:00~19:00 가격 핫초코 3~3.5유로, 커피 3~4유로 홈페이지 www.butlerschocolates.com

진한 육수가 일품인 베트남 쌀국수집
포 비에 Pho Viet

베트남 사람이 운영하는 쌀국수집으로 한국 유학생들에게 인기가 많은 곳이다. 다른 곳보다 국물이 진해서 쌀국수 종류는 다 맛있고 스프링롤과 볶음밥도 괜찮다. 여행 중 바람이 불고 비가 추적추적 내리는 날 가기 좋은 곳이다.

Data 지도 161p-H
가는 법 오코넬 거리 끝에서 파넬 거리로 우회전
주소 162 Parnell St, Dublin 1
전화 01-878-3165
운영 시간 12:00~22:00
가격 스프링롤 2개 4.5유로, 쌀국수 11~13유로
홈페이지 www.phoviet.ie

취향저격 바&카페
위그왐&바이스 커피 Wigwam&Vice Coffee

기대 없이 들어갔다가 색다른 분위기에 반하게 되는 곳이다. 무심하게 걸어 놓은 빈티지 액자와 장식들, 짝이 맞지 않는 테이블마저 사랑스럽다.
매일 저녁 라이브 음악을 들을 수 있는 것도 이곳의 매력. 바 한쪽에서 조용히 판매하고 있는 바이스 커피는 이곳을 찾아야 하는 또 다른 이유. 아이리시 바리스타 대회에서 우승한 바리스타가 직접 내려주는 커피는 기대 이상의 맛을 선사한다. 커피 하나만으로 이곳을 찾는 사람이 더 많을 정도로 오코넬 거리의 숨은 스폿이다.

Data **지도** 161p-L **가는 법** 오코넬 거리 입구에서 도보 3분 **주소** 54 Abbey St Middle, North City, Dublin **전화** 01-873-4020 **운영 시간** 위그왐 11:00~23:30 (금·토 ~02:30), 바이스 커피 11:00~18:00 **가격** 커피 3~4유로 **홈페이지** 위그왐 wigwamdublin.com 바이스 www.vicecoffeeinc.com

아기자기하고 따뜻한 곳
러브 이즈 아트 Love is Art

한국인이 경영하는 카페로 작은 정원처럼 아기자기한 물건이 가득하다. 이 카페의 별미는 녹차라테. 진한 녹차향이 느껴지는 라테를 더블린에서 찾기 쉽지 않은데, 한국인의 입맛을 아는 주인이 그런 아쉬움을 채워줬다. 아일랜드의 카페에서는 찾기 힘든 아이스커피 종류도 맛있고, 사장님이 직접 만든 케이크도 달지 않고 맛있다. 카페에 들어서는 순간 한국의 카페처럼 따뜻하고 편안한 분위기를 느낄 수 있다. 현금 결제만 가능하다.

Data **지도** 161p-K **가는 법** 하페니 다리에서 도보 4분 **주소** 3 Strand St Great, Dublin 1 **전화** 087-985-8454 **운영 시간** 월~토 12:30~18:30, 일 휴무 **가격** 커피 3~4유로, 핫초코 3.7유로, 녹차라테 4.5유로, 케이크 4~5유로 **홈페이지** www.loveisart.ie

ENJOY

교회의 변신은 무죄
처치 바 The Church Cafe, Bar & Restaurant

원래는 18세기 초에 문을 연 세인트 마리 교회St. Mary's Church였다. 20세기 이후 약 50년간 문을 닫고 방치되었다가 1997년 존 키팅에 의해 새로운 장소로 변신했다. 문을 열고 들어가면 높은 천장과 교회의 상징과도 같은 거대한 오르간이 분위기를 압도한다. 창문의 스테인드글라스는 색다른 매력을 발산한다. 처치 바는 2006년 '더블린 시티 네이버후드 어워드'에서 아름다운 건축물로 선정되기도 했다. 이곳의 볼거리는 무료로 즐길 수 있는 아이리시 댄스. 일요일부터 수요일까지 저녁 7시~9시 사이에 '아이리시 뮤직&댄싱 쇼'가 펼쳐진다.

Data 지도 161p-K
가는 법 스파이어 첨탑에서 도보 5분
주소 Jervis St, Dublin 1
전화 01-828-0102
운영 시간 월~목·일 10:30~23:00, 금~토 10:30~02:30
홈페이지 www.thechurch.ie

아일랜드 역사와 함께한 곳
오벌 바 Oval Bar

1822년부터 아일랜드 역사와 함께한 펍이다. 1916년 부활절 주간에 공화주의자들이 영국에 맞서 싸울 때 중앙 우체국과 인접했던 오벌 바도 큰 손상을 입었다. 당시 패트릭 피어스가 중앙 우체국에서 부활절 선언문을 낭독했는데 선언서에 서명한 민족지도자 7명의 청동상이 오벌 바에 전시되어 있다. 1922년 아일랜드 내전이 일어났을 때도 펍이 일부 손상을 입었지만 현재까지도 건재함을 자랑한다. 아일랜드의 경기가 좋았던 시절부터 독립 역사에 이르기까지, 아일랜드 역사의 굵직한 사건과 동행한 오벌 바는 역사의 증인이자 살아 있는 박물관이다.

Data 지도 161p-L
가는 법 오코넬 거리 입구에서 도보 2분
주소 78 Abbey St Middle, Dublin 1
전화 01-872-1264
운영 시간 09:00~24:00 (금·토 ~01:00)
홈페이지 theovalbar.com

IRELAND BY AREA 01
더블린-리피강 북쪽

오코넬 거리의 얼굴
리우 플라자 더 그레셤 더블린 RIU Plaza The Gresham Dublin

오코넬 거리에서 가장 위치가 좋은 4성급 호텔이다. 호텔 바로 앞으로 택시 정류장과 공항버스 정류장, 각종 투어 버스 정류장이 있어 길치 여행자들에게는 더할 나위 없이 좋은 곳이다. 호텔 로비의 샹들리에와 대리석으로 마감한 인테리어가 고급스럽다. 객실은 넓은 편이며, 4성급 호텔이지만 비수기에는 100유로 중반대에서도 예약 가능하다.

Data 지도 161p-H **가는 법** 오코넬 거리 입구에서 위로 도보 4분
주소 23 O'Connell St Upper, Dublin **전화** 01-874-6881
요금 더블룸 비수기 120유로~, 성수기 190유로~ **홈페이지** www.gresham-hotels-dublin.com

오코넬 거리의 떠오르는 호텔
홀리데이인 익스프레스 더블린 시티 센터
Holiday Inn Express Dublin City Centre

2016년에 문을 연 호텔은 위치나 감각 면에서 여행자들의 마음을 사로잡았다. 로비에 들어서면 세련되고 현대적인 감각의 인테리어가 시선을 끈다. 두툼한 매트리스와 푹신한 침구, 24시간 룸서비스와 바 서비스가 인상적이며, 오픈 키친으로 이루어진 호텔 레스토랑은 조식 시간 이후에도 먹을 수 있도록 배려해놓았다. 높은 층으로 올라갈수록 오코넬 거리의 아름다운 전경을 감상하기에 좋다. 호텔에서 5분 거리에 공항 셔틀버스 정류장이 있어 공항과 더블린 시내를 오고 가기에 편리하다.

Data 지도 161p-H **가는 법** 오코넬 거리 입구에서 위로 도보 6분
주소 28-32 O'Connell St Upper, Dublin 1 **전화** 01-878-8099
요금 더블룸 비수기 120유로~, 성수기 170유로~ **홈페이지** www.hiexdublincc.com

가성비 굿!
 크로크 파크 호텔 The Croke Park Hotel

크로크 파크 경기장 맞은편에 위치한 호텔. 도심에서 조금 떨어져있어 4성급이지만 요금이 저렴한 편이다. 넓은 객실과 두툼한 매트리스, 양모 이불은 휴식을 위한 최적의 컨디션을 제공한다. 4인 가족이 함께 머물 수 있는 객실은 더블린의 기존 숙소보다 훨씬 저렴하며, 무료 주차 공간을 제공해 렌터카 여행자들도 눈여겨볼 만하다.

Data 지도 161p-D
가는 법 오코넬 거리 정류장에서 버스로 10분
주소 Jones's Rd, Dublin 3
전화 01-871-4444
요금 더블룸 비수기 100유로~, 성수기 140유로~
홈페이지 www.doylecollection.com

내 집과 같은 편안한 공간
레드 도어 더블린 Red Door Dublin

더블린의 유일한 한인 민박집이다. 민박집이라기보다는 에어비앤비에 가까우며, 한 번에 소수 인원만 받는다. 호스트는 게스트가 원하는 것을 제대로 알고 있는 10년 차 현직 호텔리어이다. 깔끔한 침구와 풍성한 식사는 기본, 게스트 한 사람 한 사람에게 정성을 다하는 서비스와 내 집같이 편안하게 쉬다 갈 수 있는 환경을 제공한다. 그 덕분에 입소문으로 입지를 굳건히 다지고 있다. 여행 팁과 근처 펍이나 맛집 등을 추천해 주기도 한다. 조식으로 과일, 시리얼, 머핀, 요거트, 커피 등이 나오고 저녁에는 투숙 일수에 따라 한식 또는 라면이 제공된다.

Data 지도 091p-D
가는 법 오코넬 거리에서 도보 약 20분
주소 Clonliffe Road 근처(구체적인 주소는 호스트와 직접 연락)
전화 087-970-6508
요금 2인 기준 11~2월 100유로~, 3~5월·9~10월 110유로~, 6~8월 125유로~
카카오톡 @missrangdublin
블로그 blog.naver.com/erangtigger

IRELAND BY AREA 01
더블린-리피강 북쪽

다양한 액티비티를 즐길 수 있는 호스텔
제너레이터 호스텔 더블린 Generator Hostel Dublin

올드 제임슨 양조장 바로 옆에 있다. 감각적으로 디자인된 로비와 펍이 돋보이며 벽면마다 그려놓은 특색 있는 그라피티가 인상적이다. 숙소는 2인실, 6인실, 8인실로 이루어져 있고 매일 밤 숙소에서 즐길 수 있는 다양한 액티비티가 진행된다. 주말에는 근처에서 작은 마켓이 열려 다양한 이벤트를 즐기기 좋은 숙소이다. 시내 중심지까지는 도보로 15~20분 정도가 소요되지만 호스텔 바로 옆에 루아스 레드라인 스미스필드Smithfield역이 있어 대중교통을 이용하기에도 편리하다.

Data 지도 160p-J
가는 법 루아스 레드라인 Smithfield역에서 도보 3분
주소 Smithfield Sq, Dublin
전화 01-901-0222
요금 더블 베드 65유로~, 6베드 20유로~(조식 포함)
홈페이지 generatorhostels.com/destinations/dublin

더블린 시외버스 터미널 뒤편
제이콥스 인 Jacobs Inn

버스아라스Busáras 시외버스 터미널과 코널리Connolly 기차역 근처에 위치한다. 호스텔 근처에 공항 셔틀버스 정류장이 있어서 공항에서 더블린 시내를 오고 가기에도 편리하다. 4인실부터 12인실까지 있으며 10, 12인실의 개인 침대에는 커튼이 있어 프라이버시가 보장된다. 방마다 욕실이 있고 가족룸인 3, 4인실은 공간이 넓어서 지내기에 편리하다. 무료로 제공하는 가이드 투어 및 영화 상영, 아이리시 댄스 나이트 등 호스텔에서 즐길 수 있는 액티비티도 다양하다.

Data 지도 091p-D
가는 법 버스아라스 시외버스 터미널에서 도보 1분 주소 21-28 Talbot Pl, Mountjoy, Dublin 1 전화 01-855-5660 요금 3인실 가족룸 75유로~, 4베드 20유로~(조식 포함) 홈페이지 jacobsinn.com

Tip 공항에서 숙소로 이동할 때는 에어링크Airlink 버스를 타고 버스아라스Busáras 정류장에서 하차한다.

더블린 근교
Around Dublin

더블린에서 차로 한 시간 정도를 투자해 둘러볼 수 있는 명소를
소개한다. 더블린 남쪽에는 '아일랜드의 정원'이라 불리는
위클로산맥 국립 공원이 있고 북쪽에는 아일랜드의 고대 역사의
근원지인 미스주(州)가 있다. 더블린 근교의 바닷가 마을은
짧은 시간과 돈을 투자해 아일랜드의 자연을
만끽하기 좋은 장소이다. 여행 일정과 취향에 따라
더블린 근교 여행의 매력에 빠져 보자.

위클로
County Wicklow

더블린에서 남쪽으로 약 60km 떨어진 곳에 위치한다. '아일랜드의 정원'이라는 별명을 갖고 있는 위클로산맥 국립 공원 안에는 초기 중세 기독교 수도원 터였던 글렌달로그와 더블린 말레이 공원에서부터 칼로 지역까지 이어지는 위클로 웨이, 테이호, 파워스코트 폭포 등이 볼 만하다. 국립 공원 옆으로는 세계 10대 정원으로 항상 거론되는 파워스코트 정원을 만날 수 있다. 산과 바다 등의 자연, 역사적인 명소까지 모두 둘러볼 수 있는 매력적인 지역이다.

County Wicklow
GET AROUND

어떻게 갈까?

위클로주(州)는 더블린에서 차로 약 1시간 정도 소요되지만 명소와 명소 간의 대중교통이 발달하지 않아서 렌트카를 이용해야 하루에 원하는 곳을 모두 둘러볼 수 있다. 배낭여행자들이라면 더블린에서 출발하는 투어 버스를 이용하는 것이 경제적이다. 글렌달로그와 위클로산맥 국립공원 일부 지역의 경우, 더블린에서 하루 두 차례 운행하는 세인트 케빈 버스를 추천한다.

세이트 케빈 버스
더블린에서 정차하는 역이 많기 때문에 홈페이지에서 버스 시간표와 정류장을 확인하는 것이 좋다.

Data 타는 곳 세인트 스티븐 그린 공원 북쪽 문 앞
운영 시간 더블린 출발 3월~9월 평일 11:30, 18:00,
토·일·공휴일 11:30, 18:00
글렌달로그 출발 평일 07:15, 16:30, 토·일·공휴일 09:45, 16:30
요금 성인 왕복 20유로, 편도 13유로, 어린이 왕복 12유로,
편도 7유로 **홈페이지** www.glendaloughbus.com

Tip 위클로산맥 국립 공원 투어 버스
더블린 시내에서 위클로산맥 국립 공원 투어 버스를 손쉽게 이용할 수 있다. 투어 버스 코스는 글렌달로그 수도원과 테이호, 파워스코트 하우스&정원 또는 글렌달로그 지역과 킬케니를 포함한다. 투어 프로그램은 구글 검색창에서 'Wicklow Tour from Dublin' 으로 검색할 수 있다.

글렌달로그와 파워스코트 정원을 포함하는 투어
투어 장소 글렌달로그 수도원, 샐리 갭, 테이호, 파워스코트 하우스&정원
Data 출발 시간 09:20
출발 장소 더블린 오코넬 거리의 그레셤 호텔Gresham Hotel 앞 **요금** 성인 28유로, 학생 25유로
(파워스코트 정원 입장료는 별도) **홈페이지** www.daytourswicklow.ie

글렌달로그와 킬케니를 포함하는 투어
투어 장소 글렌달로그 수도원, 샐리 갭, 테이호, 킬케니
Data 출발 시간 09:10
출발 장소 더블린 오코넬 거리 사보이 극장Savoy Cinema 옆, 디스커버 아일랜드 오피스
요금 성인 & 학생 25유로 **홈페이지** www.paddywagontours.com

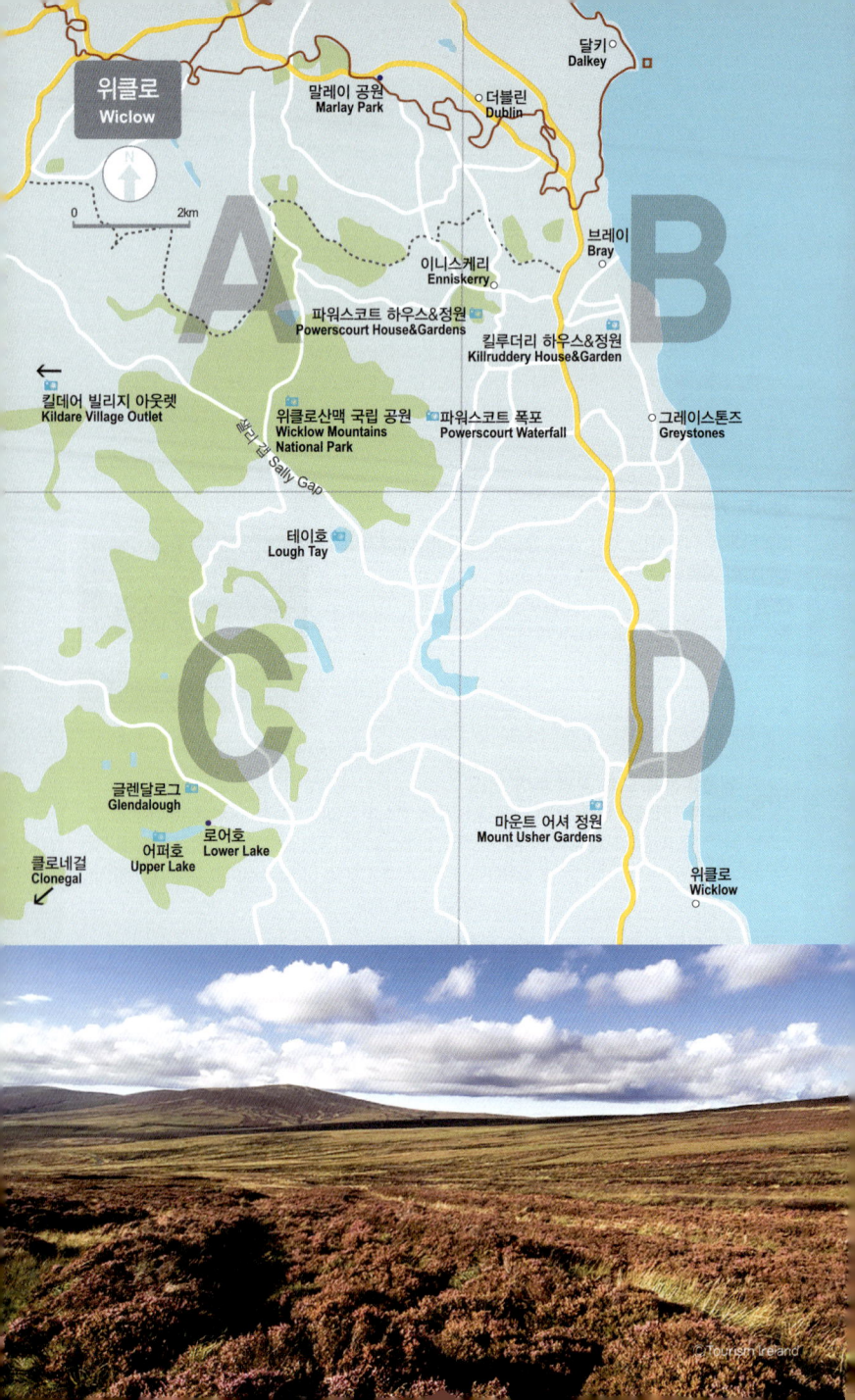

SEE

다양한 액티비티를 즐길 수 있는 곳
위클로산맥 국립 공원 Wicklow Mountains National Park

아일랜드에 있는 6개의 국립 공원 중 하나로 더블린 남쪽 지역부터 위클로까지 약 7천만 평에 해당하는 산악지대이다. 국립 공원 내에는 1976년부터 야생동물 보호법에 의해 보호 중인 두 개의 자연보호구역과 늪지대, 활엽수, 침엽수 지대, 고지대, 암석 지대 등 다양한 지대가 있다. 아일랜드의 초기 기독교 공동체가 형성된 곳이기도 하며 국립 공원 내에서는 암벽등반, 하이킹, 다이빙, 낚시, 수영 등 다양한 액티비티도 즐길 수 있다. 렌터카 여행자라면 샐리 갭Sally Gap을 통과하는 R756 국도와 밀리터리 로드Military Rd로 불리는 R115 국도를 통해 위클로산맥 국립 공원의 아름다운 풍경을 눈과 마음에 담아 보자.

Data 지도 186p-A 가는 법 세인트 케빈 버스 이용(185p)
주소 Laragh, Co. Wicklow 전화 0404-45425
운영 시간 10:00~17:30
홈페이지 www.wicklowmountainsnationalpark.ie

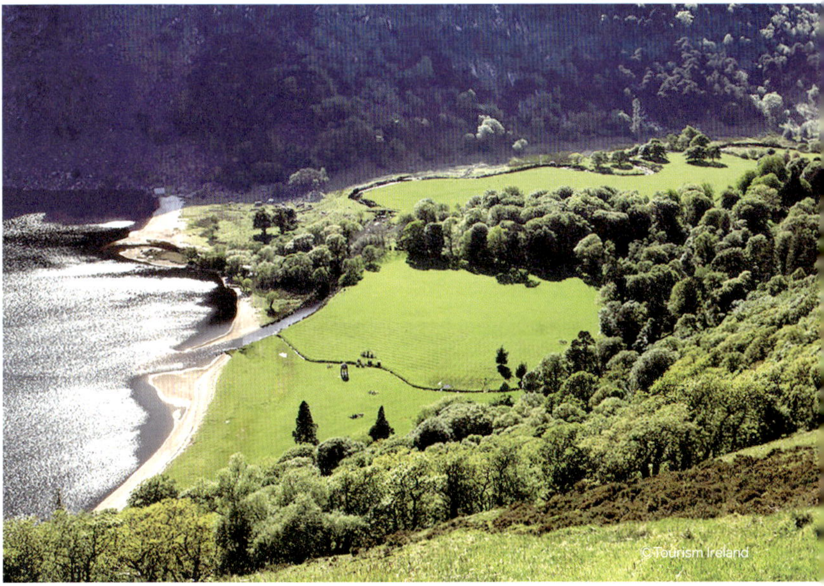

위클로산맥 국립 공원 둘러보기

©Tourism Ireland

1. 테이호 Lough Tay

위클로산맥 국립 공원 안에 있는 테이호는 주변의 토탄 지형 때문에 호수의 물이 흑맥주 빛을 띠고 있어 '기네스 호수'라는 별명을 가지고 있다. 호숫가의 모래사장이 맥주 거품처럼 보여 마치 파인트 잔에 담긴 기네스 맥주가 연상되는데, 실제로 기네스 사에서 거품 효과를 내기 위해 의도적으로 모래를 부어놓았다고 한다. 호수 옆으로는 국립 공원을 동에서 서로 가로지르는 R759 도로가 지나고 있고, 이 도로의 일부 구역을 샐리 갭Sally Gap이라 부른다. 샐리 갭은 도로가 매우 좁고 구불구불하지만, 도로 너머로 펼쳐지는 풍경이 아름다워 위클로 투어 버스의 단골 코스이다. 영화 〈P.S. I Love You〉의 촬영지이기도 하다.

Data 지도 186p-C
가는 법 테이호는 국립 공원의 정상에 위치하고 글렌달로그에서도 약 16km 떨어져 있다. 렌터카나 더블린에서 출발하는 투어 버스를 이용하는 방법이 있다.

2. 파워스코트 폭포 Powerscourt Waterfall

국립 공원 북쪽에 위치하며 높이 121m로 아일랜드에서 가장 높은 폭포이다. 가파른 절벽을 타고 쏟아지는 말꼬리형 폭포는 화강암과 운모편암이 만나면서 형성되었다. 빙하작용으로 인해 폭포 바닥은 움푹 파인 곳이 많으며 빙퇴석이 발달했다. 폭포 뒤로는 넓은 잔디밭이 펼쳐져 있어 여름에는 피크닉과 바비큐를 하는 주민들로 북적거린다. 현재는 파워스코트 사유지이며 영화 촬영지로도 많이 사용된 곳이다.

Data 지도 186p-A 가는 법 파워스코트 하우스&가든에서 차로 약 20분
주소 Powerscourt Estate, Enniskerry, Co.Wicklow 요금 성인 6유로, 학생 5.5유로, 12세 이상 3.5유로
운영 시간 5~8월 09:30~19:00, 3·4·9·10월 10:30~17:30, 11~1월 10:30~16:00
홈페이지 powerscourt.com/waterfall

3. 글렌달로그 Glendalough

432년 세인트 패트릭 신부가 아일랜드에 들어와 기독교를 전파한 후 아일랜드 곳곳에 수도원이 생기기 시작했다. 위클로산맥 국립 공원 초입에 위치한 글렌달로그도 그중 하나로, 6세기경 세인트 케빈 신부가 세운 수도원 마을이다. 글렌달로그란 이름은 '두 개의 호수가 있는 계곡'을 의미하는데, 여기서 두 개의 호수는 국립 공원에 있는 로우어호 Lower Lake와 어퍼호 Upper Lake를 가리킨다. 중세 시대에는 수도원을 중심으로 마을이 형성되었고, 글렌달로그는 12세기까지 초기 공동체의 모습을 유지하며 크게 번창했다. 그 후 14세기 말, 영국군의 침략으로 공동체가 약해지고 수도원의 교회들도 파괴되었다.

현재 글렌달로그 입구에는 과거 수도원 마을의 모습이 그려진 표지판이 있는데 현재와 비교해보면 남아 있는 건물이 그리 많지 않다. 수도원 안에 우뚝 서 있는 원형 탑의 원래 용도는 종탑으로 유사시에는 중요한 성물을 보관하기도 했다. 탑의 입구는 3.6m 높이로 높게 설계되었는데, 적이 침입했을 때 사다리를 타고 올라가 탑 안으로 들어간 후 사다리를 없애 적의 침입을 방어했다. 현재 글렌달로그 터 안에는 원형 탑 외에 세인트 교회, 아일랜드 켈틱 십자가, 선사 시대 이전부터 존재하며 초자연적인 힘을 가졌다고 전해지는 디어 스톤 Deer Stone 등이 있다.

Data 지도 186p-C 가는 법 세인트 케빈 버스 이용(185p 참고) 주소 Glendalough, Bray, Co. Wicklow
운영 시간 3월 중순~10월 중순 09:30~18:00, 10월 중순~3월 중순 09:00~17:00
요금 성인 5유로, 학생·어린이 3유로 홈페이지 www.heritageireland.ie

4. 어퍼호 Upper Lake

글렌달로그 수도원 터를 나와 국립 공원 등산로를 따라 천천히 올라가면 넓은 잔디밭이 보인다. 잔디밭 앞에는 믿을 수 없을 정도로 고요하고 아름다운 어퍼 호수가 펼쳐져 있다. 영화 〈프러포즈 데이〉의 촬영 현장이기도 하다. 어퍼호는 빙하가 침식하면서 만들어진 호수라 U자 모양의 골짜기가 뚜렷하게 발달했다. 호수 뒤의 넓은 잔디밭에서 피크닉을 즐겨보는 것도 좋다.

Data 지도 186p-C
가는 법 글렌달로그 수도원 터에서 세인트 교회 옆의 다리를 건넌 후 위클로 국립 공원 등산로를 따라 도보 약 30분

|Theme|
위클로 웨이 | Wicklow Way

더블린 근교의 말레이Marlay 공원에서 시작해 위클로산을 넘어 칼로Carlow 지역의 클로니걸Clonegal 마을에서 끝나는 13km의 하이킹 코스이다. 다양한 자연을 품은 하이킹 코스로, 아일랜드에서 가장 인기 있는 워킹 웨이이기도 하다. 더블린에서 가깝고 출발점과 끝나는 지점의 접근성이 좋을 뿐만 아니라 다양한 권곡과 빙하호를 볼 수 있어 매년 수많은 여행자들이 찾고 있다.

위클로 웨이는 짧게는 몇 시간, 길게는 일주일 이상 걸을 수 있는 루트로 되어 있다. 코스 곳곳에는 길을 안내해 주는 옐로맨 표지판이 있고 여행자들이 쉴 수 있는 오두막도 마련되어 있다. 헬멧처럼 생긴 녹색 오두막 아래에서 휴식을 취하거나 근처에 텐트를 치고 밤을 보낼 수도 있다. 오두막 안에는 빨랫줄이 설치되어 있고 한쪽에 설치된 작은 나무 상자 안에는 식료품과 메시지 등이 있다. 이곳을 다녀간 여행자들이 후에 올 여행자를 위해 남겨놓은 것이다. 뒤쪽으로는 불을 피울 수 있는 장작과 세숫물을 모으는 빗물 저장고도 마련되어 있다.

텐트를 치고 자는 것이 불편하다면 근처 B&B를 이용할 수도 있다. B&B 정보는 위클로 웨이 홈페이지에 들어가 'Trail Description' 섹션을 클릭하면 하단에서 코스 설명을 확인할 수 있다. 하루 평균 20km씩 일주일간 걸으면 위클로 웨이를 완주할 수 있다.

Data **말레이 공원 가는 법** 오코넬 거리 시티즌 인포메이션 정류장에서 16번 버스 탑승 후 브레헌 필드 로드 Brehon Field Rd.에서 하차(약 50분 소요) **요금** 버스 성인 편도 2.7유로 **홈페이지** www.wicklowway.com

위클로 지역의 비밀의 정원
마운트 어셔 정원 Mount Usher Gardens

1868년에 조성된 약 8만㎡ 규모의 정원이다. '아일랜드의 정원'이라는 위클로의 별명을 이곳에서 확인할 수 있다. 정원에는 세계 여러 지역에서 자라는 토종식물 약 5천 종과 관목 등의 나무가 서식하고 있으며 다양한 종류의 새와 야생동물이 살고 있다. 아일랜드의 유명한 정원사인 윌리엄 로빈슨은 당시 유행하던 형식주의적인 방식보다는 자연주의적 방식을 채택해 정원을 관리했다. 정원 입구에는 아일랜드 사람들이 사랑하는 아보카 카페를 비롯해 여러 상점이 있어 간단한 기념품을 사거나 식사도 할 수 있다.

Data 지도 186p-D
가는 법 글렌달로그에서 차로 약 30분
주소 Mount Usher Gardens, Ashford, Co. Wicklow
운영 시간 10:00~18:00
요금 성인 7.5유로, 노인·학생 6.5유로, 만 4~16세 3.5유로
홈페이지 www.mountushergardens.ie

19세기 귀족 가문의 우아한 저택
킬루더리 하우스&정원 Killruddery House&Garden

브라바존Brabazon 가문이 살던 집으로 하우스는 1852년에 건축가 리차드 모리슨과 그의 아들에 의해 설계되었다. 균형과 대칭을 강조하는 바로코 양식과 19세기에 유행했던 유리 천장을 살펴볼 수 있다. 저택 앞에 벽으로 둘러싸인 정원은 1830년경 처음 세워진 것으로 바르세유 궁전의 최고 정원사였던 앙드레 르 노트르의 제자인 보네트가 담당했다.

Data 지도 186p-B
가는 법 더블린 Pearse 기차역에서 다트 탑승 후 Bray 정류장에서 하차. 역 앞 Outside Train Station 정류장에서 버스로 약 7분
주소 Southern Cross Rd, Bray, Co. Wicklow
운영 시간 5~9월 09:30~18:00, 4·10월 주말만 운영(11~3월 폐장)
하우스 투어 월~목 13:00, 15:00 주말 13:00, 14:00, 15:00
요금 가든만 입장할 경우 성인 7.5유로, 12세 이하 2유로, 가든과 하우스 모두 입장할 경우 성인 14유로
홈페이지 www.killruddery.com

위클로

세계 10대 정원의 위엄
파워스코트 하우스&정원 Powerscourt House&Gardens

아일랜드에서 가장 아름다운 정원으로 손꼽히는 곳으로 약 6만 평의 규모를 자랑한다. 2014년 내셔널 지오그래픽이 선정한 세계 10대 정원 중에서 3위를 기록했고, 론리플래닛에서 뽑은 세계 10대 정원으로 뽑힌 이력을 가지고 있다.

13세기에는 파워 가문의 소유였는데 1609년 파워스코트 자작 1세인 리처드 윙필드에게 넘어갔다. 그 후 1731년 독일 건축가인 리처드 캐슬스가 지금과 같은 정원의 토대를 만들었다. 약 350년간 파워스코트 가문이 소유하던 이곳은 1961년 슬레진저 가문으로 주인이 바뀌었다. 그 후 1974년 화재로 인해 지붕과 방 대부분이 소실되었다가 보수 공사를 거쳐 1996년에 대중에게 공개되었다.

파워스코트 정원은 크게 이탈리아식 정원과 일본식 정원으로 나뉜다. 이탈리아식 정원은 전형적인 르네상스 스타일을 보이고 있다. 자연의 경관을 조망할 수 있도록 전망 좋은 구릉지에 정원을 배치한 것과 건물 주축을 따라서 자리 잡은 테라스 위에 그리스·로마 신화의 인물 조각상 등은 이탈이라식 정원에서 쉽게 볼 수 있는 구도이다. 중앙 계단 양 옆의 잔디밭에는 퇴어리 나무를 똑같이 배치해 균형과 대칭을 강조했다. 곳곳에 세워진 분수대 역시 이탈리아식 정원에 빠질 수 없는 요소이다. 가장 큰 호수인 트리토네Tritone 호수 중앙에 세워진 조각상은 로마 바베리니 광장에 있는 트리토네Tritone 분수를 모델로 만들었다. 파워스코트 정원의 또 다른 볼거리는 일본식 정원이다. 19세기 말부터 서양에 전해진 일본식 정원은 신진 문화를 알고 있다는 자부심이자 부의 상징이었다. 이탈리아식 정원이 균형과 대칭을 강조하였다면 일본식 정원은 자연스러움을 추구한다. 이탈리아식 정원에 있는 큰 호수는 작은 연못이나 개울로 바뀌고 대칭 구도로 세워진 테라스와 계단은 디딤돌 형식의 섬과 작은 다리로 표현되었다. 일본식 정원에 쉽게 볼 수 있는 정자도 세워져 있다.

Data 지도 186p-A
가는 법 더블린 오코넬 거리에서 44번 버스를 타고 종점 Enniskerry 정류장에서 하차
(약 1시간 소요) 후 도보 약 30분(글렌달로그에서 차로 약 40분 소요)
주소 Powerscourt Demesne, Enniskerry, Co. Wicklow
운영 시간 09:30~17:30(동절기에는 좀 더 일찍 폐장) **요금** 성인 10유로, 노인·학생 8.5유로,
어린이 5유로(11~2월에는 1.5~2유로 더 저렴) **홈페이지** powerscourt.com

> **Tip** **글렌달로그&파워스코트 투어 버스**
> 글렌달로그 수도원과 파워스코트 하우스&정원, 더블린 근교 샌디마운트와 블랙락 바닷가를 도는 투어 버스이다.
>
> **Data** **타는 곳** 오코넬 거리(주소: 59 Upper O'Connell St.) **출발 시간** 10:30
> **소요 시간** 약 6시간 30분 **요금** 성인 27유로, 5~14세 12유로(파워스코트 정원 입장료 포함)
> **홈페이지** powerscourt.com

미스
County Meath

고대 아일랜드의 5개 주 중 하나인 미스는 더블린 북쪽에 위치하며 초기 아일랜드 정치의 중심지였다. 이 지역에는 신석기 시대에 만들어진 뉴그레인지 무덤을 비롯하여 세인트 패트릭 신부가 기독교를 공포하였던 슬레인 언덕, 아일랜드에서 가장 성스러운 언덕으로 불리는 타라 언덕, 앵글로-노르만족의 성이자 아일랜드에서 가장 큰 성인 트림성, 세계적인 락가수들의 공연장으로 사용되는 슬레인성 등 역사적인 장소들이 밀집해 있다. 더블린에서 차로 1시간이 소요되며 대중교통보다는 렌터카나 투어 버스를 이용해 여행하기를 추천한다.

©Tourism Ireland

County Meath
GET AROUND

어떻게 갈까?

미스 지역은 더블린에서 약 50km 떨어져 있어 렌터카로는 1시간도 채 걸리지 않는다. 다만 대중교통은 발달하지 않아서 추천하지 않는다. 대중교통을 이용하고 싶다면 나반Navan 타운에서 버스를 한 번 갈아타야 한다. 더블린에서 나반까지는 약 1시간 소요되며 타라 언덕이나 트림성, 슬레인성은 나반 타운에서 버스를 이용할 수 있다. 가장 경제적인 방법은 투어 버스이다.

더블린에서 나반 가는 방법

더블린 시외버스 터미널에서 버스를 타고 1시간이면 나반에 도착한다.

Data 타는 곳 버스아라스 시외버스 터미널
운행 시간 더블린 출발 06:45~23:45(1시간 간격), 나반 출발 05:46~22:46(1시간 간격) **요금** 왕복 19~23유로, 편도 9~11유로 **홈페이지** www.buseireann.ie

Tip 뉴그레인지 & 타라 언덕 투어 버스

더블린 시내에서 뉴그레인지와 타라 언덕을 여행하는 투어 상품을 이용할 수 있다. 투어 상품은 구글 검색창에서 'Tours of The Boyne Valley'로 검색한다.

스톤헨지보다 더 오래된 지역
브루 나 보너 Brú na Bóinne

'보인Boyne의 궁전'이란 뜻을 가지고 있는 신석기 시대의 고분군으로 세계에서 가장 중요한 선사 시대의 유적지이다. 이곳에 있는 뉴그레인지와 노스, 다우스 무덤은 영국의 스톤헨지보다 천 년 더 오래되었다. 이러한 무덤들은 계급이 가장 높은 사람들의 시신과 유물을 수용하기 위해 지어진 것으로 4,000년 후 앵글로-노르만족이 아일랜드에 세운 성들을 건설하기 전까지 가장 큰 인공 구조물이었다. 수세기 동안 무덤은 쇠퇴해 잔디와 나무로 뒤덮였고 대부분의 보물은 바이킹족과 빅토리아 시대 사냥꾼들에게 약탈당한 것으로 추정된다. 브루 나 보너 유적지는 1993년 유네스코 세계 문화유산으로 지정되었다.

| 브루 나 보너 둘러보기 |

뉴그레인지 Newgrange

기원전 3200년경 만들어진 무덤으로, 이집트 피라미드보다 400년 이상 앞선다. 무덤의 지름은 약 85m, 높이는 13.5m이다. 무덤 둘레에 30개 이상의 선돌이 둥글게 배치되어 있고 돌에는 나선형, 지그재그, 삼각형 등 다양한 문양이 새겨져 있다. 남쪽 입구부터 19m 길이의 좁은 통로가 무덤 한가운데의 작은 방으로 이어진다. 동지 무렵 태양이 뜰 때 햇빛이 무덤 입구로 정확히 들어와 긴 복도를 지나 무덤 내부에 있는 세 개의 방까지 들어오도록 설계되었다. 태양과 빛의 움직임을 관찰하여 정확히 그 빛을 무덤 안으로 끌어들였다는 사실이 놀랍다. 이 장면을 직접 볼 수 있도록 뉴그레인지 홈페이지에서 매년 9월 말까지 신청자를 받는다. 12월 21일 경부터 약 5~6일 동안 하루 10명에게 행운이 돌아간다. 무덤 관람은 가이드 투어를 통해서만 가능하다.

노스 Knowth

뉴그레인지와 같은 시기에 지어졌다. 무덤 입구에서 방으로 연결되는 중앙 통로의 길이는 약 34m로 뉴그레인지보다 더 길고 서유럽에서 발견된 무덤 중 가장 길다. 무덤은 커다란 무덤 하나와 그 주변으로 18개의 작은 무덤들이 큰 무덤을 둘러싸고 있다. 큰 무덤을 둘러싸고 있는 약 300개의 돌에는 뉴그레인지처럼 나선형, 마름모, 동심형 등 다양한 문양이 새겨져 있다.

다우스 Dowth

무덤 둘레는 약 63m로 뉴그레인지와 비슷하나 내부는 뉴그레인지보다 14m 더 높게 지어졌다. 현재 안전상의 이유로 관람이 불가능하다.

INFO 관광안내소

브루 나 보너 비지터 센터 Brú na Bóinne Visitor Centre

브루 나 보너 지역의 역사와 사회상을 전시해 놓은 곳으로 1997년부터 작은 박물관의 역할을 겸하고 있다. 전시실에는 뉴그레인지 무덤 내부를 그대로 재현해 놓았고 신석기 시대의 생활상, 무덤 만드는 방법, 무덤 발견 시기와 발굴 과정 등을 소개하고 있다. 브루 나 보너 고분들은 비지터 센터에서 운영하는 가이드 투어로만 관람할 수 있으며 투어 입장권은 이곳에서 구입하면 된다.

Data 지도 195p-A **가는 법** 더블린 시내에서 차로 약 50분 소요(198p 투어 프로그램 참고)
주소 Staleen Rd, Co. Meath **전화** 041-988-0300
운영 시간 2~4·10월 09:30~17:30, 5월 09:00~18:30, 6~9월 09:00~19:00(단 9월 중순 이후 30분 단축), 11~1월 09:30~17:00 **요금** 전시관 성인 4유로, 학생 3유로, 전시관&뉴그레인지 성인 7유로, 학생 4유로, 전시관&노스 성인 6유로, 학생 4유로, 전시관&뉴그레인지&노스 성인 13유로, 학생 8유로

아일랜드에서 가장 신성한 지역
타라 언덕 Hill of Tara

최소 24개의 유적이 흩어져 있는 지역을 포괄하는 유적지이며 선사 시대부터 아일랜드의 역사와 전설의 중심지 역할을 하고 있는 아일랜드에서 가장 신성한 장소이다. 아일랜드 전설에 등장하는 아르드리(에린)는 아일랜드를 다스리는 전설적 존재들로 타라 지역에 존재했다고 전해진다. 타라 언덕의 유적들 중 가장 오래된 것은 신석기에 만들어진 통로 무덤(통로를 따라 길게 만들어진 무덤)이다. 또 여러 개의 라스(원형 요새), 흙으로 쌓은 벽, 벽으로 둘러싸인 의식 거행지 등이 있다. 특히 언덕 한가운데에 운명의 돌 Lia Fáil이 우뚝 서 있는데 왕에 적합한 사람이 이 돌을 만지면 돌이 비명을 질렀다는 전설이 내려온다. 역사적인 유적은 언덕 곳곳에 넓게 분포되어 있어 실제로 이곳을 걷고 있으면 넓은 구릉으로 이루어진 잔디밭을 걷는 느낌이 든다.

Data 지도 195p-A **가는 법** 더블린 시외버스 터미널에서 109번 나반 Navan행 버스 탑승, Opp Tara Cross 정류장에서 하차(약 1시간 소요, 버스 배차간격 1시간)후 도보 23분
시외버스 요금 성인 왕복 19~23, 편도 9~11유로

운명의 돌

> **Tip** **뉴그레인지&타라 투어 버스**
> 뉴그레인지와 타라 언덕은 대중교통으로 가기 힘든 곳이다. 따라서 차를 렌트하거나 투어 버스를 이용하는 것이 경제적이다. 그레이라인 투어 회사에서는 뉴그레인지와 타라 언덕, 더블린 근교의 호스 마을을 여행하는 투어 상품을 제공한다.
>
> **뉴그레인지&타라 투어 프로그램**
> **Data** **타는 곳** 오코넬 거리 내 더블린 비지터 센터(주소: 17 lower O'Connell St.)
> **출발 시간** 09:00 **투어 날짜** 4~10월 월·화·금·토 **소요 시간** 약 9시간 **요금** 성인 36유로(뉴그레인지 입장료 포함) **홈페이지** www.grayline.com/things-to-do/ireland/dublin

영화 <브레이브 하트>의 촬영지
트림성 Trim Castle

아일랜드에서 가장 규모가 큰 앵글로-노르만 성격을 띤 성이다. 12세기 미스 지역의 영주였던 휴 드 레이스와 그의 아들 월터가 30년에 걸쳐 설립하였다. 당시 영국의 왕이었던 헨리 2세는 휴 드 레이스에게 왕의 권한을 부여하고 렌스터 지역의 영주인 리차드 드 클레어의 팽창주의 정책을 억제했다.

3층으로 설계된 성은 초기 목조 요새가 있던 곳에서 시작했고 20개의 모서리가 있는 십자 모양으로 설계되었다. 13세기부터 19세기까지 3번의 증축 과정을 거쳤으며 방향에 따라 침실, 망루, 음식 저장고 등의 공간으로 구분되어 있는 것이 특징이다. 성의 높이는 약 25m, 면적은 약 3만 평에 달한다. 성을 둘러싸고 있는 외벽은 약 450m의 높이로 대부분 1250년경에 지어졌으며 8개의 탑과 문을 가지고 있다.

트림성은 1995년 멜 깁슨 주연의 영화 <브레이브 하트> 촬영지이도 하다. 당시 제작진은 약 12주에 걸쳐 복원 공사를 진행한 후 촬영에 들어갔다고 한다. 성곽 주변의 무성한 풀과 성벽의 이끼에서 세월의 흔적이 느껴진다. 건물 내 일부 계단은 매우 가파르고 좁아서 어린이의 출입은 제한된다.

Data 지도 195p-A
가는 법 더블린 시외버스 터미널에서 111번 버스 탑승 후 Trim Castle 정류장에서 하차 (약 1시간 10분 소요, 편도 13유로, 배차 간격 약 1시간)
주소 Trim, Co. Meath
전화 046-943-8619
운영 시간 1·11·12월 토·일 09:00~16:00,
2월 토·일 09:00~16:30,
2월 10일~3월 16일 09:30~16:30,
3월 17일~9월 30일 10:00~17:00,
10월 09:30~16:30
요금 성 내부 제외 성인 2유로, 학생 1유로, 성 내부(가이드 투어 포함) 성인 5유로, 학생 3유로
홈페이지 www.heritageireland.ie

세계적인 락 뮤지션들의 콘서트홀
슬레인성 Slane Castle

뉴그레인지 무덤 근처인 보인 밸리Boyne Valley 한복판에 위치한 개인 대저택이다. 성이 세워진 슬레인 언덕Hill of Slane은 아일랜드 역사에서 중요한 장소로 지목된다. 5세기 무렵, 이 언덕에는 이교도의 신전이 있었다. 당시 패트릭 신부는 유월절에 이 언덕에서 불을 비추었고 그 이후 아일랜드는 기독교로 개종을 하게 된다. 현재 슬레인 언덕에는 수세기 동안 세워진 수도원과 마을의 터가 남아 있다.

슬레인 언덕에서 약 3km 떨어진 곳에 위치한 슬레인성은 각 구석에 4개의 마루와 정방형 타워를 가지고 있는 전형적인 성의 모습을 띠고 있다. 1991년 대화재로 건물의 1/3이 손실되었다가 10여년의 복원 과정을 거쳐 2001년에 다시 공개되었다.

성의 설계에는 많은 건축가가 참여하였다. 고전 양식을 고수한 영국의 건축가 제임스 와이어트는 1785년 고딕 양식을 부활시키기 위해 네오고딕 양식으로 성을 설계하였다. 이후 더블린 세관을 설계한 제임스 갠돈과 영국 건축가 프란시스 존슨에 의해 성의 일부가 개조되었다. 성은 19세기 중반에 영국 왕 조지 4세가 머물던 곳이기도 하다. 왕이 빨리 이동할 수 있도록 더블린에서 슬레인성까지의 도로를 이례적으로 직선으로 닦아놓은 것도 재미있다.

성에서 가장 유명한 방은 볼룸Ballroom으로 영국 건축가 토마스 호퍼에 의해 네오고딕 양식으로 설계되었다. 예능 프로그램 〈비긴 어게인〉에도 등장했던 곳으로 한때 조지 4세의 식사 공간이었다. 나무로 조각했다고 믿기지 않을 만큼 천장은 정교함과 아름다움을 자랑한다.

슬레인성 앞의 잔디밭은 1981년부터 매년 여름 전 세계 유명 락 뮤지션의 콘서트 공연장으로 사용되고 있다. 아일랜드의 대표 락그룹인 U2를 비롯해 데이비드 보위, 본 조비, 에미넴, 롤링 스톤스, 마돈나, 오아시스 등 이름만으로도 존재감이 충만한 뮤지션들이 이곳에서 콘서트를 개최하였다. 슬레인성 내의 카페에 전시되어 있는 세계적인 뮤지션들의 사진과 소장품도 눈여겨보자.

Data 지도 195p-A
가는 법 나반 타운의 마켓 스퀘어 정류장에서 190번 버스 탑승 후 슬레인 정류장에서 하차. 정류장에서 슬레인성까지 도보 17분 **주소** Slanecastle Demesne, Slane, Co. Meath **운영 시간** 11:00~17:00(투어로만 입장 가능) **요금** 어른 12유로, 학생 10유로, 5세 이하 무료 **홈페이지** www.slanecastle.ie

1. 슬레인성 앞 잔디밭 **2.** 가이드 투어가 시작되는 곳 **3.** 드로잉룸(응접실) **4.** 다이닝룸 **5.** 성에서 가장 유명한 방, 볼룸 **6.** 공연 사진이 전시되어 있는 카페테리아 **7.** 자녀 침실로 사용되던 공간

> **Tip 콜린스 코치 버스 타고 슬레인 마을 가는 법**
> 더블린 로어 애비 스트리트Dublin Lower Abbey St. 정류장에서 흰색 콜린스 코치Collins Coaches 버스 탑승 후 슬레인에서 하차.
> **Data 소요 시간** 약 1시간 **요금** 편도 11유로, 왕복 14유로(립카드 이용 시 20% 할인)
> **버스시간** 11:00, 13:00, 14:45, 16:45, 17:25, 18:15, 19:15, 21:00(주말은 다름)
> **홈페이지** collinscoaches.ie

|Theme|
반나절 더블린 근교 여행

귀여운 물개 친구들을 만날 수 있는 곳
호스 Howth

더블린에서 동북쪽으로 약 17km 떨어진 곳에 위치한 어촌 마을로 싱싱한 해산물을 맛볼 수 있는 곳이기도 하다. 더블린에서 버스를 타고 종점에서 내리면 호스 절벽의 가장 높은 곳이 나온다. 바다와 절벽 주변의 야생화를 천천히 감상하며 내려가다 보면 어느새 호스 항구에 도착한다. 부둣가에 세워놓은 요트와 고깃배들, 산어귀에 옹기종기 모인 자그마한 집들이 한 폭의 그림처럼 펼쳐진다. 호스 여행의 숨은 재미 중 하나는 부둣가에 나타나는 물개들이다. 고깃배가 들어오는 오후가 되면 먹이를 얻으러 나타나지만 낮에도 수시로 얼굴을 내민다. 호스에서는 하이킹을 하는 것도 추천한다. 하이킹 코스는 길이에 따라 6~10km로 나뉘어 있다. 절벽을 따라 걷는 길이지만 위험하지 않고 멋진 풍광을 즐기기에 좋다. 호스에서 식사를 해야 한다면 옥스퍼시 시푸드 레스토랑Octopussy's Seafood Tapas Bar을 추천한다. 갓 잡은 싱싱한 해산물로 요리하기 때문에 일반 피시 앤 칩스와는 차원이 다른 쫄깃함을 선사한다. 저녁은 예약 필수.

Data 지도 195p-D
가는 법 더블린 탈봇 거리 Talbot St.에서 31번 버스를 타고 종점에서 하차
소요 시간 30~40분
요금 버스 성인 편도 3.3유로, 다트 성인 편도 3.25~4유로

아일랜드의 니스 해변
브레이 Bray

아일랜드어로 '언덕'이란 뜻을 가진 작은 해안 마을로 더블린에서 남쪽으로 약 20km 떨어져 있다. 더블린과의 접근성이 좋아 작은 마을임에도 불구하고 아일랜드에서 9번째로 인구가 많다. 브레이는 기차역에서부터 브레이 헤드Bray Head를 향해 걷는 해안 산책로가 발달해 있어서 하이킹을 하는 사람들이 많다. 브레이역에서 브레이 헤드 정상까지는 약 2.5km로 두 시간 정도만 투자하면 브레이의 가장 높은 곳에서 풍경을 감상할 수 있다. 브레이 헤드 정상에서 마을을 내려다보고 있으면 프랑스 니스 전망대에서 해안을 내려다보는 것 같은 착각이 들 정도로 아름답다. 제대로 하이킹을 하고 싶다면 브레이 다음 정거장인 그레이스톤스에서 내려 해안 절벽 산책로를 이용해 보자.

Data 지도 186p-B
가는 법 더블린 코널리Connolly 기차역에서 브레이Bray 혹은 그레이스톤스Greystones 방면 다트를 타고 종점에서 하차. 브레이까지 약 45분, 그레이스톤스까지 약 55분 소요
요금 다트 성인 편도 3.8~5유로 (브레이행)

미스

원스의 감동을 한 번 더
달키 | Dalkey

더블린에서 남쪽으로 약 15km 떨어진 부촌 마을이다. 마을 중심가에 모여 있는 아기자기한 매장에서 부촌 특유의 여유로운 분위기가 느껴진다. 달키에서 가장 유명한 곳은 마을 중앙에 있는 킬리니 힐Killiney Hill이다. 영화 〈원스〉에 등장한 후로 더욱 유명해진 언덕으로 구두를 신고 올라가도 괜찮을 만큼 길이 잘 닦여 있다. 언덕 정상을 향해 천천히 오르다 보면 한쪽으로는 더블린의 전경이, 한쪽으로는 대서양이 한눈에 펼쳐지는 보물과 같은 풍경을 만날 수 있다.

Data 지도 186p-B
가는 법 더블린 코놀리Connolly 기차역에서 브레이Bray 혹은 그레이스톤스 Greystones 방면 다트를 타고 달키Dalkey나 킬리니Killiney 역에서 하차. 약 30분 소요(킬리니 역에서 킬리니 힐까지 도보 약 30분 소요)
요금 다트 성인 편도 3.25~4유로

여행의 꽃은 쇼핑?
킬데어 빌리지 아웃렛 Kildare Village Outlet

더블린에서 남쪽으로 약 55km 떨어져 있는 아웃렛이다. 입점해 있는 매장은 약 95개에 달하며 고급 명품 매장보다는 보스, 코치, 폴로, 나이키 등 중급 이상의 브랜드가 많다. 이곳에서 다른 곳보다 저렴하게 구입할 수 있는 브랜드로는 판도라, 스와로브스키, 캐스키드슨, 클락스, 베르사체, 라코스테, 바버 등이 있다. 방문 전 미리 입점해 있는 매장을 확인한 후 계획을 세우는 것이 좋다.

쇼핑 후 허기진 배를 달래고 싶다면 아웃렛 내에 입점해 있는 던&크레센지Dunne&Crescenzi 이탈리안 레스토랑을 추천한다. 아웃렛에서만 먹기 아까울 만큼 훌륭한 분위기와 맛을 제공한다. 알 아마트리치아나 스파게티와 스모크 아이리시 살몬 페투치니를 추천한다.

Data 지도 186p-A
가는 법 리피강 남쪽의 Dublin City South, Burgh Quay 정류장에서 그린색 M7 Express 탑승 후 킬데어 빌리지에서 하차
주소 Nurney Rd, Kildare
운영 시간 월~수 10:00~19:00, 목·금·일 10:00~20:00, 토 09:00~20:00
홈페이지 www.kildarevillage.com

Tip
M7 익스프레스 버스
Data **운행 시간** 평일 06:45~23:45(30분 간격으로 운행) **요금** 편도 5유로, 왕복 10유로 **소요 시간** 약 1시간 10분 **홈페이지** www.dublincoach.ie

Ireland By Area

02

골웨이와 골웨이 주변
Galway & Around Galway

진정한 아일랜드 여행이
시작되는 곳.
골웨이 번화가로 들어서면
말로 설명하기 어려운 낭만과
여유가 여행자들을 감싼다.
골웨이를 벗어나 더 서쪽으로
들어가면 다듬어지지 않은
거친 자연을 만날 수 있다.

IRELAND BY AREA 02
골웨이

Galway
PREVIEW

게일어로 '외국인들의 도시'라는 뜻을 가진 골웨이는 아일랜드의 서쪽에 위치한 항구 도시이다. 여름에는 시민들보다 여행자들이 더 많을 만큼 여행자들이 사랑하는 도시이기도 하다. 또한 주변에 아일랜드의 진짜 매력을 느낄 수 있는 지역들이 펼쳐져 있어 모험을 즐기는 여행자들은 골웨이에서부터 아일랜드 여행을 시작하기도 한다.

SEE

볼거리는 한곳에 밀집해 있다. 기차역과 시외버스 터미널 앞의 에어 광장에서부터 번화가로 들어가는 윌리엄 거리, 숍 거리, 하이 거리, 퀘이 거리, 코리브 강으로 이어진다. 유명한 명소보다는 거리 곳곳에서 버스킹을 하는 사람들의 공연을 보며 도시 분위기를 즐기는 것이 골웨이 여행의 묘미이다. 도심에서 1.5km 떨어진 곳에서 솔트힐 해변도 만날 수 있다.

EAT

바닷가에 인접한 도시답게 해산물 요리가 발달했다. 특히 골웨이산 굴은 다른 지역의 상품보다 한국인의 입맛에 가장 맞는다. 최근에는 도시 내에서 이탈리아식 화덕 피자를 맛볼 수도 있는 곳이 많이 생겼다. 최고의 기네스와 위스키를 경험하는 것은 골웨이에서도 예외는 아니며 골웨이산 수제 맥주를 파는 펍도 잊지 말자.

BUY

골웨이 번화가에 모든 숍들이 밀집해 있다. 반지를 끼는 방향에 따라 의미가 달라지는 클라다 링을 구입할 수 있고 양모로 유명한 아란 제도의 의류들도 구입할 수 있다.

SLEEP

여행자의 예산에 따라 저렴한 라인부터 고급라인까지 관리가 잘 된 숙소들이 터미널과 코리브강 주변에 밀집해 있다. 특히 배낭여행자들이 많이 오는 도시이기 때문에 저렴하지만 상태가 좋은 호스텔들이 많다.

Galway
GET AROUND

 어떻게 갈까?

더블린에서 골웨이로 가는 방법은 버스와 기차가 있다.

1. 버스

더블린 국제공항이나 더블린 시티에서 골웨이로 가는 직행버스를 이용한다. 골웨이 여행을 먼저 한다면 더블린 국제공항에서 출발하는 직행버스를 추천한다.

더블린 국제공항 → 골웨이

지방으로 가는 버스 정류장은 제1터미널 쪽에 있다. 제1터미널을 나와서 단기 주차장을 지나면 13번 플랫폼에서 골웨이 직행버스인 시티링크Citylink나 고버스Go Bus를 찾을 수 있다. 소요 시간은 약 2시간 30분에서 3시간 정도 걸린다. 아일랜드 시외버스 회사인 버스에린Bus Eireann도 골웨이를 가지만 완행버스가 많아 추천하지 않는다.

더블린 시내 → 골웨이

공항과 마찬가지로 시티링크와 고버스를 추천한다. 두 버스 모두 별도의 버스 정류장이 없고 버스 회사 로고가 그려진 버스 정류장에서 골웨이행 버스를 타야 한다. 시티링크는 리피강 하류, 템플 바, 하페니 브리지Ha'Penny Bridge 정류장 근처, 애스턴 퀘이Aston Quay의 시티링크 오피스를 확인한다. 고버스 정류장은 리피강 하류에 자파 델리Jaffa Deli 앞에 있다.

시티링크

Data 요금 편도 성인 (온라인 13유로, 현장 15유로), 학생(온라인 12유로, 현장 14유로), 왕복 성인 (온라인 23유로, 현장 25유로), 학생(온라인 21유로, 현장 24유로), 날짜와 시간에 따라 바뀌며 학생 신분증 지참 필수 **운행 시간** 06:45~23:45 **배차 간격** 1시간 **홈페이지** www.citylink.ie

고버스

Data 요금 편도 성인 13유로, 학생 13유로, 왕복 성인 23유로, 학생 21유로(학생은 신분증 지참) **운행 시간** 00:15, 07:15~22:15 **배차 간격** 1시간 **홈페이지** www.gobus.ie

2. 기차

아일랜드 연방철도인 아이리시 레일Irish Rail을 이용할 수 있다. 더블린의 휴스턴 기차역Heuston Station에서 출발하며 소요 시간은 약 2시간 20분이다. 가장 편리하고 빠르지만 버스 요금보다 훨씬 비싸다.

휴스턴 중앙 기차역Ushers, Dublin

Data 요금 편도 성인 17~20유로, 학생 11~12유로, 어린이(만 5~15세)는 반값, 왕복 성인 33~38유로, 학생 23유로, 어린이 반값(날짜와 시간에 따라 변동) **운행 시간** 07:35~19:35 **배차 간격** 1~2시간 **홈페이지** www.irishrail.ie

IRELAND BY AREA 02
골웨이

어떻게 다닐까?

골웨이 시티는 도보로 충분히 이동이 가능하다. 버스 정류장이나 기차역에 내리면 바로 에어 광장이 펼쳐지고 윌리엄 거리로 들어가면 골웨이 번화가가 나온다. 솔트힐 해변은 번화가에서 멀지 않아 도보로 갈 수 있고 401번 버스를 이용할 수도 있다. 골웨이 주변은 아일랜드 시외버스인 버스에린이나 투어 버스를 이용할 수 있다. 여행 시간이 넉넉한 사람이라면 로컬 버스도 괜찮지만 다양한 투어 프로그램으로 여행할 것을 추천한다.

1. 투어 버스

골웨이에는 근교를 여행할 수 있는 다양한 투어 프로그램을 제공한다. 보통 오전 10시 무렵에 출발해 오후 5시 무렵에 돌아오는 1일 프로그램이 많다. 근교 투어 프로그램도 1~2개 정도 이용해 볼 것을 추천한다. 투어 요금은 장소에 따라 다양하며 성인 1인당 20~30유로로 선이다. 투어 회사는 인터넷을 통해 'Galway tour bus'를 검색해도 되고 골웨이 관광안내소에 비치되어 있는 다양한 정보를 이용할 수 있다. 투어 버스 출발지는 골웨이 코치 스테이션이다.

골웨이 투어 여행 사이트

랠리 투어 Lally tours
Data 전화 091-562-905
홈페이지 www.lallytours.com

골웨이 투어 컴퍼니 Galway Tour Company
Data 전화 091-566-566
홈페이지 www.galwaytourcompany.com

아일랜드 웨스트 투어 Ireland West Tours
Data 전화 091-395-576
홈페이지 www.irelandwesttours.com

힐리 투어 Healy Tours
Data 전화 091-770-066
홈페이지 www.healytours.ie

2. 렌터카

골웨이 주변을 자유롭게 여행하고 싶다면 골웨이 시내에서 렌터카를 빌리는 것이 좋다. 렌터카 대여소는 골웨이 기차역 근처에서 찾을 수 있다.

골웨이 렌터카 업체

버젯 카 렌털 골웨이 Budget Car Rental Galway
Data 주소 12 Eyre Square, Galway
전화 091-564-570
운영 시간 08:00~18:00(토·일 09:00~)
홈페이지 budget.ie

페이레스 카 렌털 골웨이 Payless Car Rental Galway
Data 주소 12 Eyre Square, Galway
전화 091-394-374
운영 시간 08:00~18:00
홈페이지 payless.ie

INFO 관광안내소

골웨이 디스커버 아일랜드 센터 Galway Discover Ireland Centre
Data 가는 법 골웨이 코치 스테이션 맞은편 주소 Forster St., Galway
전화 091-537-700 운영 시간 09:00~17:45(일 ~13:00)

Galway
TWO FINE DAYS

골웨이에서 출발하는 모허 절벽 투어나 코네마라 투어, 아란 제도 투어로 여행을 시작한다. 투어가 끝난 후 늦은 저녁엔 골웨이 시티를 천천히 걸으며 버스커들의 자유를 만끽하고 밤에는 골웨이 전통 펍에서 흑맥주를 마시며 세상에서 가장 여유로운 밤을 즐겨본다.

1일차 모허 절벽&버렌 지역 투어

골웨이 코치 스테이션에서
투어 버스 타고 출발

→ 투어 버스 1시간 30분 →

모허 절벽 및
버렌 지역 투어하기

→ 골웨이 도착 →

에어 광장에서 잠시
여유 즐기기

↓ 도보 5분

솔트힐 해변에서
바다 구경하기

← 도보 15분 ←

스페인 아치에서
인증샷 찍기

← 도보 3분 ←

세인트 니콜라스 교회
구경하기

2일차 아란제도 투어

골웨이 코치 스테이션에서
투어 버스 타고 출발

→ 투어 버스 + 페리 2시간 30분 →

아란 제도의
이니시모어 투어하기

→ 골웨이 도착 →

골웨이 시티 걸으며
하루 여정 마무리하기

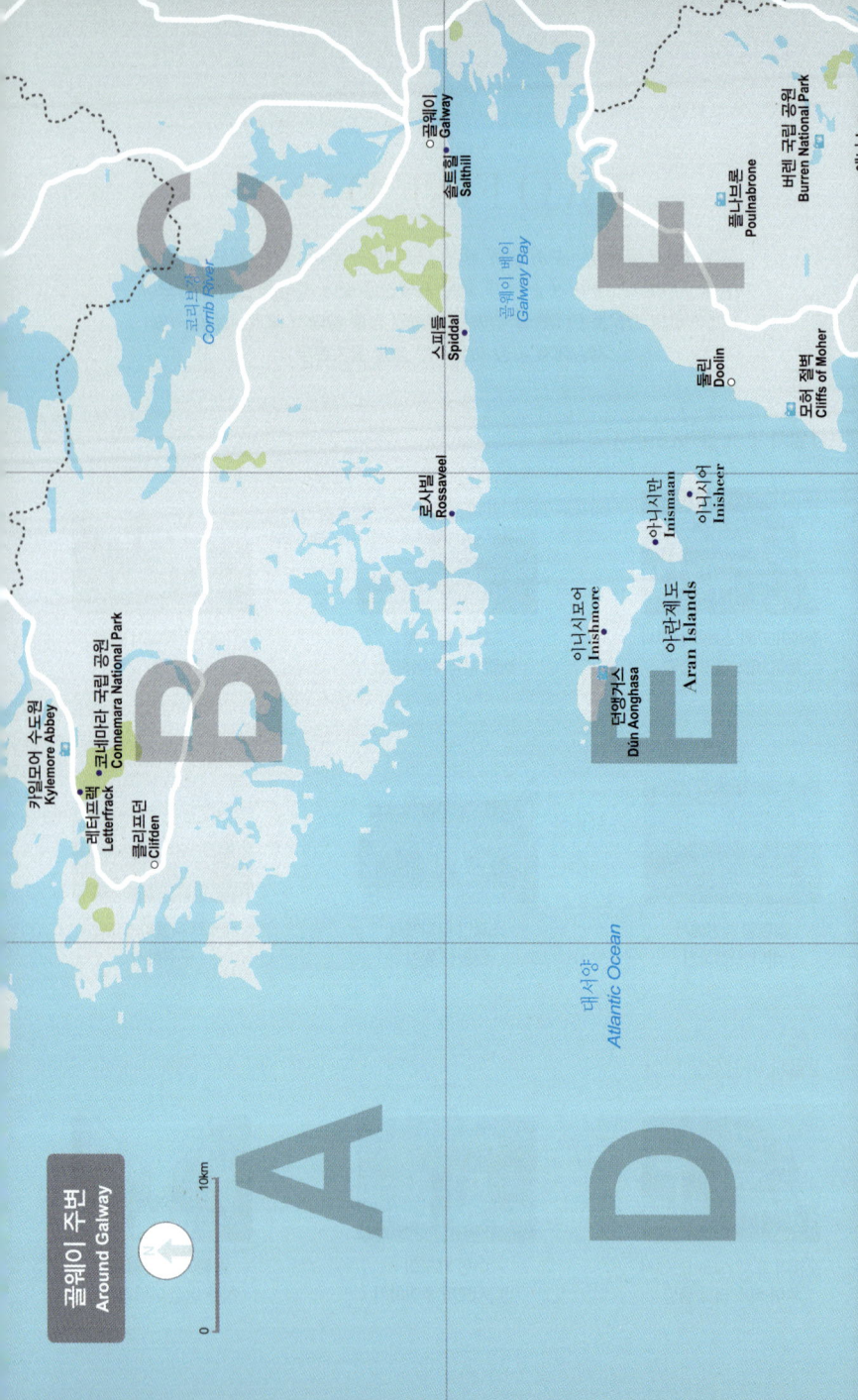

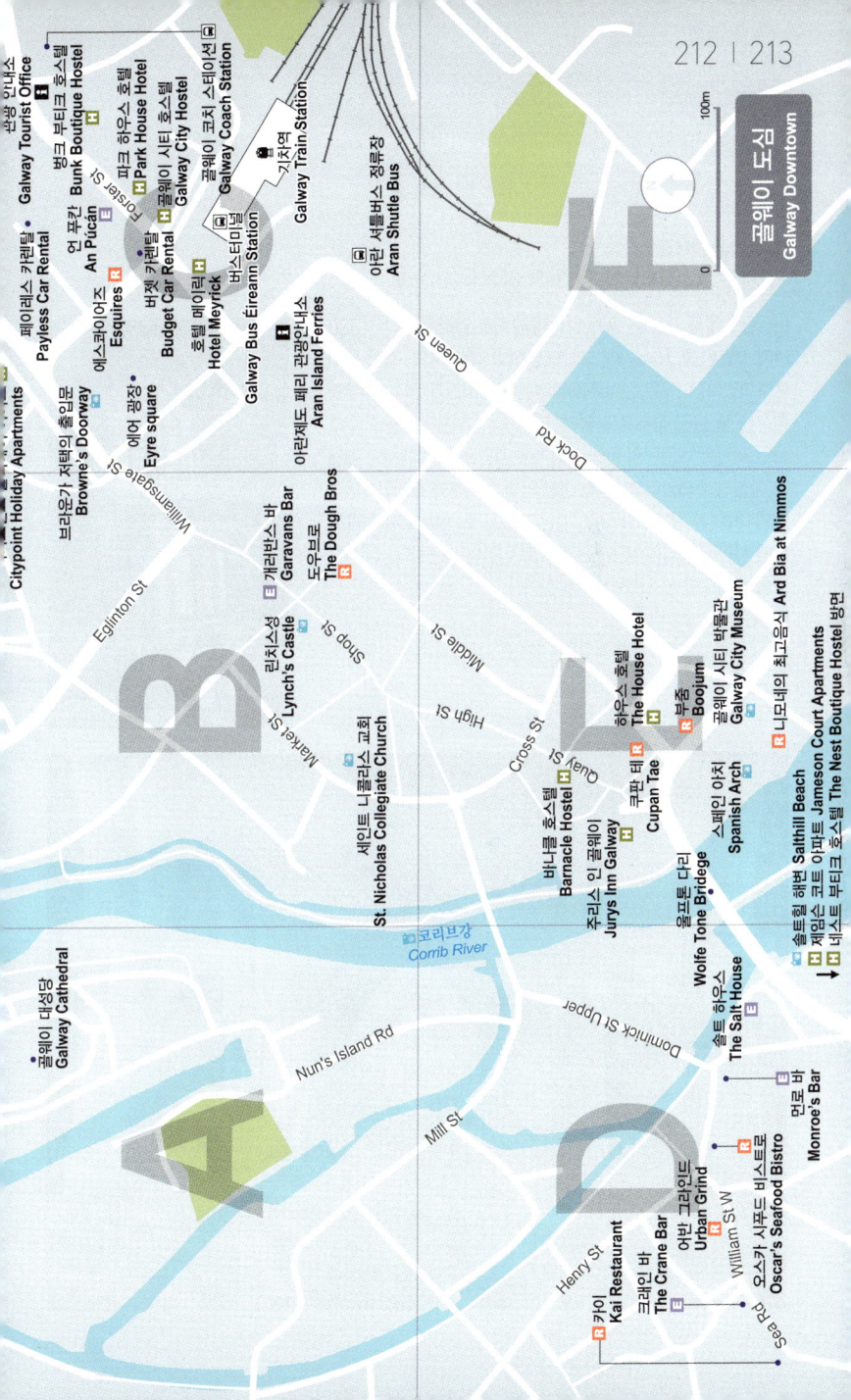

SEE

콜럼버스도 다녀간 곳
세인트 니콜라스 교회 St. Nicholas Church

아일랜드에서 가장 큰 중세 양식의 교회로 알려져 있다. 1320년에 설립된 후 16세기에 교회의 남쪽과 북쪽 복도, 종탑 등이 증축되었다. 이곳은 신대륙을 발견한 콜럼버스가 1477년 무렵에 기도를 드린 장소로도 알려진 곳이다. 그는 아일랜드 수도사인 세인트 브렌던의 항해 이야기에 감명을 받고 대서양 항해를 확신하게 되었다고 한다. 성당 안의 설교대와 스테인드글라스의 아름다움을 제외하면 오래된 성당은 소박함 그 자체이다. 예배 시간을 제외한 평일에는 무료로 입장이 가능하다. 여행 중 조용히 기도할 장소로는 안성맞춤이다.

Data 지도 213p-B
가는 법 에어 광장에서 윌리엄 거리로 도보 3분
주소 Lombard St, Galway **전화** 086-389-8777
운영 시간 3~12월 09:00~19:00, 1~2월 09:00~17:00
입장료 무료 **홈페이지** www.stnicholas.ie

Theme
골웨이 문화의 중심지, 라틴 구역 Latin Quarter

가장 유동인구가 많은 번화가이자 골웨이의 핵심 장소이다. 통상적으로 라틴 구역은 퀘이 거리 주변을 일컫지만 주변의 번화가가 워낙 좁기 때문에 하이 거리부터 천천히 거리를 감상하는 것이 좋다. 보행자 전용 거리인 하이 거리와 퀘이 거리를 다 합쳐도 300m가 채 되지 않지만 이곳에는 골웨이의 전통 펍, 레스토랑, 카페 등이 밀집해 있다. 거리 곳곳에서 자신의 끼를 발산하는 버스커들의 모습도 이곳에서는 가장 흔한 풍경 중의 하나이다.

Data 라틴 구역 홈페이지 thelatinquarter.ie

IRELAND BY AREA 02
골웨이

도시의 여유가 느껴지는 곳
코리브강

골웨이에서 가장 평온하고 여유가 있는 장소이다. 골웨이 번화가인 하이 거리와 퀘이 거리를 따라 내려오면 자연스럽게 코리브강을 만나게 된다. 유럽에서 가장 짧은 강이지만 강 앞에 마련된 작은 잔디밭은 골웨이 시민들과 여행자들에게 완벽한 휴식 공간을 제공한다. 또한 잔디밭에서 골웨이 시티 박물관으로 이어지는 광장에는 버스킹을 하며 자신의 끼를 발산하는 사람들을 쉽게 만날 수 있다.
코리브강을 관통하는 다리를 지나 강 반대쪽으로 건너가면 강을 따라 걸을 수 있는 산책로와 골웨이의 멋진 뷰를 만날 수 있다. 강 너머 도시의 나지막한 집들이 다닥다닥 붙어 있는 풍경과 강 앞에 유유자적 떠다니는 백조의 모습을 카메라에 담아 보자.

Data **지도** 213p **가는 법** 퀘이 거리에서 코리브강 방향으로 도보 2분

'처형한다'는 뜻의 영어 단어 린치가 유래한 곳
린치스성 Lynch's Castle

현재는 AIB 은행의 건물로 사용되고 있지만 원래는 15세기 골웨이 부호였던 린치 가문의 성이었다. 성의 창문과 린치 가문의 문장, 돌에 새긴 장식을 통해 골웨이와 교역을 하던 스페인의 영향을 받은 흔적을 발견할 수 있다. 린치스성에는 비극적인 이야기가 전해 내려온다. 1493년 골웨이 시장이었던 제임스 린치는 살인범인 자신의 아들을 아무도 처형하지 않으려 하자 자기 아들의 목을 직접 린치스성의 창문에 매달았다고 한다. '처형한다'는 뜻의 린치Lynch가 여기서 유래했다고 전해진다. 당시 목을 매단 창문틀은 세인트 니콜라스 교회 뒤편 묘지 근처로 옮겨져 있다.

Data 지도 213p-B
가는 법 에어 광장에서 윌리엄 거리로 도보 2분
주소 Shop St, Galway
전화 091-567-041

중세의 흔적이 이곳에
스페인 아치 Spanish Arch

코리브강 쪽으로 내려오면 자연스럽게 스페인 광장과 스페인 아치를 만나게 된다. 1584년에 지어진 스페인 아치는 약탈로부터 상선을 보호하기 위해 마을의 벽에 추가된 16세기 요새의 일부분이다. 원래는 부두를 보호하기 위한 성벽의 연장선이었다. 이곳에서 스페인 상인들과 직접적인 무역을 한 기록은 남아 있지 않지만 이곳에 배를 부두에 댄 스페인 상인들로 인해 '스페인 아치'로 불리게 되었다.

Data 지도 213p-E
가는 법 퀘이 거리에서 코리브강 방향으로 도보 2분
주소 Quay St, Galway
전화 091-569-600

도시의 역사가 한자리에
골웨이 시티 박물관 Galway City Museum

2006년에 설립되었으며 1800년부터 1950년까지의 골웨이의 역사를 전시하고 있다. 전시물들은 아일랜드 농촌 생활과 관련된 물건들, 16~17세기 골웨이에서 만들어진 조각품과 건축 조각, 굴뚝 조각들이 포함되어 있다. 또한 제1·2차 세계대전을 포함한 여러 전쟁에서 싸운 골웨이 출신 군인들의 기록과 클라다 링의 역사, 항해와 관련된 기록 등을 포함한다. 20세기 이후 도시의 풍경 사진들과 골웨이 출신 예술가들의 작품들도 일부 소개하고 있다. 박물관이 크지 않아 한 시간 이내 관람이 가능하다.

Data 지도 213p-E
가는 법 코리브 강, 스페인 아치 옆
주소 Spanish Parade, Galway **전화** 091-532-460
운영 시간 화~일 10:00~17:00(일 12:00~), 월·공휴일 휴무
입장료 무료 **홈페이지** www.galwaycitymuseum.ie

해변에서 즐기는 여행의 쉼표
솔트힐 해변 Salthill Beach

골웨이 번화가에서 서쪽으로 약 1.4km 떨어져 있으며 게일어로 '바다로 가는 길'이란 뜻을 가지고 있다. 니스의 바닷가처럼 돌 바다로 이루어진 데다 2km가 넘는 산책로가 조성되어 있어 바다를 보면서 산책하기에 안성맞춤이다. 해변 근처에는 국립 아쿠아리움이 있고 옆에는 넓은 잔디밭에 놀이터가 조성되어 있어 가족 단위 여행자들에게도 좋다. 산책로가 끝나는 곳에는 블랙락Blackrock이라 불리는 다이빙 장소가 있다. 날씨가 좋은 날은 계절에 상관없이 연중 내내 이곳에서 다이빙을 즐기는 사람들을 만날 수 있다. 다이빙 장소 옆에는 탈의실과 화장실, 샤워실이 구비되어 있다.

Data 지도 213p-D
가는 법 스페인 아치에서 남서쪽으로 도보 약 20분

EAT

골웨이에서 시작하는 첫 식사
에스콰이어즈 Esquires

기차역이나 버스 정류장 근처 카페의 음식들은 별로라는 편견은 금물. 카페의 위치도 최고지만 맛도 최고, 서비스도 최고라 항상 사람들로 붐비는 곳이다. 공정무역을 통해 구입한 원두만 취급하며 신선하고 맛있는 샌드위치 종류들이 특히 유명하다. 골웨이에 도착하는 사람들에게 좋은 첫인상을 심어줄 수 있는 카페이다.

Data 지도 213p-C **가는 법** 골웨이 시티 호스텔 맞은편
주소 11 Eyre Sq, Galway **전화** 091-567-746
운영 시간 07:30~18:00(토 08:00~, 일 10:00~)
가격 브렉퍼스트 오믈릿 9.95유로, 치킨&초리조 샌드위치 7.5유로
홈페이지 www.esquirescoffee.ie

Writer's Pick!

골웨이 최고의 해산물 맛집
오스카 시푸드 비스트로 Oscar's Seafood Bistro

골웨이 번화가에서 약간 떨어져 있지만 현지인들이 인정한 해산물 맛집이다. 골웨이 근처 바닷가에서 잡은 다양한 해산물로 만든 메뉴는 정기적으로 바뀌며 제철 채소들로 더 신선한 맛을 제공한다. 굴요리가 유명하며 그날 잡은 생선으로 요리한 생선 요리는 맛은 기본이고 양도 다른 시푸드 레스토랑보다 훨씬 푸짐하다. 직원들의 친절함도 빼놓을 수 없다. 단연코 골웨이 최고의 해산물 레스토랑이다.

> **Tip** 월요일부터 목요일까지 저녁 6시 30분까지 2코스 얼리버드 메뉴를 19.5유로에 즐길 수 있다.

Data 지도 213p-D
가는 법 주리스 인 호텔에서 코리브강을 연결하는 다리를 건너 도보 5분
주소 Dominick St Lower, Galway **전화** 091-582-180 **운영 시간** 월~금 18:00~21:30, 토 17:30~22:00, 일 휴무 **가격** 저녁 메인 요리 25유로선 **홈페이지** www.oscarsseafoodbistro.com

IRELAND BY AREA 02
골웨이

 Writer's Pick! 화덕피자를 좋아한다면
도우 브로 The Dough Bros

2013년에 푸드 트럭으로 시작해 이탈리아식 정동 화덕 피자를 선보이는 곳이다. 이탈리아 나폴리 지역의 피자를 그대로 재현하기 위해 10가지의 피자 만드는 규칙을 준수한다. 매장 인테리어에서 즐겁고 재미있게 식사하는 분위기를 추구하는 레스토랑의 콘셉트가 드러난다. 공간 한쪽에는 푸드 트럭 시절의 모습을 재현해 놓았고 적당히 어두운 조명과 오픈 키친으로 젊은 사람들의 취향을 사로잡았다. 주문은 카운터에서 직접 해야 하며 계산 후 테이블에 앉아 있으면 주문한 메뉴를 가져다 준다. 레스토랑 시그니처 메뉴인 탄두리The Tandoori 피자(10유로)와 해일 시저Hail Caeser 피자(10유로)가 인기가 많다. 이곳에서만 판매하는 도우 브류 페일 에일 Dough Brews Pale Ale 맥주(5.5유로)도 꼭 맛보길 바란다.

Data 지도 213p-B
가는 법 윌리엄 거리와 숍 거리 교차점에서 도보 1분
주소 Cathedral Building, Middle St, Galway
전화 087-176-1662
운영 시간 12:00~22:00
가격 씬피자 한 판 9~11유로
홈페이지 www.thedoughbros.ie

따뜻한 분위기에서 먹는 신선한 음식
카이 Kai

현지인들도 인정하는 골웨이의 맛집이다. 카페와 레스토랑을 겸하고 있으며 솔트힐 해변으로 가는 길목에 위치한다. 카키색의 건물과 귀여운 간판 폰트가 매우 앙증맞다. 오래된 돌집을 개조해서 만든 내부와 천장은 그 자체로 시선을 사로잡는다. 지역 공급자로부터 최고급 유기농 농산물만 거래하는 것을 원칙으로 하며 재료의 재고 상태에 따라 '오늘의 요리'를 만드는 것이 특징이다.

Data **지도** 213p-D **가는 법** 주리스 인 호텔에서 코리브강을 건너 도보 6분 **주소** 22 Sea Rd, Galway **전화** 091-526-003 **운영 시간** 월~금 09:30~15:00, 18:30~21:30, 토 10:30~15:00, 18:30~21:30, 일 12:00~15:00 **가격** 런치 11~12유로, 디너 메인 23-25유로 **홈페이지** kaicaferestaurant.com

스페인에 가지 않아도 맛볼 수 있는 최고의 타파스
카바 보데가 Cava Bodega

50여 가지가 넘는 타파스를 즐길 수 있는 곳이다. 수석 요리사인 제이피 맥마온은 골웨이 푸드 페스티벌 창립자이자 디렉터이다. 기존의 음식을 만드는 것을 넘어 다양한 메뉴를 개발하는 노력도 아끼지 않고 있다. 100여 가지가 넘는 와인도 함께 판매하고 있고 스페인의 리아사 바이샤스Rias Baixas와 헤레즈Jerez지역의 와인을 잘 알고 있어 좋아하는 와인을 추천 받을 수도 있다. 캐주얼한 분위기에서 예쁘게 플레이팅된 음식을 맛볼 수 있는 곳이다.

Data **지도** 215p **가는 법** 하이 거리와 퀘이 거리 교차점에서 도보 1분 **주소** 1 Middle St, Galway **전화** 091-539-884 **운영 시간** 월~수 17:00~22:00, 목 17:00~22:30, 금 16:00~23:00, 토 12:00~23:30, 일 12:00~21:30 **가격** 채소 타파스 6~9유로, 해산물 타파스 9~14유로, 육류 타파스 8~12유로 **홈페이지** www.cavarestaurant.ie

 나만 알고 싶은 곳
니모네의 최고 음식 Ard Bia at Nimmos

레스토랑을 넘어서 작은 문화 공간을 보는 것 같다. 게일어로 'Ard Bia'는 'High food'를 의미하며 레스토랑 이름을 번역하자면 '니모네의 최고 음식' 정도가 되겠다. 밖에서 보기에는 석회암으로 덮인 투박한 돌집 같지만 안으로 들어가면 이야기가 달라진다. 골웨이의 모든 아기자기한 디자인 소품은 이곳에 다 모아 놓은 것 마냥 레스토랑 곳곳을 구경하는 재미가 쏠쏠하다.

레스토랑에서 제작한 쿠킹북을 판매하기도 하고 에어비앤비를 통해 감각적인 집도 빌려주고 있다. 또한 문화적, 예술적으로 저명한 명사들과 함께 식사를 하는 이벤트를 펼치는가 하면 아일랜드 직물과 현대적인 재단법을 결합하여 옷을 디자인하는 트위드 프로젝트Tweed Project도 진행하고 있다. 음식 역시 현지의 신선한 재료를 고집하며 눈으로 한 번 먹고, 입으로 두 번 먹을 수 있는 음식을 제공한다. 감각적이고 특별한 레스토랑을 만나고 싶다면 이곳을 기억하자. 사람들이 붐비지 않는다면 커피 한잔을 하기에도 좋은 곳이다.

Data 지도 213p-E
가는 법 골웨이 시티 박물관 맞은편
주소 Spanish Arch, Long Walk, Galway
전화 091-561-114
운영 시간 월~금 10:00~15:30, 18:00~21:00, 토·일 10:00~15:00, 18:00~21:00
가격 브런치(10:00~12:00) 8~9유로, 런치 8~12유로, 디너 21~29유로
홈페이지 www.ardbia.com

골웨이에서 가장 유명한 피시 앤 칩스 가게
맥도나 McDonagh

한국 포털 검색창에서 '골웨이 맛집'을 검색하면 가장 먼저 등장하는 곳. 아일랜드 여행 가이드북에도 빠지지 않고 소개되는 곳이다. 레스토랑 안에는 바다를 상징하는 모형 물고기들과 과거 낚시에 사용된 장비들이 인테리어 역할을 하고 있다. 벽에는 과거 골웨이에서 교역을 하던 사진들도 눈에 띈다. 전형적인 대구로 튀긴 음식 외에도 연어, 가자미, 해덕 등 다양한 생선으로 튀긴 피시 앤 칩스도 맛볼 수 있다. 비교적 저렴한 가격으로 골웨이산 생굴도 맛볼 수 있다.

Data 지도 215p
가는 법 주리스 인 호텔 옆
주소 22 Quay St, Galway
전화 091-565-001
운영 시간 월~토 12:00~23:00, 일 14:00~22:00
가격 피시앤칩스 6~8유로, 골웨이산 생굴 6개 12.5유로
홈페이지 www.mcdonaghs.net

여성 취향 저격 카페
쿠판 테 Cupan Tae

영어로 'Cup of Tea'를 뜻하는 쿠판 테는 아기자기함의 끝판왕 카페이다. 카페에 들어가면 레이스가 달린 꽃무늬 식탁보 위에 클래식한 찻잔을 들고 티타임을 즐기는 사람들로 가득하다. 필기체로 쓰인 메뉴판과 꽃무늬가 그려진 찻잔, 꽃무늬가 새겨진 티슈 등 모든 제품이 여심을 사로잡는 소품들로 가득하다. 카페에는 50여 가지가 넘는 티를 즐길 수도 있고 티를 구입할 수도 있다. 커피빈과 자스민꽃, 아로마향이 은은하게 나는 드리미 크리미 골웨이 티 Dreamy Creamy Galway Tea가 가장 유명하다.

Data 지도 213p-E
가는 법 주리스 인 호텔 맞은편
주소 8 Quay Ln, Galway
전화 091-895-000
운영 시간 10:00~18:00
가격 티 3~5유로, 애프터눈 티 1인당 17유로, 케이크 5유로선
홈페이지 cupantae.eu

골웨이에서 단 한 곳의 카페를 가야 한다면 무조건 여기

커피렉 + 프레스 Coffeewerk + Press

카페와 편집 숍을 함께 운영하는 곳이다. 기본적인 에스프레소 커피뿐만 아니라 3~4종의 필터커피도 저렴한 가격으로 판매한다. 필터 커피는 맛과 향에 따라서 원두를 선택하면 된다. 이 카페의 하이라이트 장소는 2층과 3층이다. 1층에서 커피를 주문한 후 2층이나 3층으로 꼭 한 번은 올라가야 한다. 2층에는 주인이 셀렉트한 다양한 디자인 상품이 전시되어 있고 곳곳에 앉을 수 있는 자리를 마련해 놓았다. 이곳에서는 주인이 가지고 있는 LP판을 들을 수도 있고 원하는 앨범을 직접 틀 수도 있다. 커피 맛이 좋은 것은 물론이고 공간의 활용도 또한 훌륭해서 한 번 들어가면 나가고 싶지 않을 만큼 아늑하다. 감각적인 인테리어로 인증샷을 부르는 곳. 골웨이에서 커피 한 잔을 마셔야 한다면 무조건 이곳을 추천한다.

Data 지도 215p
가는 법 퀘이 거리에서 도보 1분
주소 4 Quay St, Galway
전화 091-448-667
운영 시간 월~금 08:30~18:00, 토·일 09:00~18:00
가격 커피 3유로대, 필터 커피 4~5유로대
홈페이지 www.facebook.com/coffeewerkandpress

골웨이에서도 이어지는 부리또 사랑

부줌 Boojum

더블린에 이어 골웨이에서도 이곳을 빼놓을 수 없다. 저렴한 가격으로 든든한 한 끼 식사를 할 수 있는 최고의 레스토랑이다. 더욱이 골웨이 직원들은 더블린 직원들보다 인심이 좋은 것도 골웨이에서 부줌을 꼭 가야 하는 이유이다. 맛도 좋고 가격도 착한 부줌은 아일랜드 여행 중에 한 번은 가야 하는 레스토랑! 더블린과 골웨이를 비롯해 코크, 리머릭, 벨파스트 등 총 5개 도시에 입점해있다.

Data **지도** 213p-E **가는 법** 골웨이 시티 박물관에서 도보 1분
주소 Unit 1, Spanish Parade, Galway **전화** 091-568-450
운영 시간 11:30~22:00 **가격** 7~8유로 (학생증을 제시할 경우 10% 할인)
홈페이지 www.boojummex.com/galway

골웨이 현지인들을 만나고 싶다면
어반 그라인드 Urban Grind

골웨이 번화가에서 떨어져 있어 여행자들보다는 현지인들이 자주 찾는 카페이다. 더블린의 유명한 3fe 원두를 취급하기 때문에 커피 맛은 보장되면서 가격 또한 착하다. 간단한 요기를 할 수 있는 샌드위치 류도 저렴한 가격으로 즐길 수 있다. 길쭉한 직사각형으로 생긴 카페 내부의 깔끔한 인테리어가 돋보인다. 날씨가 좋은 날에는 카페 내부를 통해 나갈 수 있는 야외 테이블에서 커피 타임을 할 것을 권한다.

Data **지도** 213p-D **가는 법** 코리브강을 건너 도보 5분
주소 8 William St W, Galway
전화 091-375-000
운영 시간 월~금 08:00~18:00,
토 09:00~18:00, 일 휴무
가격 커피 2.5-3유로대, 샌드위치 종류 5유로대
홈페이지 www.urbangrind.ie

ENJOY

젊은 감각을 느낄 수 있는 펍
프론트 도어 The Front Door

도시의 번화가에 위치한 펍으로 맥주와 라이브 음악뿐만 아니라 아일랜드 전통 음식들도 매우 유명하다. 2층으로 되어있는 펍 안에는 5개의 바가 곳곳에 숨어 있다. 스테인드글라스 창문과 어두운 목재 소재와 거친 질감, 비밀스러운 공간은 이곳의 또 다른 매력으로 작용한다. 다른 펍들과 달리 밤에는 밴드 음악이나 디제이가 진행하는 라이브 음악으로 진행된다.

Data 지도 215p
가는 법 하이 거리에서 도보 1분
주소 8 Cross St Upper, Galway 전화 091-563-757
운영 시간 11:00~02:00
홈페이지 www.frontdoorpub.com

무려 800년 역사를 가진
킹스 헤드 The King's Head

더블린에서 여행자들에게 템플 바가 가장 유명하다면 골웨이에서는 킹스 헤드가 그 역할을 한다. 800년의 역사를 가진 펍은 해산물 요리가 유명한 곳이기도 하다. 브래드 피트와 줄리아 로버츠를 비롯한 유명인들이 다녀간 사진 덕분에 펍은 더 유명세를 치르게 되었다. 3층으로 이루어진 펍 안에는 17세기에 사용하던 벽난로를 비롯해 과거의 물건들이 여기저기 전시되어 있어 물건을 구경하는 재미도 쏠쏠하다. 매일 밤마다 라이브 공연이 펼쳐진다.

Data 지도 215p
가는 법 하이 거리 시작점
주소 15 High St, Galway
전화 091-566-630
운영 시간 월~수 10:30~23:30,
목 10:30~24:00,
금·토 10:30~02:00,
일 12:00~23:00
홈페이지 www.facebook.com/thekingsheadgalway

 Writer's Pick! '비긴어게인' 팀의 첫 번째 공연장
티그 코일리 Tig Coili

게일어인 티그Tig는 '집'이란 뜻을 가지고 있고 코일리Coili는 아이리시 성 중의 하나이다. 우리말로는 '코일리의 집' 정도로 해석할 수 있다. 골웨이에서 가장 유명한 아이리시 전통 펍으로 매일 저녁마다 전통 음악을 즐길 수 있다.

이곳은 저녁마다 펼쳐지는 공연 외에도 아이리시 뮤지션이 펍에서 즉석 공연을 펼치는 곳으로도 유명하다. 세션에 참여했던 뮤지션 중에는 이미 유명세를 치르는 사람들도 있는데 아일랜드 대중 가수이자 작곡가인 폴 브래디와 샤론 섀넌이 있고, 영화 〈프로포즈 데이〉의 OST에 참여한 데시 오할로란, 기타리스트인 아르티 맥글린 등이 있다. 2017년 JTBC 〈비긴어게인〉 방송에서 이소라와 윤도현이 골웨이에서 공연했던 펍이기도 하다.

Data 지도 215p
가는 법 에어 광장에서 윌리엄 거리로 도보 3분
주소 Mainguard St, The Latin Quarter, Galway
전화 091-561-294
운영 시간 월~토 10:00~23:30 (금·토 ~00:30), 일 12:30~23:30
홈페이지 www.tigcoiligalway.com

파란 벽이 인상적인 곳

티그 나크테인 Tigh Neachtain

영어로 '집'을 뜻하는 티그Tigh와 아이리시 성 중의 하나인 나크테인Neachtain이 만나 '나크테인의 집'이란 이름이 되었다. 크로스 거리와 퀘이 거리의 코너에 위치한 아이리시 전통 펍으로 골웨이 번화가를 걷다 보면 파란색 페인트와 독특한 벽 디자인 때문에 무조건 한 번은 보게 되거나 사진을 찍게 되는 곳이다. 계절에 상관없이 야외 테라스에서 맥주를 즐기는 사람들로 가득한 펍이기도 하다. 골웨이에는 자체적으로 위스키를 개발하거나 아일랜드의 고급 위스키 라인을 가진 11개의 펍을 '위스키 트레일러'로 선정하는데 티그 나크테인도 '위스키 트레일러'로 인증 받은 펍 중의 하나이다.

Data 지도 215p
가는 법 퀘이 거리 시작점에 위치
주소 17 Cross St, Galway
전화 091-568-820
운영 시간 10:30~23:30
(금·토 ~00:30)
홈페이지 www.tighneachtain.com

중세 교회의 스테인드 글라스가 펍 안에!
퀘이즈 The Quays

바로 옆집인 티 나 케이비Teac Na Ceibe와 건물이 연결되어 있어 펍과 레스토랑을 함께 운영하고 있다. 겉은 평범해 보이지만 내부는 매우 넓고 아름답다. 내부에는 프랑스 중세 교회에서 가져온 스테인드글라스과 고딕양식의 아치, 석재, 새겨진 나무 등을 볼 수 있다. 야외 의자에 앉아 지나가는 사람들을 구경하는 재미가 있는 곳으로 매일 저녁마다 라이브 음악을 들을 수 있다.

Data 지도 215p
가는 법 퀘이 거리에서 도보 1분
주소 11 Quay St, Galway
전화 091-568-347
운영 시간 월~토 10:30~02:00,
일 12:00~24:00 홈페이지 www.facebook.com/quaysgalway

수제맥주를 좋아하는 당신에게
솔트 하우스 The Salt House

수제맥주를 비롯해 전 세계 1,520개 이상의 병맥주를 맛볼 수 있는 곳이다. 총 12개의 수제맥주를 판매하고 있는데 가장 인기가 많은 맥주는 풀 세일Full Sail과 베리드 엣 시Buried at Sea 맥주이다. 풀 세일 맥주는 탄산이 아주 강하고 상큼한 과일향이 입안을 기분 좋게 만든다. 도수는 5.8도이며 IPA(India Pale Ale) 종류이다. 베리드 엣 시는 스타우트 맥주로 흑색빛이 돈다. 아주 부드러운 거품을 마시는 것처럼 매우 부드러운 맛이며 초콜릿 맛도 강하게 난다. 도수는 4.5도이다. 좋아하는 스타일의 맥주를 이야기하면 직원이 무료 시음도 하게 해준다.

Data 지도 213p-D 가는 법 코리브강을 지나자마자 우회전 주소 Raven Terrace, Galway
전화 091-441-550 운영 시간 13:30~23:30(금·토 ~00:30, 일 ~24:00)
홈페이지 www.galwaybaybrewery.com/salthouse

운동경기 관람을 즐길 수 있는 곳
타프 Taaffes

회색빛의 석회석 건물 위에 검은색과 흰색 간판이 지나가는 이들의 눈길을 사로잡는다. 아일랜드 전통 음악을 들을 수 있는 펍이자 아일랜드 게일 축구 펍으로도 유명한 곳이다. 낮에는 펍의 티비를 통해 축구나 운동 경기를 관람하는 사람들이 많다면 밤에는 전통 음악을 듣기 위해 발 디딜 틈이 없어진다.

Data 지도 215p
가는 법 에어 광장에서 도보 5분
주소 19 Shop St, Galway
전화 091-564-066
운영 시간 월~목 10:30~23:30,
금·토 10:30~00:30,
일 12:30~23:00
홈페이지 www.facebook.com/
TaaffesBarGalway

위스키를 사랑한다면
개러반스 바 Garavans Bar

골웨이의 다른 펍들과 달리 중후함과 품위가 느껴지는 곳으로 여행자들은 물론 나이 지긋한 현지인들도 즐겨 찾는 곳이다. 펍 안에는 16~17세기에 있었던 펍들의 세금신고서를 비롯한 펍들에 관한 기록이 펍 안 곳곳에 전시되어 있어 작은 박물관에 온 것 같다. 이곳은 특별히 자체 개발한 위스키가 유명한 펍이다. 2014년부터 2017년까지 '올해의 위스키 바'로 선정된 이력을 가지고 있다. 아일랜드의 다양한 위스키를 맛보고 싶은 사람들에게 추천한다.

Data 지도 213p-B **가는 법** 린치스성 옆
주소 46 William St, Galway 전화 091-562-537
운영 시간 월~목 11:00~23:30,
금·토 11:00~00:30, 일 12:30~24:00
홈페이지 www.garavans.ie

기차역과 버스역 근처
언 푸칸 An Pucan

골웨이 코치 스테이션을 지나 파크 하우스 호텔 맞은편에 위치한다. 외관은 노란색으로 밝고 화사하지만 펍 안으로 들어가면 짙은 목재로 기초를 세워 아늑한 느낌이 강하다. 해산물 요리가 유명해 낮에는 식사를 하는 사람들이 주를 이룬다. 매일 밤 저녁에는 라이브 공연이 펼쳐진다. 전 세계의 150가지가 넘는 위스키를 보유한 곳이기도 하며 현지에서 양조한 맥주와 와인을 보유하고 있다. 기차역과 버스역 근처에서 펍을 찾는 사람들에게 추천한다.

Data 지도 213p-C **가는 법** 골웨이 기차역 뒤편
주소 11 Forster St, Galway 전화 091-376-561
운영 시간 월~목 10:30~23:30,
금·토 10:30~02:00, 일 12:30~23:00
홈페이지 anpucan.ie

아이리시 댄스를 출 수 있는 곳
먼로 바 Monroe's Tavern

골웨이 번화가를 지나 코리브강을 건너 서쪽으로 걸어가면 모퉁이에 커다란 흰색 건물이 보인다. 일주일 내내 라이브 음악을 들을 수 있는 것은 물론이고 매주 화요일 밤 9시에는 전통음악에 맞춰 아일랜드 탭 댄스 중 하나인 션노Sean Nos 댄스를 즐길 수 있다. 특별한 입장료는 없으며 펍 중앙에서 춤을 추는 사람을 구경할 수도 있고 직접 세션에 참여할 수도 있다. 또한 2층에서는 다양한 가수들의 수준 높은 유료 공연이 펼쳐진다. 2층 공연장의 공연 정보는 홈페이지를 통해 확인하자.

Data 지도 213p-D
가는 법 주리스 호텔에서 도보 4분
주소 14 Dominick St Upper, Galway
전화 091-583-397 **운영 시간** 월~토 10:00~23:00
(금·토 ~01:00), 일 12:00~23:00 **홈페이지** www.monroes.ie

 가장 아일랜드스러운 전통 음악을 연주하는 곳
크레인 바 The Crane Bar

아일랜드에서 가장 아일랜드스러운 전통 음악을 들을 수 있는 곳으로 수많은 음악 애호가들이 골웨이를 방문하는 이유인 곳이기도 하다. 매일 밤 9시 30분부터 전통 음악 연주가 시작된다. 펍은 2층으로 이루어져 있는데 1층에는 즉석 공연이 주로 펼쳐지고 2층에는 전문 연주자들이 아일랜드 음악을 연주한다. 아일랜드 뮤지션들과 함께 연주를 하고 싶다면 악기를 들고 크레인 바로 가길 바란다. 다른 펍에서는 최대 4명의 연주자들이 음악을 연주하는 것에 반해 이곳의 공연에는 5명 이상이 아일랜드 전통 음악을 연주해 더 풍성한 소리를 경험할 수 있다.

Data 지도 213p-D
가는 법 주리스 호텔에서 도보 6분
주소 2 Sea Rd, Galway
전화 091-587-419
운영 시간 월~목 14:00~23:30,
금·토 14:00~00:30,
일 12:15~23:00
홈페이지 www.thecranebar.com

잃어버린 동심 속으로
우든 하트 Wooden Heart

하이 거리를 지나 퀘이 거리에 들어오면 단번에 눈에 띄는 돌집이 하나 보인다. 무슨 상점인지는 몰라도 한 번은 들어가야 할 것 같은 비주얼의 상점 안으로 들어가면 아기자기한 장난감들이 잃어버렸던 동심의 세계로 데려가 주는 듯하다. 30년 이상 같은 자리를 지키고 있는 우든 하트는 전 세계 60여 개가 넘는 장난감 브랜드를 판매하고 있는 장난감 가게이다. 총 3층으로 이루어진 건물에는 아이들이 좋아할 만한 장난감뿐만 아니라 어른들이 기념품으로 살 만한 작은 소품들로 가득하다.

Data 지도 215p 가는 법 에어 광장에서 도보 6분
주소 3 Quay St, Galway 전화 091-563-542
운영 시간 10:00~18:00 홈페이지 www.woodenheart.ie

반지를 끼는 손과 방향에 따라 의미가 달라지는
클라다 링 Claddagh Ring

골웨이 중심가를 걷다 보면 쉽게 발견할 수 있는 액세서리가 바로 클라다 링이다. 아일랜드 전통 약혼반지인 클라다 링은 어느 손에, 어떻게 끼는지에 따라서 의미가 달라진다. 반지를 오른손에 낄 때, 하트가 손목을 향해 있으면 애인이 있다는 뜻이고 손가락 끝을 바라보면 애인이 없다는 뜻이다. 반대로 왼손에 끼었을 때는 하트가 손목을 향하고 있으면 이미 결혼했음을, 손가락 끝을 향하면 약혼했음을 뜻한다. 반지를 만든 재료와 보석이 어떻게 박혀 있는지 여부에 따라서 가격은 달라지지만 평균 20유로 선에서 구입할 수 있다.

대표적인 클라다 링 전문점
토마스 딜온의 클라다 전문점 Thomas Dillon's Claddagh Gold
Data 지도 215p 가는 법 우든 하트 옆 주소 1 Quay St, Galway
전화 091-566-365 운영 시간 10:00~17:00(일 12:00~)
홈페이지 www.claddaghring.ie

클라다 주얼리어 Claddagh Jewellers
Data 지도 215p 가는 법 티그 코일리 펍 옆
주소 25 Mainguard St, Galway 전화 091-562-310
운영 시간 09:00~18:00(일 12:00~) 홈페이지 thecladdagh.com

SLEEP

골웨이 여행의 시작점
호텔 메이릭 Hotel Meyrick

지도가 있어도 길을 자주 잃는 사람들에게 추천한다. 시외버스 정류장이나 기차역에서 내리면 무조건 4성급 호텔 메이릭을 만나게 된다. 골웨이 여행은 호텔 메이릭에서부터 시작한다고 해도 과언이 아니다. 외관에서 보이는 클래식함은 호텔 안에서도 이어진다. 내부는 빅토리안 스타일로 화려하고 고급스럽다. 호텔 바로 앞에는 에어 광장이 내려다보이고 골웨이 번화가로 들어가는 접근성도 편리하다. 대행사이트보다 호텔 공식 홈페이지의 가격이 더 싼 경우가 많다. 호텔 규정상 어린이는 호텔에 투숙할 수 없다.

Data 지도 213p-C
가는 법 골웨이 기차역에서 도보 1분
주소 Eyre Sq, Galway
전화 091-564-041
요금 더블룸, 비수기 110유로~, 성수기 160유로
홈페이지 www.hotelmeyrick.ie

 최고의 위치를 자랑하는 곳
주리스 인 골웨이 Jurys Inn Galway

아일랜드에서 쉽게 볼 수 있는 주리스 인 체인 호텔이다. 코리브강 앞에 위치하며 늦게까지 펍 문화를 즐기길 원하는 여행자들에게 안성맞춤. 호텔에서 나와 오른쪽으로 가면 코리브강, 왼쪽으로 가면 골웨이 번화가로 들어가는 거리라 10분 이내에 골웨이의 주요 장소를 모두 둘러볼 수 있다. 호텔 바로 옆에 유료 공영주차장이 있어 렌터카 여행자들에게도 편리하다.

Data 지도 213p-E
가는 법 코리브강 앞
주소 Quay St, Galway
전화 091-566-444
요금 더블룸 기준, 비수기 100유로~, 성수기 150유로~
홈페이지 www.jurysinns.com

코리브강 앞
하우스 호텔 The House Hotel

코리브강과 골웨이 베이 근처에 위치한 4성급 부티크 호텔이다. 어두운 톤의 석회암으로 마감이 된 호텔의 외관과는 달리 내부의 색상은 화려하고 경쾌하다. 로비 공간은 기본적으로 차분한 톤의 마감재를 사용하였지만 의자나 액자 등으로 대담한 연출을 시도한 것이 눈에 띈다. 총 40개의 객실로 호텔 규모는 작은 편이지만 덕분에 객실은 다양한 스타일의 객실들로 꾸며 놓았다. 욕실 용품은 아일랜드계 영국 디자이너인 올라 카일리의 제품을 사용하고 있다. 프로모션이 잦으니 호텔 공식 홈페이지를 먼저 확인하자.

Data 지도 213p-E
가는 법 골웨이 시티 박물관에서 도보 2분
주소 Spanish Parade, Galway
전화 091-538-900
요금 더블룸 비수기 110유로~, 성수기 150유로~
홈페이지 www.thehousehotel.ie

코치 스테이션이 앞
파크 하우스 호텔 Park House Hotel

코치 스테이션 앞에 있는 4성급 부티크 호텔로 대중교통으로 여행하는 사람들에겐 위치적인 장점이 큰 곳이다. 객실의 마감은 따뜻한 색상을 가진 천연목재와 고급스러운 직물로 꾸며져 있다. 호텔의 레스토랑은 요리 진흥 단체에서 수상 경력을 가진 곳으로 만족스러운 식사를 즐길 수 있다. 골웨이 근교로 떠나는 버스들이 출발하는 코치 스테이션이 호텔과 가까워 아침 일찍 투어 버스를 이용하는 여행자들에게도 좋다.

Data 지도 213p-C **가는 법** 골웨이 코치 스테이션 맞은편
주소 17 Forster St, Eyre Square, Galway **전화** 091-564-924
요금 더블룸 비수기 120유로~, 성수기 160유로~
홈페이지 www.parkhousehotel.ie

 Tip 만 12세 미만 어린이의 경우, 기존 침대 이용 시 무료 투숙이 가능하다. 호텔에서 도보 3분 이내에 관광안내소와 골웨이 근교 투어 프로그램을 대행하는 여행사가 있어 문의하기가 편리하다.

가족 단위 여행자들을 위한
시티포인트 홀리데이 아파트 Citypoint Holiday Apartments Galway

가족 단위의 여행자들을 위한 아파트 숙소이다. 기차역과 골웨이 여행의 시작점인 에어 광장 근처에 위치해 도심 접근성이 좋다. 방은 2베드룸 아파트로 되어 있고 침대의 크기에 따라 3인에서 4인까지 숙박이 가능하다. 아파트 근처에 티케이맥스 할인몰과 백화점이 있어 쇼핑하기에도 편리하다. 아파트 주차장은 무료이나 공간이 협소하다.

Data 지도 213p-C
가는 법 에어 광장에서 북쪽으로 도보 4분 **주소** Prospect Hill, Eyre Square, Galway
전화 091-566-984
요금 2베드룸, 비수기 110유로~, 성수기 200유로~
홈페이지 galwaycitypoint.com

바닷가 근처 아파트
제임슨 코트 아파트 Jameson Court Apartments

솔트힐 해변 앞에 위치한다. 숙소에서 해변까지는 약 3분. 바닷가 근처에서 시간을 보내며 여유 있게 여행을 즐기고 싶은 사람들에게 추천한다. 아파트 앞에 아쿠아리움과 어린이 놀이터가 있는 넓은 공원이 조성되어 있어 가족 단위의 여행자들에게 좋다. 아파트는 1베드룸과 2베드룸으로 구성되어 있다.

Data 지도 213p-D
가는 법 골웨이 아쿠아리움 뒤편 **주소** 173 Upper Salthill, Galway **전화** 087-917-970
요금 2베드룸 비수기 100유로~, 성수기 150유로~
홈페이지 www.jamesonselfcateringgalway.ie

IRELAND BY AREA 02
골웨이

엘리베이터가 있는 호스텔
벙크 부티크 호스텔 Bunk Boutique Hostel

공항 콘셉트로 디자인된 호스텔 인테리어 덕분에 숙소에 들어가는 순간부터 또 다른 여행을 떠나는 기분이다. 1층 로비는 좁지만 객실이나 거실, 주방은 넓고 깔끔하다. 또한 3인부터 4인, 5인 가족이 함께 지낼 수 있는 가족 룸도 제공하고 있어 기존 호텔보다 저렴한 가격으로 숙박을 할 수 있다. 객실의 경우 흰색 시트를 사용하여 청결한 느낌을 주며 객실마다 욕실이 딸려 있어 사용하기 편리하다. 호스텔과 코치 스테이션이 가까워서 다른 지역으로 이동하거나 투어 버스를 타기도 편리하다.

Data 지도 213p-C
가는 법 코치스테이션 맞은편
주소 Kiltartan House, Off Forster St, Galway
전화 091-567-817
요금 2인실 50유로~, 3인실 80유로~, 4인실 90유로~, 10베드, 1인당 20유로~
홈페이지 www.bunk.ie

Tip 벙크베드로 이루어진 방의 경우, 2층 침대가 아닌 3층 침대인 곳이 대부분이다. 로비에서 직원이 침대를 배정해 주더라도 다른 침대에 사람이 들어와 있지 않다면 침대를 바꿔 달라고 이야기할 수 있다. 4인 여성 전용 방은 싱글침대 4개로 이루어져 있다.

호스텔월드에서 랭킹 1위에 오른
골웨이 시티 호스텔 Galway City Hostel

2016부터 매년 호스텔월드 사이트에서 아일랜드의 우수 호스텔 1위로 선정된 곳이다. 기차역 바로 옆에 위치해 배낭 여행자들에게는 더할 나위 없는 장소이다. 침실은 4베드부터 20베드까지 여행자 예산에 따라 선택할 수 있다. 12베드나 20베드의 경우, 여행자의 프라이버시를 위해 커튼이 설치된 침대로 구성되어 있다. 호스텔 바닥은 마룻바닥이고 침구 역시 흰색 시트를 사용해 깔끔한 인상을 주기에 충분하다. 엘리베이터가 없으니 유의하자.

Data 지도 213p-C
가는 법 골웨이 기차역과 시외버스 터미널 옆 **주소** Frenchville Ln, Eyre Square, Galway
전화 091-535-878
요금 4베드는 1인당 24유로~, 6베드는 1인당 21유로
홈페이지 www.galwaycityhostel.com

펍 문화를 즐기는 여행자들을 위한 곳
바나클 호스텔 Barnacle Hostel

펍 문화를 즐기는 사람에게 추천한다. 호스텔은 골웨이의 유명 펍들이 밀집된 곳에 위치해 있다. 호스텔을 나서면 바로 펍을 갈 수 있다는 게 큰 장점. 위치만 보면 골웨이에 있는 어떤 숙소보다도 최고를 자랑한다. 골웨이 중심에 위치해서 안전하고 새벽까지 펍에서 놀다가 바로 숙소로 들어가기에 최상이다. 다만, 번화가에 위치해 있어 새벽에도 시끄러울 수 있고 엘리베이터가 없어 불편하다.

Data 지도 213p-E
가는 법 코리브강에서 도보 3분
주소 10 Quay St, The Latin Quarter, Galway
전화 091-568-644
가격 4베드 1인당 30유로, 6베드 1인당 28유로~, 12베드 1인당 17유로
홈페이지 www.barnacles.ie

Writer's Pick! 호텔 같은 편안함
네스트 부티크 호스텔 The Nest Boutique Hostel

2016년 여름부터 영업을 시작한 호스텔로 배낭여행자들을 위한 6베드 도미토리도 있지만 2~4인 가족이 이용할 수 있는 더블룸과 패밀리룸도 함께 제공한다. 최근에 지어진 호스텔답게 숙소의 인테리어가 매우 깔끔하다. 골웨이의 다른 호스텔들보다 거실과 주방 공간이 넓은 편이며 매트리스와 침구 역시 평균 이상이다. 3인 이상 가족이 머물 수 있는 방도 공간을 적절히 사용해 저렴한 가격으로 숙박 가능하다. 솔트힐 해변 근처에 위치해 골웨이 중심가로 가는 시간은 다소 걸리지만 바닷가에서 시간을 많이 보내고 싶은 사람들에겐 좋은 위치이다. 무료 주차 공간이 있으나 협소하다.

Data 지도 213p-D
가는 법 솔트힐 해변 뒤쪽
주소 107-109 Upper Salthill, Galway
전화 091-450-944
가격 2인실 90유로~, 4인실 190유로~, 6베드 1인당 30유로~ (공식 메일이나 전화로 예약 시 5% 추가 할인)
홈페이지 www.thenestaccommodation.com

골웨이 주변
Around Galway

진짜 아일랜드를 만나고 싶은 여행자들은
더블린 국제공항에서 바로 골웨이 지역으로 향한다.
아일랜드 전통 음악 부흥운동이 일어났던 둘린의 작은 펍부터
아일랜드의 대표적인 명소인 모허 절벽, 게일어가 잘 보존되어 있는
아란 제도, 몽환적이고 신비로움이 감도는 코네마라 국립 공원과
카일모어 수도원 등 골웨이 주변만 둘러보기에도 시간이 모자르다.

둘린
Doolin

골웨이 시외버스 터미널에서 버스를 타고 서남쪽으로 약 2시간을 달리면 아일랜드 전통 음악이 잘 보존되어 있는 둘린 마을에 도착한다. 마을을 한 바퀴 도는 데는 반나절도 채 걸리지 않지만 아일랜드 문화와 자연을 천천히 경험하고 싶은 사람들은 골웨이 대신 둘린에서 1박 이상을 머물며 서부 여행을 즐긴다. 작은 마을임에도 불구하고 마을 입구에서부터 여행자들을 맞이하는 각종 비앤비와 호스텔은 둘린의 정체성을 설명해준다. 빡빡한 일정에 지쳤다면 작지만 아기자기한 동네, 둘린에서 잠시 쉬어가는 건 어떨까.

둘린

Doolin
GET AROUND

어떻게 갈까?

골웨이에서 버스를 타고 약 2시간이면 둘린에 도착한다.

1. 버스

골웨이 시외버스 터미널에서 350번 버스를 탑승한다.

출발지	도착지	운행 시간	소요 시간	요금
골웨이	둘린	08:00, 10:00, 13:00, 15:00, 17:00, 18:00(토·일은 15:00 제외)	2시간	편도 13~16유로 왕복 25~30유로
둘린	골웨이	08:35, 11:35, 15:35, 18:35 토·일 08:12, 10:02, 12:02, 15:02, 17:02		

Tip 350번 노선은 둘린 마을의 총 5곳(레인보우 호스텔, 호텔 둘린, 둘린 호스텔, 캠프 사이트, 둘린 호스텔 맞은편)에 정차한다. 버스 정류장 간격이 매우 짧기 때문에 어느 곳에 내려도 목적지까지 찾아가는 데 큰 문제가 없다.

INFO 둘린 관광안내소
Doolin Tourist Information Point

Data 지도 240p **가는 법** 호텔 둘린 Hotel Doolin 정류장 맞은편 **주소** Teergonean, Doolin, Co, Clare **전화** 065-707-5649 **운영 시간** 08:00~20:00

아일랜드 전통 음악 세션에 참여할 수 있는 곳
오코너 펍 Gus O'Connor'

마을의 중심에 위치한 펍으로 아일랜드 전통 음악의 부흥지이기도 하다. 1900년대 초반만 해도 아일랜드 전통 음악은 펍이 아닌 집에서 가족들끼리 연주를 하거나 즐기는 정도의 수준이었다. 둘린 마을 출신인 러셀 삼형제는 아일랜드 전통 음악을 부흥시킨 주역으로 유명하다. 그중 막내이자 아이리시 플루트를 연주하는 미카엘의 1932년 첫 번째 공연을 시작으로 오코너 펍에서 그들의 연주는 하나의 트렌드가 되었다. 단순하지만 울림이 있는 그들의 연주는 아일랜드를 넘어 전 세계로 이어졌고 1970년대에는 영국과 미국에서 공연을 하게 되었다. 러셀 형제들의 명성이 퍼지면서 사람들은 그들을 만나기 위해 둘린으로 여행을 오고 그들의 주 연주지인 오코너 펍을 찾기 시작했다.

해마다 2월 마지막 주에는 러셀 형재를 기념하는 러셀 메모리얼 페스티벌이 열리고 매일 밤마다 아일랜드 전통 음악을 라이브로 즐길 수 있다. 일반 손님들도 뮤지션들과 함께 세션에 참여 가능한 점이 이곳의 매력 중 하나. 음악을 사랑하는 사람이라면 누구나 자신의 악기를 들고 와서 함께 악기를 연주하며 즐길 수 있다.

Data 지도 240p **가는 법** 둘린 관광안내소에서 선착장 방향으로 도보 3분
주소 Fisher St, Ballyvara, Doolin, Co. Clare **전화** 065-707-4168
운영 시간 09:00~24:00(펍 음악 세션 매일 21:30~) **홈페이지** www.gusoconnorspubdoolin.net

둘린

감자칩의 대반전
맥드르모트 바 McDermott's Bar

Writer's Pick!

밤에는 아일랜드 전통 음악을 들을 수 있는 펍이지만 낮과 저녁에는 훌륭한 식사를 판매하는 레스토랑이다. 이 집에서 꼭 맛봐야 하는 음식은 감자칩과 차우더 수프. 감자를 얇게 잘라서 튀겼을 뿐이지만 아일랜드에서 가장 맛있는 감자칩 탑 5 안에 들 정도이다. 애피타이저 메뉴인 차우더 수프는 착한 가격과 푸짐한 양, 해산물이 푸짐해 한 끼 식사로 부족함이 없다. 둘린에서 레스토랑을 한 곳만 가야 한다면 무조건 이곳을 추천한다. 매일 밤 9시 30분 이후에는 라이브 음악을 들을 수 있다.

Data 지도 240p
가는 법 둘린 관광안내소에서 부둣가 반대쪽으로 도보 7분 **주소** Doolin, Co. Clare **전화** 065-707-4328
운영 시간 월~수 10:00~23:30, 목~토 10:00~24:00, 일 10:00~23:00(식사는 13:00~21:30)
가격 차우더 수프 6.5유로, 피시 앤 칩스 15유로 **홈페이지** mcdermottspub.com

푸짐한 양으로 승부하는 곳
맥갠 McGann's

맥드르모트 바 근처에 있는 펍이다. 이곳도 낮과 저녁에는 아일랜드 전통 메뉴를 제공한다. 시골 인심답게 푸짐한 양에 입꼬리가 먼저 올라간다. 이 집의 추천 메뉴는 소고기 스튜. 큼직한 소고기가 들어간 아이리시 스튜는 바람이 많이 부는 날씨에 먹으면 딱 좋은 음식이다. 매일 밤 라이브 음악이 연주된다.

Data 지도 240p
가는 법 둘린 관광안내소에서 부둣가 반대쪽으로 도보 6분
주소 Toormullin, Doolin, Co. Clare **전화** 065-707-4133
운영 시간 월~수 10:00~23:30, 목~토 10:00~00:30,
일 10:00~23:00(식사는 10:00~21:00) **가격** 아이리시 비프 스튜 11.95유로 **홈페이지** www.mcgannspubdoolin.com

둘린에서 가장 큰 기념품 가게
둘린 아이리시 기프트 숍 Doolin Irish Gift Shop

둘린에서 가장 큰 기념품 가게다. 150개 이상의 아일랜드 브랜드를 보유하고 있으며 아일랜드 공예품부터 의류, 주얼리, 악기, 책 등 다양한 제품을 판매하고 있다. 매장의 규모가 크고 다양한 제품이 입점되어 있어 선택의 폭이 크다.

Data 지도 240p 가는 법 둘린 관광안내소에서 선착장 쪽으로 도보 1분 주소 Doolin, Co. Clare 전화 065-707-5836 운영 시간 4~10월 09:30~19:00, 11~3월 09:00~17:00
홈페이지 www.irishcraftsonline.com

둘린의 마스코트
스웨터 숍 The Sweater Shop

아일랜드 전통 초가집에 핑크색 건물 자체만으로도 존재감이 확실한 스웨터 상점이다. 양모, 램스울, 메리노 양모, 캐시미어, 토끼털, 면, 린넨 블렌드 등 다양한 소재의 스웨터들을 취급한다. 스웨터뿐만 아니라 작은 액세서리와 아기자기한 기념품들도 함께 판매하고 있다.

Data 지도 240p 가는 법 오코너 펍 옆 코너
주소 Ballyvara, Doolin, Co. Clare 전화 065-707-4522
운영 시간 09:00~18:00 홈페이지 www.facebook.com/TheSweaterShopDoolin

둘린

SLEEP

색다른 숙소에서 하룻밤을
럭셔리 둘린 글램핑 Luxury Doolin Glamping

둘린 캠핑&캐러밴 공원에 위치한 숙소이다. 넓은 캠핑존 안에 방갈로 구조로 된 글램핑 텐트가 마련되어 있다. 텐트는 2인부터 4인까지 사용 가능하다. 캠핑존 내에서 바비큐도 가능하며 미니 마켓도 구비되어 있다. 부엌과 화장실은 공용이며 숙소에서 자전거 대여도 가능하다.

Data 지도 240p 가는 법 둘린 관광안내소에서 도보 3분 주소 Doolin Village 전화 085-281-9888
요금 2인실 70유로~, 4인실 100유로~ 홈페이지 www.doolinglamping.com

버스 정류장 앞
둘린 호스텔 Doolin Hostel

2013년부터 운영. 둘린 마을의 중심가에 위치하며 바로 앞에 버스 정류장이 있어서 편리하다. 대중교통을 이용해서 오는 가족 단위 여행자, 배낭여행자들에게 적합하다.

Data 지도 240p 가는 법 둘린 호스텔 버스 정류장 앞
주소 Fisher St. Doolin, Co. Clare
전화 087-282-0587
요금 2인실 70유로~, 4인실 90유로~,
12베드, 1인당 19유로
홈페이지 doolinhostel.ie

군더더기 없는 깔끔함
달 뷰 비앤비 Dale View B&B

렌터카 여행자들에게 추천한다. 마을에서 약 2km 떨어져 있어 다른 숙소들보다 조금 더 저렴하다. 2016년 3월에 문을 열어 다른 비앤비보다 방과 욕실이 넓다. 푹신하고 깔끔한 침구 덕분에 비앤비가 아닌 비즈니스 호텔을 연상시킨다.

Data 지도 240p 가는 법 둘린 관광안내소에서 차로 4분 주소 Glasha, Doolin, Co. Clare
전화 065-707-5683
요금 싱글룸 50유로~, 트윈룸 70유로~,
트리플룸 100유로~

모허 절벽
Cliffs of Moher

아일랜드의 서쪽 대륙이 끝나는 곳에 모허 절벽이 있다. 8km의 길이를 자랑하는 해안 절벽은 끝이 보이지 않을 만큼 이어져 바다와 하늘을 나누고 있다. 카메라는 물론이고 눈으로도 다 담기지 않을 만큼 장엄한 풍경을 자아낸다. 층층이 쌓인 절벽의 단층은 무수한 세월을 말해주듯 이동하여 서로 다른 높이, 서로 다른 나이를 보여준다. 지구의 판이 화강암을 찰흙이라도 된 양 주무르고, 바람과 파도가 끊임없이 때리고 단련시켜 만든 절벽은 그 자체로 완벽한 걸작이다.

Cliffs of Moher
GET AROUND

🚗 어떻게 갈까?

크게 시외버스와 투어 버스가 있다. 구글에서 'bus eireann route 350'을 검색하면 시외버스 운행 시간표를 다운받을 수 있다. 둘린에서 모허 절벽 트레일 코스는 248p를 참고하자.

1. 버스
골웨이 시외버스 터미널에서 350번을 타고 2시간 15분이면 모허 절벽에 도착한다.

출발지	도착지	운행 시간	소요 시간	요금
골웨이	모허 절벽	08:00, 10:00, 13:00, 15:00	2시간 15분	성인 편도 16.15유로, 왕복 30.04유로(온라인 기준, 현장 구매 시 10% 추가)
둘린	골웨이	11:20, 13:20, 15:20, 18:20		

2. 투어 버스
더블린이나 골웨이에서 출발하는 모허 절벽 투어를 이용한다. 더블린에서 출발할 경우 30~40유로, 골웨이에서 출발할 경우 20~25유로 선이다. 투어에는 모허 절벽과 베른 지역, 둘린 마을이 포함된다. 구글 검색창에서 'Day tour to Cliffs of Moher'를 검색한다.

대표 투어 업체
페디웨건 투어
`Data` 홈페이지 www.paddywagontours.com
랠리 투어
`Data` 홈페이지 lallytours.com

🚶 어떻게 다닐까?

모허 절벽 입구에 위치한 비지터 센터에는 기념품 가게를 비롯해 절벽에 관한 생태학, 지질학, 기후학에 관한 정보를 전시하고 있다. 또한 간단한 음식과 음료를 먹을 수 있는 카페도 있다. 절벽 위에는 별도의 카페나 화장실이 없다는 점을 꼭 기억하자.

INFO 모허 절벽 비지터 센터
Cliffs of Moher Visitor Centre
`Data` 주소 Liscannor, Co. Clare
운영 시간 09:00~17:00(3·10월~18:00, 4월~18:30, 5·9월~19:00, 6월~19:30, 7·8월~21:00) 요금 성인 6유로, 학생·노인 4.5유로, 16세 이하 어린이 무료 홈페이지 www.cliffsofmoher.ie

Tip 입장료를 주차장 입구에서 지불하는 형식이다. 대중교통으로 오고 비지터 센터를 방문하지 않는다면 모허 절벽은 무료로 관람할 수 있다. 비지터 센터의 운영 시간이 끝나도 모허 절벽은 무료로 관람할 수 있다.

신의 완벽한 걸작
모허 절벽 Cliffs of Moher

연간 150만 명 이상의 여행자들이 찾는 아일랜드에서 가장 유명한 절벽이다. 영화 〈해리 포터〉를 비롯해 수많은 영화와 드라마, 뮤직비디오의 배경지로도 사용되었다. 유명세와는 달리 모허 절벽으로 가는 길은 험준한 편이다. 성인 허리 정도 높이도 되지 않을 나지막한 돌담길과 완만하게 뻗어 나간 지형들, 목가적인 녹초지를 지나면 대서양 끝에 우뚝 서 있는 모허 절벽을 만나게 된다. 절벽은 끝이 보이지 않을 만큼 이어져 바다와 하늘을 나누고 있다. 높이는 203m, 길이는 약 8km에 달할 만큼 크고 웅장해 카메라 앵글에 절벽을 모두 담기 힘들다. 서로 다른 높이와 나이를 가진 단층을 통해 모허 절벽이 수억 년의 세월이 흘렀음을 느낄 수 있다.

절벽 정상에 있는 오브라이언 타워O'Brien's Tower는 1835년에 동네 지주인 코넬루스 오브라이언 경에 의해 설립되었다. 이 탑을 세우게 된 이유는 두 가지 설로 전해진다. 하나는 이곳의 방문객들에게 더 높은 곳에서 절벽의 아름다움을 제공하기 위해서고 나머지 하나는 그가 좋아했던 여인을 감동시키기 위해서였다고 한다. 모허 절벽은 날씨가 좋은 날에도 바람이 매우 센 지역이고 수시로 소나기성 비가 내릴 때가 많다. 여름에 방문하더라도 긴팔 옷이나 방풍점퍼를 준비하는 것이 좋다.

`Data` **지도** 248p **가는 법** 비지터 센터에서 도보 5분

©Tourism Ireland

모허 절벽

🔊 |Theme|
모허 절벽 워킹 트레일 코스

둘린에서 출발해 모허 절벽의 오브라이언 타워까지 가는 약 7km의 워킹 트레일 코스로 버렌 웨이 Burren Way의 일부 구간이다. 워킹 트레일 코스는 편도로 약 2시간 반이 소요되며 서쪽의 절벽을 따라 구불구불한 길을 걷다 보면 멋진 풍경은 물론이고 해안도로의 매력까지 발견할 수 있다. 특별한 안전장치가 없는 길이지만 이전의 여행자들이 만들어 놓은 길을 걸으면 그곳의 하늘과 땅과 바람이 더 가깝게 느껴진다. 곳곳에 피어 있는 아일랜드 야생초들은 외로운 여행자들을 응원해 주는 작은 친구 역할을 한다. 다만 날씨 변화가 심한 곳이기 때문에 방풍점퍼를 준비하는 게 좋다. 바람이 세거나 비가 오는 날은 워킹 트레일 코스를 이용할 수 없다.

| 모허 절벽 워킹 트레일 정보 |

모허 절벽 워킹 트레일 코스 시작점
오코너 펍에서 남서쪽으로 도보 8분

모허 절벽 가는 법
둘린에서 모허 절벽 비지터 센터로 가는 셔틀버스나 시외버스가 있다. 서로 운행하는 시간대가 다르므로 일정에 맞게 선택하는 것이 좋다.

1. 셔틀버스
둘린에서 왕복으로 하이킹을 하기 힘들다면 한 번은 셔틀버스를 이용하는 것도 방법이다. 자세한 사항은 홈페이지를 참고한다.

출발지	도착지	운행 시간	요금
둘린	모허 절벽 비지터 센터	09:00, 10:30, 12:00, 13:30, 15:00, 16:30, 18:00	편도 8유로
모허 절벽 비지터 센터	둘린	09:45, 11:15, 12:45, 14:15, 15:45, 17:15	

Data 홈페이지 www.cliffsofmohercoastalwalk.ie

2. 350번 시외버스
골웨이에서 모허 절벽을 가려면 350번 시외버스를 탑승해야 한다. 350번 버스는 둘린을 지나 모허 절벽으로 가기 때문에 셔틀버스와 시간이 맞지 않을 때 이용하면 좋다.

출발지	도착지	운행 시간	요금
둘린 호스텔 정류장	모허 절벽 코치 주차장	08:12, 10:02, 12:02, 15:02, 17:02	편도 3.14유로 (온라인 기준, 현장 구매 시 10% 추가)
모허 절벽 코치 주차장	둘린 호스텔 정류장	11:20, 13:20, 15:20, 18:20, 19:20	

Data 홈페이지 www.buseireann.ie

버렌
Burren

아일랜드어로 '큰 바위'를 뜻하며 약 1만 5,000년 전에 형성된 석회암 지역이다. 버렌 지역으로 들어가면 끝이 보이지 않는 넓고 황량한 평지 위에 쩍쩍 갈라진 석회암들과 강한 바람 때문에 기울어진 나무와 주변의 풍경은 이제껏 경험해보지 못한 놀라움과 감동을 선사한다. 투박하고 메마른 돌들과 그 위를 뚫고 올라온 식물들의 모습은 마치 다른 행성의 표면을 밟고 있는 착각이 들게 한다.

Tip 버렌 지역은 단독 투어 프로그램이 없고 모허 절벽 투어 프로그램 안에 포함된 경우가 많기 때문에 투어 프로그램을 참고한다. 플나브론에 간다면 네비게이션에 'Poulnabrone Dolmen'을 검색해서 찾아가자.

SEE

또 다른 행성을 여행하는 기분
버렌 국립 공원 Burren National Park

골웨이 시내에서 렌터카로 약 1시간 정도 소요되며 모허 절벽과 함께 둘러보기 좋은 곳이다. 흔히 국립 공원을 떠올릴 때 떠오르는 이미지와 달리 거친 돌로만 이루어진 국립 공원의 모습은 무척 새롭다. 저 멀리 채석장처럼 보이는 산도 온통 돌로 덮여 있고 국립 공원의 가장 높은 지점도 207m밖에 되지 않는다. 겉으로 보기에는 생명이 없는 불모의 땅처럼 보이지만 실제로는 아일랜드에서 자생하는 식물 종의 70% 이상이 이곳에 있다. 또한 신석기 시대의 유적도 발견할 수 있는데 가장 대표적인 것이 플나브론 Poulnabrone 지역의 고인돌이다. 기원전 4200년에서 290년경에 만들어진 것으로 추정되며 돌의 높이는 약 1.8m이다.

Data 지도 212p-F
가는 법 렌터카나 투어 버스 이용
주소 Corofin, Co. Clare
전화 065-682-7693
홈페이지 www.burrennationalpark.ie

> **Tip** 버렌 워킹 투어
> 지역 가이드와 함께 버렌을 걸으면서 지역의 역사적, 지질학적 이야기를 들을 수 있는 개인 투어 프로그램을 소개한다
>
> **버렌 와일드 투어**
> Burren Wild Tours
> **Data** 전화 087-877-9565
> 홈페이지 www.burrenwalks.com
>
> **버렌 가이드 워크&하이크**
> Burren Guided Walks & Hikes
> **Data** 전화 065-707-6100
> 홈페이지 burrenguidedwalks.com

이니시모어섬
Inishmore

가장 아일랜드스러운 풍경들이 넘쳐나는 곳. 섬 전체를 둘러싸고 있는 나즈막한 돌담길과 게일어를 사용하는 사람들은 이니시모어섬을 더 매력적으로 만든다. 아란 제도에서 가장 큰 섬이지만 섬 전체의 길이가 14.5km, 너비는 약 4km로 하루에 섬 전체를 다 돌 수 있어 자전거나 도보 여행을 하기 좋다. 모허 절벽보다 더 짜릿한 스릴감을 느낄 수 있는 던 앵거스 Dun Aonghasa 요새를 비롯해 자연이 만든 최고의 다이빙 홀, 선사 시대의 유적들 등 작은 섬 안에 보고 즐길 것들이 가득하다.

Inishmore
GET AROUND

이니시모어섬은 아란 제도에 속해 있는 섬이다.
원활한 이해를 돕기 위해 아란 제도에 대해 먼저 살펴보자.

아란 제도 Aran Island

서쪽 끝에 떨어진 작은 섬으로 이니시모어Inishmore, 이니시어Inisheer, 이니시만Inishmaan의 세 개의 섬으로 이루어져 있다. 섬의 토양은 카이스트 석회암으로 버렌 지역과 비슷하다. 아란 제도는 겔탁트Gaeltacht 지역으로 영어가 아닌 아일랜드어를 사용하는 사람들을 쉽게 만날 수 있다. 작은 섬들이지만 가장 '아일랜드스러운' 모습을 찾기 위해 많은 관광객들이 이곳을 방문한다. 해마다 여름에는 각 섬에서 아이리시 랭귀지 스쿨Irish Language School이나 전통 음악 스쿨Traditional Music School이 열린다.

이니시모어섬

어떻게 갈까?

이니시모어섬은 골웨이 지역의 로사빌Rossaveal이나 클래어 지역의 둘린Doolin에서 이니시모어섬으로 가는 페리를 타야 한다. 선착장에서 이니시모어섬까지는 약 1시간 20분이 소요된다.

1. 페리

로사빌이나 둘린에서 이니시모어섬으로 가는 페리를 탈 수 있다. 골웨이에서 이니시모어섬을 가는 사람들이라면 로사빌 선착장을, 둘린에서 이니시모어섬을 가는 사람들이라면 둘린 선착장을 이용하는 것이 좋다. 만약 당일치기로 이니시모어섬을 여행할 계획이라면 첫 배를 타야 여유롭다. 페리는 여행 전에 미리 예약하는 것이 좋고, 승선 시간 30분 전까지 도착해야 한다.

로사빌 ⟷ 이니시모어

출발지	도착지	운행 시간	소요 시간	요금
로사빌	이니시모어	10~3월 10:30, 18:00 4~9월 10:30, 13:00, 18:30	1시간	성인 25유로 학생 20유로 어린이(5~12세) 13유로 *왕복기준, 온라인 예매 시 10% 할인
이니시모어	로사빌	10~3월 08:15, 17:00 4·5·9월 08:15, 12:00, 17:00 6월 08:15, 12:00, 16:00, 17:00 7·8월 08:15, 12:00, 17:00, 18:30 단, 일요일 첫배는 09:00 출발		

INFO 로사빌 선착장 Aran Island Ferries Ros a'Mhil Terminal
Data 가는 법 골웨이시티에서 차로 50분 **주소** Aran Island Ferries Ros a'Mhil Terminal, Co. Galway **전화** 091-568-903 **홈페이지** www.aranislandferries.com

> **Tip** 골웨이 시티에서 로사빌까지 운영하는 셔틀버스는 약 1시간 소요된다(성인 왕복 9유로, 학생 왕복 6유로). 티켓은 현장에서 구입하거나 온라인으로 페리를 예매할 때 함께 구입할 수 있다.

로사빌 골웨이 오피스 Aran Island Ferries
Data 가는 법 에어광장에서 도보 4분 **주소** 37-39 Forster St, Galway **전화** 091-568-903 **홈페이지** www.aranislandferries.com

둘린 ↔ 이니시모어

출발지	도착지	운행 시간	소요 시간	요금
둘린	이니시모어	3월 초~10월 10:00, 13:00	1시간	성인, 학생 25유로 어린이(3~15세) 15유로 *왕복 기준
이니시모어	둘린	3월 초~10월 11:30, 16:00		

INFO 둘린 선착장 Doolin Ferry
Data 가는 법 골웨이 시티에서 차로 2시간 **주소** Doolin Pier, Doolin, Co. Clare **전화** 065-7074-455 **홈페이지** www.doolinferries.com

어떻게 다닐까?

하루에 섬 전체를 다 돌기 위해서는 마차 투어, 미니버스, 자전거를 이용하는 것을 추천한다. 마차 투어Pony Traps는 관광안내소 근처에서 출발해 던앵거스까지 왕복 60~100유로(4명 기준)가 평균 시세이다. 미니버스는 2시간 30분(던앵거스에서 보내는 45분 포함)짜리 코스가 많으며 1인당 10~15유로선이다.
이니시모어섬을 천천히 여행하길 원한다면 자전거 여행을 추천한다. 선착장 앞에서 자전거 대여소를 쉽게 찾을 수 있으며 대여료는 하루 10유로 동일하다. 기본 자전거부터 전기 자전거, 버기 자전거, 어린이용 자전거 등 다양한 종류의 자전거를 빌릴 수 있는데 상점마다 취급하는 제품들이 조금씩 다르다.

INFO 아란 투어리스트 오피스 Aran Tourist Office
Data 가는 법 선착장에서 내려서 도보 1분 **주소** Stáisiun Doiteain Inis Mor, Killeany, Aran Islands, Co. Galway **전화** 099 61263 **운영 시간** 10:30~17:00

이니시모어섬

SEE

위험하지만 매력적인 곳
던 앵거스 Dún Aonghasa

이니시모어섬에 있는 가장 유명한 요새로 안전장치가 없는 절벽 끝에 자리 잡고 있다. 매우 위험하지만 자연 그대로의 모습을 유지하고 있어 더 스릴 넘치고 매력적인 곳이다. 이곳은 멋진 풍경뿐 아니라 역사적으로도 중요한 가치를 지니는 곳으로 기원전 15세기경부터 약 2,500년간 사람들이 거주했다. 언덕 꼭대기를 둘러싼 요새는 기원전 11세기경에 지어진 것으로 기원전 8세기경에 가장 융성한 것으로 전해진다. 그 당시에는 신분이 높은 사람만 요새 안에서 살 수 있었기 때문에 요새는 정치, 경제, 종교의 중심지였다. 19세기 말, 아일랜드 국가 유적으로 지정되어 대규모 보수작업을 거친 후 현재의 모습을 갖추게 되었다. 절벽 끝에 간다면 꼭 엎드려서 절벽 아래의 파도와 경치를 감상하길 바란다.

Data 지도 254p-A
가는 법 관광안내소에서 자전거로 약 30분 소요 **주소** Dún Aonghasa, Kilmurvy, Co. Galway
요금 성인 5유로, 학생·어린이 3유로 **운영 시간** 1~3·11·12월 09:30~16:00, 4~10월 09:30~18:00
홈페이지 www.heritageireland.ie/en

섬 중앙의 요새
던 에클라 Dún Eochla

이니시모어섬 중심부에 위치한 작은 요새이다. 원형으로 이루어져 있으며 두 개의 계단식 벽으로 둘러싸여 있다. 정확한 시기는 알려져 있지 않지만 던 앵거스 지역보다 늦은 철기 시대에 세워진 요새로 추정된다.

Data 지도 254p-B **가는 법** 관광안내소에서 차로 15분 **주소** Dún Eochla, Oghil, Co. Galway

섬 안에서 일광욕을
킬머르베이 비치 Kilmurvey Beach

이니시모어섬 북쪽에 위치한 해변이다. 지형을 따라 둥글게 형성되어 있어 다른 지역보다 바람의 세기가 약하다. 부드러운 모래가 비치를 둘러싸고 있어 날씨가 좋은 날에는 일광욕을 즐기거나 해수욕을 하기에 좋다.

Data 지도 254p-A **가는 법** 관광안내소에서 차로 20분 **주소** Kilmurvey Beach, Kilmurvy, Co. Galway

절벽 끝에서 다이빙을?
웜 홀 The Worm Hole

던 앵거스에서 절벽을 따라 동쪽으로 약 15분 걸어가면 만나게 되는 커다란 홀이다. 두꺼운 단층 아래로 직사각형 모양의 홀이 뚫려 있어 날씨가 좋은 날에는 다이빙을 즐기는 사람들을 쉽게 볼 수 있다.

Data 지도 254p-A **가는 법** 관광안내소에서 차로 30분 **주소** The Wormhole, Kilmurvey, Inishmore, Co. Galway

또 다른 절벽 요새
블랙 포트 The Black Fort

이니시모어섬의 남쪽에 위치하는 요새로 던 앵거스와 비슷한 기능을 했다. 던 앵거스 요새보다는 덜 알려져 있지만 절벽 끝에 있어 대서양의 끝자락에 설 수 있다. 던 앵거스와 달리 블랙 포트는 입장료 없이 절벽의 경치를 감상할 수 있다.

Data 지도 254p-B **가는 법** 관광안내소에서 차로 15분 **주소** The Black Fort, Killiney, Co. Galway

코네마라&카일모어 수도원
Connemara&Kylemore Abbey

아란 제도와 함께 게일어를 사용하는 겔탁트Gaeltacht 지역이 많은 곳이다. 코네마라 지역으로 들어가면 사람의 손길이 닿지 않아서 황량하고 쓸쓸한 느낌과 함께 또 다른 세계를 여행하는 것과 같은 신비롭고 몽환적인 느낌도 함께 경험할 수 있다. 넓은 습원지에서는 피트peat 또는 터트turf로 불리는 토탄 지역을 쉽게 발견할 수 있다. 토탄은 생물의 유체가 불완전 분해된 상태로 퇴적된 석탄의 일종으로 아일랜드 가정에서 사용하는 겨울 난방 연료이다. 나무가 타는 냄새와 비슷한 토탄 냄새는 아일랜드를 떠올리게 만드는 아련한 추억을 가져다 줄 것이다.

©Tourism Ireland

Connemara&Kylemore
GET AROUND

 어떻게 갈까?

골웨이에서 시티링크 버스를 타는 방법이 제일 좋다.

1. 버스

골웨이 코치 스테이션에서 시티링크 23번 버스를 탑승한 후 레터프랙LetterFrack에서 하차한다.

출발지	도착지	운행 시간	소요 시간	요금
골웨이 코치 스테이션	레터프랙	08:30, 16:00, 17:30	약 2시간	성인 왕복 20유로, 인터넷 구매 시 14유로
레터프랙	골웨이 코치 스테이션	08:45, 11:05, 18:05		

Data 홈페이지 www.citylink.ie

> **Tip 골웨이~코네마라 투어 버스**
> 카일모어 수도원은 코네마라 국립 공원 안에 있어서 대중교통으로 이동하는 것이 힘들다. 골웨이에서 출발하는 투어 버스를 타고 코네마라와 카일모어 수도원을 둘러보는 프로그램이 경제적이다. 투어 프로그램은 구글 검색창에서 'Connemara Tour from Galway'로 검색하면 된다.
> **Data 대표 홈페이지** lallytours.com/travel/Connemara **출발 시간 및 장소** 오전 10시, 골웨이 코치 스테이션 **도착 시간** 저녁 6시 전후 **요금** 성인 25유로, 어린이 15유로(카일모어 수도원 입장료 별도)

INFO 코네마라 국립 공원 비지터 센터 Connemara National Park Visitor Centre
Data 가는 법 레터프랙 마을에서 남쪽으로 도보 5분 **주소** Connemara, Letterfrack, Co. Galway
전화 076-100-2528 **운영 시간** 3~10월 09:00~17:30, 11~2월 휴무
홈페이지 www.connemaranationalpark.ie

©Tourism Ireland

아름답고 슬픈 사랑 이야기를 간직한 곳
카일모어 수도원 Kylemore Abbey & Victorian Walled Garden

코네마라 국립 공원 북쪽에 위치하는 대저택이다. 수도원 주차장에 도착하는 순간, 저택의 비현실적인 아름다움이 눈앞에 펼쳐진다. 이 수도원은 원래 100년 전 영국 출신의 재력가였던 미첼 헨리의 가족이 살던 집이었다. 1852년 신혼여행으로 코네마라 지역을 방문했다가 아내가 코네마라의 아름다운 절경에 반하게 되고 훗날 헨리는 아내를 위해 코네마라에 1,000평이 넘는 대저택을 지어준다. 성을 완공하는 데만 5년, 투입된 노동력만 해도 수백 명이 되었다. 훗날 아내는 원인을 알 수 없는 전염병에 걸려 45세의 젊은 나이에 죽음을 맞이한다. 아내의 사후 몇 년이 지나지 않아 헨리는 카일모어 일대의 땅을 소작농들에게 넘겨주고 영국으로 떠난다. 그 후 영국의 베네딕트 수도회에서 이곳을 사들여 현재는 수도원의 이름을 갖게 되었다. 현재 저택은 일부만 개방해 놓은 상태이다. 저택 옆 6,000여 평의 빅토리안 양식의 정원과 헨리가 아내를 기억하기 위해 세운 고딕 양식 교회를 함께 둘러볼 수 있다.

Data 지도 212p-B
가는 법 레터프랙에서 419번 버스 탑승 후 수도원 하차
주소 Pollacappul, Connemara, Co. Galway
운영 시간 11~3월 10:00~16:30, 4~7월 초 09:00~18:00, 7월 중순~8월 09:00~19:00, 9·10월 09:30~17:30
요금 성인 13유로, 학생 9유로, 노인 10유로, 10세 이하 무료 (온라인 예약시 10% 할인)
홈페이지 www.kylemoreabbey tourism.ie

슬라이고
Sligo

골웨이에서 북쪽으로 약 140km 떨어진 곳에 위치한 슬라이고주(州)County Sligo에는 슬라이고 타운이 있다. 이곳은 노벨 문학가이자 아일랜드의 대표적인 민족주의 시인인 윌리엄 버틀러 예이츠의 고향으로 더 잘 알려져 있다. 타운을 조금만 벗어나면 바다를 만날 수 있으며 일정한 속도로 높게 파도치는 바다가 많아 서핑으로도 유명한 지역이다. 또한 슬라이고와 근처 매요주(州)Country Mayo은 고고학적으로 연구 가치가 높은 유적들이 산재해 있다.

Sligo
GET AROUND

 어떻게 갈까?

슬라이고는 크게 버스와 기차, 두 가지 방법으로 갈 수 있다. 더블린과 골웨이에서 출발하는 버스와 달리 기차는 더블린에서만 출발하는 점을 잊지 말자.

1. 버스
더블린과 골웨이 시외버스 터미널에서 슬라이고로 가는 버스를 탄다.

출발지	버스 번호	도착지	운행 시간	소요 시간	요금
더블린 시외버스 터미널	23번	슬라이고 타운	08:00, 11:00, 13:45, 17:30, 20:00, 23:00	약 3시간 30분	성인 왕복 23유로 (온라인 기준)
골웨이 시외버스 터미널	64번	슬라이고 타운	06:00, 08:45, 10:30, 12:00, 14:10, 16:00, 18:10	약 2시간 40분	

2. 기차
기차로 슬라이고에 가려면 더블린에서 출발해야 한다.

출발지	도착지	운행 시간	소요 시간	요금
더블린 코널리 Connolly역	슬라이고 타운	08:00~19:00 (2시간 간격)	약 3시간	성인 왕복 40유로~

어떻게 다닐까?

슬라이고 타운은 작아서 타운 내에 있는 박물관이나 갤러리, 수도원은 도보로 다닐 수 있다. 하지만 예이츠 10경은 슬라이고 타운 근교에 떨어져 있어서 도보로 다니기가 힘들고 대중교통으로 갈 수 없는 곳도 있다. 예이츠의 무덤이 있는 드럼클리프나 이니스프리섬 근처는 시내버스를 이용할 수 있다.

INFO 슬라이고 관광안내소 Sligo Tourist Information
Data 가는 법 슬라이고 시외버스터미널에서 도보 6분
주소 O'Connell St, Abbeyquarter North, Sligo **전화** 071-916-1201
운영 시간 월~토 09:00~17:00 (11~4월은 토요일도 휴무) **홈페이지** www.sligotourism.ie

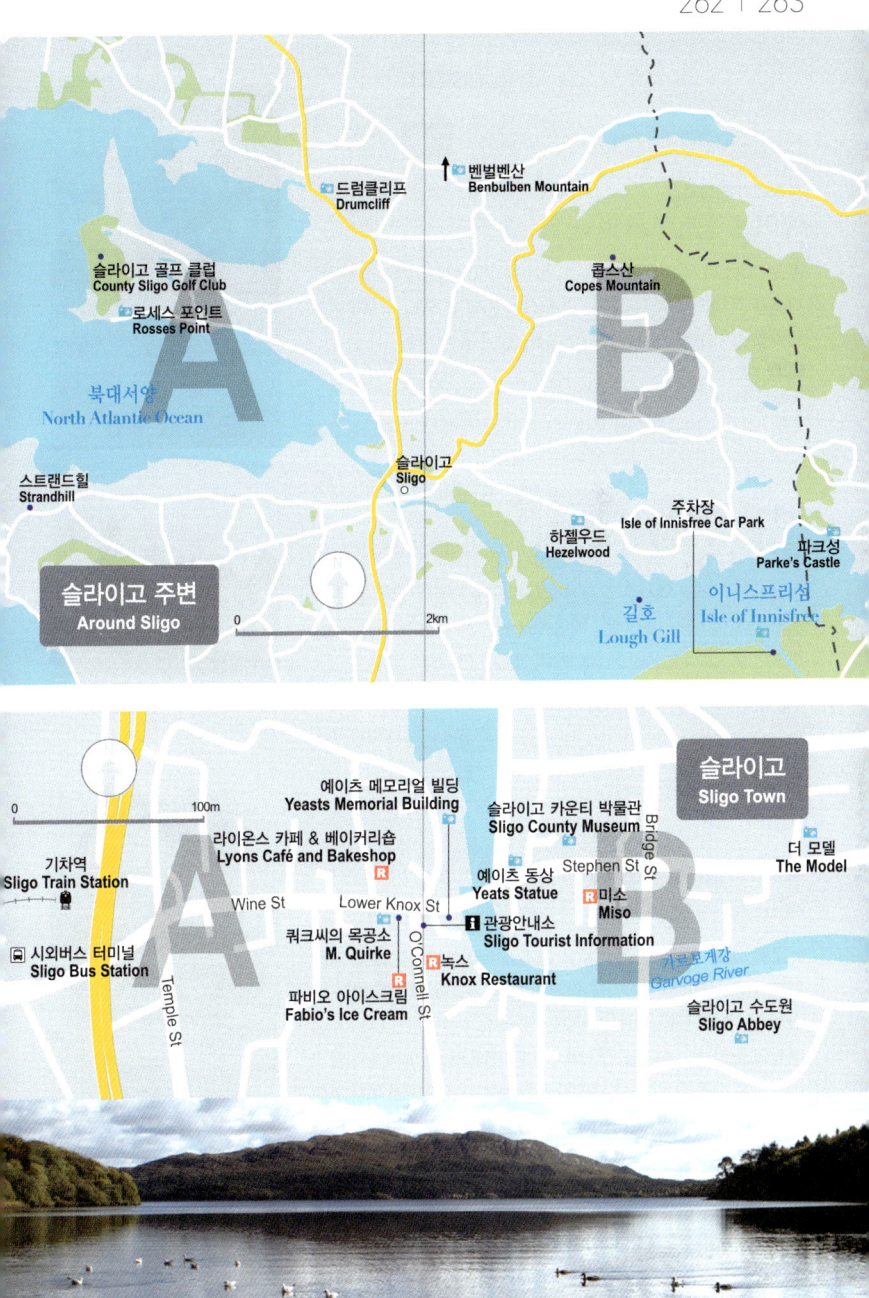

긴 다리가 인상적인
예이츠 동상 Yeats Statue

관광안내소에서 타운을 관통해 흐르는 가라보그Garavogue강을 건너면 긴 다리를 가진 예이츠의 동상을 만날 수 있다. 1989년에 세워졌으며 슬라이고 타운의 상징과도 같은 동상이다.

Data 지도 263p-B
가는 법 슬라이고 관광안내소에서 강을 건너면 바로 보임
주소 Stephen St, Abbeyquarter North, Sligo

슬라이고 지역의 역사가 보존된
슬라이고 카운티 박물관 Sligo County Museum

슬라이고 지역의 역사를 전시한 박물관으로 가장 유명한 방은 예이츠 전시실이다. 이곳에는 예이츠와 관련된 사진과 편지, 신문 보도 자료, 그의 동생인 잭 예이츠의 그림이 전시되어 있다.

Data 지도 263p-B
가는 법 슬라이고 관광안내소에서 도보 1분
주소 12 Stephen St, Rathquarter, Sligo **전화** 071-911-1679
운영 시간 화~토 10:00~12:00, 14:00~16:30 **요금** 무료
홈페이지 www.sligoarts.ie

예이츠의 기록이 담긴 작은 기념관
예이츠 메모리얼 빌딩 Yeats Memorial Building

1973년까지 은행이었던 건물을 개조해 예이츠 기념관으로 사용하고 있다. 예이츠가 살았을 당시의 풍경과 그림, 기록들이 소박하게 전시되어 있다. 기념관 안에는 예이츠와 관련된 3,000여 점 이상의 문헌을 소장하고 있으며 2층 강의실에서는 예이츠와 슬라이고의 역사를 소개하는 다큐멘터리를 볼 수 있다. 매년 여름 예이츠 인터내셔널 서머스쿨이 열리는 곳이기도 하다. 예이츠의 문학에 관심이 없다면 과감히 패스해도 좋다.

Data 지도 263p-B
가는 법 슬라이고 관광안내소 옆 **주소** Douglas Hyde Bridge, Sligo
전화 071-914-2693 **운영 시간** 화~토 10:00~17:00
요금 2유로 **홈페이지** www.yeatssociety.com

그냥 지나치기에는 아까운 곳
더 모델 The Model

아일랜드 화가(잭 예이츠Jack Butler Yeats, 폴 헨리Paul Henry, 에스텔라 솔로몬스Estella Solomons 등)들의 작품을 수집하는 취미가 있었던 노라 닐랜드Nora Niland의 콜렉션을 모아 놓은 곳이다. 두 번의 확장을 거쳐서 현재는 갤러리와 공연을 겸하는 복합 문화 공간으로 탈바꿈하였다. 건물 안에는 전시실과 공연장, 레스토랑, 카페, 서점 등이 있으며 전시실은 기존의 건물에 새 건물을 더해진 곳으로 공간에 따라 다양한 분위기를 연출할 수 있는 특징을 가지고 있다.

더블린에 있는 작은 갤러리들보다 훨씬 높은 수준의 퀄리티를 자랑하는 곳으로 지역 미술관이라고 무시하기에는 전시 내용이 매우 훌륭해 예술에 관심이 없더라도 한 번은 방문해볼 만하다. 문화센터는 슬라이고의 높은 지대에 위치해 건물 꼭대기에서는 타운의 전경을 감상할 수 있다. 센터 내의 도서관에는 잭 예이츠의 작품 도록도 판매하고 있다.

Data 지도 263p-B
가는 법 관광안내소에서 도보 6분
주소 The Mall, Sligo
전화 071-914-1405
운영 시간 화~토 10:00~17:30, 일 10:30~15:30 **입장료** 무료
홈페이지 www.themodel.ie

소설 드라큘라의 배경이 된 장소
슬라이고 수도원 Sligo Abbey

1253년에 지어진 도미니칸 수도원으로 당시 종교의 중심지이자 지역 공동체의 핵심적인 역할을 담당하였다. 19세기 무렵 전염병으로 수천 명의 사람들이 수도원의 터에 묻히게 되었는데 그 중 일부 사람들은 전염병이 확산되는 것을 우려해 강제로 묻히게 되었다. 죽지 않고 살아 있던 사람들은 한밤중에 무덤을 뚫고 나오는 기이한 사건이 발생하였고 이 이야기를 토대로 1897년 브람 스토커는 〈드라큘라〉라는 소설을 출간하게 된다. 그의 소설 덕분에 슬라이고 수도원도 유명세를 타게 되었다. 수도원에는 르네상스 시대에 무덤에 새겨 놓았던 조각, 회랑, 15세기 제단 등 중세 시대의 흔적을 엿볼 수 있다.

Data 지도 263p-B
가는 법 관광안내소에서 도보 6분
주소 Abbey St, Sligo
전화 071-914-6406
운영 시간 3월 29일~10월 10:00~18:00
입장료 성인 5유로, 학생·어린이 3유로
홈페이지 www.heritageireland.ie

💬 | Talk |
장인의 손길을 느낄 수 있는 곳, 쿼크 씨의 목공소 M. Quirke

우체국 맞은편에 위치한 마이클 쿼크 씨가 운영하는 작은 목공소이다. 그는 자신의 영감에 따라서 나무 조각을 하면서 방문자들에게 자신의 삶과 조각품, 그리고 아일랜드 신화와 전설에 관한 이야기들을 들려준다. 단순한 조각품을 만드는 장인이라기보다는 아일랜드의 숨어 있는 신화와 전설의 스토리텔러이다. 아일랜드 신화와 역사에 관심이 있는 사람들이라면 이곳에서 그와 이야기를 나누는 즐거움을 놓치지 마시길.

Data 지도 263p-A **가는 법** 관광안내소에서 도보 1분
주소 23 O'Connell St, Abbeyquarter North, Sligo
전화 071-914-2624
운영 시간 월~토 9:30-12:30, 15:00-17:30

🔊 |Theme|
예이츠의 발자취를 따라 가는 여행

윌리엄 버틀러 예이츠William Butler Yeats는 유년 시절을 외가가 있는 슬라이고에서 보냈다. 시인 캐서린 티난에게 쓴 편지에 '내 생애에서 가장 큰 영향을 준 곳을 슬라이고다'라고 썼던 만큼 슬라이고 지역은 그의 정서적 지주이자 감수성 짙은 시를 완성해 준 장소이다. 그의 발자취를 느끼기 위해서 그가 자주 사색하며 다녔던 슬라이고 근교를 둘러보자.

1. 파크성Parke's Castle과 이니스프리섬

17세기에 로버트 파크와 그의 가족의 집이었던 성으로 길Gill 호수의 동쪽 끝자락에 위치하고 있다. 성의 안뜰에는 16세기 저택 구조물의 흔적이 남아 있다. 파크성 앞에는 이니스프리섬으로 출발하는 선착장이 있다. 예이츠의 시 중 가장 유명한 〈이니스프리섬〉이란 시의 실제적인 장소는 길 호수 안에 있는 작은 섬이다. 섬의 주변을 둘러보기 위해서는 파크성 선착장에서 출발하는 유람선을 타야 한다.

파크성
Data 지도 263p-B
가는 법 시외버스 터미널 앞 정류장에서 469번 탑승 후 Newtownmanor에서 하차. 약 15분 소요
주소 Kilmore, Fivemilebourne, Co. Leitrim 전화 071-916-4149
운영 시간 3월 29일~ 10월 셋째 주 주말 입장료 어른 5유로, 학생·어린이 3유로
홈페이지 www.heritageireland.ie

이니스프리섬 보트 투어
Data 운행 시간 5~8월 12:30, 15:30, 9월 12:30 투어 시간 1시간
요금 성인 15유로, 어린이 7.5유로 홈페이지 www.roseofinnistree.com

> **Tip** 렌터카로 이니스프리섬을 여행할 경우, Isle of Innisfree Car Park, Unnamed Road, Killerry, Co. Sligo로 주소를 검색하면 된다. 섬 안까지 갈 수는 없지만 가장 가까운 곳에서 섬의 모습을 볼 수 있다.

2. 드럼클리프 Drumcliff

슬라이고 타운에서 북쪽으로 약 7km 떨어져 있는 작은 마을이다. 세인트 콜럼버스 교회 옆 묘지에서 예이츠의 무덤을 찾을 수 있다. 유명 인사의 무덤이라고 특별히 크지도, 화려하지도 않다. 교회 주차장에 도착하면 쭈그리고 앉아서 사색에 잠겨 있는 조각상이 보이고 바닥에는 예이츠의 〈하늘의 융단〉 시가 새겨져 있다. 원래 예이츠가 사망한 곳은 프랑스의 작은 도시였지만 그는 생전에 자신이 죽으면 드럼클리프에 묘비를 세워달라는 말을 자주 했다. 예이츠의 무덤은 그가 떠난 지 10년이 지나서야 이곳으로 안착되었다. 교회 묘지 근처에는 간단히 식사를 할 수 있는 카페와 기념품 가게도 마련되어 있다.

Data **지도** 263p-A **가는 법** 타운에서 64번, 474번, 480번 탑승 후 Drumcliff 정류장에서 하차. 총 15분 소요 **주소** Drumcliff, Co. Sligo

3. 하젤우드 Hazelwood

슬라이고 타운에서 동쪽으로 약 4km 떨어진 곳에 위치하는 곳으로 조용한 산책로이다. 산책로 안에는 다양한 국적의 작가들의 조각 작품들도 설치되어 있다. 예이츠는 이곳에서 자주 산책을 즐겼다고 한다. 예이츠의 시 중 〈방황하는 앵거스의 노래〉는 'I went out to the hazelwood'로 시작한다. 하젤우드 안으로 들어가면 고요하고 평온한 길Gill 호수가 한눈에 펼쳐진다.

Data **지도** 263p-B **가는 법** 타운에서 S1 탑승 후 Doorly Park(new Green Area)에서 하차 후 도보 7분. 총 25분 소요 **주소** Hazelwood, Co. Sligo

4. 로세스 포인트 Rosses Point

해안가 마을로 슬라이고의 부촌 중 한 곳이다. 근처에 유명한 골프장이 있고 마을의 가장자리에는 아름다운 해변이 자리 잡고 있다. 이곳은 예이츠와 그의 남동생인 잭 예이츠가 여름마다 많은 시간을 보냈던 곳이기도 하다. 넓은 해안이 펼쳐져 있어 가족 단위의 여행자들이 많이 찾는 곳이기도 하다. 서핑을 좋아하는 사람이라면 로세스 포인트 비치 아래의 스트랜드힐Strandhill을 추천.

Data 지도 263p-A
가는 법 시외버스 정류장 맞은편에서 S2 버스 탑승 후 Rosses Point에서 하차. 총 30분 소요
주소 Rosses Upper, Rosses Point, Co. Sligo

5. 벤벌벤산 Benbulben Mountain

슬라이고를 여행하면 저 멀리 배를 뒤집어 놓은 듯한 산이 보인다. 이곳은 석회암의 침식에 의해 형성된 산이다. 원래는 뾰족한 산이었지만 빙하 시대를 거치면서 산이 쪼개져 평평한 모양을 가진 독특한 모양을 갖게 되었는데 테이블 마운틴Table mountain으로도 알려져 있다. 가까이에서 보면 치마 주름을 연상되기도 한다. 평지에서 정상까지 하이킹도 가능하며 소요 시간은 약 1시간 30분 정도 걸린다.

Data 지도 263p-B 가는 법 슬라이고 타운에서 차로 25분 주소 Cloyragh, Co. Sligo

> **Tip 예이츠 투어 프로그램**
> 예이츠와 관련된 장소들은 슬라이고 근교에 흩어져 있어서 대중교통으로 하루에 모든 곳을 둘러보기는 현실적으로 힘들다. '로즈 오브 이니스프리Rose of Innisfree' 회사에서 제공하는 프로그램은 작은 벤을 타고 예이츠와 관련된 장소를 여행하는 투어 프로그램이다. 투어에는 예이츠가 어린 시절 많은 시간을 보냈던 글렌카 폭포Glenar Waterfall, 예이츠의 무덤이 있는 드럼클리프, 이니스프리섬 보트 투어가 포함된다.
> **Data** 출발 장소 관광안내소(호텔 픽업 서비스 가능) 투어 시간 5~9월 월·수·금 10:00~14:30 (그날 상황에 따라 변동 가능) 요금 1인당 30유로(이니스프리 보트투어 포함)
> 홈페이지 www.roseofinnisfree.com

EAT

슬라이고 시민들의 방앗간
라이온스 카페&베이커리숍 Lyons Café and Bakeshop

1878년에 문을 연 라이온스 백화점의 1층에 자리 잡고 있다. 스테인드글라스로 만들어진 카페 간판과 창문 프레임에서 과거의 모습을 찾을 수 있다면 카페 내부에서는 현대적인 모습을 찾을 수 있다. 아일랜드 사람들이 즐겨 먹는 메뉴들이 많으며 그날마다 메뉴가 바뀌는 샐러드바는 8유로라는 가격으로 푸짐한 양을 제공해 지역 주민들에게 인기가 많다.

Data 지도 263p-A **가는 법** 관광안내소에서 도보 1분 **주소** Quay St, Abbeyquarter North, Sligo **전화** 071-914-969 **운영 시간** 월~금 9:00~18:00, 토 08:30~18:00
가격 믹스 샐러드 8유로, 풀드 포크 샌드위치 7유로 **홈페이지** www.lyonscafe.com/#1

고소한 라테와 함께 하는 식사
녹스 Knox

군더더기 없는 카페 간판에서 카페의 철학이 느껴진다. 투박한 나무 테이블과 한쪽 벽면을 가득 매운 나무 마감재 덕분에 카페 분위기가 따뜻하다. 브런치나 점심 메뉴도 깔끔하지만 와인과 함께 술안주로 먹기 좋은 메뉴들을 많이 판매한다. 카페에서 제공하는 커피도 평균 이상이다.

Data 지도 263p-B **가는 법** 관광안내소에서 도보 1분
주소 32 O'Connell St, Abbeyquarter North, Sligo **전화** 071-914-1575
운영 시간 화·수 09:00~18:00, 목~토 09:00~17:00, 18:00~22:00, 일 10:00~17:00
가격 BLAT 햄버거 7유로 녹스 스페니시 브레키 10유로 **홈페이지** www.knoxsligo.ie

한국 음식이 그리울 때

미소 Miso

슬라이고의 첫 번째 한식당으로 2016년 아일랜드 레스토랑 어워드에서 '프레쉬 베스트 월드 퀴진Fresh Best World Quinine'으로 선정된 이력도 가지고 있다. 한식과 일식을 함께 판매하며 웬만한 더블린의 한식당보다 만족스러운 식사를 할 수 있다. 레스토랑 내에는 아기자기한 소품들이 한국적인 정서를 불러일으키고 레스토랑 전용 플레이트에서 주인의 세심함이 느껴진다. 어설픈 외국인이 하는 곳이 아니라 한국에서 먹던 익숙한 맛을 느낄 수 있다. 양도 푸짐해 든든한 한 끼를 할 수 있는 곳이다.

Data 지도 263p-B
가는 법 슬라이고 카운티 박물관에서 우회전
주소 Calry Court, Stephen St, Abbeyquarter North, Sligo
전화 071-919-4986
운영 시간 화~금 12:00~15:00, 17:00~22:30, 토 15:00~22:30, 일 17:00~22:00
가격 김치볶음밥, 불고기덮밥 10유로대 홈페이지 www.facebook.com/misosligo

 맛과 양으로 승부하는 곳

파비오 아이스크림 Fabio's Ice Cream

묻지 말고 가야 하는 곳. 아일랜드에서 가장 맛있는 이탈리안 젤라토와 소베트를 먹을 수 있는 곳이다. 10~15가지 맛의 젤라토는 현지에서 생산되는 재료를 사용하여 계절에 따라 메뉴가 조금씩 바뀐다. 상자로 담을 수 있는 가장 작은 사이즈부터는 손님이 원하는 맛을 모두 담을 수 있는 장점이 있다. 자연의 맛을 느낄 수 있는 것은 물론 푸짐한 양에 한 번 더 감동하게 되는 곳이다. 아이스크림 가게에서 판매하는 커피 역시 맛있다.

Data 지도 263p-A
가는 법 관광안내소에서 도보 1분
주소 Lower Knox St, Abbeyquarter North, Sligo
전화 087-177-2732
운영 시간 11:00~19:00
가격 베이비콘 2.5유로, 스몰 콘 3.4유로, 작은 상자 10유로
홈페이지 www.facebook.com/fabiosicecream

Ireland By Area
03

코크와
코크 주변
Cork & Around Cork

남서부의 리강River Lee 하구에 발달한 아일랜드 제 2의 도시로 남부의 정치, 경제의 중심지이기도 하다. 아일랜드에서 두 번째로 큰 도시이지만 차로 약 10분만 달려 도심을 벗어나면 쉽게 대자연을 만날 수 있다. 아일랜드에서 좀처럼 볼 수 없는 야자수 나무와 곳곳에 숨어 있는 맛집 또한 여행자들에게 코크의 특별한 인상을 심어 준다.

©Tourism Ireland

©Tourism Ireland

IRELAND BY AREA 03
코크

Cork & Around Cork
PREVIEW

코크 시내는 반나절이면 둘러볼 수 있지만 코크 주변에 자리 잡고 있는
아일랜드 제 2의 학교인 코크 대학교, 세상에서 가장 더러운 키스 장소인 블라니성,
타이타닉의 마지막 정박지 코브, 전 세계인들의 여름 휴양지 킨세일 등을
모두 보기 위해서는 적어도 1박 2일은 필요하다.

SEE

볼거리는 도심과 코크 주변으로 나뉜다. 리강 남쪽에 형성된 보행자 전용 도로인 세인트 패트릭 거리 St. Patrick's St.가 중심가이다. 그 주변으로 잉글리시 마켓과, 크라우포드 아트 갤러리, 쇼핑가가 있고 조금 떨어진 곳에 세인트 앤 성당, 세인트 핀 바레스 성당, 코크 대학교, 코크 시티 박물관 등이 있다. 차를 타고 외곽으로 가면 블라니성, 코브, 킨세일을 여행할 수 있다.

EAT

코크는 미식에 있어서 여행자들에게 과소 평가된 도시 중 하나이다. 제 2의 도시답게 시내와 대학교 근처에 맛집이 밀집해 있다. 코크를 여행한다면 이 지역의 흑맥주인 머피스 Murphy's의 비미시 Beamish를 맛보는 것도 잊지 말자.

SLEEP

리강 주변과 버스 터미널, 기차역 주변으로 호텔이 밀집해 있다. 배낭여행자들을 위한 호스텔보다는 일반 호텔이 대부분이다. 저렴한 호스텔은 시내에서 조금 떨어진 곳에 위치한다.

Cork & Around Cork
GET AROUND

어떻게 갈까?

코크에도 국제공항이 있지만 한국에서 코크로 가는 비행 편은 거의 없다. 보통 더블린이나 골웨이에서 이동하는 편인데 크게 버스와 기차로 나눌 수 있다. 더블린 국제공항이나 더블린 시내에서 코크로 가는 직행버스를 이용할 수 있다. 골웨이 여행 후 코크를 여행한다면 골웨이 코치 스테이션에서 직행버스를 타는 것을 추천한다. 가격보다 편리함을 우선으로 하는 여행자라면 더블린에서 출발하는 기차를 이용해도 좋다.

1. 버스

버스를 선택했다면 더블린 국제공항과 더블린 시내, 골웨이에서 출발하는 코크행 직행버스를 이용한다.

더블린 국제공항 → 코크
제1터미널 쪽에 있는 셔틀버스를 타는 곳으로 가면 코크 직행버스인 에어코치Aircoach나 고버스Go Bus 정류장을 찾을 수 있다. 소요 시간은 약 3시간 30분 정도 걸린다.

Data 요금 (온라인 기준) 에어코치 성인 왕복 29.7유로, 어린이 왕복 20유로, 고버스 성인 왕복 30유로, 학생 왕복(ID 제시) 24유로, 어린이 왕복 16유로

더블린 시내 → 코크
더블린 공항과 마찬가지로 에어코치와 고버스를 추천한다. 주의할 것은 에어코치와 고버스는 별도의 버스 정류장이 없고 버스 회사 로고가 그려진 버스 정류장에서 코크행 버스를 타야 한다. 에어코치는 더블린 시티 내 애비게일스 호스텔 근처, 애스턴 퀘이Aston Quay의 푯말을 확인하고 704X 버스를 탄다. 고버스 정류장은 버스에린 시외버스 터미널 앞 정류장에서 푯말을 확인한다. 티켓은 온라인이나 버스 기사에게 구입이 가능하며 온라인 구매 시 10%의 할인 혜택을 받을 수 있다. 편도보다 왕복이 더 저렴하다.

Data 요금 성인 왕복 23유로 (온라인 기준), 학생(ID 필요) 왕복 20유로, 어린이(만15세 미만) 왕복 15유로 홈페이지 에어코치 www.aircoach.ie, 고버스 www.gobus.ie

골웨이 → 코크
골웨이 코치 스테이션(골웨이 시외버스 터미널 아님)에서 시티링크Citylink 버스를 타면 된다. 소요 시간은 약 3시간이다.

시티링크 Citylink
Data 요금 (온라인 기준) 성인 왕복 34.20유로, 편도 20.90유로, 학생 왕복(ID 필요) 20유로, 편도 18유로
홈페이지 www.citylink.ie

2. 기차

아일랜드 연방철도인 아이리시 레일Irish Rail을 이용할 수 있다. 더블린의 휴스턴Heuston역에서 출발하여 코크 켄트Kent역에 내린다. 소요 시간은 약 2시간 30분이다. 가장 편리하고 빠르지만 버스보다 더 비싸다.

휴스턴 중앙 기차역 Ushers, Dublin

Data **요금** 편도 성인 19~25유로, 학생 16~17유로, 어린이(만5~15세)는 15~16유로, 왕복 성인 40~48유로, 학생 32~40유로, 어린이 30~32유로 **운행 시간** 07:00~21:00
배차간격 1시간 (단, 20:00 기차는 없음) **홈페이지** www.irishrail.ie

Tip 최소 일주일 전에 예매를 해야 가장 저렴한 티켓을 예약할 수 있다.

어떻게 다닐까?

코크 시내는 도보로 여행이 가능하다. 단 코크 대학교는 시티 센터에서 약 1.5km 떨어져 있어 도보로는 약 20분 정도 소요된다. 블라니성과 코브, 킨세일은 버스나 기차, 렌터카를 이용해야 한다.

1. 투어 버스

아일랜드 대표 투어회사인 패디웨건Paddywagon은 코크에서 블라니성, 코브, 킨세일을 여행하는 상품을 제공한다. 패디웨건에서 제공하는 몇 가지 상품을 소개한다.

블라니성과 코브 여행
Data **투어 요금** 32유로(블라니성 입장료 포함)

킨세일과 서쪽 코크 지역
Data **투어 요금** 39유로(찰스 요새, 킨세일 자유여행, 코크 해안 마을 등)
홈페이지 www.paddywagontours.com
검색 방법 검색창에서 출발지 Cork, 도착지 Cork City를 입력 후 검색.

2. 렌터카

코크 주변과 딩글, 케리를 자유롭게 여행하고 싶다면 코크 시내에서 렌터카를 빌리는 방법이 있다. 렌터카 대여소는 코크 기차역과 시외버스 정류장 근처에서 찾을 수 있다.

코크 렌터카 업체

헤르츠 카 하이어 Hertz Car Hire
Data 주소 Lower Glanmire Road, Cork
전화 021-455-2240
운영 시간 월~금 09:00~18:00,
토 09:00~13:00 홈페이지 www.hertz.ie

그레이트 아일랜드 카 렌털 Great Island Car Rentals
Data 주소 47 MacCurtain St, Cork
전화 021-481-1609
운영 시간 07:00~22:00
홈페이지 www.greatislandcarrentals.com

3. 코카콜라 제로 자전거 대여 Coca-cola Zero Bikes

코카콜라에서 시민들의 건강한 삶을 장려하기 위해 제공하는 자전거 대여 서비스이다. 코크 전역에 총 31개의 자전거 정류장이 있고, 여기에 총 300개의 자전거가 비치되어 있다. 여행자도 신용카드만 있으면 이용이 가능하다. 탑승 후 30분 내 다른 정류장에 반납하면 무료, 그 후부터는 30분마다 1유로씩 부과된다. 3일 패스권을 구입하면 3유로로 코크 시내를 자유롭게 이동할 수 있다. 사용 기간이 지난 후에도 자전거를 반납하지 않으면 신용카드에서 150유로가 자동으로 빠져나간다. 자전거 정류장 위치는 모바일 앱을 다운받으면 편리하게 확인이 가능하다. 코크 시내에서 떨어져 있는 코크 대학교를 둘러볼 때 이용하면 편리하다.

Data 홈페이지 www.bikeshare.ie

INFO 코크 관광안내소 Cork Tourist Office

Data 주소 125 St Patrick's St, Centre, Cork
전화 1-850-230-330
운영 시간 09:00~17:30(일 ~16:40)

IRELAND BY AREA 03
코크

Cork & Around Cork
THREE FINE DAYS

첫째 날 오전에는 블라니성을 여행한 후 오후에는 세인트 패트릭 거리와 코크 대학교 근처를 둘러본다. 늦은 저녁에는 코크 근처의 전통 펍에서 코크 지역 맥주와 함께 여유로운 밤을 즐긴다. 둘째 날과 셋째 날에는 대중교통을 이용해 코크 주변을 여행할 수 있다.

1일차

코크 시외버스 터미널 앞 정류장에서 출발

→ 버스 40분 →

블라니성에서 아찔한 키스 즐기기

→ 버스 40분 →

세인트 패트릭 거리에서 쇼핑하기

↓ 도보 2분

잉글리시 마켓에서 로컬 음식 즐기기

← 도보 5분 ←

크라우포드 아트 갤러리에서 아일랜드 화가들 만나기

← 도보 1분 ←

에메트 광장의 버스커들 만나기

↓ 도보 19분

피츠제랄드 공원에서 여유 만끽하기

→ 도보 8분 →

코크 대학교에서 중세 건물들 둘러보기

→ 도보 15분 →

코크 펍 즐기기

2일차

코크 시외버스
터미널에서 출발

→ 킨세일행 버스
(버스 1시간)

킨세일 타운
둘러보기

→ 도보 11분

해안선 워킹 코스를
걸으며 킨세일 살펴보기

↓ 도보 25분

코크로 돌아와
전통 펍 경험하기

← 도보 35분

찰스 요새의
웅장함 느껴보기

3일차(반나절)

코크 기차역에서
출발

→ 기차 30분

코브 헤리티지 센터에서
아일랜드 이민의 역사
둘러보기

→ 도보 4분

루시타니아 기념비에서
추모하기

↓ 도보 5분

확 트인 코브 전경
감상하기

← 도보 1분

세인트 콜먼 대성당의
카리용 연주 듣기

IRELAND BY AREA 03
코크

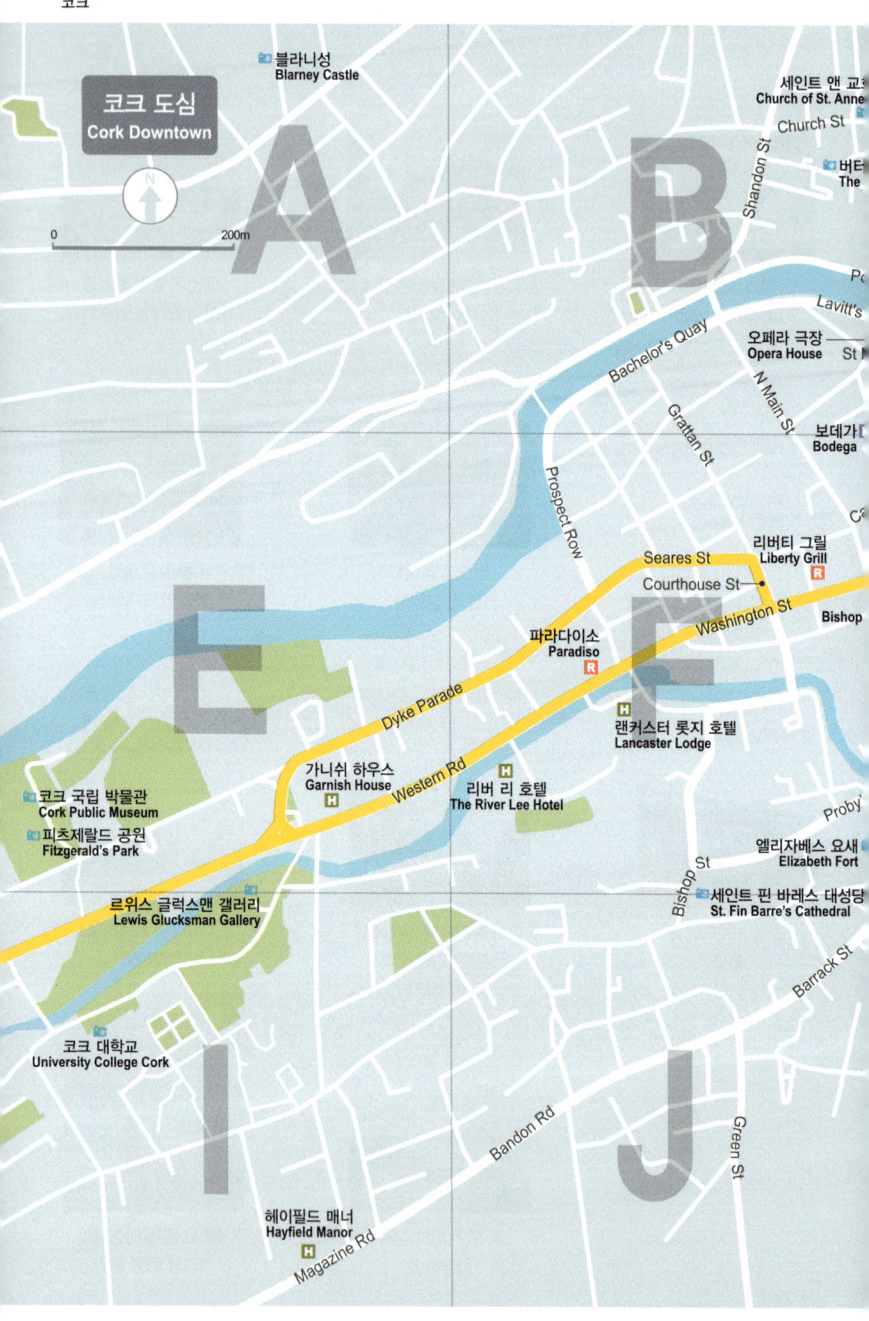

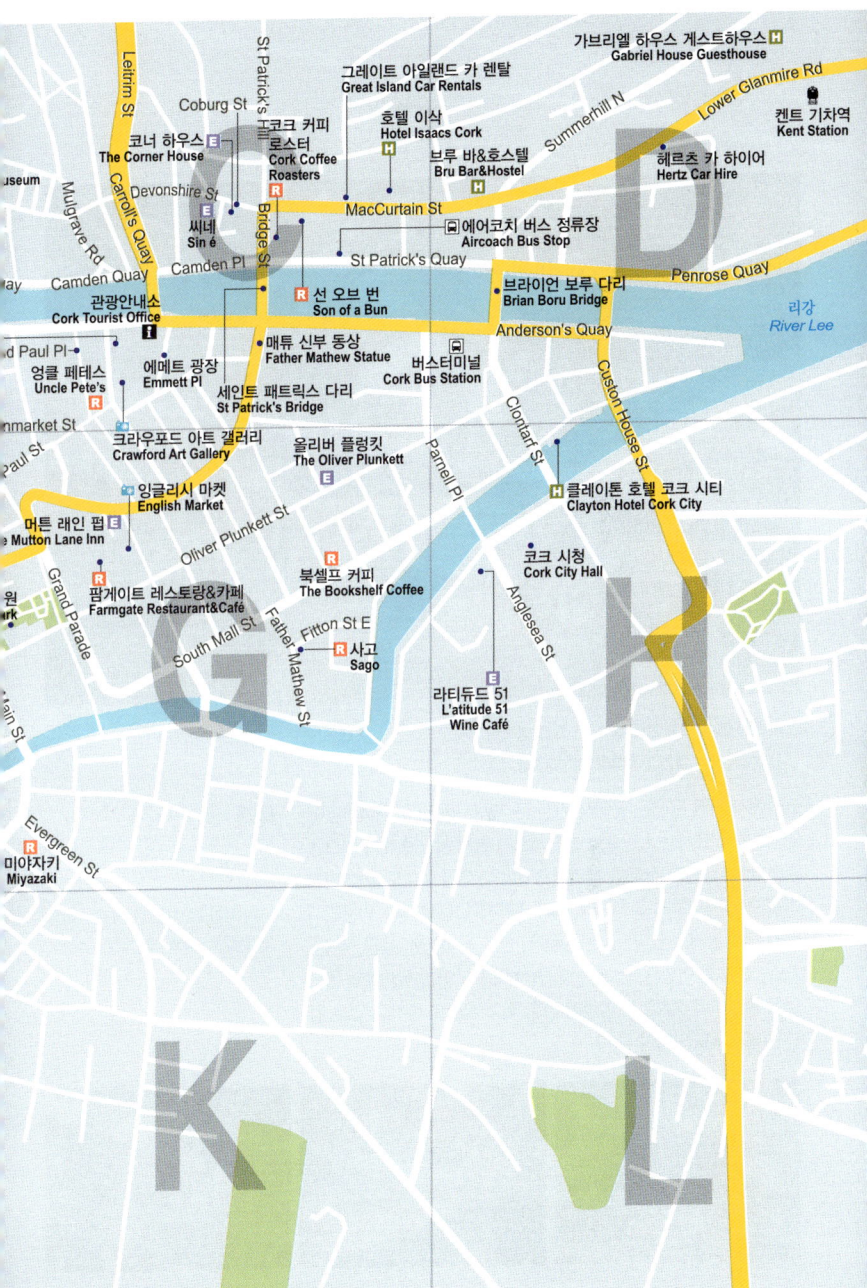

SEE

현지인의 생생한 일상을 엿볼 수 있는 곳
잉글리시 마켓 English Market

코크에서 가장 오래된 곳이자 가장 큰 재래시장이다. 1840년 아일랜드를 대표하는 시장으로 성장시키기 위해 시장을 대폭 리모델링하였다. 식민지 잔재를 불러일으키는 마켓의 이름도 '아이리시 마켓'으로 변경하려 하였으나 이미 존재해 오늘날까지 '잉글리시 마켓'으로 불리고 있다. 마켓은 치즈, 발효 음식, 잼, 육류, 생선, 채소, 과일 등 아일랜드 사람들이 즐겨 먹는 다양한 식재료와 음식들을 판매한다. 실내 시장 안에는 한 끼 식사로도 손색이 없는 간단한 음식들도 맛볼 수 있다.

Data 지도 281p-G
가는 법 코크 관광안내소에서 도보 5분 주소 Princes St, Centre, Cork
운영 시간 월~토 08:00~18:00
홈페이지 www.englishmarket.ie

| Talk |
코크 여행의 시작, 세인트 패트릭 거리와 에메트 광장

더블린의 오코넬 거리를 연상시키는 매튜 신부의 동상이 이 거리의 시작을 알린다. 거리 좌우로 비스듬하게 세워진 가로등 디자인이 거리의 풍경을 멋스럽게 만든다. 리강을 연결하는 패트릭 다리를 기준으로 남쪽에 연결된 세인트 패트릭 거리의 좌우에는 크고 작은 쇼핑몰들이 밀집해 있다. 타미 힐피거 매장 옆으로 있는 오페라 레인Opera Lane 골목을 지나가면 넓은 에메트 광장Emmett Place이 나타난다. 도로 대신 넓은 보행자 길로 설계되어 있어 광장 주변에는 버스커들의 연주가 끊이질 않는다. 에메트 광장 내에 있는 크라우포드 아트 갤러리는 양질의 작품들을 무료로 관람할 수 있어서 부담 없이 둘러보기 좋은 곳이다.

IRELAND BY AREA 03
코크

아일랜드 화가들의 작품을 한 자리에
 크라우포드 아트 갤러리 Crawford Art Gallery

붉은 벽돌로 지어진 미술관은 코크의 대표적인 공공 미술관이다. 원래 세관으로 사용되던 건물이었는데 현재는 미술관으로 사용되고 있다. 전시는 영구 전시와 상설 전시로 나뉜다. 영구 전시에는 아일랜드 대표 화가인 윌리엄 리치 William Leech, 다니엘 맥클리스 Daniel Maclise, 제임스 베리 James Barry 등 다양한 아일랜드 화가들의 작품이 전시되어 있다. 작품을 통해 당시의 사회상을 엿볼 수 있어 꼭 한 번은 방문해야 하는 곳이다. 보행자 전용 거리인 에메트 광장 내에 위치해 접근성도 좋고 무료 관람이라 부담 없이 둘러보기 좋다.

Data 지도 281p-C
가는 법 에메트 광장 내
주소 Emmett Pl, Centre, Cork
전화 021-480-5042
운영 시간 월~토 10:00~17:00 (목 10:00~20:00)
입장료 무료
홈페이지 www.crawfordartgallery.ie

제멋대로 울려 퍼지는 종소리
세인트 앤 교회 Church of St Anne

1722년에 세워진 교회로 18세기 아일랜드 기독교 역사에 중요한 역할을 한 곳이다. 둥근 볼트 천장과 화려한 스테인드 글라스, 침례 예식을 위해 돌에 새겨진 글자 등을 눈여겨보자. 교회의 종탑은 샨던 지역에 세워졌다고 해서 샨던 종탑으로 불린다. 종탑의 4면에는 시계가 걸려 있는데 코크의 거친 바람 때문에 시간이 각각 달라 '네 개의 얼굴을 가진 거짓말쟁이'로 불리기도 한다. 종은 방문객이 직접 줄을 잡아당겨 종을 칠 수 있고 종탑의 132개 계단을 올라가면 코크 시내의 전경을 한눈에 내려다볼 수 있다.

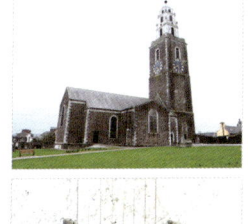

Data 지도 280p-B 가는 법 에메트 광장에서 도보 8분
주소 Church St, Shandon, Cork 전화 021-450-5906
운영 시간 11~2월 월~토 11:00~15:00, 일 11:30~15:00, 3~5월 월~토 10:00~16:00, 일 11:30-6:30, 6~9월 월~토 10:00~17:00, 일 11:30~16:30 입장료 성인 5유로, 학생·노인 4유로, 15세 이하 어린이 2유로, 5세 미만 무료 홈페이지 www.shandonbells.ie

뾰족한 첨탑의 위엄
세인트 핀 바레스 대성당 St. Fin Barre's Cathedral

코크 시내를 걷다 보면 뾰쪽하게 우뚝 서 있는 첨탑을 발견할 수 있다. 7세기, 코크의 첫 번째 주교인 세인트 핀 바를 기리기 위해 그가 처음 머문 곳에 설립한 성당이다. 성당은 1536년에 붕괴된 후 건축가 윌리엄 버지스William Burges에 의해서 1865년부터 1879년 사이에 재건되었다.

성당의 외관은 파리의 노트르담 대성당의 작은 버전을 연상시키고 내부는 고딕 양식의 모습을 갖추고 있다. 성당 좌우에서 성당의 역사와 중세 시대 아일랜드 지도를 볼 수 있고 켈즈의 서를 연상시키는 고대 시대의 책도 전시되어 있다. 성당 강대상에 있는 스테인드글라스와 대형 파이프 오르간, 화려한 천장은 놓치지 말아야 할 관람 포인트. 또한 오전 10시와 12시에 매일 진행되는 예배 시간에 참석하면 무료 입장이 가능하다.

Data 지도 280p-F
가는 법 에메트 광장에서 도보 13분
주소 St, The Lough, Cork
전화 021-496-3387
운영 시간 월~토 09:30~17:30 일 13:00~14:30, 16:30~17:30 (4~11월만 관람 가능) 입장료 성인 6유로, 노인·학생(ID 제시) 5유로
홈페이지 corkcathedral.webs.com

아일랜드 남부의 명문 대학교

코크 대학교 University College Cork

1845년 설립 후 1908년 아일랜드 대학법에 따라 코크 대학교가 되었고 이곳에서는 UCC로 불린다. 2017년에는 5회에 걸쳐 영국 신문사인 선데이 타임즈가 선정한 아일랜드의 올해의 대학으로 선정되었다. 또한 2015년에는 대학 평가 시스템인 멀티랭크 U·Multirank에서 전세계 1200개 대학 중 'A' 점수를 가장 많이 획득한 유럽의 대학으로도 선정되는 등 전 세계 대학 중 200위 안에 드는 명문 대학교이다. 코크주 유일의 아일랜드 국립 종합 대학으로 오랜 역사와 전통을 가지고 있다. 더블린의 트리니티 대학은 대학 건물이 곳곳에 흩어져 있는 반면, 코크 대학교는 캠퍼스 안에 주요 건물이 밀집해 있어 캠퍼스 낭만을 더 느낄 수 있다.

Data 지도 280p-I
가는 법 잉글리시 마켓에서 서쪽으로 도보 15분
주소 College Rd, University College, Cork
전화 021-490-3000
홈페이지 www.ucc.ie

학생회관

| 코크 대학교 둘러보기 |

1. 르위스 글럭스맨 갤러리 Lewis Glucksman Gallery

대학교 정문을 지나 리강이 흐르는 다리를 지나면 바로 보이는 갤러리로 2004년 아일랜드 건축가 협회에서 '아일랜드 최고 공공 건축물'로 선정되었다. 현대적인 감각이 돋보이는 갤러리는 다양한 기획전과 강의 등의 이벤트를 개최한다. 갤러리 아래에 펼쳐진 잔디밭과 그 옆에 있는 카페는 보는 것 자체만으로도 힐링을 떠올리기에 충분한 풍경이다.

Data 운영 시간 화~토 10:00~17:00, 일 14:00~17:00
요금 무료 홈페이지 www.glucksman.org

2. 메인 홀 Main Quadrangle

코크 대학교를 대표하는 건물이다. 돌바닥과 벽, 나무 천장, 격자 창문으로 이루어진 복도의 모습이 마치 중세 시대의 성에 온 느낌이다. 한쪽에 전시된 오검문자들도 인상적이다. 메인 홀 끝에 위치한 아울라 막시마 Aula Maxima는 이벤트 홀이자 하이라이트 장소. 좌우로 빽빽하게 꽂혀진 장서들이 있고 홀 앞에는 역대 총장들의 사진이 걸려있다. 나무로 이루어진 천장은 고딕 성당에서 자주 사용하는 둥근 천장 형식을 사용하여 더 높고 깊어 보인다. 크지 않지만 벽, 천장의 건축 양식으로 기품 있는 모습을 연출했다.

3. 학생회관

코크 대학교 학생들의 휴식을 책임지는 곳으로 바람에 휘날리는 모습을 형상화한 듯한 지붕의 모습과 건물의 벽면을 통유리로 사용한 디자인이 인상적이다. 한국의 대학교처럼 건물 안에는 은행, 미용실, 펍, 카페테리아, 기념품 숍 등 다양한 편의 시설이 들어서 있다. 학교 투어를 하다가 간단한 끼니를 해결하거나 쉬어 가기 좋은 장소이다.

4. 학생식당

코크에서 가장 저렴한 가격으로 한 끼를 해결할 수 있는 장소가 아닐까? 주머니 사정이 가벼운 학생들에게 인기 만점인 학생 식당의 '오늘의 메뉴'는 아일랜드도 예외가 아니다. 3~5유로의 저렴한 가격으로 한 끼를 해결할 수 있는 완벽한 장소로 학교 안에서 가장 붐비는 장소이자 활기를 띄는 곳이기도 하다.

IRELAND BY AREA 03
코크

코크 지역의 역사를 한눈에
코크 국립 박물관 Cork Public Museum

피츠제랄드 공원 내에 위치하고 있다. 2층으로 구성된 박물관은 코크의 역사와 고고학에 초점을 두고 있다. 1층 전시실에는 고대와 중세 시대 코크의 모습, 아일랜드 선사시대에 사용한 특수 기호문자인 오검문자, 은 장식품, 18세기 의상 변천과 생활상을 전시해 놓았다. 또한 코크 출신의 아일랜드 민족주의자인 마이클 콜린스Michael Collins의 전시관도 따로 마련되어 있다. 박물관에는 제1차 세계대전 당시의 전쟁막사를 재연해 놓은 곳이 있다. 2평 남짓한 좁은 방에는 당시 전쟁에 참전했던 사람들이 사용했던 방의 모습이 꾸며져 있다. 어두운 조명 아래 1인용 침대, 작은 책상과 테이블, 그리고 벽 한 켠에 설치된 선반 위에는 깡통 음식과 가족들의 사진이 담긴 액자가 있다. 전시관 내에 시종일관 대포 소리와 총소리가 들리는 음향 효과는 그 당시의 긴박하고 위험했던 상황을 느끼게 해준다.

Data 지도 280p-E 가는 법 코크 대학교에서 도보 7분 주소 Mardyke, Cork
전화 021-427-0679 운영 시간 화~토 10:00~16:00, 일 14:00~16:00 요금 무료
홈페이지 www.corkcity.ie/services/corporateandexternalaffairs/museum/

한 템포 쉬어가기 좋은 곳
피츠제랄드 공원 Fitzgerald's Park

코크 국립 박물관이 있는 곳이자 코크 시민들의 휴식 공간이다. 원래는 개인의 정원으로 꾸며졌다가 1906년부터 코크시에서 관리하고 있다. 공원 안에 코크를 관통하는 리강이 흐르고 있어 산책을 하는 사람들도 많다. 공원 중앙에 세워진 분수대와 작은 다리 등 조경에 신경을 쓴 흔적이 보인다. 장애인과 어린이들이 함께 즐길 수 있는 올 인클루시브all-inclusive 놀이터도 있어 가족 단위 여행자들에게도 좋은 휴식 장소이다.

Data 지도 280p-E 가는 법 코크 대학교에서 도보 7분 주소 Mardyke, Cork 운영 시간 08:30~17:00

세상에서 가장 더러운 키스 장소
블라니성 Blarney Castle

5층으로 세워진 성은 약 27m에 달하며 중세 시대의 모습을 그대로 품고 있다. 나선형 계단을 통해 오르게 되어 있는데 계단의 폭이 50cm도 되지 않을 만큼 좁고 가파르다.

이 성은 꼭대기에 있는 '블라니 스톤'이 매우 유명하다. 백 개가 넘는 나선형 계단을 올라가 닳고 닳아 반질반질해진 흉벽에, 사람들은 아슬아슬하게 거꾸로 매달린 채 입맞춤을 한다. 이 돌에 키스를 하게 된 유래는 매우 다양한데, 그중 매카시 가문과 엘리자베스 1세의 이야기가 가장 유명하다.

16세기 말에서 17세기 초 무렵, 엘리자베스 1세는 아일랜드 귀족들의 권력을 약화시키려고 노력하고 있었다. 아일랜드 수장들의 충성 맹세를 원했던 엘리자베스 여왕은 당시 블라니성의 성주였던 코맥 매카시에게도 대리인을 보낸다. 이에 매카시는 언변이 좋아지는 주술을 걸어 둔 블라니 스톤에 입을 맞춘 후 내뱉은 유창한 감언이설로 여왕의 기분을 상하게 하지 않았고, 그 이후 블라니 스톤에 키스를 하면 달변의 재능을 얻을 수 있다는 미신이 떠돌기 시작했다. 영국의 윈스턴 처칠도 이 돌에 입을 맞추면서 블라니 스톤은 하나의 관광 명소로 자리 잡게 되었다.

Data 지도 280p-A
가는 법 Parnell Pl 정류장에서 215번 버스 탑승 후 Blarney에서 하차
주소 Monacnapa, Blarney, Co. Cork
운영 시간 11~2월 09:00~17:00, 3·4·10월 09:00~18:00, 5·9월 월~토 09:00~18:30, 일 09:00~18:00, 6~8월 월~토 09:00~19:00, 일 18:00
요금 18유로, 학생·노인 14유로, 8세 이상 어린이 8유로, 7세 미만 무료(온라인 예매 시 2유로 할인)
홈페이지 www.blarneycastle.ie

|Theme|
유네스코 세계 문화유산,
블라니성과 가든 Blarney Castle and Gardens

이곳은 블라니성뿐만 아니라 10개 이상의 크고 작은 정원을 만날 수 있다.
성만 둘러본다면 2시간이면 충분하지만 성과 주변의 정원을
다 둘러보기 위해선 적어도 반나절 이상은 투자해야 한다.

블라니 하우스 Blarney House

블라니성에서 200m가 채 되지 않는 곳에 위치하며 공원의 한가운데에 자리 잡고 있다. 바둑판 모양의 창문, 뾰족한 탑이 달린 웅장한 고딕 양식이며 하우스 주변에는 단풍나무와 너도밤나무, 붉은 삼나무 등 희귀하고 특이한 나무들로 가득하다. 다만 운영 시간이 오전 10시에서 오후 2시로 매우 짧다.

포이즌 가든 Poison Garden

이름에서 유추할 수 있듯이 독초로 이루어진 정원이다. 독특한 콘셉트를 가진 정원이라 호기심을 가지고 정원을 걷다가도 행여 목숨에 이상이 생길까 봐 숨을 들이마시고 걷게 되는 곳이기도 하다. 작은 정원 안에는 다양한 야생 독초들을 만날 수 있으며 비아그라의 원료가 되는 식물도 있다.

록 클로즈 Rock Close

정원 깊숙이 자리 잡고 있는 이곳은 반지의 제왕이나 호빗 영화에 나온 장소들을 그대로 옮겨 놓은 듯하다. 켈트족이 살았을 것 같은 고대 정원은 신비로움 그 자체이다. 블라니성에서 가장 오래된 나무와 정원의 풍경은 마치 선사 시대로 회귀한 듯한 느낌이다. 커다란 나뭇잎과 대나무 사이를 지나가면 거대한 고인돌과 소망의 계단, 마녀의 부엌, 마녀의 돌 등을 만날 수 있다. 늪지 정원으로 이루어진 보그 가든에 자리 잡고 있는 수상 정원과 폭포는 여행자들에게 환상적인 경험을 가져다준다. 인공적으로 다듬어지지 않고 날것 그대로의 거친 매력을 발산하는 정원의 모습이 블라니성의 모습과 매우 닮았다.

1. 블라니 하우스 전경 2. 포이즌 가든에는 주의를 요하는 문구들이 곳곳에 있다. 3. 포이즌 가든 전경 4. 록 클로스 가는 길 5. 보그 가든에 위치한 수상 정원 6. 보그 가든에 위치한 폭포

Tip 블라니성과 코브 투어 버스

아일랜드 대표 투어 회사인 패디웨건Paddywagon은 블라니성과 코브를 여행하는 투어 프로그램을 운영한다. 하루에 블라니성과 코브를 모두 볼 수 있는 장점이 있으며 투어 비용 안에는 블라니성 입장료(18유로)가 포함되어 있다.

Data 요금 1인당 32유로(블라니성 입장료 포함)
홈페이지 www.paddywagontours.com
(첫 화면에서 출발점: Cork, 도착점: Cork City로 입력해서 검색)

EAT

Writer's Pick!

코크 최고의 일식집
미야자키 Miyazaki

레스토랑의 주인은 23년 이상 요리 경험을 가지고 있는 베테랑 일본 요리사이다. 2017년 먼스터 Munster 지방에서 '베스트 월드 퀴진 상'을 수상한 이력이 있으며 '2017 코크의 베스트 셰프상'을 수상하기도 하였다. 일본의 전통적인 식습관과 요리 문화인 '와쇼쿠' 정신에 입각해 후쿠오카 정통 요리를 선보이는 것을 목표로 하고 있다. 코크를 넘어서 아일랜드에서 가장 맛있는 일식집이라고 말해도 손색이 없는 곳이다. 돈부리 종류는 다 맛있다.

Data 지도 281p-G
가는 법 에메트 광장에서 도보 10분
주소 1A Evergreen St, Ballyphehane, Cork
전화 021-431-2716
운영 시간 점심 13:00~15:30, 저녁 17:00~21:00 가격 돈부리 9~12유로, 누들 종류 7~8유로, 스시롤 7~10유로 홈페이지 www.facebook.com/miyazakicork

시장에서 먹는 한 끼 식사
팜게이트 레스토랑&카페 Farmgate Restaurant&Café

잉글리시 마켓을 구경 왔다가 식사를 하기 좋은 곳이다. 아침의 브런치 메뉴부터 점심 메뉴, 간단한 티와 디저트류 등을 제공한다. 카페에 앉으면 발코니 너머로 1층의 잉글리시 마켓의 활기찬 분위기가 느껴져 독특한 분위기에서 식사를 경험할 수 있다. 특별하게 맛있는 음식이 있기보다는 평균 이상의 맛과 캐주얼한 분위기를 좋아하는 사람들에게 추천한다. 단 점심시간대에는 로컬 사람들이 많아서 매우 혼잡하고 줄을 오래 기다려야 한다.

Data 지도 281p-G
가는 법 잉글리시 마켓 내 2층
주소 The English Market, Princes St, Centre, Cork
전화 021-427-8134
운영 시간 월~토 08:30~17:00
가격 아침 식사(08:30~11:00) 9~12유로, 점심 메인 12~13유로
홈페이지 www.farmgate.ie

저녁도 저렴하게 먹을 수 있는 곳
사고 Sago

아시안 퓨전 레스토랑이다. 밥부터 라면, 커리, 튀김 요리 등 한국인의 입맛에 맞는 음식들을 판매하고 있다. 시간에 상관없이 메인 요리가 10유로대라 저녁에도 부담 없이 즐길 수 있다. 바삭한 새우튀김과 닭가슴살 꼬치도 5유로로 부담 없이 즐길 수 있다. 테이크아웃 음식은 기본 가격에서 20% 할인된다.

Data 지도 281p-G
가는 법 관광안내소에서 도보 4분
주소 4 Father Mathew St, Centre, Cork
전화 021-427-3855
가격 에피타이저 5유로, 메인 요리 10유로 운영 시간 12:00~21:30
홈페이지 sagoasianbistro.com

브런치 즐기기 좋은 곳
리버티 그릴 Liberty Grill

브런치로 유명한 곳이다. 기본에 충실한 식자재와 감각 있는 인테리어 디자인 덕분에 늦은 오전에는 언제나 만석이다. 항상 사람들이 붐비지만 적당히 어두운 조명 덕분에 음식에 집중할 수 있다. 따뜻하고 푹신한 식빵 위에 채소나 고기, 계란을 얹은 에그 베네딕트는 이 집의 시그니처 메뉴. 시금치를 좋아한다면 에그 플로렌틴 Eggs Florentine도 괜찮다.

Data 지도 280p-F
가는 법 잉글리시 마켓에서 도보 5분
주소 32 Washington St, Centre, Cork
전화 021-427-1049 가격 브런치 메뉴 7~10유로, 에그 베네딕트 7유로, 저녁 메인 13~20유로대
운영 시간 월~목 08:00~21:00, 금·토 08:00~22:00, 일 휴무 홈페이지 www.libertygrill.ie

이탈리아 스타일 피자의 자부심
엉클 페테스 Uncle Pete's

코크 사람들에게 가장 잘 알려진 피자 가게로 2003년에 문을 열었다. 당시 아일랜드 사람들이 형편없는 맛의 피자를 먹고 있다는 것에 충격을 받은 주인은 이탈리아를 여행하며 정통 피자 레시피를 연구했다. 기본에 충실한 이탈리아 스타일의 피자를 선보이고 있으며 25가지 이상의 글루텐프리 피자를 선보인다. 가격도 10유로 선으로 저렴한 편이다. 파스타류는 추천하지 않는다.

Data 지도 281p-C
가는 법 크라우포드 아트 갤러리에서 도보 1분
주소 40 Paul St, Centre, Cork
전화 021-427-4845
가격 피자, 1인용 8~10유로, 2·3인용 15~17유로
운영 시간 월~토 08:00~22:00, 일 11:00~22:00
홈페이지 unclepetes.ie

SNS에서 입소문 난 곳
선 오브 번 Son of a Bun

더블린에 분센Bunsen 버거집이 있다면 코크에는 선 오브 번이 있다! SNS뿐만 아니라 코크 젊은이들 사이에서 가장 핫한 햄버거 가게이다. 갈색 빛이 도는 두툼하고 반질반질한 빵과 한입에는 도저히 먹을 수 없는 두툼한 패티와 속 재료들은 보는 것만으로 즐겁다. 멋진 인테리어와 감각 있는 음악은 덤으로 주어지는 곳. 평일 오후 12시부터 4시 사이 햄버거를 구입하면 무료로 감자튀김을 먹을 수 있는 찬스도 놓치지 말자.

Data 지도 281p-C
가는 법 에메트 광장에서 도보 5분
주소 28 MacCurtain St, Montenotte, Cork
전화 021-450-8738
운영 시간 12:00~22:00
가격 햄버거 8~10유로,
사이드 메뉴 3~5유로
홈페이지 www.sonofabun.ie

특별한 저녁 식사
파라다이소 Paradiso

1993년부터 운영하고 있는 채식주의자들을 위한 레스토랑이다. 수석 주방장인 데니스 커터는 국제적으로 알려진 채식 요리의 대가이자 4권의 요리 책 저자이기도 하다. 지역 농민과 치즈 제조사와 협력해 제철에 가장 맛있게 먹을 수 있는 메뉴를 출시하는 것이 특징이다. 레스토랑 내부는 차분한 그레이톤으로 군더더기가 없는 인테리어이며 건강한 음식은 보는 즐거움에서부터 시작된다. 파라다이소 레스토랑 위층에는 2개의 객실을 소유하고 있으며 숙박+저녁식사 패키지를 1인당 150유로부터 제공하기도 한다.

Data 지도 280p-F
가는 법 에메트 광장에서 도보 11분
주소 16 Lancaster Quay, Mardyke, Cork
전화 021-427-7939
운영 시간 월~토 17:30~22:00
(예약 필수) 가격 2코스 37유로,
3코스 45유로
홈페이지 paradiso.restaurant

코크의 아침을 책임지는 커피 한 잔
코크 커피 로스터 Cork Coffee Roasters

리강을 건넌 후 북쪽으로 완만한 경사길을 올라가면 찾을 수 있는 커피 전문점으로 커피를 좋아하는 코크 시민들이라면 다 아는 유명한 카페이다. 갈색 페인트로 칠한 외관은 빈티지스러운 내부 분위기와 잘 어울린다. 진하고 풍미가 강한 커피는 커피 마니아들의 입맛을 사로잡는다. 이 집에서 가장 유명한 커피는 에스프레소이지만 라테도 맛있다. 더운 날에는 시원한 아이스 라테를 추천한다.

Data 지도 281p-C
가는 법 에메트 광장에서 도보 4분
주소 2 Bridge St, Montenotte, Cork **전화** 021-731-9158
운영 시간 월~금 07:30~18:30, 토 08:00~20:00,
일 9:00~17:00, **홈페이지** www.facebook.com/ CorkCoffee

오래 머물고 싶은 편안함
북셀프 커피 The Bookshelf Coffee

푹신한 의자와 적당히 어두운 조명, 카페 곳곳에 놓여 있는 책들과 빈티지 물건들은 누군가의 집을 방문한 것처럼 편안하고 아늑하다. 베를린에서 유명한 반Barn 원두를 취급해 커피도 고소하고 맛있지만 따뜻한 분위기 때문에 더 오래 머물고 싶은 곳이다. 커피 한 잔을 시켜서 좋아하는 책을 읽거나 인터넷을 하며 시간을 보내기 딱 좋은 카페이다. 코크에 3개의 지점을 보유하고 있다.

Data 지도 281p-G
가는 법 에메트 광장에서 도보 6분
주소 80 South Mall St, Centre, Cork
전화 021-239-2576
운영 시간 월~토 07:30~18:30 (토 09:00~), 일 10:00~18:00
홈페이지 www.facebook.com/TheBookshelfCoffeeHouse

ENJOY

코크에서 가장 오래된 전통 펍
씨네 Sin é

코크에서 가장 오래된 전통 펍으로 씨네는 영어로 'that's it'을 뜻한다. 1층은 친구의 아지트를 방문한 것처럼 따뜻하고 아늑한 분위기이고 2층은 라이브음악보다는 이야기에 집중하는 사람들에게 제격이다. 5월부터 9월은 매일 저녁 7시부터 자정까지 다양한 뮤지션들의 라이브 음악을 들을 수 있다. 나머지 달은 매주 화요일과 금요일, 일요일 저녁에 라이브 음악이 연주된다.

Data 지도 281p-C
가는 법 에메트 광장에서 도보 5분
주소 8 Coburg St, Shandon, Cork 전화 021-450-2266
운영 시간 12:30~23:30
(금·토 ~00:30, 일 ~23:00)
홈페이지 www.corkheritagepubs.com

또 다른 전통 펍
코너 하우스 The Corner House

씨네 펍 바로 옆에 위치한 펍. 씨네 펍이 코크에서 가장 유명한 전통 펍이지만 전통 음악을 듣는 것이 목적이라면 더 넓은 공간에서 들을 수 있는 코너 하우스의 연주도 괜찮다. 화요일을 제외한 매일 저녁 다양한 뮤지션들의 연주를 들을 수 있고 요일마다 라이브 음악의 구성이 조금씩 달라진다. 홈페이지에서 그 달의 뮤지션들과 라이브 음악 시간을 확인할 수 있다.

Data 지도 281p-C
가는 법 씨네 펍 옆
주소 7 Coburg St, Shandon, Cork 전화 021-450-0655
운영 시간 15:30~23:30
(토 ~00:30, 일 ~23:00)
홈페이지 thecornerhouse.ie

좁은 골목길 안의 아지트
머튼 레인 펍 The Mutton Lane Inn

화려한 벽화가 그려진 좁은 골목길 안에 위치한 펍으로 골목에 걸려 있는 노란 전구들이 앙증맞고 귀엽다. 이곳은 젊은 층부터 장년층까지 모든 세대가 어우를 수 있는 분위기를 제공한다. 어두운 조명 아래 투박한 나무 테이블 위에 놓여진 양초는 펍의 분위기를 더욱 따뜻하게 만들어 준다. 맥주 한 잔 시켜 놓고 친구들과 비밀 이야기를 나눠야 할 것 같은 분위기다.

Data 지도 281p-G
가는 법 에메트 광장에서 도보 4분
주소 3 Mutton Ln, Centre
전화 021-427-3471
운영 시간 월~목 10:30~23:30,
금·토 10:30~00:30,
일 14:00~23:00
홈페이지 www.facebook.com/mutton.lane

아침부터 새벽까지
올리버 플렁킷 The Oliver Plunkett

아일랜드 전통 음악과 현대 음악을 함께 들을 수 있는 펍이다. 3층으로 이루어진 큰 규모의 펍으로 건물 안으로 들어가면 커다란 스테이지가 눈에 들어온다. 벽과 천장에 붙여 놓은 다양한 사진들이 펍의 역사를 이야기해 준다. 아일랜드 독립 역사에 중요 인물인 마이클 콜린스부터 존 F. 케네디 대통령, 아일랜드 유명 재즈&블루스 기타리스트인 로리 갤러거 등 유명 인사들의 사진도 발견할 수 있다. 운동 경기가 있는 날은 훌륭한 관중석 역할을 한다.

Data 지도 281p-G
가는 법 에메트 광장에서 도보 6분
주소 116 Oliver Plunkett St, Centre, Cork
전화 021-422-2779
운영 시간 월~수 08:00~23:30,
목·금 08:00~02:00,
토 09:00~02:00,
일 12:00~23:30
홈페이지 www.theoliverplunkett.com

화려하고 정교한 샹들리제가 돋보이는 곳
보데가 The Old Town Whiskey Bar at Bodega

코크에서 가장 우아하고 화려한 펍을 찾는다면 보데가로 가면 된다. 펍과 레스토랑을 겸하는 이곳은 공간이 주는 위엄과 웅장함이 있는 곳이다. 세인트 피터 마켓 내에 위치하며 확 트인 공간과 높은 천장, 화려한 샹들리제는 들어가는 순간, 특별한 장소를 방문한 기분을 선사한다. 공간이 주는 웅장함과 달리 음식의 가격은 10~15유로 선으로 일반 레스토랑과 비슷하다. 주말 저녁에는 재즈 연주를 들을 수 있고 오전에는 브런치도 제공한다.

Data 지도 280p-B
가는 법 세인트 패트릭 거리 내 뱅크 오브 아일랜드에서 도보 3분
주소 44-45 Cornmarket St, Centre, Cork 전화 021-427-3756
운영 시간 10:00~24:00(목·금 ~02:30, 일 ~23:30)
홈페이지 www.bodegacork.ie

와인 애호가들의 아지트
라티듀드 51 L'atitude 51 Wine Café

따뜻하고 아늑한 분위기 속에서 좋아하는 와인을 마실 수 있는 곳이다. 와인 전문가인 주인은 와인을 추천해 주기도 하고 와인의 지식을 이야기해 주기도 한다. 한 달에 한 번씩 진행하는 와인 시음회를 비롯한 크고 작은 워크숍을 통해 자신에게 맞는 와인을 배울 수도 있다. 특별한 안주가 없어도 와인 한 잔으로 즐거워지는 곳. 오전에는 커피와 간단한 브런치도 제공한다.

Data 지도 281p-H 가는 법 코크 시청 옆
주소 1 Union Quay, Centre, Cork 전화 021-239-0219
운영 시간 월~금 10:00~23:00(월 ~20:00, 금 ~00:30),
토 16:00~00:30 홈페이지 www.latitude51.ie

> **Tip** 홈페이지를 통해 와인 바에서 진행하는 행사를 확인하고 가자.

SLEEP

Writer's Pick! 여행지에서 누리는 특별한 사치

헤이필드 매너 Hayfield Manor

하루 정도는 특별한 날을 만들고 싶을 때 기억하면 좋은 5성급 호텔이다. 균형과 대칭을 강조한 조지안 양식의 호텔 건물로 들어가면 클래식하고 우아한 로비 공간이 나타난다. 일반 호텔방보다 더 넓은 방을 제공하는 것은 물론 눕자마자 잠들 것 같은 포근한 침대와 클래식한 가구는 또 다른 즐거움을 선사한다. 5성급 호텔이지만 비수기에는 200유로대로 예약할 수 있을 만큼 숙박비도 합리적이다. 호텔에서 코크 시내까지는 도보로 약 20분 소요된다. 무료 주차, 실내 수영장, 휘트니스 센터를 보유하고 있다.

Data 지도 280p-I
가는 법 코크 대학교에서 도보 5분
주소 Perrott Ave, College Rd, The Lough, Cork
전화 021-484-5900
가격 더블룸, 비수기 190유로~, 성수기 270유로~
홈페이지 www.hayfieldmanor.ie

확 트인 천장이 주는 감동

리버 리 호텔 The River Lee Hotel

2010년부터 운영하는 4성급 호텔이다. 객실의 한쪽을 커다란 창문으로 설계해 객실에 들어갔을 때 확 트인 조경을 감상할 수 있다. 객실은 모던한 디자인으로 연출되어 있고 여행보다는 호텔 내에서 스파를 즐기고, 식사를 즐기고 싶은 마음을 갖게 만든다. 호텔에서 운영하는 레스토랑과 바 역시 리강이 내려다보이는 곳에 위치해 최고의 뷰를 감상하며 식사를 하고 여행을 즐길 수 있도록 배려했다.

Data 지도 280p-F
가는 법 에메트 광장에서 도보 13분
주소 The River Lee, Western Road, Co. Cork
전화 021-425-2700
가격 더블룸 비수기 130유로~, 성수기 180유로~
홈페이지 www.doyle collection.com

리강이 내려다보이는
클레이톤 호텔 코크 시티 Clayton Hotel Cork City

코크 시청을 마주 보고 있는 호텔은 리강을 내려다보고 있다. 호텔 로비는 밝은 색상의 가구를 사용해 경쾌하고 젊은 느낌을 준다. 모던한 객실은 넓은 창문을 한쪽으로 배치해 확 트인 느낌을 가져다 준다. 도심 내에 위치하지만 훌륭한 수영장과 휘트니스 센터를 보유하고 있다. 기차역과 시내 접근성이 좋아 대중교통으로 코크를 여행하는 사람들이 이용하기 편리하다.

Data 지도 281p-H
가는 법 코크 시청 맞은편
주소 Lapp's Quay, Centre, Cork 전화 021-422-4900
가격 더블룸 비수기 130유로~, 성수기 150유로~ 홈페이지 www.claytonhotelcorkcity.com

군더더기 없는 깔끔함
랜커스터 롯지 호텔 Lancaster Lodge

리강 유역에 위치한 4성급 호텔로 코크 시내와 코크 대학교 사이에 위치한다. 시내에 있는 호텔들은 별도의 주차비를 받는 반면에 이곳은 무료 주차가 가능해 렌터카 여행자들에게 좋다. 다른 호텔에 비해 방의 사이즈가 큰 편이며 4성급 호텔 치고는 숙박비가 저렴하다. 군더더기 없이 깔끔한 방과 조식, 친절한 직원 등 가격 대비 가치가 좋은 곳이다. 호텔 예약 시 호텔 공식 홈페이지에서 프로모션 가격을 확인하자.

Data 지도 280p-F
가는 법 에메트 광장에서 도보 12분
주소 Lancaster Quay, Western Rd, Cork
전화 021-425-1125
가격 더블룸, 비수기 90유로~
성수기 130유로~
홈페이지 www.lancasterlodge.com

코크 대학교 앞

가니쉬 하우스 Garnish House

코크 대학교 앞에 위치하는 비앤비이다. 숙소에 도착하는 순간부터 웰커티와 스콘으로 환영의 인사를 시작한다. 다른 호텔들보다 방 사이즈가 크다. 아침에 제공되는 아이리시 브렉퍼스트가 매우 훌륭하고 양이 많아 아침을 든든히 먹고 싶은 사람에게 적극 추천한다. 숙소에서 시내까지는 도보로 약 15분 이상 소요된다. 게스트하우스 앞에 무료로 주차가 가능하나 주차 공간이 협소하다. 예약 2주 전후로 비수기, 성수기에 상관없이 숙소 가격을 할인할 때가 많으니 홈페이지를 참고하자.

Data 지도 280p-E
가는 법 코크 대학교에서 도보 2분
주소 18 Western Rd, Mardyke, Cork 전화 021-427-5111
가격 더블룸 비수기 75유로~, 성수기 98유로~
홈페이지 www.garnish.ie

에어코치 버스 정류장 근처
호텔 이삭 Hotel Isaacs Cork

코크 시내에 위치하는 3성급 호텔이다. 더블린 공항에서 코크로 가는 직행버스인 에어코치 버스 정류장이 근처에 있어 매우 편리하다. 클래식 더블룸의 경우 리모델링을 하지 않아 오래된 호텔 분위기가 나지만 시내 접근성과 대중교통 이용이 중요한 여행자들에겐 가성비가 좋은 호텔이다. 리모델링이 된 방을 선호한다면 클래식 더블룸보다 약 10유로 더 비싼 '디럭스 더블룸'을 선택하자.

Data 지도 281p-C
가는 법 에메트 광장에서 도보 6분
주소 48 MacCurtain St, Centre, Cork
전화 021-450-0011
가격 클래식 더블룸 비수기 79유로~, 성수기 89유로~
디럭스 더블룸 비수기 89유로~, 성수기 99유로~ 홈페이지 www.hotelisaacscork.com

기차 역 근처
가브리엘 하우스 게스트하우스
Gabriel House Guesthouse

코크 대성당의 첨탑과 항구가 내려다보이는 곳에 위치한 비앤비이다. 숙소에서 켄트 기차역까지는 도보로 약 5분, 숙소에서 시내까지는 도보로 10분 소요된다. 게스트하우스로 가는 길이 완만한 오르막길이고 숙소 안에 엘리베이터가 없다는 단점이 있다. 하지만 빅토리안 양식으로 지어진 숙소에서 내려다보이는 정원과 경치가 매우 아름답다. 건물 자체는 오래되었지만 관리가 잘 되어 있고 여행자가 지내기에 부족함이 없는 서비스를 제공한다. 아침에는 게스트하우스에서 직접 기르는 암탉이 낳은 유기농 달걀이 포함된 아이리시 브렉퍼스트를 먹을 수 있다.

Data 지도 281p-D
가는 법 켄트 기차역에서 도보 5분
주소 Summerhill N, Montenotte, Cork
전화 021-450-0333
가격 싱글룸 50유로~, 더블룸 90유로~, 패밀리룸(4명) 150유로~ (조식 불포함 기준)
홈페이지 www.gabriel-house.com

가성비 갑
브루 바&호스텔 Bru Bar&Hostel

코크에서 가장 교통이 편리한 호스텔이자 가성비가 좋은 곳이다. 근처에 에어코치 버스 정류장을 비롯해 버스에린 시외버스 정류장도 가깝다. 건물 자체는 오래되고 엘리베이터가 없지만 위생은 철저하게 관리를 하고 있다. 각 방에 욕실이 딸린 방이 많으며 바닥은 나무 바닥이라 더 청결하다. 1층이 펍이라 밤에 소음이 발생하니 예민한 여행자는 주의하자.

Data 지도 281p-D
가는 법 시외버스 정류장에서 도보 5분 **주소** 57 MacCurtain St, Montenotte, Cork
전화 021-455-9667
가격 4베드 18유로~, 6베드 16유로~, 트윈룸 50유로~ (조식 포함)
홈페이지 www.bruhostel.com

코크 주변
Around Cork

코크 주변에는 아일랜드 남부 해안의 아름다움을 경험할 수 있는 작은 소도시들 중 대표적인 곳이 코브와 킨세일이다. 코브는 타이타닉호의 마지막 정박항으로, 킨세일은 남부 휴양지로 유명한 곳이다. 코크에서 대중교통을 이용해서 반나절 여행을 떠나거나 렌터카를 이용해서 천천히 남부 여행을 즐겨 보자.

코브

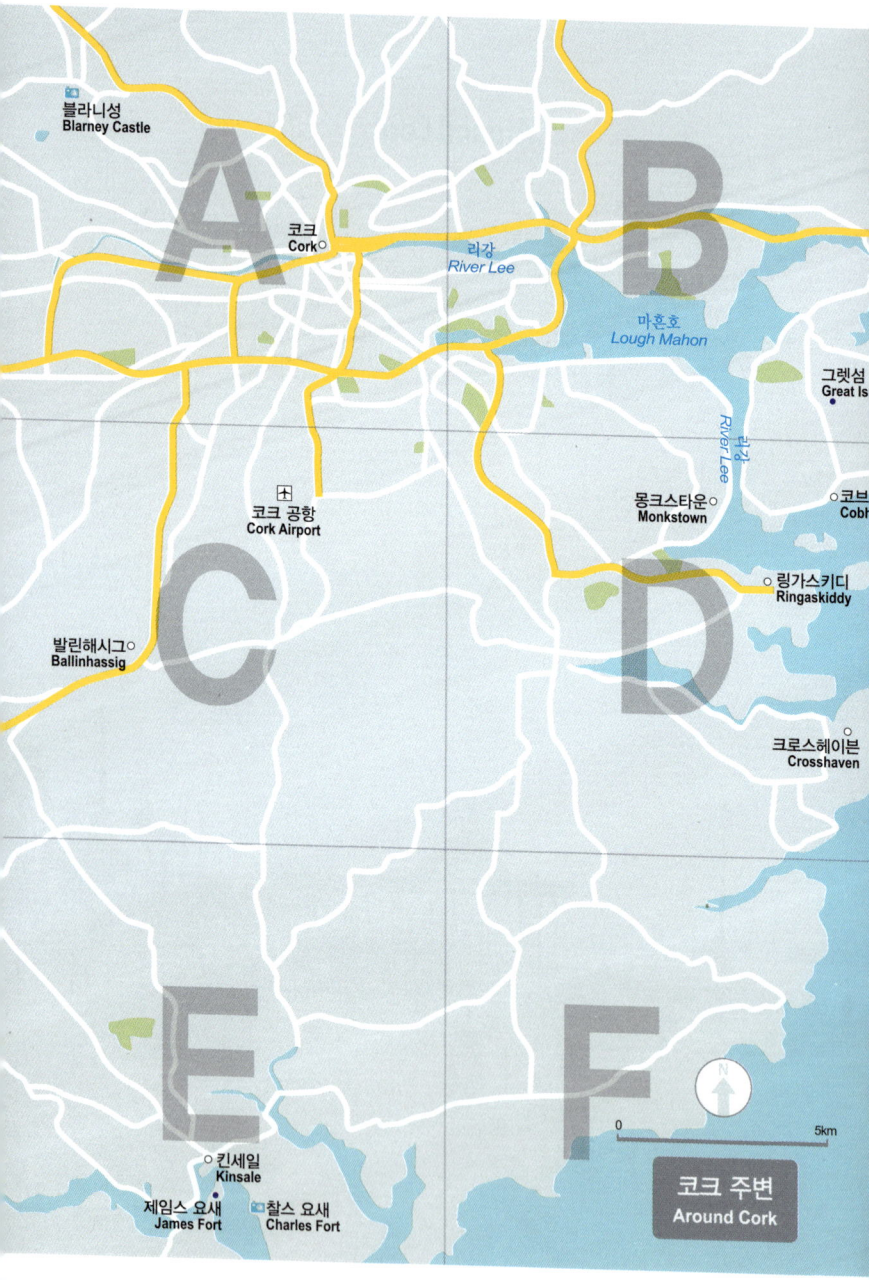

코브
Cobh

아일랜드어로 '항구'라는 뜻을 가지고 있는 세계에서 두 번째로 큰 천연 항구 마을이다. 과거에는 대서양을 횡단하여 미국으로 가는 배들이 정박하는 곳이었다. 1849년 빅토리아 여왕의 방문을 기념해서 한동안은 '퀸스 타운'으로 불리다가 아일랜드가 독립한 후 다시 원래의 이름을 되찾았다. 감자 대기근 당시로부터 100년간, 미국, 캐나다 등지로 이민을 떠난 600만 명 중 약 250만 명이 이곳에서 배를 탔다. 코브항은 타이타닉호의 마지막 정박항이기도 하다. 실제로 당시 123명의 아일랜드 사람들이 코브에서 배에 올랐다.

코브

Cobh
GET AROUND

어떻게 갈까?
코크 켄트Kent 기차역에서 코브행 기차를 타고 25분이면 도착한다. 오전 5시 30분부터 오후 10시 30분까지 운행하며 배차 간격은 30분~1시간이다. 요금은 성인 편도 6~6.5유로.

어떻게 다닐까?
다양한 투어 프로그램을 제공하는 현지 워킹 투어에 참여해 보자.

현지 워킹 투어 Michael Martin's Walking Tours
요일별 타이타닉 투어를 비롯해서 코크 문화 투어, 코브 고스트 투어, 루시타니아 투어 등 다양한 투어 프로그램을 제공한다. 투어 요금은 9.5유로부터 시작.
Data 홈페이지 www.titanic.ie

INFO 관광안내소
Data **가는 법** 루시타니아 메모리얼 동상 앞 **주소** Market House, Casement Sq, Cobh
전화 021-481-3301 **운영 시간** 월~금 09:00~17:30, 토·일 10:30~16:30
홈페이지 cobhharbourchamber.ie

코브 비극의 역사
루시타니아 기념비 Lusitania Memorial

이 사건은 1915년 5월 7일, 제1차 세계대전 당시 독일이 해군을 봉쇄한 영국에 잠수함 전투를 수행하는 과정에서 발생한 대참사이다. 루시타니아호는 독일의 유보트(U-boat U 20)가 발사한 어뢰에 18분 만에 침몰하였다. 침몰한 장소는 코크 남쪽의 킨세일 근처였고 이 사고로 약 1,200명의 아일랜드인이 사망하게 된다. 이 침몰은 많은 나라에서 독일에 대항하여 여론을 전환시키는 계기가 된 사건이기도 하다. 해마다 5월 7일이 되면 루시타니아호로 목숨을 잃은 아일랜드인들 추모하는 기념행사가 코브에서 열린다.

Data 지도 306p-B
가는 법 코브 관광안내소 앞
주소 Kilgarvan, Cobh, Co. Cork

카리용의 아름다운 선율이 연주되는 곳
세인트 콜먼 대성당 St. Colman's Cathedral

코브의 언덕에 자리 잡은 고딕 양식 성당이다. 영국과 아일랜드에서 가장 크고 4옥타브를 자랑하는 49개의 종인 카리용을 가지고 있다. 가장 큰 종은 3,000kg 이상의 무게를 자랑한다. 5월부터 9월 매주 일요일 오후 4시 30분에는 카리용 연주가 약 1시간가량 코브 전체에 울려 퍼진다. 성당 밖에서 코브 타운과 코크 항구의 전경을 감상하는 것도 잊지 말자.

Data 지도 306p-B
가는 법 관광안내소에서 도보 5분 주소 5 Cathedral Pl, Cobh, Co. Cork
전화 021-481-3222
요금 무료 운영 시간 5~10월 08:00~18:00, 11~4월 08:00~17:00 홈페이지 www.cobhcathedralparish.ie

애니 무어와 두 동생의 동상

아일랜드 이민 역사 박물관
코브 헤리티지 센터 Cobh Heritage Centre

과거 기차역을 개조한 곳으로 센터 안에는 카페테리아와 기프트숍, 이민 박물관이 자리 잡고 있다. 센터 앞에는 1892년에 코브에서 미국으로 떠난 최초 이민자들인 애니 무어와 두 동생의 동상이 세워져 있다.

센터 안의 이민 박물관은 타이타닉호에 관련된 이야기와 1815년부터 1970년까지 약 300만 명 이상의 아일랜드 사람들이 코브를 통해 전 세계로 떠난 이야기가 전시되어 있다. 박물관 입장권을 끊으면 과거에 사용되었던 승선권을 본떠 만든 입장권을 받는다. 입장권 안에는 실제 탑승객의 이름이 적혀 있으며 그 사람의 생존 여부는 나중에 확인이 가능하다.

전시관 입구에는 타이타닉호에 탑승했던 사람들의 이름과 나이가 새겨져 있는 퀼트가 전시되어 있다. 전시관은 18세기에 호주로 강제 이민을 당한 아일랜드 사람들의 이야기로 시작되고 1912년 4월 11일에 출항하고 4일 후 비극적인 운명을 맞이한 초호화 유람선, 타이타닉의 이야기로 주를 이룬다. 벨파스트에 있는 타이타닉 박물관이 타이타닉호가 만들어질 당시의 경제 상황, 배가 건조되는 과정, 배의 내부, 침몰 과정 등 타이타닉호와 관련된 전반적인 이야기에 초점을 맞췄다면, 이곳의 타이타닉은 이 배를 만든 아일랜드 노동자들, 배에 탑승한 아일랜드 사람들의 개인사에 더 초점을 맞추고 있다. 1915년 5월 7일, 약 1,200명의 아일랜드인이 사망했던 루시타니아호에 관한 이야기도 전시하고 있다. 루시타니아호로 목숨을 잃은 아일랜드인들을 추모하는 기념비가 타운 중앙에 세워져 있다.

Data 지도 306p-C
가는 법 코브 기차역 옆
주소 Deepwater Quay, Cobh
운영 시간 5~10월 09:30~18:00,
11월~4월 09:30~17:00
입장료 어른 10유로,
노인·학생 8유로, 어린이 5유로
홈페이지 www.cobhheritage.com

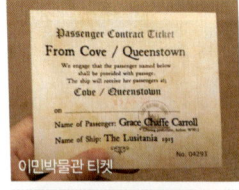
이민박물관 티켓

탑승자들의 이름이 새겨진 퀼트

아일랜드 이민 역사

타이타닉호 희생자 이야기

타이타닉호 희생자의 편지

타이타닉호에 관한 이야기

킨세일
Kinsale

코크 시내에서 남쪽으로 25km 떨어진 어촌 마을이자 해외여행자들에게 더 인기가 많은 남부 휴양지이다. 여름에는 근처 바닷가에서 요트, 바다낚시, 서핑, 골프를 즐기기 위해 오는 사람들로 마을이 붐빈다. 또한 매년 10월 중순에는 미식가 축제가 열릴 만큼 작은 마을 안에는 수준 높고 맛있는 레스토랑이 가득하다. 특별한 명소를 방문하기보다 워킹 코스를 따라 걸으면서 킨세일의 매력에 빠져 본다.

Kinsale
GET AROUND

어떻게 갈까?

더블린이나 골웨이에서 킨세일을 가기보다는 코크에서 킨세일을 가는 경우가 많다. 코크에서는 버스를 이용할 수 있다. 코크 시외버스 터미널에서 킨세일행 226번 버스를 타면 1시간만에 타운에 도착한다. 운행 시간은 오전 5시 55부터 오후 9시 55분까지이며 배차 간격은 1시간이다. 요금은 성인 왕복 14~17유로이다.

어떻게 다닐까?

킨세일은 매우 작은 타운으로 도보 여행이 가능하다. 타운 내의 골목을 구석구석 누비면서 예쁜 스폿을 발견하고 사진을 찍는 것이 여행의 묘미이다. 단, 찰스 요새는 타운에서 약 3.5km 떨어진 곳에 위치하기 때문에 편도로 약 30분 이상을 걸어야 한다. 렌터카 여행자들은 차를 이용하는 것을 추천한다.

INFO 관광안내소 Kinsale Tourist Information Office
Data 가는 법 킨세일 버스 정류장에서 도보 1분 **주소** 3 Pearse St, Sleveen, Kinsale, Co. Cork
운영 시간 화~토 09:15~17:00 **홈페이지** www.kinsale.ie

킨세일 타운 전경

관광안내소

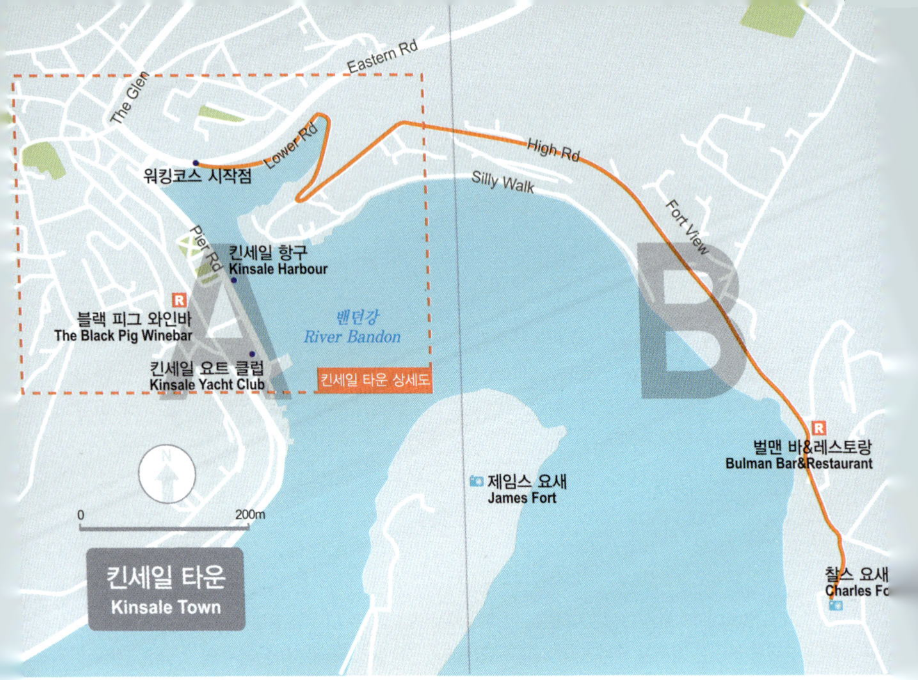
Eastern Rd
The Glen
Lower Rd
High Rd
Silly Walk
Fort View
워킹코스 시작점
Pier Rd
킨세일 항구
Kinsale Harbour
블랙 피그 와인바
The Black Pig Winebar
밴던강
River Bandon
킨세일 요트 클럽
Kinsale Yacht Club
킨세일 타운 상세도
A
B
벌맨 바&레스토랑
Bulman Bar&Restaurant
제임스 요새
James Fort
0
200m
찰스 요새
Charles Fo
킨세일 타운
Kinsale Town

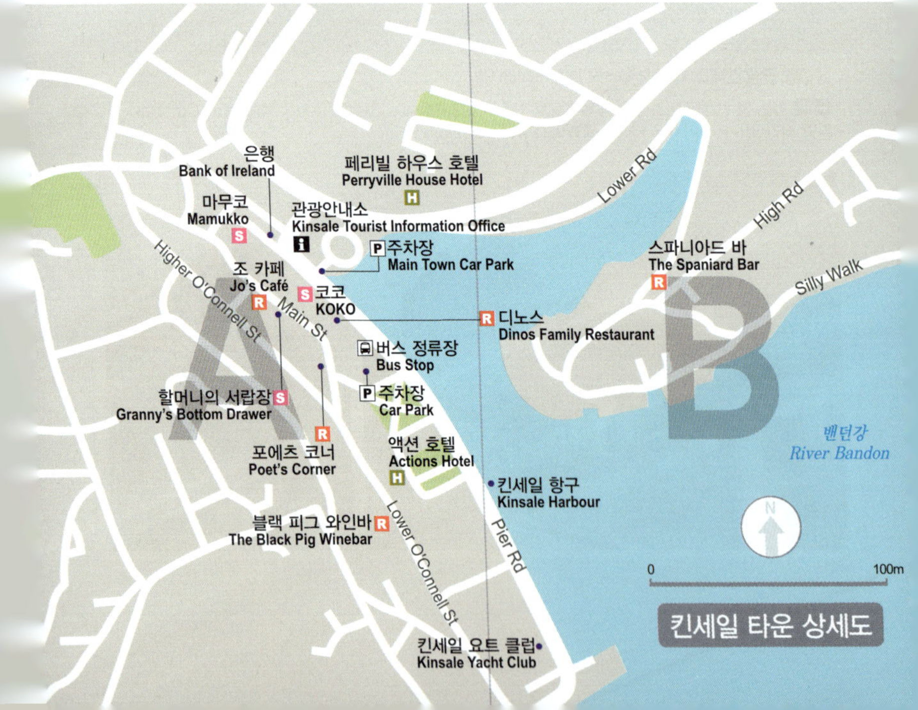
은행
Bank of Ireland
페리빌 하우스 호텔
Perryville House Hotel
Lower Rd
마무코
Mamukko
관광안내소
Kinsale Tourist Information Office
High Rd
주차장
Main Town Car Park
스파니아드 바
The Spaniard Bar
Silly Walk
조 카페
Jo's Café
Higher O'Connell St
코코
KOKO
디노스
Dinos Family Restaurant
Main St
버스 정류장
Bus Stop
주차장
Car Park
할머니의 서랍장
Granny's Bottom Drawer
A
B
밴던강
River Bandon
포에츠 코너
Poet's Corner
액션 호텔
Actions Hotel
킨세일 항구
Kinsale Harbour
블랙 피그 와인바
The Black Pig Winebar
Lower O'Connell St
Pier Rd
0
100m
킨세일 요트 클럽
Kinsale Yacht Club
킨세일 타운 상세도

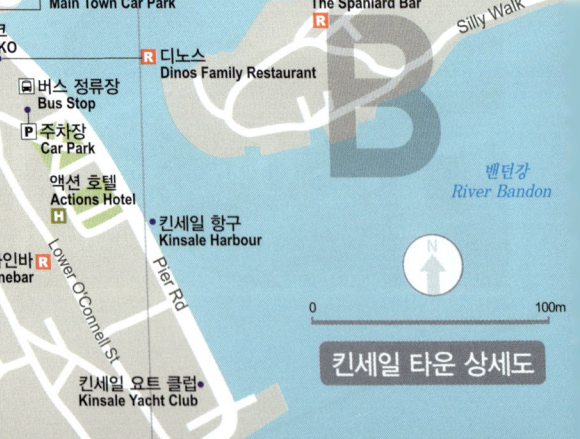

|Talk|
킨세일에서 찰스 요새 해안선 워킹 코스

킨세일 관광안내소 뒤쪽의 페리빌 하우스 호텔에서 해안선을 따라 찰스 요새까지 가는 워킹 코스로 실리 워크Scilly Walk로 불린다. 해안선을 오른쪽에 끼고 호텔 앞의 로워 길을 따라 약 500m를 걸으면 스파니아드 바가 나타난다. 거기서 위쪽의 큰 길을 따라 걸어가면 자연스럽게 하이 길과 연결이 된다. 약 3.5km의 하이킹 코스이며 완만한 경사를 오르기 때문에 초급자도 부담없이 오를 수 있고 강을 따라 다닥다닥 붙어 있는 집들과 킨세일 항구의 아름다운 모습을 두 눈에 담을 수 있다. 해안선 바로 옆의 실리 워크를 걷고 싶다면 스파니아드 바에서 아래로 내려가는 좁은 실리 워크를 따라가면 되지만 약 1km 이후에는 막다른 골목이기 때문에 다시 돌아와야 한다.

Data 지도 312p-A
시작점 Long Quay, Sleveen, Kinsale, Co. Cork, P17 RK16

SEE

내전의 흔적
찰스 요새 Charles Fort

찰스 2세의 이름을 딴 요새로 1677년에서 1682년 사이에 지어졌고 아일랜드의 유명한 건축가 윌리엄 로빈슨 경Sir William Robinson에 의해 설계되었다. 17세기에 유행했던 별 모양의 고전적인 구조를 띄고 있으며 유럽에서 가장 잘 보존된 별 모양의 요새이기도 하다.

아일랜드에서 가장 큰 군사 시설 중의 하나인 찰스 요새는 아일랜드 역사상 중요한 사건들과 관련이 있다. 그 중 가장 유명한 사건은 1689~1691년까지 이어졌던 윌리어마이트 전쟁Williamite War이다. 1688년 영국의 명예혁명 후 아일랜드는 영국의 왕당파와 의회파 간의 주요 전장이 되었다. 1690년 잉글랜드의 제임스 2세와 오렌지공 윌리엄 3세는 서로 왕권을 차지하기 위해 미스주의 보인 계곡에서 전쟁을 일으켰다. 실질적으로는 제임스 2세를 지지하는 로마 가톨릭과 오렌지공 윌리엄 3세를 지지하는 영국 성공회의 종교 전쟁이었다. 이 전쟁이 일어날 당시 제임스 2세를 지원하기 위해 파견된 프랑스 군대는 킨세일의 찰스 요새에서 군사 훈련을 하고 전쟁 준비를 진행시켰다.

찰스 요새는 이후 1921년 영국과 아일랜드 조약에 의해 영국군이 찰스 요새의 소유권을 포기하기 전까지 200년 가까이 영국군의 수비대로 남아 있었다. 이곳은 특별한 역사적 사건에 관심이 없더라도 장엄한 전망만으로도 방문할 가치가 있다. 킨세일 타운에서 찰스 요새로 가는 길은 해안선을 따라가는 길이라 오르막길에서 보는 킨세일의 전망을 감상하는 것도 빼놓지 말아야 한다.

Data **지도** 312p-B
가는 법 킨세일 관광안내소에서 해안선을 따라 도보 35분. 대중교통은 없다.
주소 Summer Cove, Kinsale, Co. Cork
전화 021-477-2263
운영 시간 3월 중순~10월 10:00~18:00, 11~3월 중순 10:00~17:00, 정시마다 가이드 투어 진행
입장료 어른 5유로, 학생·어린이 3유로, 노인 4유로
홈페이지 www.heritageireland.ie

킨세일에 또 가야 하는 이유
블랙 피그 와인바 The Black Pig Winebar

아일랜드 내에서 다양한 수상 경력을 가지고 있는 것은 물론 킨세일 주민들도 인정하는 최고의 맛집이다. 200여종 이상의 와인을 보유하고 있고 와인과 함께 하기 좋은 음식들이 많다. 18세기 코치 하우스를 개조해 만들었으며 싱그러운 나무들을 심어 놓은 야외 테이블은 또 다른 매력을 선사해 준다. 킨세일에서 단 한 곳을 가야 한다면 자신 있게 추천할 수 있는 곳. 음식의 가격 또한 6~14유로 사이로 저녁 음식 치고는 저렴한 편이다. 예약은 필수.

Data **지도** 312p-A **가는 법** 관광안내소에서 도보 5분
주소 66B Lower O'Connell St, Town-Plots, Kinsale, Co. Cork
전화 021-477-4101
운영 시간 수~월 17:30~23:30 **가격** 오가닉버섯 요리 12.5유로,
소금에 절인 쇠고기 카르파초 12.5유로
홈페이지 www.facebook.com/theblackpigwinebar

오랜 전통을 가진 피시 앤 칩스 레스토랑
디노스 Dinos Family Restaurant

1970년대부터 가족이 운영하는 피시 앤 칩스 레스토랑으로 코크 주에 7개의 체인점을 보유하고 있다. 코크 인근 바닷가에서 잡히는 다양한 생선으로 피시 앤 칩스 요리를 선보인다. 생선요리뿐만 아니라 킨세일의 유명한 정육점인 존 바렛에서 조달한 고기로 만든 햄버거 스테이크도 유명하다. 매일 잡히는 물고기가 달라서 오늘의 생선으로 요리한 피시 앤 칩스가 가장 신선하다. 모든 요리는 10유로대 미만이다.

Data 지도 312p-A
가는 법 관광안내소에서 도보 1분
주소 Pier Rd, Sleveen, Kinsale, Co. Cork
전화 021-477-4561
운영 시간 09:00~22:00
가격 피시 서퍼 7.6유로, 킹 디노 버거 4.1유로
홈페이지 www.facebook.com/DinosChips

1일 1커피를 해야 하는 당신에게
조 카페 Jo's Café

킨세일 주민들의 아침을 책임져 주는 아담한 카페 안에는 항상 사람들로 붐빈다. 따뜻한 티와 커피, 케이크를 판매하고 있으며 라테는 싱겁지 않고 고소한 맛을 보장한다. 핫초코와 당근 케이크가 인기가 많다. 카페에서는 수제 잼도 판매하고 있다.

Data 지도 312p-A
가는 법 관광안내소에서 도보 2분
주소 4 Main St, Town-Plots, Kinsale, Co. Cork
전화 087-948-1026
운영 시간 08:00~18:00(토·일 09:00~)
가격 커피 3유로
홈페이지 www.joskinsale.com

오래 머물고 싶은 편안함
포에츠 코너 Poet's Corner

문을 열고 들어가면 왼쪽에 놓인 수많은 책들이 눈에 들어온다. 카페 안에서 책을 읽을 수도 있고 자신의 책을 중고로 판매하고 구입하는 것도 가능하다. 푹신한 의자에 앉아 오래 시간을 보내는 사람들이 많은 곳. 카푸치노와 커스터드 파이가 유명하다. 카페에서는 간단한 요리도 판매해 브런치나 점심을 먹기에도 좋다.

Data 지도 312p-A **가는 법** 관광안내소에서 도보 3분 **주소** 4 Main St, Town-Plots, Kinsale, Co. Cork **전화** 086-227-7276
운영 시간 09:30~18:30 **가격** 아침 5~9유로, 샌드위치 6유로, 커피 2.5~3유로 **홈페이지** www.facebook.com/poetscornercafe

멋진 경치는 덤
벌맨 바&레스토랑 Bulman Bar&Restaurant

킨세일에서 찰스 요새로 가는 길에 있는 펍 레스토랑으로 주민과 여행자들에게 인기 만점인 곳이다. 킨세일에서 약 2km 떨어져 있고 레스토랑 앞으로 반던강이 내려다보인다. 1층 펍에서 아일랜드 펍의 독특한 분위기를 느낄 수 있다면 2층 레스토랑에서는 창문 너머로 보이는 멋진 풍경을 감상할 수 있다. '베스트 코크 지역 펍'을 차지한 경력이 있으며 맥주와 차우더 수프나 홍합 요리를 함께 먹기 좋다. 더욱 신선한 요리를 먹고 싶다면 오늘의 메뉴를 선택하면 된다.

Data 지도 312p-B
가는 법 킨세일 관광안내소에서 찰스 요새 방향으로 도보 30분
주소 Summercove, Kinsale, Co. Cork
전화 021-477-2131 운영 시간 12:30~23:00
가격 차우더 수프 7.75유로, 홍합요리 11.5유로, 단품 8~15유로 내외
홈페이지 www.thebulman.ie

따뜻한 온기가 가득한 곳
할머니의 서랍장 Granny's Bottom Drawer

아일랜드산 고급 브랜드들을 모아 놓은 편집 숍. 상점의 이름처럼 매장 안으로 들어갔을 때 느껴지는 편안함과 자연스러움 때문에 천천히 제품을 구경하게 되는 곳이다. 판매하는 제품들은 옷부터 이불보, 러그, 유아용품 등 아일랜드산 최고급 양모나 면을 사용한 것들이 대부분이다. 화려한 색보다는 채도가 낮고 명도가 낮은 차분한 색들이 많아서 어느 옷이나 공간에 매치가 가능한 제품들이 많다. 퀄리티가 대체적으로 높은 편이며 가격대는 100유로 선에서 생각하는 게 좋다. 고급 의류나 특별한 사람에게 선물을 생각한다면 주저 없이 방문할 가치가 있다.

Data 지도 312p-A 가는 법 관광안내소에서 도보 3분
주소 53 Main St, Sleveen, Kinsale, Co. Cork
전화 021-477-4839
운영 시간 월~토 09:30~19:00, 일 10:00~18:30
홈페이지 www.facebook.com/GrannysBottomDrawer

Data 지도 312p-A
가는 법 관광안내소에서 도보 2분
주소 Guardwell, Sleveen, Kinsale, Co. Cork
전화 085-734-2004
운영 시간 월~토 10:00~18:00, 일 11:00~17:00
홈페이지 www.mamukko.ie

세상에 단 하나뿐인 나만의 가방
마무코 Mamukko

킨세일에서만 만날 수 있는 독특한 가방 디자인 숍이다. 일반적인 가죽 소재도 있지만 방수용 합성 소재를 이용해 만든 가방들이 많다. 나일론과 비슷한 재질을 가진 천으로, 방수 천막으로 이용되는 평범한 천에 디자인이 더해 멋진 가방으로 탄생했다. 대량 생산이 아닌, 한두 개만 생산하는 방식으로 제작되어 세상에 하나밖에 없는 나만의 가방을 구입할 수 있다. 가볍고 저렴한 소재가 사용되었기 때문에 가방의 가격 또한 합리적이다. 가방은 온라인 구매로도 가능하다.

맞춤 수제 초콜릿 가게
코코 KOKO

킨세일 타운 초입에 위치한 수제 초콜릿 가게이다. 매장에서 판매하는 모든 초콜릿은 2층에서 제작이 되며 시즌에 맞은 상품을 제작하고 맞춤 제작도 한다. 이 매장은 소비자가 원하는 디자인을 만들어 주는 고객 맞춤형 가게이다. 디자인은 물론 코코아 함량까지 자신의 취향대로 주문을 할 수 있어 선물용으로 구입하기 좋다. 상점에서 판매하는 핫초코 역시 소비자가 원하는 초콜릿의 비율을 넣어 만들기 때문에 내 입맛에 맞는 달콤하고 진한 핫초코를 맛볼 수 있다.

Data 지도 312p-A
가는 법 관광안내소에서 도보 3분
주소 Pier Rd, Sleveen, Kinsale, Co. Cork
전화 087-611-0209
운영 시간 09:00~17:30
홈페이지 www.facebook.com/kokokinsale

Ireland By Area
04

케리
County Kerry

아일랜드의 남서쪽에 위치한 케리주(州)는
'자연 종합 선물 세트'와 같은 곳이다.
아일랜드를 대표할 수 있는 상징적인 풍경들이
이곳에 밀집해 있다고 해도 과언이 아니다.
대서양을 향해 뻗어 있는 크고 작은 반도들 속
해안선을 따라 펼쳐지는 풍경은
감탄을 자아내기에 충분하다.

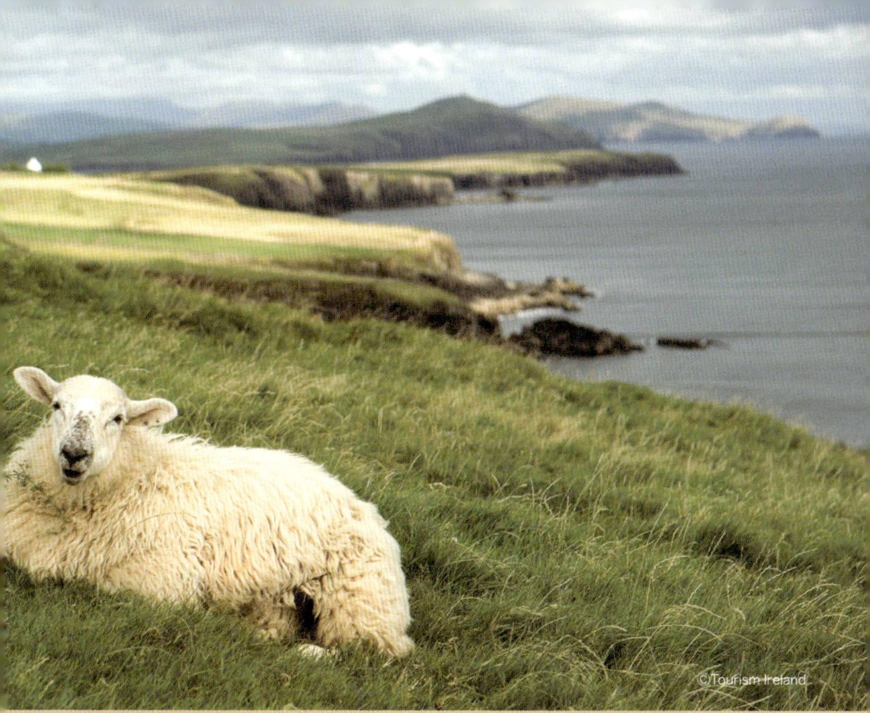
©Tourism Ireland

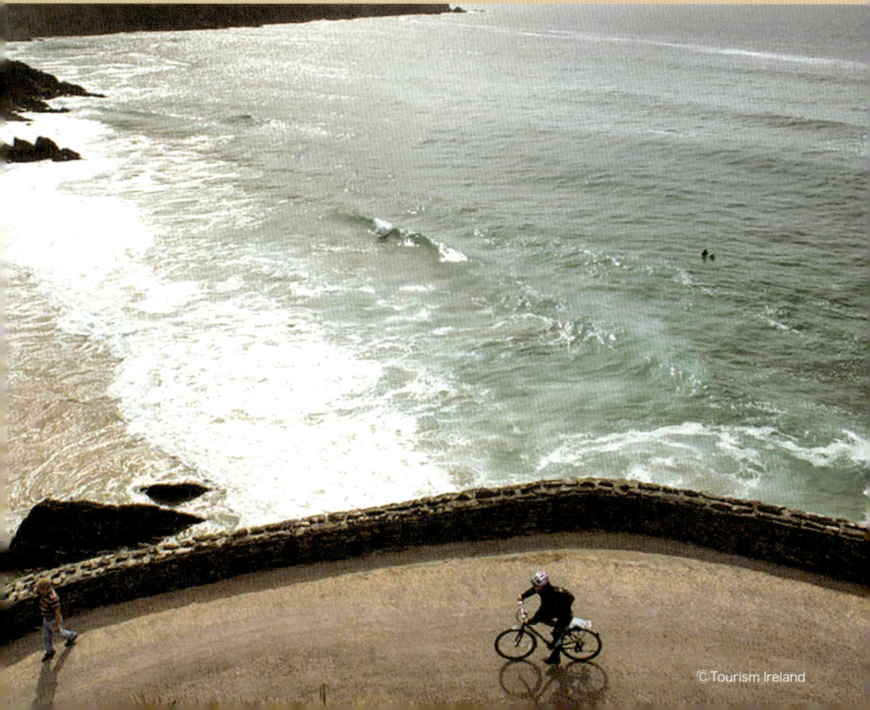
©Tourism Ireland

IRELAND BY AREA 04
케리

County Kerry
PREVIEW

대중교통이 발달하지 않아서 투어 버스나 렌터카로 여행을 해야 한다.
더블린, 골웨이, 코크에서 출발하는 당일치기 케리 투어 버스도 있지만
여유가 있는 사람들은 킬라니에서 출발하는 투어 버스를 타고
하루 정도 킬라니에서 숙박하는 것을 추천한다.

SEE

케리주에서 가장 큰 타운인 킬라니에 있는 킬라니 국립 공원은 케리의 첫 번째 여행지이다. 케리에서 가장 유명한 링 오브 케리와 딩글 반도 여행은 케리를 여행하는 사람들의 필수 코스이기도 하다.

EAT

킬라니 타운에 레스토랑이 밀집해 있다. 렌터카로 여행을 하는 사람들이라면 링 오브 케리의 중간 타운이자 케리의 휴양지인 켄메어 타운에서 식사를 하는 것도 괜찮다. 딩글 타운을 여행한다면 타운을 중심으로 형성된 레스토랑에서 식사를 할 수 있다. 아일랜드 전통 펍에서 맥주와 아일랜드 전통 음악을 듣는 것도 잊지 말자.

SLEEP

킬라니 타운과 킬라니 국립 공원으로 가는 길 사이에 호텔이 밀집해 있다. 킬라니에서 투어 버스로 여행을 한다면 이곳에 숙박을 하는 것을 추천한다.

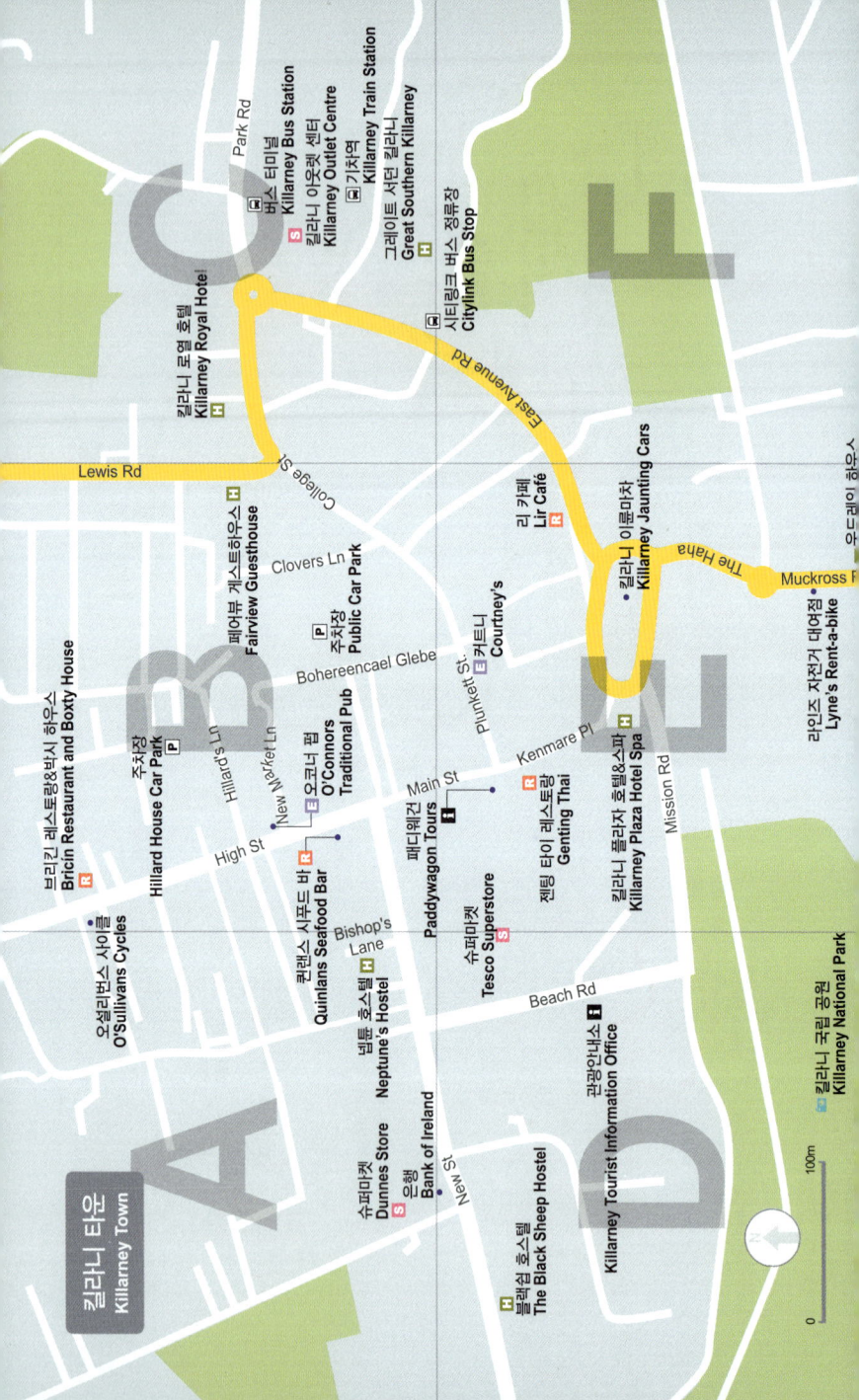

324 | 325

슬리 헤드 드라이브 / Slea head Drive

- 갈라루스 오라토리 / Gallarus Oratory
- 블라스켓 센터 / Blasket Centre
- 딩글 / Dingle
- 딩글 항구 / Dingle Harbour
- 던퀸 항구 / Dunquin Harbour
- 벤츄리 비치 / Ventry Beach
- 던모어 헤드 / Dunmore Head
- 슬리 헤드 비치 / Slea Head Beach
- 슬리 헤드 뷰포인트 / Slea Head Viewpoint
- 블라스켓 섬 / Blasket Islands
- 비하이브 포트 / Beehive Forts
- 던베그 포트 / Dunbeg Fort
- 슬리 헤드 드라이브 / Slea Head Drive 559 국도 R559

딩글 타운 / Dingle Town

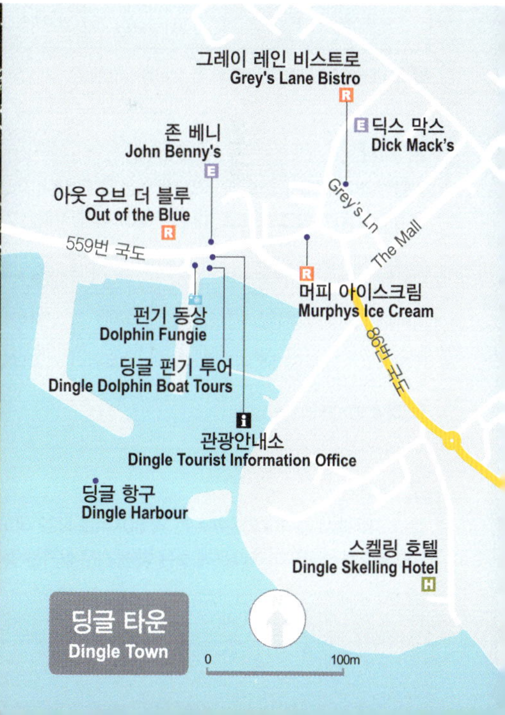

- 그레이 레인 비스트로 / Grey's Lane Bistro
- 존 베니 / John Benny's
- 딕스 막스 / Dick Mack's
- 아웃 오브 더 블루 / Out of the Blue
- 559번 국도
- 머피 아이스크림 / Murphys Ice Cream
- 펀지 동상 / Dolphin Fungie
- 딩글 펀지 투어 / Dingle Dolphin Boat Tours
- 관광안내소 / Dingle Tourist Information Office
- 딩글 항구 / Dingle Harbour
- 스켈링 호텔 / Dingle Skelling Hotel
- Grey's Ln
- The Mall
- 86번 국도

Country Kerry
GET AROUND

 어떻게 갈까?

케리로 가는 교통수단은 크게 버스와 기차, 렌터카가 있다.

1. 버스

더블린 ➜ 킬라니 타운

타는 곳	운행 시간	운행 횟수	요금	소요 시간
더블린 이민국 앞 Burgh Quay 정류장	첫차 06:15 막차 21:15	1일 8회	성인 왕복 40유로	약 4시간 30분

Data 더블린 코치 홈페이지 www.dublincoach.ie

코크 ➜ 킬라니 타운

타는 곳	운행 시간	운행 횟수	요금	소요 시간
코크 시외버스 터미널	첫차 10:30 막차 20:30	1일 8회	성인 왕복 28.5유로 학생 왕복 24유로	약 1시간 40분

Data 버스에린 홈페이지 www.buseireann.ie

2. 기차

더블린과 코크에서 출발하는 기차를 이용할 수 있다. 더블린의 경우, 말로우Mallow에서 한 번 환승을 하는 기차가 많고 코크의 경우 오전 10시에 출발하는 기차만 말로우에서 환승을 거쳐야 한다.

출발지	운행 시간	환승역	운행 횟수	요금	소요 시간
더블린	첫차 07:00, 막차 17:05	말로우	1일 6회	성인 왕복 50~55유로	3시간 20분
코크	첫차 08:55, 막차 18:45	말로우	1일 5회	성인 왕복 20~25유로	2시간

Data 홈페이지 irishrail.ie

3. 렌터카

코크 시내에서 킬라니 타운까지는 약 80km로 N22 국도를 이용하면 약 1시간 30분이 소요된다. 대부분 2차선 국도이기 때문에 늦은 밤 운전은 삼가는 것이 좋다.

어떻게 다닐까?

킬라니 타운과 딩글 타운은 도보 여행이 가능하다. 하지만 킬라니 국립 공원은 킬라니 타운에서 북쪽으로 5km이상 떨어져 있어 도보로 여행하기는 조금 먼 거리이다. 킬라니 국립 공원 여행은 킬라니에서 출발해 국립 공원의 주요 명소를 둘러보는 이륜마차를 이용하거나 자전거를 빌려서 국립 공원을 구석구석 둘러보는 여행이 보편적이다. 나머지 지역들 역시 렌터카로 이동을 해야 케리의 자연을 제대로 즐길 수 있다. 렌터카로 여행하는 것이 힘든 여행자라면 투어 버스를 추천한다.

1. 이륜마차

킬라니 이륜마차 Killarney Jaunting Cars

Data 주소 Gilhuys 10 B Close, Muckross, Muckross Rd, Killarney, Co. Kerry 전화 064-663-3358
운영 시간 07:30~18:00 요금 1인당 15유로(마차 한 대당 4명 탑승)
홈페이지 killarneyjauntingcars.ie

2. 자전거

라인즈 자전거 대여점
Lyne's Rent-a-bike

Data 주소 Muckross Rd, Dromhale, Killarney, Co. Kerry 전화 087-911-9917
운영 시간 09:00~18:00
요금 성인 15유로~, 어린이 10유로~ 홈페이지 www.facebook.com/LynesRentABike

오설리번스 사이클
O'Sullivans Cycles

Data 주소 49 High St, Killarney, Co. Kerry
전화 064-663-1282
운영 시간 월~토 09:00~18:00 요금 성인 15유로~, 어린이 10유로~
홈페이지 www.osullivanscycles.com

모어 액티브 투어스 킬라니
Mór Active Tours Killarney

Data 주소 New St, Killarney, Co. Kerry
전화 086-389-0171
운영 시간 08:00~20:00
요금 성인 15유로~, 어린이 10유로~
홈페이지 moractivetours.com

3. 투어 여행 사이트

킬라니 익스큐티브 투어 Killarney Executive Tour Co.

Data 전화 087-250-8122
홈페이지 www.killarneytour.com

패디웨건 Paddywagon Tours

Data 전화 064-663-0899
홈페이지 www.paddywagontours.com

INFO 관광안내소

킬라니 관광안내소 Killarney Tourist Office

Data 주소 Beech Rd, Killarney, Co. Kerry
전화 064-663-1633
운영 시간 월~토 09:00~17:00
홈페이지 killarney.ie

딩글 관광안내소 Dingle Tourist Information Office

Data 주소 Dingle Rd, Dingle, Co. Kerry
전화 066-915-1188
운영 시간 월~토 09:00~17:00
홈페이지 www.dingle-peninsula.ie

아일랜드의 보물
링 오브 케리 Ring of Kerry

케리주의 남서쪽 해안을 따라 길게 이어진 이베라Iveragh반도를 일주하는 182km의 순환 도로이다. 아일랜드에서 가장 아름다운 곳 중 하나로 손꼽히는 곳이다. 링 오브 케리를 자연스럽게 운전하다 보면 자연스럽게 이베라반도 주변의 작은 마을들―켄메어, 스님, 워터빌, 캐허시빈, 글렌베이, 킬로글린 등―을 지나가게 된다. 순환 도로를 쉬지 않고 한 바퀴 도는 데는 3시간이면 충분하지만 멈출 수밖에 없는 장소들이 많아서 넉넉하게 하루를 할애하는 것이 좋다.

Data 지도 323p

|Theme|
링 오브 케리 둘러보기

킬라니Killareny ~ 켄메어Kenmare 구간(32km, 약 50분)

킬라니에서 레이디즈뷰Ladies View와 몰스 갭Molls Gap을 거쳐 가는 구간이다. 1861년 빅토리아 여왕의 비서들이 방문했을 때 풍경에 감탄한 이후 '레이디즈 뷰'라는 이름을 얻게 되었다. 몰스 갭은 좁고 구불구불한 71번 국도의 일부 구간으로 킬라니에서도 가깝고 풍경이 뛰어나 사람들이 많이 찾는 지점이다. 주변에는 붉은 사암으로 이루어진 전경도 만나볼 수 있다. 켄메어는 링 오브 케리 내에서 가장 유명한 관광 마을로 한때 줄리어 로버츠가 한 해에 몇 번씩 이 마을을 방문했던 적도 있다. 알록달록한 건물들을 보는 맛이 있어 걸어 다니며 마을을 구경하는 것을 추천한다. 작은 마을임에도 유명한 맛집이 많아 이른 점심을 켄메어에서 즐겨도 좋다.

켄메어 Kenmare ~ 스님 Sneem 구간(26.3km, 약 30분)

케리주의 평지와 구릉을 드라이브하면서 푸른 초원을 달리는 구간이다. '매듭'이란 뜻을 가진 스님 타운은 케리를 연결하고 있다는 의미를 가졌다. 타운 입구에 밝은 건물 몇 채와 타운 한가운데를 흐르는 스님강이 볼 만하다.

스님 Sneem ~ 워터빌 Waterville 구간(35km, 약 45분)

평지를 달리다가 바닷가 마을인 워터빌을 향해 가는 구간이다. 이 구간 사이에 스테이그 요새가 Staigue Fort 자리 잡고 있다. 기원후 4~5세기경에 만들어진 요새로 추정되며 너비 8m 이상, 높이 1.8m 깊이의 도랑으로 둘러싸여 있다. 스테이그 요새를 둘러본 후 워터빌로 간다면 약 30분을 더 할애해야 한다. '초승달'이라는 뜻을 지닌 워터빌은 18세기 후반 무렵 부유했던 버틀러 가문이 지은 집 이름이었으나 19세기 중반부터 공식적인 마을 이름이 되었다. 이곳은 찰리 채플린의 마을로도 유명하다. 1959년부터 해마다 가족과 함께 워터빌을 방문한 것을 기념해 마을 입구에는 찰리 채플린의 동상이 세워져 있고 2011년부터는 찰리 채플린 코미디 영화 축제도 개최하고 있다. 바닷가 앞에서 식사를 할 수 있는 레스토랑을 쉽게 찾을 수 있고 공중 화장실도 있어 쉬어 가기 좋은 마을이다.

워터빌Waterville ~ 캐허시빈Cahersiveen 구간(16.4km, 약 20분)

다시 평지를 달리는 구간이다. 캐허시빈 마을은 아일랜드의 독립 영웅인 다니엘 오코넬 생가가 있는 곳으로 마을 곳곳에서 그의 이름을 쉽게 발견할 수 있다.

캐허시빈Cahersiveen ~ 글렌베이Glenbeigh ~ 킬로글린Killoglin 구간(40km, 약 43분)

평지와 바다 뷰를 골고루 만나는 구간이다. 천천히 국도를 달리다가 마음에 드는 장소에서 잠시 쉬었다가 가면 된다. 글렌베이를 지나 킬로글린을 향해 가는 길 중간에는 케리 보그 박물관Kerry Bog Museum이 있다. 18·19세기 아일랜드 사람들의 생활상을 엿볼 수 있는 작은 박물관과 기념품 숍으로 사용되고 있다.

카라그 호수

케리 보그 박물관

> **Tip 케리 순환도로 투어 버스**
> 아일랜드의 관광오피스에서 '링 오브 케리' 투어 상품을 쉽게 찾을 수 있다. 더블린에서 출발하는 케리 투어 버스도 있지만 킬라니나 코크에서 출발하는 투어 버스를 추천한다. 요금은 킬라니에서 출발 시 25~30유로, 코크에서 출발 시 40~45유로이다. 회사마다 투어 일정이 조금씩 다를 수 있기 때문에 1~2곳을 비교한 후 결정하면 된다.
>
> **투어 여행 사이트**
>
> **패디웨건**
> Paddywagon Tours
> **Data** 전화 01-823 0822
> 홈페이지 www.paddywagontours.com
>
> **킬라니 익스큐티브 투어**
> Killaney Executive Tour. Co.
> **Data** 전화 087-250-8122
> 홈페이지 www.killarneytour.com
>
> **오브라이언 코치 투어**
> O'Brien Coach Tours
> **Data** 전화 021-454-5903
> 홈페이지 www.obriencoachtours.com

IRELAND BY AREA 04
케리

©Tourism Ireland

킬라니 여행의 시작점
킬라니 국립 공원 Killarney National Park

아일랜드의 첫 번째 국립 공원으로 1932년에 머크로스 가문이 토지를 국가에 기부하면서 만들어진 곳이다. 이후 켄메어 백작의 토지가 더해져 현재는 킬라니호Lough Killarney를 비롯해 세 개의 호수와 산림, 맨거턴산, 토크산, 셰히산, 퍼플산 등을 포함하고 있다. 약 3,000만 평 이상의 국립 공원 안에는 아일랜드에서 유일하게 서식하는 붉은 사슴을 포함해 희귀하고 다양한 동식물을 만날 수 있다. 생태학적으로도 가치가 있는 곳으로 인정을 받아 1981년부터 유네스코 세계 자연유산으로 등재되어 있다. 킬라니 국립 공원 내에는 다양한 하이킹 코스가 마련되어 있으며 자전거, 보트, 이륜마차를 이용하여 여행을 즐길 수 있다.

Data 지도 323p-F **가는 법** 킬라니 타운에서 차로 10분 **주소** Killarney, Co. Kerry
홈페이지 www.killarneynationalpark.ie

| 킬라니 국립 공원 둘러보기 |

머크로스 하우스 Muckross House

19세기에 지어진 저택으로 여러 명의 소유주를 거치다가 1911년에 최종적으로 캘리포니아에서 광산 사업으로 부자가 된 윌리엄 본의 소유가 되었다. 그는 이 집을 딸의 결혼 선물로 주었지만 1929년, 딸은 폐렴으로 사망하고 그 이후 윌리엄은 집과 주변의 소유지를 아일랜드에 넘겨주었다. 그래서 머크로스 하우스는 킬라니 국립 공원이 생기기 전까지는 아버지와 결혼한 딸의 성을 따라 본-빈센트 메모리얼 공원으로 불리었다.

머크로스 하우스는 튜더 양식의 대저택으로 튜더 양식의 특징인 목조 뼈대와 벽으로부터 내밀어진 창, 박공이 두드러진 지붕, 복잡한 무늬와 굴뚝 등에 주목해서 보면 된다.

저택 옆에는 아일랜드의 1930~1940년대 생활상을 엿볼 수 있는 전통 농장이 자리 잡고 있다. '한국 민속촌'을 연상시키는 작은 농장 마을에는 8개의 작은 아이리시 코타지 집들이 있으며 부에 따른 농촌 하우스의 모습을 살펴볼 수 있다.

Data 지도 323p-C 주소 The National Park, Dromyrourk, Killarney, Co. Kerry
전화 064-667-0144 운영 시간 머크로스 하우스 7~8월 09:00~19:00, 9~6월 09:00~17:30
전통 농장 3~10월 13:00~18:00 (11~2월 휴무)
요금 머크로스 하우스 성인 9유로, 단체·노인·학생(18세 이상) 7.5유로, 6~18세 6유로, 3~5세 무료,
전통 농장 성인 9유로, 단체·노인·학생(18세 이상) 7.5유로, 6~18세 6유로, 3~5세 6유로,
머크로스 하우스+전통 농장 성인 15유로, 단체·노인·학생(18세 이상) 13유로, 6~18세 6유로, 3~5세 10.5유로

로스성 Ross Castle

국립 공원 내의 린 호수 Lough Leane의 끝 부분에 위치해 있는 타운 하우스로 15세기 후반, 이 지역의 수장이었던 오도나휴에 의해 설립되었다. 우뚝 솟은 정사각형 모양을 가진 성의 네 모서리에는 돌출된 망대가 세워져 있다. 성은 또 한 번의 방어벽으로 둘러싸인 구조로 중세 시대에 흔히 발견할 수 있는 건축이다. 1650년 무렵, 영국의 올리버 크롬웰 군대를 방어했던 성 중의 하나로 알려져 있다.

Data 지도 323p-C 주소 Ross Castle, Killarney, Co. Kerry. 전화 064-663-5851 운영 시간 4~10월 09:30~17:45, 11~3월 휴무 요금 성인 5유로, 학생·어린이 3유로

토크 폭포 Torc Waterfall

국립 공원 내 토크산의 기슭에 있는 폭포이다. 킬라니 국립 공원의 투어 코스에도 항상 포함되고 근처에 주차장도 마련되어 있어 접근성이 좋다. 킬라니 국립 공원에서 서식하는 붉은 사슴이 종종 출현하는 곳으로 알려져 있다.

Data 지도 323p-C
주소 Cloghereen Upper, Killarney, Co. Kerry

Tip 킬라니 국립 공원에서 즐길 수 있는 다양한 액티비티

❶ 자전거 여행
킬라니 타운에서 자전거를 대여해서 타운과 국립 공원을 둘러볼 수 있다.

Data 요금 일일 대여료 성인 15유로, 어린이 10유로
홈페이지 www.cyclingkillarney.com,
www.killarneyrentabike.com

❷ 이륜마차 Jaunting Cars 투어
킬라니 타운에서 출발해 킬라니 국립 공원 내의 명소를 둘러보는 상품이다. 상품에 따라 프로그램과 가격은 조금씩 달라진다. 가장 대표적인 코스는 로스성, 머크로스 저택, 토크 폭포를 포함하는 약 1시간 코스이며 가격은 마차 한 대당 60유로가 일반적이다(마차 한 대에는 4명 탑승. 1인 탑승 시 60유로). 따로 예약을 하지 않아도 당일 킬라니 관광안내소 근처에서 쉽게 찾을 수 있다.

Data 홈페이지 killarneyjauntingcars.ie

❸ 킬라니 레이크 투어 Killarney Lake Tours
로스성에서 출발하며 미니 크루즈 배를 타고 약 1시간가량 국립 공원에 있는 명소와 자연을 감상하는 상품이다.

Data 요금 성인 10유로, 어린이 5유로
홈페이지 killarneylaketours.rezgo.com

❹ 카약 투어 Kayaking Tour
로스성에서 출발하며 약 2시간 동안 국립 공원 내의 호수에서 카약을 타는 상품이다.

Data 요금 성인 35유로, 어린이 32유로
홈페이지 moractivetours.com

레이디즈 뷰 Ladies View

케리 순환도로 상에서 켄메어와 킬라니 사이에 있는 절경으로 국립 공원을 높은 지대에서 감상할 수 있는 곳이다. 1861년에 빅토리아 여왕의 비서들이 이곳을 방문해 풍경에 감탄한 이후로 '레이디즈 뷰'라는 이름을 얻게 되었다. 눈으로 볼 때는 넓은 국립 공원과 하늘의 진풍경이 한눈에 들어오지만 구역이 워낙 넓어 사진에는 그 감동이 잘 전달되지 않는 곳이기도 하다. 정상 맞은편에는 경치를 감상하며 티타임을 가질 수 있는 작은 카페와 기념품 숍이 있다.

Data 지도 323p-F 주소 Killarney National Park, N71, Derrycunihy, Killarney, Co. Kerry

갭 오브 던로 Gap of Dunloe

맥길리커디즈 릭스 산맥과 퍼플산을 왼쪽과 오른쪽에 둔 좁은 산길이다. 약 11km이며 길 사이에는 5개의 호수가 자리 잡고 있다. 1차선으로 이루어진 울퉁불퉁하고 좁은 산길이지만 국립 공원의 뛰어난 경치를 볼 수 있어 많은 이들이 찾는다. 갭 오브 던로를 여행하는 방법은 미니버스, 보트 투어, 이륜마차 투어 등이 있다.

Data 지도 323p-C 주소 Dunloe Upper, Co. Kerry
홈페이지 미니버스, 보트 투어 www.gapofdunloetours.com,
이륜마차 투어 killarneyjauntingcar.rezgo.com

| Talk |
케리 웨이 The Kerry Way

아일랜드에서 가장 긴 하이킹 코스로 215km에 달한다. 링 오브 케리가 차로 여행을 하는 코스라면 케리 웨이는 도보로 이베라 반도를 돌아보는 코스이다. 킬라니에서 시작해 킬라니로 돌아오는 전체 여정이며 하루 평균 20km를 걷는 것을 기준으로 했을 때 약 10~11일이 소요된다. 홈페이지에는 걸어야 하는 길과 숙소에 대한 정보를 자세하게 제공하고 있다.

Data 홈페이지 www.kerryway.com

딩글 반도 드라이브 코스
슬리 헤드 드라이브 Slea Head Drive

링 오브 케리가 아일랜드의 다양한 자연의 모습을 보여준다면, 슬리 헤드 드라이브 코스는 대서양을 바로 옆에 끼고 아찔한 일차선 도로를 달리는 즐거움을 선사하는 곳이다. 약 153km로 이루어진 슬리 헤드 드라이브 코스는 R559번 국도를 따라 슬리 헤드Slea Head로 가는 길이다. 딩글 타운에서 시작해 중간 지점인 슬리 헤드까지 갈 수도 있고 여유가 있다면 R559도로를 한 바퀴 돌아도 좋다. 자세한 슬리 헤드 드라이브 코스 지도는 325p를 참고하자.

드라이브 코스 곳곳에는 선사 시대 유적지, 초기 기독교 시대의 예배당과 같은 역사적인 장소와 던베그 포트, 던모어 헤드, 슬리 헤드, 던퀸 항구와 같이 뛰어난 경관을 자랑하는 뷰포인트들이 있다. 해안 절벽 도로의 대부분은 구불구불한 1차선으로 이루어져 있다. 또한 바다와 도로의 경계 사이에 특별한 안전장치가 없기 때문에 렌터카 여행자들은 투어 버스가 많이 다니는 오후 시간보다는 오전에 여행하는 것을 추천한다. 킬라니에서 링 오브 케리는 여행에 무리가 없지만 슬리 헤드 드라이브를 보려면 킬라니가 아닌 딩글에서 숙박하는 것이 좋다.

Data 지도 323p-A

Tip 딩글 반도 투어 버스
아일랜드의 관광안내소에서 투어 상품을 쉽게 찾을 수 있다. 더블린에서 출발하는 케리 투어 버스도 있지만 킬라니나 코크에서 출발하는 링 오브 케리 투어 버스를 추천한다. 투어 회사마다 일정은 조금씩 바뀐다.

Data 요금 킬라니에서 출발 시 25~30유로, 코크에서 출발 시 40~45유로

투어 여행 사이트

패디웨건 Paddywagon Tours
Data 전화 01-823-0822
홈페이지 www.paddywagontours.com

딩글 슬리 헤드 투어
Dingle Slea Head Tours
Data 전화 087-218-9430
홈페이지 www.dinglesleaheadtours.com

와일드 케리 데이 투어
Wild Kerry Day Tours
Data 전화 064-663-1052
홈페이지 www.wildkerry-daytours.ie

| 슬리헤드에서 잠시 멈춰야 할 스폿들 |

1. 벤트리 비치 Ventry Beach
딩글에서 약 8km 떨어진 지점

딩글에서 출발해 첫 번째 만나게 되는 곳으로 넓은 모래사장이 펼쳐져 있는 바닷가이다.

Data 주소 Unnamed Road, Cantra, Co. Kerry

2. 슬리 헤드 뷰포인트 Slea Head Viewpoint
딩글에서 약 18km 떨어진 지점

슬리 헤드 드라이브 코스에서 가장 유명한 스폿으로 완만하게 펼쳐진 낮은 구릉 아래로 대서양의 푸른 바다를 만날 수 있다. 드넓게 펼쳐진 목초지 너머, 바다 위로 보이는 크고 작은 바위섬들은 블라스켓이다. 지금은 폐허가 되었지만 오래전에는 사람도 살았고 은둔지와 요새가 있었던 곳이다.

Data 주소 Slea Head Dr, Coumeenoole South, Co. Kerry

3. 슬리 헤드 비치 Slea Head Beach
슬리 헤드 뷰포인트에서 약 9km 떨어진 지점

벤트리 비치를 그냥 지나쳤다면 슬리 헤드 비치에서 잠시 시간을 보내도 좋다.

Data 주소 Coumeenoole North, Co. Kerry

4. 던퀸 항구 Dunquin Harbour
슬리 헤드 비치에서 약 2km 떨어진 지점

아일랜드 지도상 가장 서쪽으로 튀어나온 곳이다. 도로에서는 부두로 내려가는 길이 잘 보이지 않아 차를 세우고 내려가야 구불구불한 길을 만날 수 있다. 이곳은 한때 블라스켓섬 주민들이 섬에서 방목하던 양을 데리고 아일랜드 본토로 들어올 때 이용했던 항구이다.

Data 주소 Ballyickeen Commons, Co. Kerry

5. 갈라루스 오라토리 Gallarus Oratory
던퀸 항구에서 약 14km 떨어진 지점

아일랜드어로 '바위곶' 또는 '외국인을 위한 쉼터'라는 뜻을 가진 예배당이다. 100% 돌로 세워진 예배당은 보트를 거꾸로 세워 놓은 모양을 하고 있는데 10~15세기에 세워진 것으로 추정된 것에 비해 보존 상태가 매우 양호하다.

Data 주소 Gallarus, Dingle, Co. Kerry

| Talk |
딩글 펀기 Dingle Fungie 투어

1984년 이후로 30년째 딩글 사람들과 함께 하는 돌고래 펀기를 만나는 투어이다. 딩글 베이에서 출발하며 약 1시간 정도 딩글 반도의 풍경을 감상하고 돌고래를 만날 수 있다. 투어 도중 돌고래를 만나지 못하면 투어 비용을 받지 않는다. 낚시를 원하는 사람들은 사전에 이야기를 하면 낚싯대를 빌려주고 약 10~15분간 바다낚시를 즐길 수 있게 해준다. 주로 대구가 많이 잡히며 잡힌 고기는 개인이 가져갈 수도 있다. 날씨 변화에 따라서 투어가 진행되기 때문에 사전에 문의를 하고 예약을 하는 것이 좋다.

Data **지도** 325p **가는 법** 타운 중앙 돌고래 동상 옆
주소 Unit 2, The Pier, Dingle, Co. Kerry **전화** 066-915-2626
운영 시간 10:00~16:00 (기상변화에 따라 달라짐) **투어 비용** 어른 16유로, 어린이(12세 이하) 8유로, 그룹 투어의 경우 가격 조정 **홈페이지** www.dingledolphin.com

EAT

| 킬라니 |

Writer's Pick! 아일랜드 전통 음식이 궁금하다면
브리킨 레스토랑&박시 하우스
Bricín Restaurant and Boxty House

트립어드바이저에서 꾸준히 상위권을 지키고 있는 곳으로 1991년부터 아일랜드의 예술과 음식을 소개하고 있다. 1층은 아일랜드 공예 제품을 판매하고 2층은 레스토랑으로 운영하고 있다. 레스토랑 내부는 커다란 저택의 거실에 있는 것과 같은 착각을 불러일으킨다. 아일랜드 거실에서 볼 수 있는 인테리어를 적극적으로 이용해 따뜻한 가정집 레스토랑 분위기를 느낄 수 있고, 직원들의 투철한 서비스 정신은 아일랜드의 따뜻한 환대 문화를 경험하기 좋다. 이 레스토랑의 가장 유명한 메뉴는 '복티Boxty'. 아일랜드 전통 감자 팬케이크로 감자가루로 팬케이크를 만들고 그 안에 다양한 재료를 넣어 오므라이스처럼 먹는 음식이다.

Data 지도 324p-B
가는 법 패디웨건에서 북쪽으로 도보 4분
주소 26 High St, Killarney, Co. Kerry **전화** 064-663-4902 **운영 시간** 목~토 18:00~21:00
가격 복티 19.95유로, 얼리버드(18:00~18:45) 2코스 23유로, 3코스 26유로 **홈페이지** bricin.com

현지인들이 인정하는 피시 앤 칩스 가게
퀸랜스 시푸드 바 Quinlans Seafood Bar

생선가게와 시푸드 바를 함께 운영하는 레스토랑으로 매일 잡은 다양한 생선으로 튀긴 시푸드 요리를 즐길 수 있다. 그날 갓 잡은 생선들을 최상의 상태로 보존하기 위한 레스토랑만의 비밀 요리법을 가지고 있을 뿐 아니라 튀김용 올리브 오일로 튀겨 더 바삭하고 건강한 튀김 요리를 즐길 수 있다. 현지인들에게도 유명한 곳이라 5~10분 대기를 할 수도 있다.

Data 지도 324p-B
가는 법 관광안내소에서 도보 2분 **주소** 77 High St, Killarney, Co. Kerry
전화 064-662-0666 **운영 시간** 12:00~21:00
가격 오픈 슈림프 샌드위치 8.95유로, 홈메이드 피시 케이크 8.95유로
홈페이지 www.kerryfish.com

한국 음식이 그리울 땐
젠팅 타이 레스토랑 Genting Thai

매운 음식이 그리운 사람이라면 한국인 입맛에 맞는 타이 음식점을 추천한다. 아일랜드 요리사가 아닌 태국 요리사가 정통 태국 음식들을 요리해서 선보인다. 푸짐한 양은 기본, 메뉴마다 매운 정도가 표시되어 있고 더 매운 음식을 원한다면 직원에게 직접 주문할 수 있다. 걸쭉한 그린 커리와 대나무 솥에 들어간 자스민밥은 이 집에서 가장 인기 있는 메뉴이다.

Data 지도 324p-E
가는 법 관광안내소에서 도보 1분 주소 7 Beech Road, Monearmore, Killarney, Co. Kerry
전화 087 455 4444 운영 시간 월~금 17:00~23:00, 토·일 13:00~23:00
가격 얼리버드 3코스 (월~금 17:00~19:00, 일 15:00~18:00) 19.5유로, 스페셜 3코스 런치
(토·일 13:00~15:00) 17유로, 커리 종류 13~15유로, 팟타이 14유로 홈페이지 www.gentingthai.ie

킬라니 타운의 베스트 카페
리 카페 Lir Café

킬라니에서 커피 한 잔을 해야 한다면 단연코 리 카페를 추천한다. 카페는 건물 모퉁이에 자리 잡고 있으며 야외 벤치는 날씨가 좋은 날 커피를 마시면서 사람을 구경하기 좋은 최적의 장소이다. 갓 볶은 신선한 원두로 내린 커피는 고소하고 진한 맛을 선사한다. 초콜릿이 들어간 음료들과 프로즌 요거트도 맛있다. 무료 와이파이도 제공한다.

Data 지도 324p-E 가는 법 관광안내소에서 도보 1분
주소 Kenmare Pl, Killarney, Co. Kerry 전화 064-663-3859 운영 시간
08:00~21:00(일~19:00) 가격 커피류 2.5~3.4유로, 프로즌 요거트 3.5~4유로
홈페이지 www.lircafe.com

| 딩글 |

딩글 주민들이 다 아는 곳
아웃 오브 더 블루 Out of the Blue

딩글에서 유명한 해산물 맛집이다. 파란색과 노란색으로 칠해진 레스토랑에서 바다의 향기가 느껴지며 문 앞에 붙어 있는 각종 수상패들이 이미 소문난 맛집임을 인증하고 있다. 매일 잡은 고기로 신선한 해산물 요리를 선보이며 잡은 고기에 따라 오늘의 메뉴가 달라진다. 메인 메뉴를 시키면 포테이토 칩스만 잔뜩 주는 일반 레스토랑과 달리 주재료에 충실해 어떤 메뉴를 시켜도 만족스러운 식사를 경험할 수 있다.

Data 지도 325p 가는 법 둘린 부둣가 앞
주소 Waterside, Farrannakilla, Dingle, Co. Kerry 전화 066-915-0811
운영 시간 월~금 17:00~21:30, 일 12:30~15:00
가격 스타터 8~12유로, 메인 디시 20~30유로
홈페이지 www.outoftheblue.ie

원조는 이곳!
머피 아이스크림 Murphys Ice Cream

이미 더블린과 골웨이에 체인점이 있지만 원조 머피 아이스크림 가게는 딩글이다. 화학제가 첨가되지 않은 아일랜드 목장에서 가져온 신선한 우유와 아일랜드산 크림, 달걀, 유기농 설탕으로 만든 수제 아이스크림을 맛볼 수 있다. 은은한 색감과 혀끝에서 맴도는 깊고 부드러운 맛은 추운 날씨에도 맛봐야 할 음식이다. 시식도 가능하다. 가장 유명한 메뉴는 딩글 씨솔트 아이스크림!

Data 지도 325p
가는 법 딩글 관광안내소에서 도보 3분
주소 Strand St, Dingle, Co. Kerry
전화 066-915-2644 운영 시간 12:00~22:00
가격 아이스크림 스몰사이즈 4.5유로
홈페이지 www.murphysicecream.ie

점심 식사하기 좋은 곳
그레이 레인 비스트로 Grey's Lane Bistro

가족이 운영하는 작은 레스토랑이다. 아늑한 분위기 속에서 달콤한 케이크와 커피를 한잔하기에도 좋고 점심 식사를 즐기기에도 좋다. 예쁜 플레이팅은 덤이다.

Data 지도 325p
가는 법 딩글 관광안내소에서 도보 2분 주소 Grey's Ln, Dingle, Co. Kerry 전화 066-915-2770
운영 시간 10:00~16:00(금·토 ~20:30) 가격 브런치 7~8유로, 점심 10~13유로
홈페이지 www.greyslanebistro.com

IRELAND BY AREA 04
케리

| 킬라니 |

킬라니 문화의 중심지
오코너 펍 O'Connors Traditional Pub

킬라니 타운을 걷다 보면 기네스 파인트 잔이 벽면 한 가득 그려진 골목을 발견하게 된다. 바로 그 옆 모퉁이에 있는 검은색 펍은 킬라니 타운에서 가장 유명한 오코너 펍이다. 매일 밤 라이브 음악을 연주하고 펍 안에서 독서 모임, 스탠드 코미디 등 그야말로 살아 있는 아일랜드 펍의 모습을 보여준다.

Data 지도 324p-B
가는 법 킬라니 관광안내소에서 도보 4분
주소 7 High St, Killarney, Co. Kerry
전화 064-663-9424 **운영 시간** 12:00~23:30
홈페이지 oconnorstraditionalpub.com

취향 저격 분위기
커트니 Courtney's

펍 안으로 들어가는 순간 클래식한 가구와 사진들의 분위기에 입꼬리가 올라가는 곳. 이곳저곳 걸려있는 다양한 사진들이 멋스러워 자세히 들여다보게 된다. 킬라니 공예품을 비롯해 현지 맥주와 다양한 위스키를 즐길 수 있는 곳. 목요일부터 토요일 밤마다 라이브 공연이 펼쳐진다.

Data 지도 324p-E
가는 법 킬라니 관광안내소에서 도보 4분
주소 7 High St, Killarney, Co. Kerry
전화 064-663-2689
운영 시간 17:00~23:30(금·토 ~00:30)
홈페이지 courtneysbar.com

| 딩글 |

구두가게가 펍으로
딕스 막스 Dick Mack's

딩글에서 가장 유명한 곳. 펍 주인의 할아버지가 구두 가게로 쓰던 곳을 개조해 펍으로 발전시킨 곳이다. 펍 안으로 들어가면 타임머신을 타고 과거로 회귀한 것만 같다. 오래된 사진들과 듬성 듬성 놓여 있는 구두들이 멋스럽게 펍의 인테리어를 대신하고 있다. 한쪽 벽에는 다양한 위스키와 술들이, 다른 한쪽에는 구두 가게에서 사용하던 물건들이 그대로 진열되어 있다.

Data 지도 325p
가는 법 딩글 관광안내소에서 도보 6분
주소 Greene St, Dingle, Co. Kerry **전화** 066-915-1787
운영 시간 12:00~23:30
홈페이지 www.dickmackspub.com

라이브음악과 함께 딩글의 밤을
존 베니 Johb Benny's

딩글 타운 부두 맞은편에 위치하며 진한 하늘색 페인트에 오렌지색 문은 멀리서도 눈에 띈다. 펍의 주인은 아일랜드 전통 가수 출신으로 저녁 세션에는 주인의 노래뿐만 아니라 가수들의 다양한 아일랜드 전통 음악을 들을 수 있다. 펍에서는 밤 9시까지 식사도 가능하다.

Data 지도 325p
가는 법 딩글 관광안내소 뒤편
주소 Strand St, Dingle, Co. Kerry **전화** 066-915-1215
운영 시간 08:00~02:00
홈페이지 www.johnbennyspub.com

IRELAND BY AREA 04
케리

SLEEP

Writer's Pick!

가성비 갑
블랙십 호스텔
The Black Sheep Hostel

2016년 4월에 개장해서 시설이 좋다. 객실은 마룻바닥으로 되어 있으며 호스텔 매트리스 치고는 퀄리티가 좋다. 개인 커튼으로 프라이버시를 보장하고 모든 객실마다 욕실을 보유하고 있다. 호스텔 옆 농장에서 재배한 채소와 달걀로 무료 조식을 제공한다. 와이파이와 주차도 무료.

Data 지도 324p-D
가는 법 킬라니 관광안내소에서 도보 9분
주소 68 New St, Monearmore, Killarney, Co. Kerry **전화** 064-663-8746
가격 8인실 벙크베드 1인당 18유로~, 6인실 벙크베드 1인당 22유로~ **홈페이지** blacksheephostel.ie

칼라니 타운과 가까운
넵튠 호스텔 Neptune's Hostel

적당히 시끄럽지 않은 킬라니 타운 내에 위치한다. 킬라니 국립 공원의 다양한 액티비티를 제공받을 수 있다. 친절한 직원과 기본에 충실한 호스텔로 기존의 룸은 낡았기 때문에 리노베이션을 한 디럭스 더블룸이나 럭셔리 트리플룸을 추천한다. 조식과 와이파이가 무료다.

Data 지도 324p-A
가는 법 킬라니 관광안내소에서 도보 5분
주소 New St, Killarney, Co. Kerry
전화 064-663-5255
가격 6인실 벙크베드 1인당 16유로~, 디럭스 더블룸 50유로~, 디럭스 트리플룸(4인) 60유로~
홈페이지 killarney.ie/listing/neptunes-hostel

> **Tip 케리에서 숙소 고르는 법**
> 대중교통으로 케리주를 여행한다면 킬라니 타운에 있는 호텔이나 호스텔을 이용하는 것이 좋다. 렌터카로 여행을 한다면 킬라니 타운에서 조금 떨어진 곳이나 링 오브 케리의 중간 지점, 혹은 오션뷰가 내려다보이는 비앤비를 예약할 수 있다. 킬라니에서 딩글 타운은 65km 떨어져 있기 때문에 딩글까지 여행을 계획한다면 딩글 반도 근처의 숙소를 알아보는 것도 방법이다. 케리 및 부근 호텔들은 자체 홈페이지를 통해 다양한 프로모션 상품을 갖추고 있으니 꼭 확인하자.

기차역 앞
그레이트 서던 킬라니
Great Southern Killarney

킬라니 타운에서 가장 인기가 좋은 호텔이다. 호텔 옆에 기차역이 있고 뒤로는 작은 아웃렛이 위치한다. 담쟁이 덩굴로 둘러싸인 호텔은 그 자체로 고풍스럽고 호텔의 정원 또한 잘 가꿔져 산책하기 좋다. 인테리어 콘셉트는 클래식 스타일이며 호텔 내에 실내·외 수영장을 보유하고 있다. 주차와 와이파이가 무료다.

Data 지도 324p-C
가는 법 킬라니 기차역 앞
주소 Town Centre, Killarney, Co. Kerry
전화 064-663-8000
요금 클래식 더블룸 130유로~
홈페이지 www.themalton.com

합리적인 가격과 접근성
페어뷰 게스트하우스
Fairview Guesthouse

타운 중심에 위치하는 4성급 부티 호텔. 기차역도 가깝고 위치와 호텔 상태에 비해 숙박료가 저렴해 인기가 많다. 호텔은 최근에 리노베이션이 끝나 내부가 더 단정하고 깔끔해졌다. 킬라니에서 가성비 좋은 호텔을 찾는다면 단연코 이곳. 주차와 와이파이도 무료로 이용할 수 있어 편리하다.

Data 지도 324p-B **가는 법** 킬라니 기차역에서 도보 1분
주소 College St, Killarney, Co. Kerry
전화 064-663-4164
요금 슈퍼 더블룸 80유로~, 패밀리룸(어른2+아이2) 109유로~(조식 포함)
홈페이지 killarneyfairview.com

지친 심신을 달래기 좋은
킬라니 플라자 호텔&스파 Killarney Plaza Hotel&Spa

198개의 룸을 보유한 4성급 호텔. 내부 인테리어는 아르데코 양식이 가미된 클래식 스타일이다. 호텔 내 실내 수영장과 스파 시설을 보유하고 있다. 여행에 지친 심신을 달래기 좋다. 호텔 레스토랑도 수준급이다. 주차와 와이파이가 무료며 홈페이지에서 다양한 프로모션을 진행한다.

Data 지도 324p-E
가는 법 킬라니 관광안내소에서 도보 1분
주소 Kenmare Pl, Killarney, Co. Kerry 전화 064-662-1100
요금 클래식 더블룸 120유로~ 홈페이지 www.killarneyplaza.co

우아하고 중후한 아름다움
킬라니 로열 호텔 Killarney Royal Hotel

기차역에서 200m 떨어진 곳의 타운의 초입에 있으며 2013년 IGTOA 부티크 호텔을 수상한 4성급 호텔이다. 클래식 스타일 특유의 우아하고 중후한 매력이 돋보이고 친절한 직원들은 이 호텔의 자부심이다. 호텔 내 레스토랑은 수준 높은 요리를 제공한다. 패밀리룸을 보여하고 있으며 주차와 와이파이가 무료. 자체 홈페이지에서 프로모션 확인 후 예약하기를 권장한다.

Data 지도 324p-C 가는 법 킬라니 기차역에서 도보 1분
주소 College St, Killarney, Co. Kerry
전화 064-663-1853 요금 더블룸 120유로~
홈페이지 secure.killarneyroyal.ie

만 5세 이하 어린이는 무료
우드레인 하우스 Woodlane House

킬라니 타운에서 국립 공원 쪽으로 약 10분 떨어진 곳에 위치한 3성급 호텔이다. 타운에서 떨어져 있는 덕분에 룸의 컨디션에 비해 가격은 합리적이다. 만 5세 이하 어린이는 기존 침대에서 무료 숙박이 가능하다. 무료 조식을 제공하며 주차 및 와이파이도 무료로 사용 가능하다. 렌터카 여행자들에게 추천한다.

Data 지도 324p-E 가는 법 킬라니 관광안내소에서 도보 10분
주소 Woodlawn Road, Dromhale, Killarney, Co. Kerry
전화 064-663-7844 가격 더블룸(조식포함) 70유로~, 트리플룸(조식포함) 100유로~ 홈페이지 www.woodlawn-house.com

Writer's Pick! 진정한 힐링 장소
유럽 호텔&리조트 The Europe Hotel&Resort

킬라니 국립 공원의 린 호수가 내려다보는 곳에 위치하는 5성급 럭셔리 리조트이다. 호텔 옆에는 골프장이 있으며 근처에서 승마, 낚시, 보트 타기 등의 여러 스포츠를 즐길 수 있다. 아일랜드에서 가장 호화로운 ESPA 스파 시스템을 즐길 수 있으며 실내 수영장 내에는 해수 수영장, 얼음 분수, 사우나, 한증막 등 다양한 시설을 보유하고 있다. 무료 조식이 제공되며 주차와 와이파이도 무료로 이용 가능하다.

Data 지도 323p-C
가는 법 킬라니 타운에서 킬로글린 방향으로 차로 11분
주소 Fossa, Killarney, Co. Kerry **전화** 064-667-1300
가격 더블룸 기준 260유로~
홈페이지 www.theeurope.com

호수와 초원이 내려다 보이는
레이크 호텔 The Lake Hotel

킬라니 국립 공원 초입에 위치하는 4성급 호텔로 호텔 앞에는 린 호수와 푸른 초원이 내려다보여서 창문 너머로 보이는 풍경이 매우 평온하고 아름답다. 만 3세 이하 어린이는 별도의 요금을 받지 않는다. 무료 주차와 와이파이가 가능. 킬라니 국립 공원에서 즐길 수 있는 다양한 액티비티와 프로모션을 제공한다. 호텔 예약은 대행 사이트보단 메인 홈페이지를 통해 프로모션을 확인 후 예약하는 것이 좋다.

Data 지도 323p-C
가는 법 킬라니 타운에서 국립 공원 쪽으로 차로 7분
주소 Lake Shore, Muckross Rd, Castlelough, Killarney, Co. Kerry
전화 064-663-1035
가격 더블룸(조식+디너 프로모션) 160유로~
홈페이지 www.lakehotelkillarney.ie

골프와 승마를 즐기기 좋은
아그하도 헤이츠 호텔&스파 Aghadoe Heights Hotel&Spa

킬라니 국립 공원 위쪽에 위치한 5성급 부티크 호텔로 2017년에 골드 메달 어워드를 수상하였다. 호텔 앞에는 골프장이 있으며 골프장 너머로 린 호수가 내려다보인다. 호텔에서 도보 10분 내외에 승마장이 있다. 실내·외 수영장을 보유하고 있으며 객실의 침대는 대부분 킹사이즈로 이루어져 있다. 무료 조식, 무료 주차를 비롯해 와이파이도 사용 가능하다.

Data 지도 323p-C
가는 법 킬라니 타운에서 차로 10분
주소 Aghadoe House, Lakes of Killarney, Killarney, Co. Kerry
전화 064-663-1766
가격 클래식 더블룸 150유로~, 레이크 사이드룸 180유로~
홈페이지 www.aghadoeheights.com

가족 여행자들에게 좋은
스트랜드 호텔 The Strand Hotel

링 오브 케리가 있는 이베라 반도에서 딩글 반도로 가는 길목에 있는 4성급 호텔이다. 인치 비치Inch Beach안에 있는 유일한 호텔로 여름에는 호텔 앞 비치에서 해수욕과 서핑을 즐길 수 있다. 입구에는 아이들을 위한 미니 모래놀이 시설도 있다. 일반 더블룸부터 가족을 위한 2베드룸 아파트, 배낭여행자를 위한 4인실, 6인실 벙크베드도 준비되어 있다. 조식 포함이며 무료 와이파이를 제공한다.

Data 지도 323p-B
가는 법 딩글 타운에서 킬라니 방향으로 차로 30분
주소 Ardroe Inch, Annascaul, Co. Kerry
전화 066-915-8992
가격 더블룸 80유로~, 2베드 아파트 130유로~, 4인실 벙커베드 20유로~
홈페이지 www.thestrandatinchbeach.com

전망이 좋은
스님 호텔 Sneem Hotel

링 오브 케리 내 스님 타운에 위치하는 4성급 호텔로 렌터카 여행자들에게 추천하는 곳이다. 호텔의 대부분의 객실이 스님강을 바라보고 있어서 합리적인 가격으로 멋진 뷰가 있는 룸을 예약할 수 있다. 일 년 내내 다양한 프로모션을 제공하므로 호텔 홈페이지를 먼저 확인하고 예약을 하자.

Data 지도 323p-E **가는 법** 킬라니 타운에서 차로 1시간
주소 Goldens Cove, Sneem, Co. Kerry
전화 064-667-5100 **가격** 더블룸 90유로~
홈페이지 www.sneemhotel.com

우아한 하룻밤
아나시드 호텔 Ard na Sidhe Hotel

링 오브 케리 내의 킬로글린Killorglin타운 근처, 카라그 호수가 내려다보이는 곳에 위치한다. 호텔이라기보다 펜션에 더 가깝다. 18개의 방만 운영하며 잘 가꿔진 정원이 내려다보이는 깔끔하고 우아한 방은 더 이상 완벽할 수 없는 만족감을 선사한다. 겨울에는 운영하지 않는다(4월 21일부터 10월 4일까지 운영).

Data 지도 323p-C **가는 법** 킬라니 타운에서 차로 33분
주소 Caragh Lake House, Glannagilliagh, Killorglin, Co. Kerry 전화 066-976-9105 **가격** 더블룸 210유로~, 아침·저녁 식사 포함 프로모션 1인당 150유로
홈페이지 www.ardnasidhe.com

대중교통 여행자들에게도 추천하는
딩글 스켈링 호텔 Dingle Skellig Hotel

딩글 항구 앞에 위치하는 4성급 호텔이다. 바다 전망이 좋고 딩글 타운도 가깝다. 스파, 실내·외 수영장 이용이 가능하며 조식과 주차, 와이파이를 무료로 제공한다. 어린이 수영장과 무료 키즈 클럽을 운영해 가족 단위 여행자들에게 추천한다. 홈페이지에서 프로모션을 확인 후 예약하자.

Data 지도 325p **가는 법** 딩글 타운에서 항구 쪽으로 차로 3분
주소 Emlagh West, Dingle, Co. Kerry
전화 066-915-0200 **가격** 더블룸 130유로~
홈페이지 www.dingleskellig.com

Ireland By Area

05

킬케니
Kilkenny

아일랜드의 '중세 도시' 혹은 '검은 석회석의 도시'란 수식어를 가지고 있다. 킬케니를 가로지르는 노어강Nore River 유역을 따라 자리한 성곽과 성당, 그 사이 좁은 골목길은 도시의 수식어를 대변한다. 킬케니는 아일랜드의 예술과 공예의 중심지로써 킬케니 숍이 시작된 곳이기도 하다. 매년 8월 마지막 주에는 헤리티지 위크 Heritage Week가 열리고 아일랜드의 유명한 에일 맥주 중 하나인 스미딕스Smithwick's가 시작된 도시이기도 하다.

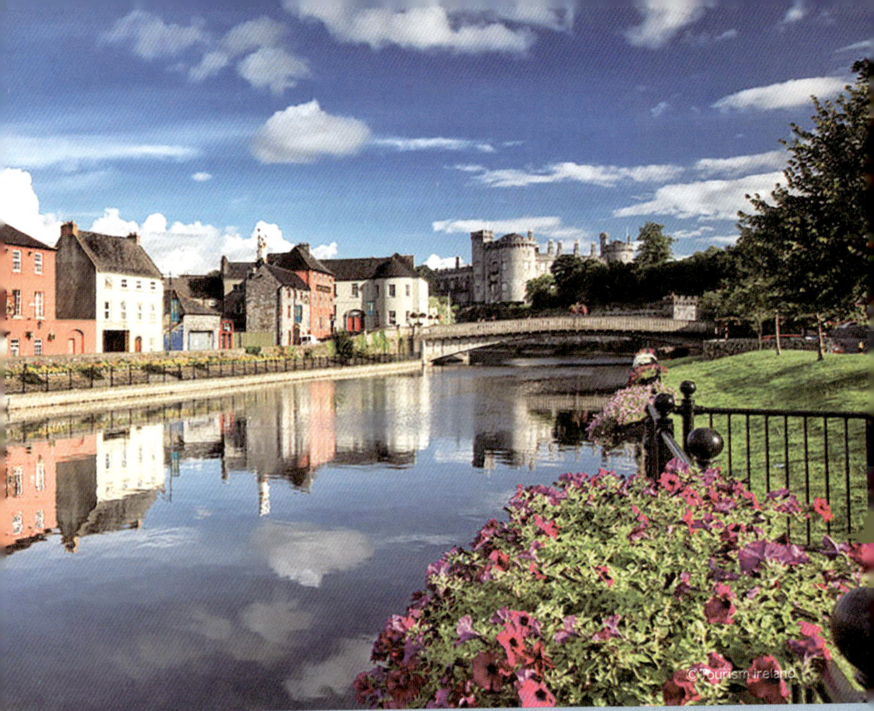
©Tourism Ireland

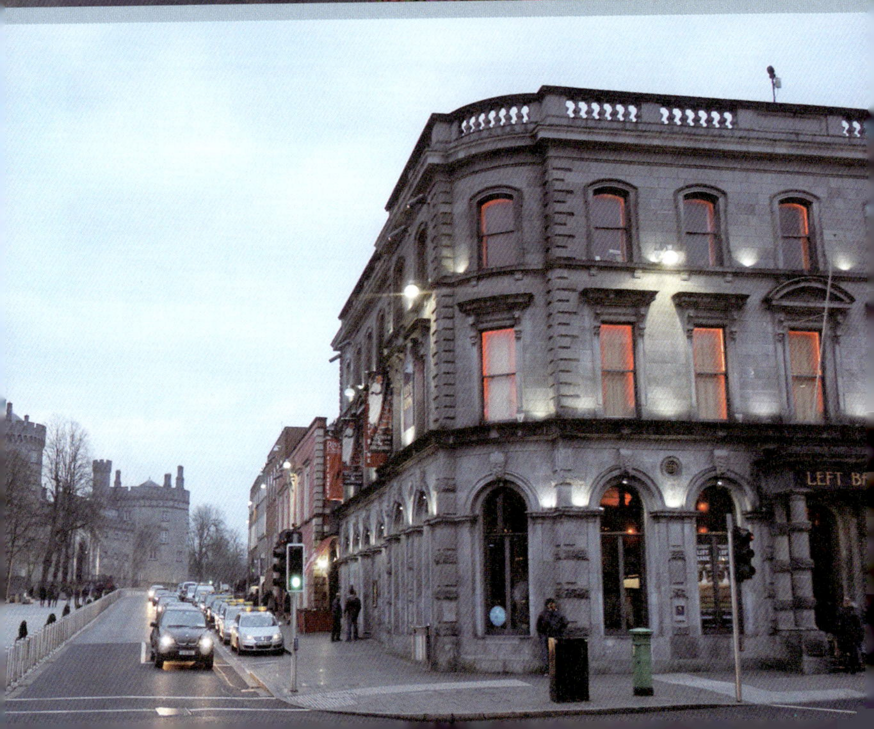

Kilkenny
PREVIEW

타운이 크지 않아서 하루 혹은 반나절을 투자해 킬케니의 주요 명소를 둘러볼 수 있다. 타박타박 도시의 좁은 골목길을 걸으며 중세 도시의 매력을 발견하는 재미가 있다.

SEE

서북쪽의 세인트 카니스 대성당을 시작으로 팔리아멘트 거리, 하이 거리, 퍼레이드 광장으로 내려가면 로스 하우스, 스미딕스 체험관, 킬케니성, 킬케니 디자인 센터 등 도시의 주요 명소들이 밀집해 있다. 아일랜드에서 가장 아름다운 성으로 손꼽히는 킬케니성과 성 앞의 잔디밭에서 잠시 느긋한 여유를 부리는 사치도 잊지 말자.

EAT

도시의 주요 거리를 따라서 괜찮은 레스토랑이 모여 있고 미쉐린 스타를 받은 수준 높은 레스토랑도 곳곳에서 발견할 수 있다. 레스토랑이나 펍에서 이 지역의 에일 맥주인 스미딕스를 마시는 것도 잊지 말자.

BUY

킬케니 디자인 센터 내의 숍에서 다양한 아이리시 작가들의 공예품을 만날 수 있다.

SLEEP

킬케니성 주변으로 괜찮은 호텔이 밀집해 있다. 큰 도시가 아니기 때문에 4성급 호텔도 합리적인 가격으로 숙박할 수 있는 장점이 있다. 관광객이 많은 도시답게 작은 도시임에도 불구하고 저렴한 호스텔도 종종 눈에 띈다.

Kilkenny
GET AROUND

어떻게 갈까?

더블린에서 기차로는 약 1시간 25분, 고속버스로는 약 2시간(더블린 공항에서 킬케니까지는 2시간 20분)이 소요된다. 더블린에서 출발하는 투어 버스는 킬케니와 위클로를 함께 여행하는 프로그램이 많다. 더블린 공항에서 바로 출발한다면 카바나&선 버스회사를, 더블린에서 출발한다면 기차를, 시간에 제약이 있고 하루에 많은 곳을 보고 싶다면 투어 버스를 추천한다.

1. 버스

더블린 국제공항에서 킬케니로 바로 가는 버스를 타거나 더블린 시내에서 킬케니로 가는 버스를 이용할 수 있다. 골웨이나 코크에서 킬케니를 여행하는 루트는 교통이 불편해서 추천하지 않는다. 아일랜드 대표 고속버스인 버스에린보다는 더블린 국제공항을 출발해 더블린을 경유해서 킬케니에 도착하는 카바나&선 J.J. Kavanagh & Sons 버스 회사를 추천한다.
이 회사에서 킬케니까지 가는 버스 노선은 총 3종류이며 공항에서 출발해 워터포드 Waterford행인 736번, 리머릭 Limerick행인 735번, 클론멜 Clonmel행인 717번이 모두 킬케니를 경유한다. 배차 간격은 1~2시간이며 노선에 따라 공항버스 정류장과 더블린 버스 정류장이 달라지기 때문에 유의하기 바란다. 자세한 사항은 아래 홈페이지에서 확인한다.

Data 요금 성인 편도 15~16유로, 어린이 10~11유로
소요 시간 약 2시간 20분
홈페이지 jjkavanagh.ie

 Tip 온라인 예매 시 킬케니에서 내리는 지점은 오먼드 길 Ormonde Rd로 지정하면 된다.

2. 기차

휴스턴 중앙역에서 출발하는 아이리시 레일을 이용할 수 있다. 소요 시간은 약 1시간 20분이며 요금은 출발 시간에 따라서 성인 편도는 11~14유로, 왕복은 22~26유로이다.

휴스턴 중앙 기차역
Dublin Heuston
Data 홈페이지 www.irishrail.ie

3. 투어 버스

더블린에서 출발하는 다양한 투어 버스를 이용할 수 있다. 회사마다 프로그램이 조금씩 다르지만 일반적으로 위클로와 킬케니를 함께 여행하는 프로그램이 많다. 제한된 시간에 많은 곳을 돌아보고 싶은 사람들에게 추천한다.

패디웨건 회사의 위클로&킬케니 상품
Data 투어요금 25유로
홈페이지 www.paddywagontours.com

어떻게 다닐까?

도시가 작아 도보 여행이 가능하다. 렌터카 여행자들은 공용 주차장에 차를 주차하고 도시를 도보로 여행하는 것이 더 편리하다. 스트릿 파킹은 최대 2시간으로 2시간에 1~1.5유로인 곳이 많고 저녁 7시 이후에는 무료이다. 사설 주차장은 원하는 시간만큼 주차를 할 수 있는 대신 요금이 더 비싸다. 대표적인 사설 주차 회사로는 큐파크Q-Park가 있다.

큐파크Q-Park 타운센터점
Data 주소 Ormonde Street County Kilkenny 요금 시간당 1.5유로, 24시간 16유로, 데이 파킹 (09:00~19:00) 6유로

INFO 킬케니 관광안내소 Kilkenny Tourist Office
Data 가는 법 킬케니성에서 도보 2분
주소 Shee Alms House, Rose Inn St, Kilkenny
전화 056-775-1500
운영 시간 월~토 09:15~17:15
홈페이지 visitkilkenny.ie

Kilkenny
ONE FINE DAY

킬케니 여행은 서북쪽에 있는 세인트 카니스 대성당에서
남서쪽의 킬케니성으로 이어진다.

세인트 카니스 대성당의
첨탑에 올라가서
킬케니 전경 감상하기

→ 도보 4분

로스 하우스에서
부자 상인의
타운하우스 구경하기

→ 도보 1분

스미딕스 체험장에서
맥주 마시기

↓ 도보 2분

국립 공예 갤러리에서
아일랜드 공예 작품
감상하기

← 도보 5분

중세 시대에 세워진
버터슬립 터널
건너기

← 도보 3분

카이틀러 인에서
중세의 흔적
발견하기

↓ 도보 1분

킬케니 디자인
센터에서 기념품
구입하기

→ 도보 1분

아일랜드에서
가장 아름다운
킬케니성 감상하기

IRELAND BY AREA 05
킬케니

킬케니 Kilkenny

- 기차역 Kilkenny Train Station
- 캉파뉴 Campagne
- 뉴파크 호텔 방향 Newpark Hotel
- 국립 공예 갤러리 National Design & Craft Gallery
- 킬케니성 Kilkenny Castle
- 아노크 레스토랑 Anocht Restaurant
- 버스정류장 Bus Stop
- 킬케니 디자인 센터 Kilkenny Design Centre
- 관광안내소 Kilkenny Tourist Office
- 주차장 Car Park
- 스미딕스 체험장 Smithwick's Experience Kilkenny
- 주니 호텔 Zumi Hotel
- 아롤이 Arol Asian Street Food
- 버터슬립 Butterslip
- 파리 텍사스 바 Paris Texas Bar
- 킬케니 투어리스트 호스텔 Kilkenny Tourist Hostel
- 카이틀러스 인 Kyteler's Inn
- 푸드웍스 Foodworks
- 로스 하우스 Rothe House
- 주차빌딩 Car Park
- 세인트 카니스 대성당 St. Canice's Cathedral

Dublin Rd
Castlecomer New Rd
Barrack St
John St Upper
Wolfe Tone St
John St Lower
River Nore
Canal Walk
The Parade
Rose Inn St
Patrick St
John Bridge
St Kieran's St
Market Yard
High St
Ormonde St
Evan's Ln
Parliament St
James St
Friary St
William St
Dean St

도시의 전경을 한눈에
세인트 카니스 대성당 St. Canice's Cathedral

킬케니 도보 여행이 시작되는 곳이다. 6세기에 세운 목조 교회의 터에 13세기에 현재의 석조 건물을 다시 세웠다. 17세기에 올리버 크롬웰 군대의 침략을 받았지만 많은 유물을 보존하고 있는 곳이기도 하다. 화려한 스테인드글라스 창문과 초기 기독교 신부였던 세인트 키란의 의자, 과거의 문자, 벽에 새겨진 고유한 조각상, 아치형의 천장은 카니스 대성당만의 독특함을 자랑한다.

성당 옆 원형 탑은 킬케니에서 가장 오래된 탑이자 아일랜드에서 꼭대기로 올라갈 수 있는 단 두 개의 탑 중 하나이다. 60도 이상 경사를 가진 가파른 사다리를 타고 올라가면 킬케니 전경이 한눈에 펼쳐진다.

Data **지도** 356p-A
가는 법 스미딕스 체험장에서 북쪽으로 도보 5분
주소 The Close, Coach Rd, Kilkenny
운영 시간 10~3월 10:00~16:00(일 14:00~), 4~5월 10:00~17:00 (일 14:00~), 6~8월 월~토 09:00~18:00(일 13:00~), 13:00~14:00 입장 불가 **요금** 성인 기준, 성당 4.5유로, 원형 탑 4유로, 콤보(성당&원형 탑) 7유로, 12세 이하 어린이는 원형 탑 입장 불가.
홈페이지 www.stcanicescathedral.ie

중세 시대 부유한 상인의 저택
로스 하우스 Rothe House

17세기 부유한 상인이던 존 로스John Rothe가 1594년부터 1610년까지 지은 세 개의 타운하우스로 그 당시 부자들이 살던 집을 보는 재미가 있다. 1594년에 지은 첫 번째 건물은 로스가 사업을 하며 위층에서 가족과 함께 살던 공간이었고 1604년에 지은 두 번째 건물은 로스 가문의 사교 공간이었다. 1610년에 완공한 세 번째 건물은 로스 가문의 별장으로 건물 뒤에 과수원, 허브 농장, 텃밭 등 작은 정원을 만들어 놓았다. 첫 번째 집의 침실인 라니건 룸은 아치형으로 천장을 설계해 침실이 더 넓어 보인다.
두 번째 집의 리셉션 홀이었던 펠란 룸에는 당시 부의 상징과도 같던 미술 작품들이 벽에 걸려 있고 벽난로 위에는 길이 3m가 넘는 사슴 헌팅 트로피가 걸려 있다. 가구들은 당시 유행하던 튜더 양식이 많다.
세 번째 집의 옥상 정원은 2008년 당시 아일랜드 대통령이었던 메리 매컬리스의 지시로 복원해 새단장을 했다. 작은 정원이지만 잘 가꿔진 나무와 텃밭, 꽃들을 통해 중세 시대 부유한 상인의 주택을 예측할 수 있다. 귀족이 살던 성과 비교했을 때는 작은 규모이지만 부유한 상인의 주택을 통해 주택 곳곳에 숨어 있는 중세 시대의 흔적을 발견할 수 있다.

Data 지도 356p-A 가는 법 스미딕스 체험장 맞은 편
주소 16 Parliament St, Gardens, Kilkenny 전화 056-772-2893
운영 시간 월~토 10:30~17:00, 일 12:00~17:00
요금 성인 7유로, 학생·노인 6유로, 정원만 입장할 경우는 4유로
홈페이지 rothehouse.com

1. 첫 번째 집과 두 번째 집 사이의 중정
2. 로스 하우스 외관 3. 세 번째 집의 옥상 정원 4. 첫 번째 집의 침실, 라니건 룸

과거와 현재가 연결되는 곳
버터슬립 Butterslip

로스 하우스를 나와 킬케니성이 있는 쪽으로 내려가면 석회석으로 세워진 시계탑 건물인 타운 홀을 만나게 된다. 타운 홀 바로 옆에는 작은 아치형의 터널이 있는데 이곳은 킬케니 시민들의 유동 인구가 가장 많은 곳이자 하이 거리와 키어란스 거리를 연결하고 있다. 중세 시대 상인들이 이 터널 안에서 버터를 팔았던 데서 비롯해 버터슬립으로 불리고 있다. 반질반질해진 터널의 바닥과 돌 틈 사이로 자라난 이끼들로 세월의 흔적을 느낄 수 있다.

Data 지도 356p-D 가는 법 킬케니성에서 도보 2분 주소 31 Rose Inn St., Collegepark, Kilkenny

킬케니 대표 에일 맥주
스미딕스 체험장 Smithwick's Experience Kilkenny

100% 가이드 투어로 진행되는 체험장이다. 투어 시간은 약 45분으로 14세기부터 현재까지 킬케니 지역의 양조 역사와 스미딕스 맥주의 설립자인 존 스미딕스의 이야기를 들을 수 있다. 투어 중 3종류의 스미딕스 회사의 맥주를 맛볼 수 있고 입장료에는 파인트 한 잔을 마실 수 있는 쿠폰이 포함되어 있다. 투어는 영어로 진행되지만 소규모로 진행되기 때문에 따뜻한 분위기에서 투어를 즐길 수 있다.

Data 지도 356p-A 가는 법 로스 하우스 맞은 편 주소 44 Parliament St, Gardens, Kilkenny
전화 056-778-6377 운영 시간 3~6·9·10월 11:00~17:00, 7·8월 10:00~17:00,
11~2월 11:00~16:00 요금 성인 15유로(온라인 예매 시 13유로), 학생(ID 지참) 9유로
홈페이지 www.smithwicksexperience.co

킬케니성 공원

킬케니를 여행해야 이유

킬케니성 Kilkenny Castle

1173년 펨브로크 백작 2세인 리처드 드 클레어가 나무로 건축했다가 1195년에 그의 사위인 윌리엄 마셜이 돌로 다시 세워 1213년에 완성되었다. 1391년 이후 막대한 부와 권력을 가졌던 버틀러 가문의 소유가 되어 600년간 그들의 주요 거주지가 되었다. 80년이 흐르는 동안 성의 모습도 변하면서 다양한 건축 양식이 섞였지만 빅토리안 양식이 가장 많이 보인다. 성은 초승달에 가까운 'ㄷ'자 모양이며 초기에 만들어진 네 개의 타워 중 세 개만 남아 있다.

킬케니성은 접견실부터 롱 갤러리에 이르기까지 당시 화려했던 귀족 가문의 집을 구경하는 재미가 쏠쏠하다. 다이닝 룸과 연결된 도서관에는 호화로운 소품이 유난히 많다. 벽면 책꽂이에 꽂힌 오래된 서적과 빅토리안 시대에 유행하던 가구, 소파, 책상이 눈에 띈다. 도서관의 카펫은 베르사유 스타일에서 영향을 받아 도서관의 분위기를 한층 화려하게 만들어준다.

킬케니성에서 가장 유명한 장소는 롱 갤러리이다. 광장처럼 커다란 홀 안의 붉은 벽지 위에 다양한 예술 작품이 벽면에 빼곡히 걸려 있다. 갤러리의 천장 구조가 매우 독특한데 한국의 단청 문양처럼 천장의 나무 도리에 물감으로 각종 문양을 그려 놓았다. 이 문양들은 아일랜드 전통 문양으로 중세 기독교 미술사에서 가장 아름답다고 손꼽히는 〈켈스의 서〉 그림의 영향을 받았다.

킬케니성은 내부뿐만 아니라 성 앞 공원도 아름답다. 날씨가 좋은 날에는 어김없이 성 앞 잔디밭에서 쉼을 즐기는 사람들을 발견할 수 있다. 유럽의 고성을 좋아하는 사람들이라면 아일랜드에서 가장 아름답고 관리가 잘되어 있는 킬케니성을 기억하자.

Data 지도 356p-E **가는 법** 하이 거리에서 퍼레이드 광장 쪽으로 도보 3분
주소 The Parade, Collegepark, Kilkenny 전화 056-770-4100
운영 시간 10~2월 09:30~16:30, 3월 09:30~17:00, 4·5·9월 09:30~17:30, 6~8월 09:00~17:30
요금 성인 8유로, 노인 6유로, 학생·어린이 4유로
홈페이지 www.kilkennycastle.ie

롱 갤러리

킬케니성 옆으로 흐르는 노어강

아일랜드 공예 디자인의 본고장
킬케니 디자인 센터&국립 공예 갤러리
Kilkenny Design Centre&National Craft Gallery

과거 킬케니성의 마구간으로 쓰이던 건물을 개조해 디자인 센터를 설립하였다. 1965년에 처음으로 킬케니 디자인 워크숍이 열린 후 킬케니는 공예 디자인의 중심지로 부각되기 시작하였고 2000년, 디자인 센터 옆에 국립 공예 갤러리가 오픈하였다. 매년 6월이면 디자인 워크숍이 열리며 2015년에는 킬케니 디자인 워크숍 50주년을 기념하기도 했다. 킬케니 근교에는 공예 예술가들의 개인 스튜디오가 많아 스튜디오를 돌아보는 투어 프로그램도 제공하고 있다.

Data 지도 356p-E
가는 법 킬케니성 맞은편
주소 The Castle Yard, The Parade, Collegepark, Kilkenny
전화 056-772-2118
운영 시간 킬케니 디자인 센터 10:00~19:00, 국립 공예 갤러리 화~토 10:00~17:30, 일·공휴일 11:00~17:30
요금 무료
홈페이지 킬케니 디자인 센터 www.kilkennydesign.com, 국립 공예 갤러리 www.ndcg.ie

EAT

Writer's Pick! 여유롭고 편안한 분위기
캉파뉴 Campagne

2008년에 문을 연 프랑스 레스토랑으로 2009년부터 베스트 레스토랑에 선정되기 시작했고 2013년에 미쉐린 1스타를 받아 맛을 입증했다. 프랑스어인 '캉파뉴'란 이름을 차용한 것에서 알 수 있듯이 레스토랑 벽에는 킬케니 아티스트인 캐서린 배런의 농촌 생활을 묘사한 현대적인 그림이 손님들의 시선의 사로잡는다. 고정된 메뉴보다는 신선한 제철 식자재로 음식을 만드는 것을 선호한다. 미쉐린 스타 레스토랑이지만 점심과 얼리버드 3코스를 35유로라는 합리적인 가격으로 선보이고 있다.

Data 지도 356p-C 가는 법 킬케니 기차역에서 도보 5분
주소 5, The Arches, Gas House Lane, Kilkenny
전화 056-777-2858 운영 시간 수·목 18:00~22:00,
금·토 12:30~14:20, 17:30~22:00, 일 12:30~14:30
가격 런치&얼리버드 3코스 35유로, 저녁 메인 디시 29~33유로
홈페이지 www.campagne.ie

미쉐린 가이드북 단골 레스토랑
푸드웍스 Foodworks

2014년부터 매년 가이드북에 이름을 올리고 있는 레스토랑. 캐주얼하고 젊은 감성이 느껴지는 곳으로 오너는 자신의 개인 농장을 운영하며 그곳에서 재배되는 식자재로 신선한 음식을 만든다. 음식을 먹으면 기본 재료를 갖고 정직한 요리를 제공하는 것은 물론, 음식 퀄리티에 맞는 가격을 책정했다는 느낌을 받는다. 맛있는 음식만큼이나 맛있는 커피를 마실 수 있는 곳이다. 저녁은 예약 필수.

Data 지도 356p-A
가는 법 스미딕스 체험장에서 도보 1분 주소 7 Parliament St, Gardens,
Kilkenny 전화 056-777-7696 운영 시간 월·화 12:00~17:00,
수·목 12:00~21:00, 금·토 12:00~21:30, 일 12:00~16:00
가격 브런치 8~9유로, 메인 14~15유로 홈페이지 www.foodworks.ie

IRELAND BY AREA 05
킬케니

우아한 저녁 식사 공간
아나크 레스토랑 Anocht Restaurant

킬케니 디자인 센터 내, 건물 2층에 위치한 레스토랑이다. 18세기 오르몬데 가문의 건물을 개조한 곳이라 레스토랑 건물 자체가 매우 멋스럽다. 창문 너머로 킬케니성과 정원이 내려다보이며 목재 빔 구조의 천장이 레스토랑 분위기를 독특하게 만들어 준다. 아일랜드 전통 음식을 현대식으로 재해석한 음식을 제공하는 것이 특징이다. 현지에서 생산되는 유기농 제품을 사용하는 것을 원칙으로 하며 아름다운 플레이팅은 보는 즐거움까지 가져다준다.

Data 지도 356p-E
가는 법 킬케니 디자인 센터 2층
주소 Castle Yard, The Parade, Collegepark, Kilkenny
전화 056-772-2118
운영 시간 얼리버드 2코스 24.5유로, 3코스 28.5유로(목 ~22:00, 금·일요일 ~19:00, 토 ~18:30), 저녁 메인 20~27유로
홈페이지 anochtrestaurant.ie

싸고 푸짐한 스테이크 식사를 즐길 수 있는 곳
파리 텍사스 바 Paris Texas Bar

전통적인 미국식 남서부 요리와 뉴올리언스 프렌치 쿼터의 정교함을 융합시킨 스테이크 하우스이다. 가격 또한 합리적인 편이라 킬케니 시민들에게도 인기가 많은 장소이다. 5월부터 9월 월요일부터 목요일 밤에는 라이브 음악을 들을 수 있다. 펍이 함께 운영되는 곳이라 다양한 술과 함께 맛있는 식사를 즐길 수 있다.

Data 지도 356p-D 가는 법 킬케니성 앞 사거리 쪽
주소 92 High St, Collegepark, Kilkenny
전화 056-776-1822
운영 시간 12:00~23:30(금·토 ~00:30, 일 ~23:00) 가격 9oz 설로인 스테이크 19.95유로, 16oz 티본 스테이크 28.95유로
홈페이지 www.paristexas.ie

한식이 그리운 당신에게
아로이 Aroi Asian Street Food

양식보다는 한식을 선호한다면 아로이를 추천한다. 카레, 볶음밥, 볶음국수, 쌀국수 등 아시안 음식을 전문으로 하는 스트리트 레스토랑이다. 푸짐한 양을 제공하는 것은 기본, 가격 또한 점심과 저녁에 상관없이 평균 10~13유로라 저렴하게 저녁 식사를 할 수 있는 곳을 찾는 여행자들에게 추천한다.

Data 지도 356p-D
가는 법 킬케니성 앞 사거리에서 도보 2분
주소 Friary St, Gardens, Kilkenny
전화 056-770-3644 운영 시간 화~일 12:00~22:00(금·토 ~22:30, 일 ~21:00)
가격 킹 프론 옐로 커리 12유로, 레드 비프 커리 12유로 홈페이지 aroi.eu

펍 자체가 역사의 현장
카이틀러스 인 Kyteler's Inn

아일랜드에서 가장 오래된 여관 중 하나인 이곳은 '중세 도시 킬케니'라는 명성에 걸맞은 장소이다. 여관의 시작은 13세기로 거슬러 올라간다. 1224년 무렵, 은행가의 딸이었던 앨리스 데 카일러에 의해 여관이 설립되었다. 카일러는 4차례의 결혼을 통해 많은 돈을 벌었는데 그 과정에서 사람들은 그녀를 마녀로 몰아세웠다. 화형 선고를 받았지만 주변 사람들의 도움으로 사형 집행이 있기 전 간신히 목숨을 보전할 수 있었다. 이런 이유로 수 세기 동안 여관은 버려진 채로 방치되었다가 1986년에 현재의 소유주인 니키 플린이 여관을 인수했고 당시에 보편적으로 사용하던 석고벽을 드러내고 중세 시대의 인테리어를 복원하기 위해 힘을 썼다. 특별히 여관의 맨 꼭대기 층을 문화 공간으로 만들기 위해 노력을 했고 결과적으로 여관은 결혼식 피로연, 파티, 기업 행사, 공연 등을 할 수 있는 커다란 공간으로 탈바꿈하게 되었다. 현재 카이틀러스 인은 킬케니의 대표적인 펍이자 다양한 문화 행사가 열리는 공간으로 사용되고 있다.

`Data` **지도** 356p-A **가는 법** 킬케니성에서 도보 5분
주소 St Kieran's St, Gardens, Kilkenny **전화** 056-772-1064
운영 시간 12:00~00:30 **홈페이지** www.kytelersinn.com

유럽의 고성에서 보내는 하룻밤
버틀러 하우스 Butler House
Writer's Pick!

정원이 있는 유럽의 고성에서 하룻밤을 보내는 로망을 가진 여행자들을 위한 4성급 호텔이다. 14세기 이후 킬케니성의 주인이었던 버틀러 가문의 가족이 살던 고성으로 19세기까지는 버틀러 가족이 살던 곳이었으나 1972년 킬케니 디자인 에이전시에서 버틀러 하우스를 복원하였다. 아르데코 스타일 위에 현대적으로 재정비한 깔끔한 객실을 나서면 전면 계단, 대리석 벽난로, 미술 장식품, 삐걱거리는 바닥 등 로비와 외관에서 풍기는 클래식함이 역사의 한순간에 와 있는 듯한 느낌을 준다. 평균 1일 숙박료는 150유로를 웃돌지만 비수기나 할인 기간을 이용해 100유로 이하의 가격으로 유럽의 고성에서의 하룻밤을 즐길 수 있다.

Data 지도 356p-E 가는 법 킬케니성 맞은 편
주소 16 Patrick St, Kilkenny City, Kilkenny
전화 056-772-2828 요금 더블룸 100유로~
홈페이지 www.butler.ie

키즈 클럽이 무료
뉴파크 호텔 Newpark Hotel

킬케니 초입에 위치한 4성급 호텔이다. 더블린 시내에서 출발해서 킬케니에 도착하는 코치 버스의 첫 번째 정류장이라 대중교통으로 여행하기에도 무리가 없다. 호텔에서 시내까지는 도보로 약 20분이 소요된다. 호텔 뒤에는 잘 가꿔진 공원이 있어서 느긋하게 산책을 하기에도 안성맞춤이다. 금요일과 토요일 저녁에는 만 4~12세 아이들을 위한 무료 키즈 클럽을 운영하고 있어서 가족 단위 여행자들이 선호하는 호텔이다. 가족 고객들을 위한 행사와 프로모션도 진행하므로 예약 전 호텔 홈페이지를 먼저 확인하자.

Data 지도 356p-B
가는 법 뉴파크 호텔 정류장 앞
주소 Castlecomer Rd, Newpark Lower, Kilkenny
전화 056-776-0500 요금 클래식 더블룸 80유로~,
가족룸(성인2+어린이2) 120유로~
홈페이지 www.newparkhotelkilkenny.com

내 집 같은 편안함
킬케니 투어리스트 호스텔 Kilkenny Tourist Hostel

18세기 조지안 양식의 집을 개조해 만든 호스텔로 친구 집처럼 정겨운 느낌이 드는 곳이다. 더블린과 골웨이에 있는 호스텔과 비교했을 땐 아쉬운 시설이지만 주머니 사정이 가벼운 여행자들에게는 더할 나위 없는 곳이다. 스미딕스 체험장 옆에 위치해 킬케니 명소와 대중교통을 이용하기 편리하다. 60개의 베드를 보유하고 있으며 벽난로가 있는 따뜻한 로비 공간은 여행자들로 언제나 넘친다.

Data 지도 356p-A 가는 법 미딕스 체험장 옆
주소 35 Parliament St, Gardens, Kilkenny
전화 056-776-3531 요금 6인실, 1베드 17유로~, 더블룸 40유로~
홈페이지 www.kilkennyhostel.ie

한곳에서 모든 것이 충족되는 곳
주니 호텔 Zuni Hotel

맛집을 찾아다닐 에너지가 없고 한곳에서 모든 것이 충족되는 장소를 찾는다면 주니 호텔을 기억하자. 호텔보다 레스토랑으로 더 유명할 만큼 현지인들의 맛집이다. 화이트 톤으로 이루어진 침실은 깔끔한 이미지를 주며 호텔에서 킬케니성까지는 도보로 5분 소요된다.

Data 지도 356p-E 가는 법 킬케니성 앞, 도보 5분
주소 26 Patrick St, Gardens, Kilkenny
전화 056-772-3999 요금 더블룸 120유로~, 런치(12:30~14:30) 메인 12~14유로, 저녁(18:00~21:30) 얼리버드 2코스 24.5유로, 3코스 29.5유로 홈페이지 zuni.ie

만 12세 어린이는 무료 투숙
펨부로크 호텔 Pembroke Hotel

모던한 호텔 건물과 밝은 하늘색의 호텔 정문에서 젊은 감각이 느껴진다. 킬케니성 앞에 위치하는 4성급 호텔로 2009년부터 손님을 맞이하고 있다. 군더더기 없이 깔끔한 욕실과 킬케니의 다른 호텔보다 조금 더 넓은 더블룸을 제공한다. 만 12세 이하 어린이는 추가 요금 없이 룸을 이용할 수 있으며 호텔 공식 홈페이지로 예약 시 스파 10% 할인권과 웰컴 드링크를 받을 수 있다.

Data 지도 356p-E 가는 법 킬케니성 앞
주소 11 Patrick St, Gardens, Kilkenny
전화 056-778-3500 요금 더블룸 90유로~
홈페이지 www.pembrokekilkenny.com

Ireland By Area
06

북아일랜드
Northern Ireland

영국을 구성하는 4개의 구성국 중 하나로
아일랜드 영토에서 북동쪽에 위치한다.
아일랜드 행정 구역상 얼스터Ulster로 분류되기
때문에 영국에서는 얼스터로 부르기도 한다.
북아일랜드에는 6개 주가 포함되어 있으며
북아일랜드의 수도인 벨파스트Belfast는
아일랜드 영토에서 더블린 다음으로 인구가
많다. 아일랜드와 북아일랜드는 한 영토 안에
있어서 비슷한 자연 환경을 가졌지만 자치령이
다르기 때문에 묘한 차이를 느낄 수 있는
곳이다. 특별한 여권 심사를 거치지 않고도
쉽게 여행할 수 있는 북아일랜드만의
색다른 매력에 빠져 보자.

© Tourism Northernireland

© Tourism Northernireland

Northern Ireland
PREVIEW

벨파스트를 시작으로 북아일랜드 여행을 시작한다.
벨파스트에서는 자치령에 따라서 달라지는 도시의 매력을 느껴볼 수 있고
북아일랜드 해안 지역에서는 광활하고 거친 아일랜드를 만날 수 있다.

SEE

벨파스트는 북아일랜드의 수도로 '아일랜드 속의 영국'을 경험할 수 있는 도시이다. 벨파스트 시청을 중심으로 북쪽의 타이타닉 쿼터와 남쪽의 퀸스 대학가 주변을 둘러보면 된다. 런던데리는 아일랜드에서 가장 오래된 도시 중 하나이자 영국의 신교도들과 아일랜드 구교들의 갈등이 있었던 곳이다. 도시 중앙에 세워진 데리 성벽과 프리 데리 구역에서 과거의 아픈 역사와 조우한다. 앤트림주(州)는 동북쪽에 위치한 지역으로 북아일랜드의 광활한 자연을 만날 수 있는 곳이다. 앤트림주와 대서양의 경계선에는 세계에서 가장 긴 주상절리 해안인 코즈웨이 해안이 형성되어 있다. 또한 앤트림주 곳곳에는 <왕좌의 게임> 촬영지가 산재해 있다.
기타 북아일랜드 지역의 경우, 대중교통으로 여행을 한다면 벨파스트에서 출발하는 투어 버스를 이용하는 것이 경제적이고, 렌터카로 여행을 한다면 여행 스케줄에 따라서 여유롭게 런던데리와 앤트림주를 둘러볼 수 있다.

SLEEP

대중교통으로 여행을 한다면 벨파스트에 모든 숙소를 잡고 도시와 기타 지역을 여행하는 것이 좋다. 렌터카로 여행을 하는 경우에는 여행 루트에 따라서 벨파스트의 숙소와 기타 지역의 숙소를 함께 이용한다. 기타 지역 숙소는 앤트림주의 휴양지인 포트러시나 런던데리를 이용하면 좋다.

> **Tip** 북아일랜드는 영국령이기 때문에 영국 국가 번호 (44)를 쓴다. 또한 영국 화폐인 파운드를 사용하니 꼭 알아 두자.

벨파스트
Belfast

'아일랜드 속의 영국'으로 북아일랜드의 수도이다.
벨파스트에 도착하면 시 곳곳에 걸려 있는 유니언 잭과
붉은 벽돌로 지어진 빅토리안 양식의 주택들,
파운드를 사용하는 풍경에서 '작은 런던'을 연상하게 된다.
벨파스트 시청을 시작으로 타이타닉 쿼터 구역에서 한때 세계 최고였던
영국의 조선 기술을, 퀸스 대학가에서 젊음의 생동감을 느껴 보자.

©Tourism Northernireland

Belfast
PREVIEW

벨파스트는 아일랜드 영토 내에서 더블린 다음으로 인구가 많은 도시다. 한때는 아일랜드의 독립 과정에서 겪었던 분열로 긴장감을 놓을 수 없었지만 현재는 평화로운 곳이자 새롭게 태어나는 도시가 되고 있다. 영국과 아일랜드의 색채가 묘하게 섞여 있는 도시의 풍경은 여행자들에게 색다른 즐거움을 선사해 준다.

SEE

크게 시청이 있는 중심가와 타이타닉 박물관이 있는 타이타닉 쿼터, 퀸스 대학교가 있는 대학가 주변으로 나눌 수 있다. 시청 근처에서는 런던을 걷는 느낌을 받을 수 있으며, 타이타닉 쿼터에서는 타이타닉 박물관과 영국 조선업의 현장을 둘러볼 수 있다. 대학가 주변에서는 퀸스 대학교의 아름다움과 개성 넘치는 카페들을 만날 수 있다. 벨파스트 서쪽 지역에 위치한 폴스 길과 샨킬 길에서는 아일랜드 독립의 역사를 살펴볼 수 있는 다양한 벽화들을 만나게 된다.

EAT

북아일랜드의 수도답게 곳곳에 맛집이 숨어 있다. 미쉐린 스타에 선정된 수준 높은 레스토랑을 비롯하여 대학가 근처의 캐주얼하고 개성 만점의 인테리어를 자랑하는 레스토랑들, 커피 마니아들의 욕구를 채워줄 카페, 다양한 퓨전 요리로 새로운 시도를 보이는 레스토랑 등이 가득하다.

BUY

'비지트 벨파스트' 관광안내소에는 벨파스트를 주제로 하는 다양한 기념품을 판매하고 있다. 벨파스트는 영국 관광청에서 관리하기 때문에 더블린보다 다양한 기념품이 많은 곳이다. 벨파스트 내의 쇼핑센터에는 영국의 유명한 브랜드들을 손쉽게 구입할 수 있는 장점이 있다.

SLEEP

중급 이상의 숙소는 벨파스트 시청과 유로파 고속버스 터미널, 기차역 근처에 밀집해 있다. 저렴한 호텔이나 호스텔은 퀸스 대학교 근처에 많다. 벨파스트에 머무는 시간이 짧거나 대중교통을 편리하게 이용하고 싶다면 시청 주변의 호텔을 구하는 것이 좋다.

Belfast
GET AROUND

 어떻게 갈까?

유럽이나 다른 나라에서 들어올 경우는 벨파스트 국제공항으로 바로 벨파스트에 도착할 수 있고, 한국에서 온다면 더블린 국제공항을 거쳐 벨파스트로 이동하는 게 가장 대중적인 루트이다.

| 벨파스트 국제공항에서 시내로 가기 |

한국에서 아일랜드로 들어올 때는 노선도 많고 가격 경쟁력이 있는 더블린 국제공항을 이용하는 것이 일반적이다. 하지만 유럽의 다른 나라에서 아일랜드로 들어올 때는 여행 일정에 따라 벨파스트 공항을 이용하게 되는 경우가 있다. 공항은 벨파스트 시내에서 북쪽으로 약 30km 떨어진 곳에 위치하며 규모는 작다. 택시로는 약 30분 소요되며 요금은 평균 30~35파운드 선이다. 공항버스는 약 45분 소요되며 트랜스링크 익스프레스 300번 버스를 타면 유로파 시외버스 터미널에 하차한다.

트랜스링크 Translink
Data 요금 성인 편도 8파운드, 왕복 11파운드
배차 간격 10~15분(08:00~20:00), 30분(20:00~24:00)
홈페이지 www.translink.co.uk/Services/Other-Translink-Services

| 더블린에서 벨파스트 가기 |

더블린 국제공항과 더블린 시내에서 벨파스트로 가는 에어코치Aircoach 705X 직행버스를 이용한다. 705X는 더블린 시내에서 출발해 공항을 거쳐 벨파스트로 가는 버스이다. 벨파스트를 먼저 여행할 계획이라면 더블린 국제공항에서 버스를 타는 것을 추천한다.

타는 곳	운행 시간	운행 횟수	요금	소요 시간
더블린 시내 (오코넬 거리)	첫차 01:30 막차 23:30	1시간 간격, 하루 20회 이상	성인 편도 10~11유로	약 2시간 20분
제1터미널 정류장	첫차 01:55 막차 23:56		성인 편도 12~14유로	약 1시간 50분
제2터미널 정류장	첫차 02:00 막차 24:00			

어떻게 다닐까?

대중교통은 버스와 택시가 있다. 벨파스트의 명소들은 시내에서 도보로 30분 이내에 갈 수 있는 장소들이 대부분이다. 하지만 명소들이 벨파스트 시청을 중심으로 남북으로 길게 흩어져 있기 때문에 타이타닉 박물관이 있는 북쪽의 타이타닉 쿼터 구역에서 퀸스 대학교가 있는 남쪽 구역은 도보로 1시간가량이 소요된다. 하루에 벨파스트의 주요 명소를 다 둘러볼 계획이라면 데이링크 원데이 카드를 구입해 시간을 절약하는 것이 좋다.

1. 버스

메트로Metro로 불리는 핑크색 시내버스는 12개의 주요 노선과 기타 추가 노선을 운영하고 있다. 벨파스트의 구석구석을 연결하는 교통수단이며 도착지마다 요금이 달라지기 때문에 버스에 탑승 후 운전기사에게 목적지를 이야기하고 요금을 지불한다. 더블린과 달리 버스에서 거스름돈을 받을 수 있다. 버스 노선과 요금에 관한 정보는 트랜스링크 메트로 홈페이지를 참고한다.

트랜스링크 메트로 Translink Metro
Data 요금 1회 승차 성인 1.6파운드, 어린이 0.8파운드(현금)
홈페이지 www.translink.co.uk/Services/Metro-Service-Page

---

2. 택시

택시 승강장에서 타도되고 지나가는 택시를 세워도 된다. 기본요금은 등급에 따라서 2.5~3파운드에서 시작한다.

> **Tip** **벨파스트 홉 온 홉 오프 버스 투어** Hop-on, Hop-off
> 짧은 시간에 벨파스트 명소를 모두 둘러보고 싶다면 투어 버스를 이용할 수 있다. 가장 대표적인 회사는 시티사이트시잉 벨파스트이다. 90분 동안 총 23개의 정류장을 돌면서 도시의 주요 명소를 관람한다.
>
> **Data** 요금 성인 12.5파운드, 어린이(만 15세 이하) 6파운드
> (온라인 예매 시 1~2파운드 할인)
> 홈페이지 www.belfastcitysightseeing.com
> 투어 시작 장소 캐슬 플레이스, 캐롤 기프트숍 근처

데이링크 스마트 카드 Daylink

Tip 정해진 기간만큼 무제한으로 벨파스트 버스를 이용할 수 있는 카드로 1일, 5일, 10일짜리가 있다. 4일 이하 체류할 경우, 1일권을 구입해 필요한 만큼 충전을 하면 된다. 출퇴근 시간 이후의 1일권 금액이 조금 더 저렴하다. 하루에 타이타닉 박물관부터 퀸스 대학교를 모두 둘러보길 원한다면 원데이 카드를 구입하는 것이 좋다.

〈데이링크 원데이 카드 가격〉

	성인	어린이(만 5~16세)
하루 종일	3.5파운드	1.75파운드
평일 09:30~15:00 주말 09:30~19:00	3파운드	1.5파운드

Data 카드 구입비 1파운드
카드 구입처 및 충전소 비지트 벨파스트 웰컴 센터, 유로파 버스 터미널, 퀸스 대학교 학생회관
카드 사용법 버스 탑승 후 카드 단말기에 카드를 댄다.
버스 탑승 때마다 영수증을 받을 수 있다
홈페이지 www.translink.co.uk

트랜스링크 Translink

북아일랜드의 공기업의 이름으로 모든 대중교통(시외버스, 기차, 시내버스)을 총괄하고 있다. 북아일랜드 전역의 도시와 도시를 연결한다. 홈페이지에서 출발지와 목적지를 입력하면 이용 가능한 모든 대중교통의 정보를 한눈에 확인할 수 있다.

Data 홈페이지 www.translink.co.uk

INFO

비지트 벨파스트 웰컴 센터 Visit Belfast Welcome Centre
Data 가는 법 벨파스트 시청 맞은 편
주소 9 Donegall Sq N, Belfast 전화 028-9024-6609
운영 시간 월~토 09:00~17:30, 일 11:00~16:00
홈페이지 visitbelfast.com

벨파스트 중앙 기차역 Central train Station
Data 가는 법 벨파스트 시청에서 도보 12분 주소 East Bridge St, Town Centre, Belfast 홈페이지 translink.co.uk

벨파스트 중앙 기차역

유로파 시외버스 터미널 Europa Buscentre
Data 가는 법 벨파스트 시청에서 도보 7분
홈페이지 www.translink.co.uk/europa

유로파 시외버스 터미널

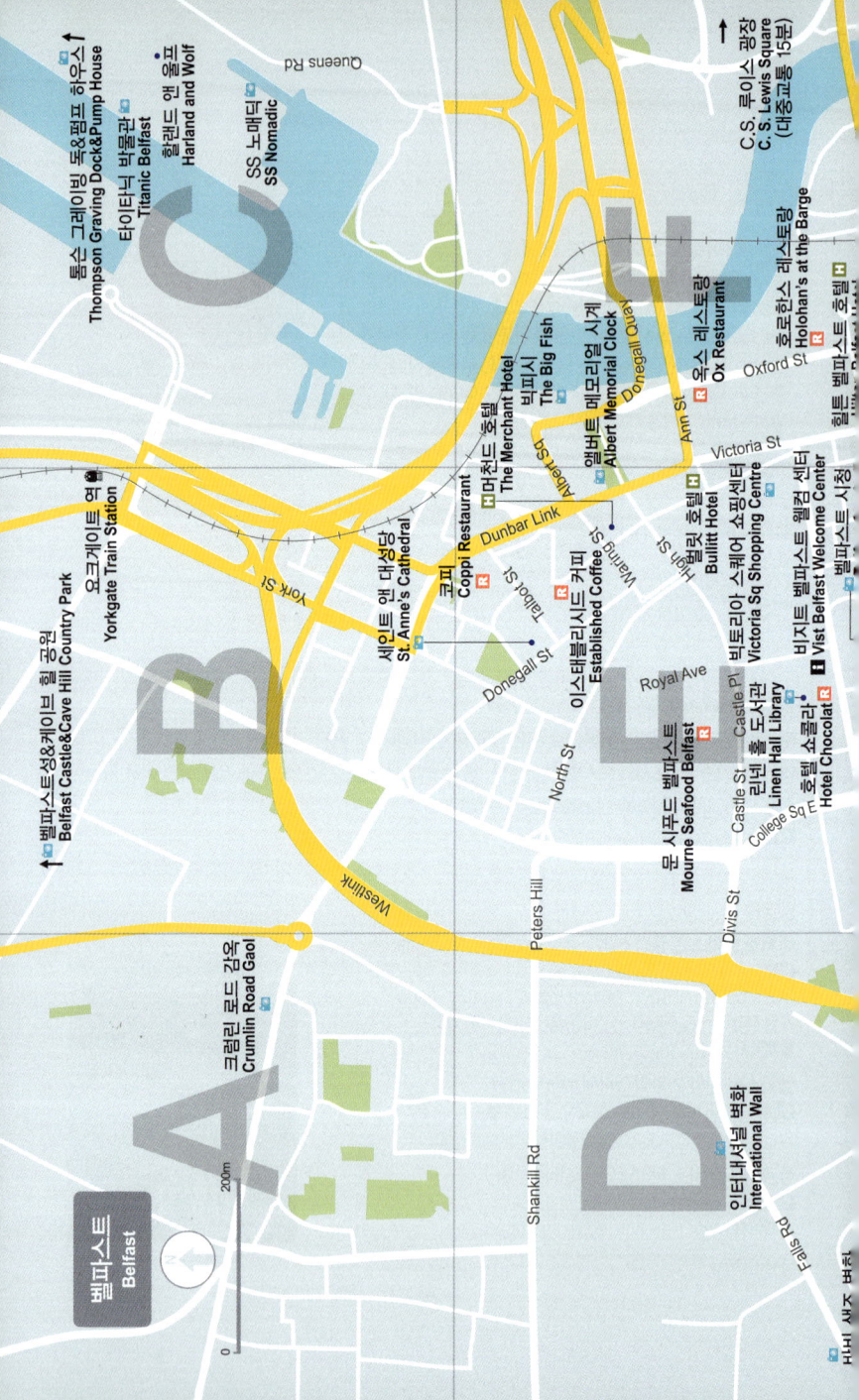

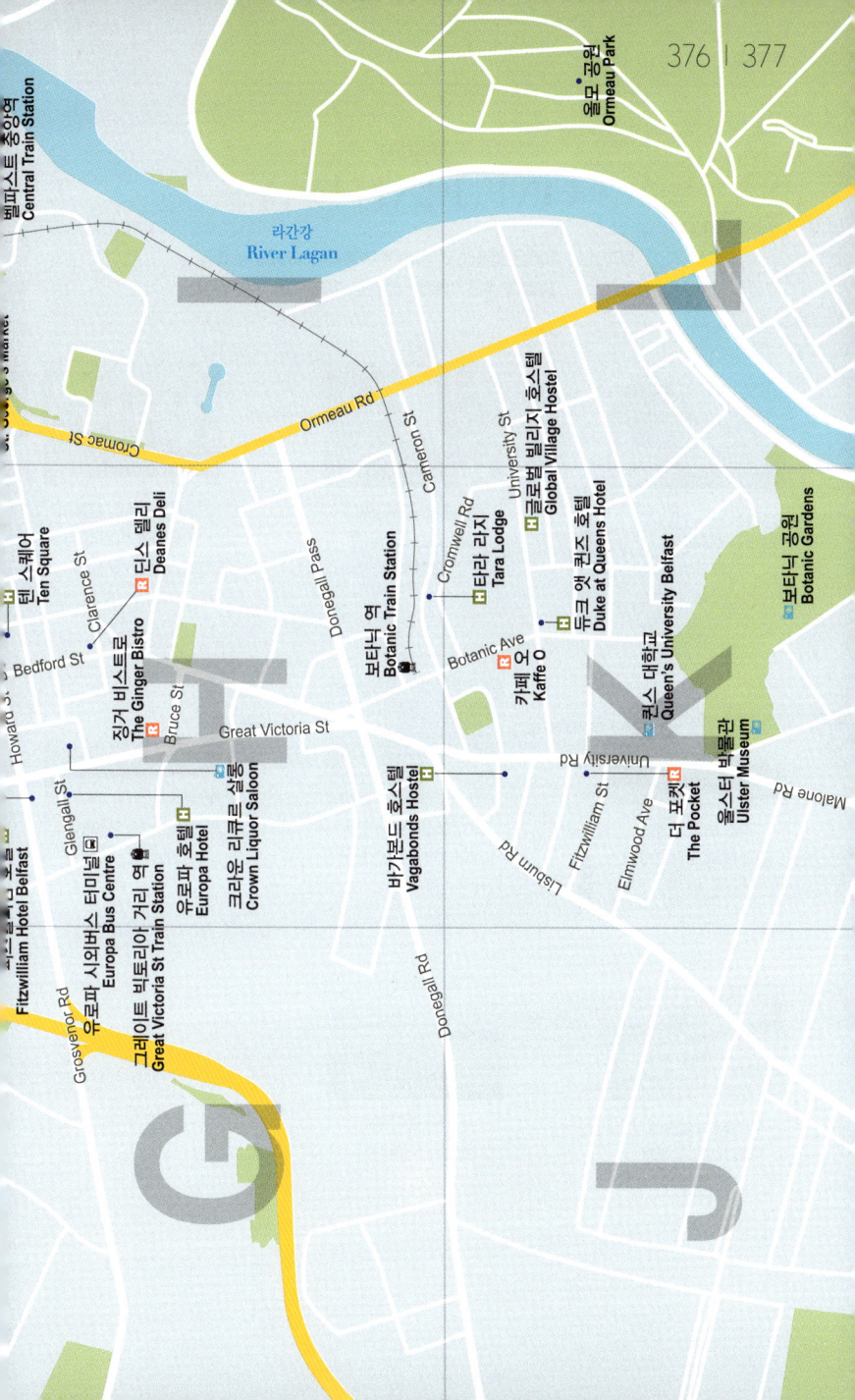

Belfast
ONE FINE DAY

벨파스트 여행은 벨파스트 시청에서 북쪽의 타이타닉 쿼터,
남쪽의 퀸스 대학교 쪽으로 이어진다.

벨파스트 시청 무료
견학하기

도보 1분

린넨 홀 도서관에
걸려 있는 포스터들
감상하기

도보 6분

크라운 리큐르 살롱의
아름다운 빅토리안
펍 즐기기

도보 17분

퀸스 대학교에서
영국 대학교 경험하기

버스 30분

타이타닉 쿼터에 있는
타이타닉 박물관 관람하기

도보 17분

빅피시 조각상에서
기념사진 찍기

도보 2분

얼스터 박물관에서
벨파스트 유물들
관람하기

도보 1분

보타닉 공원에서
한 템포 쉬어가기

그냥 지나치기 아까운 곳
린넨 홀 도서관 Linen Hall Library

1788년에 설립된 벨파스트에서 가장 오래된 도서관으로 아일랜드의 역사와 정치, 지역에 관한 수집품을 소장하고 있다. 1966년 이래 북아일랜드와 아일랜드, 영국의 분열에 관한 정치적 갈등, 다양한 계몽사상을 표출한 포스터들이 도서관 벽면에 빼곡히 전시되어 있는데 벽에 걸려 있는 포스터를 보는 재미가 쏠쏠하다.

도서관 열람실 안에는 회원과 비회원을 위한 테이블이 마련되어 있다. 커다란 창문 앞에 놓인 클래식한 책상과 오래된 책 냄새가 주는 공간의 아름다움이 여행자의 발걸음을 멈추게 만든다. 도서관 안에 마련된 북카페의 창문 너머로는 벨파스트 시청이 바로 보여 멋진 전망 아래에서 차를 마시는 호사를 누릴 수 있다.

Data 지도 376p-E
가는 법 관광안내소 옆
주소 17 Donegall Sq N, Belfast
전화 028-9032-1707
운영 시간 월~금 09:30~17:30, 토 09:30~16:00
홈페이지 www.linenhall.com

©Tourism Northernireland

작은 런던을 경험하는 곳
벨파스트 시청 Belfast City Hall

벨파스트를 대표하는 건축물로 1898년에 착공해 1906년에 완공되었다. 건물 앞에 세워진 빅토리아 동상은 이곳이 영국령이라는 것을 암묵적으로 알려주고 있다. 런던의 중앙 형사 법원과 디자인이 유사하며 네 귀퉁이에 있는 53m 높이의 탑에서 르네상스 양식의 화려함을 엿볼 수 있다.

시청 옆에는 타이타닉 희생자들과 미국 참전 용사를 기리는 동상이 세워져 있다. 타이타닉 동상 옆에는 당시 목숨을 잃은 사람들의 이름이 새겨진 기념비도 있다. 또한 영국 최대의 조선소인 할랜드 앤드 월프Harland and Wolff의 창립자인 에드워드 할랜드 경의 동상, 한국의 6.25 참전 용사를 기리는 비 등이 있다. 대리석으로 마감된 중앙 홀로 들어가면 크림색과 연하늘색으로 이루어진 돔 모양의 천장이 보이고 화려한 샹들리에가 시청의 분위기를 압도한다. 벽면 기둥에 섬세하게 새겨진 입체 문양의 아름다움도 빼놓을 수 없다.

벨파스트 시청은 무료 투어가 가능하다. 투어를 통해 벨파스트의 역사와 시청 내부의 장소들을 꼼꼼히 둘러보는 것을 추천한다.

Data 지도 376p-E
가는 법 관광안내소 맞은편
주소 Donegall Sq, Belfast
전화 028-9032-0202
운영 시간 월~금 08:30~17:00,
토·일 10:00~16:00
무료 투어 시간 10~5월 월~금
11:00·14:00·15:00,
토·일 12:00·14:00·15:00,
6~9월 월~금 10:00·16:00
홈페이지 www.belfastcity.gov.uk

Tip 시청을 중심으로 17개의 기념비와 동상이 세워져 있다. 모두 북아일랜드의 역사와 관련된 인물이나 사건에 관한 기록이다. 천천히 시청을 돌면서 기념비와 동상을 관람하는 것도 잊지 말자.

연회실

타이타닉 기념비

의회실

벨파스트

| Talk |
벨파스트 여행의 시작,
비지트 벨파스트 웰컴 센터 Visit Belfast Welcome Centre

시청 맞은편에 위치한 관광안내소이다. 단순히 여행 정보를 얻기 위해 가는 곳이라기보다는 벨파스트 여행의 시작 전에 '반드시' 거쳐 가야 하는 장소이다. 관광안내소에는 벨파스트 여행에 필요한 정보를 비롯하여 북아일랜드의 유명한 도시들, 다양한 투어 프로그램, 시티 투어 버스 등 베일에 감춰져 있는 북아일랜드의 이곳저곳을 모두 소개하고 있다.

건물 안으로 들어가면 오른쪽에는 벨파스트를 상징하는 다양한 기념품들을 구입할 수 있다. 이미 더블린에서 보았던 평범한 기념품도 있지만 벨파스트에서만 살 수 있는 개성 넘치는 기념품들도 많다. 반대쪽에는 다양한 여행 장소를 소개해 놓은 브로슈어들이 진열장에 가득 꽂혀 있다. 관광안내소 중앙에는 벨파스트에서 보고, 먹고, 즐길 수 있는 다양한 장소들을 소개하는 시청각 자료들이 설치되어 있다. 4개로 나눠진 시청각 자료는 종류별로 나눠 놓아 찾기가 편리하다.

또한 데스크에서는 도시의 교통권이나 투어 버스 티켓, 시외버스 티켓까지 판매하고 있어 관광안내소만 잘 둘러봐도 벨파스트 여행의 반은 성공한 셈이다. 특별한 용건이 없더라도 벨파스트에 도착했다면 이곳을 먼저 둘러본 후 도시를 여행하도록 하자.

Data 지도 376p-E
가는 법 벨파스트 시청 맞은 편 **주소** 9 Donegall Sq N, Belfast **전화** 028-9024-6609
운영 시간 월~토 09:00~17:30, 일 11:00~16:00 **홈페이지** visitbelfast.com

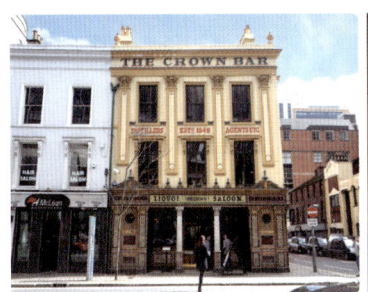

펍이라고 하기엔 너무 아름다운 곳
크라운 리큐르 살롱 Crown Liquor Saloon

19세기 말 벨파스트의 산업이 부흥하던 시절에 생긴 선술집이다. 1846년에 처음 문을 연 이후 1885년 새 주인인 마이클 플래너건이 펍의 이름을 '더 크라운'으로 개명하였고 건축학도였던 그의 아들이 현재의 모습으로 재탄생시켰다. 화려한 파이앙스, 목각, 도기 타일, 놋쇠, 유리 등을 사용해 단순한 펍이 아닌 벨파스트를 대표하는 건축물로 탈바꿈시켰다. 영국과 북아일랜드 간의 분쟁으로 인해 도시 곳곳에 폭탄 피해를 입었을 때도 이곳은 한 번도 직접적인 공격을 받지 않았다. 그 덕분에 여행자들은 오늘날에도 크라운 리큐르 살롱에서 화려했던 빅토리안 양식의 흔적을 펍 전체에서 발견할 수 있다.

Data 지도 377p-H **가는 법** 벨파스트 유로파 시외버스 터미널 맞은편
주소 46 Great Victoria St, Belfast **전화** 028-9024-3187
운영 시간 월~수 10:00~23:30, 목~토 10:00~24:00, 일 10:00~23:00

'빅 벤'의 북아일랜드 버전
앨버트 메모리얼 시계
Albert Memorial Clock

빅토리아 여왕이 그의 남편인 앨버트 공의 사망을 추모하기 위해 설립한 시계탑으로 런던에 있는 빅 벤의 '북아일랜드 버전'처럼 느껴진다. 43m 높이의 시계탑은 프랑스와 이탈리아 고딕 양식을 접목한 디자인으로 설계되었다. 시계 윗부분에는 매우 정교한 탑들이 세워져 있고 시계탑 아래 기둥에는 앨버트 공의 조각상과 사자, 꽃 등의 조각상들을 볼 수 있다. 시계탑 옆의 공장에는 바닥 분수가 설치되어 있어 날씨가 따뜻한 날은 어김없이 아이들의 멋진 놀이공간이 된다.

Data 지도 376p-E
가는 법 빅토리아 스퀘어 쇼핑센터에서 북쪽으로 도보 5분
주소 Queens Sq, Belfast

놓칠 수 없는 시장 구경
세인트 조지 마켓 St. George's Market

벨파스트에서 가장 오래된 주말 식자재 시장이다. 대형 창고 몇 개를 합쳐놓은 듯한 큰 규모를 자랑하며 2014년에는 영국에서 가장 큰 실내 시장으로 선정되기도 하였다. 식자재부터 공예품, 골동품까지 벨파스트 주민들의 삶을 느낄 수 있는 물건들을 판매하고 있다. 실내 시장 안에서 커피와 저렴한 한 끼 식사도 맛볼 수 있다. 세인트 조지 마켓의 또 다른 매력은 라이브 공연이다. 주말마다 시장 안에서 크고 작은 공연이 펼쳐지는데 별다른 입장료 없이 시장 중앙 카페테리아에서 진행된다.

Data 지도 376p-F
가는 법 중앙 기차역에서 도보 5분
주소 East Bridge St, Belfast
전화 028-9043-5704
운영 시간 금 06:00~15:00,
토 09:00~15:00,
일 10:00~16:00
홈페이지 www.facebook.com/StGeorgesMarketBelfast

웅장하고 묵직한 내부가 주는 아름다움
세인트 앤 대성당 St. Anne's Cathedral

아일랜드 성공회 소속으로 '벨파스트 대성당'으로 불린다. 공사는 1899년에 시작하였지만 우여곡절 끝에 1981년에 완공하였다. 고딕 양식이 성행하던 19세기 후반에 지어졌지만 로마네스크 양식의 영향을 받아서 묵직하고 중후한 아름다움을 갖고 있다. 흑백 대리석 바닥은 미로 패턴으로 배치되어 있고 검은 길은 죽음의 길, 흰 길은 구원으로 인도하는 것을 뜻한다. 본당에 세워져 있는 10개의 기둥은 벨파스트의 삶을 상징하는 조각으로 장식되어 있다.

Data 지도 376p-E
가는 법 시청에서 도보 9분
주소 Donegall St, Belfast
전화 028-9032-8332
운영 시간 월~토 09:00~17:15,
일 13:00~15:00
요금 성인 5파운드, 학생·노인 4파운드, 어린이(5~12세) 3파운드(오디오 투어기 포함)
홈페이지 www.belfastcathedral.org

기념사진을 찍기 좋은 곳
빅피시 The Big Fish

벨파스트를 가로지르는 라간강을 재개발하면서 이를 기념하기 위해 만든 거대한 조형물이다. 10m 크기의 연어 모양으로 만들어져 있으며 표면은 세라믹 타일로 마감하였다. 타일에는 벨파스트의 주요한 역사적인 사건과 이미지들을 기록해 놓았다. 라간강과 빅피시를 배경으로 기념사진을 찍는 사람들을 쉽게 찾아볼 수 있다.

Data 지도 376p-F
가는 법 앨버트 메모리얼 시계에서 도보 2분
주소 62 Donegall Quay, Belfast

💬 | Talk |
빅토리아 스퀘어 쇼핑센터 Victoria Square Shopping Centre

벨파스트에서 가장 큰 쇼핑몰이다. 쇼핑센터 안에는 70여 개의 브랜드숍과 레스토랑이 있어 결정 장애를 가진 사람들이라면 이곳에서 쇼핑과 식사를 한 번에 해결할 수 있다. 쇼핑센터에 들어가면 한눈에 보기에도 커다란 유리 돔이 보인다. 꼭대기에는 쇼핑센터를 상징하는 곳이자 벨파스트 전경을 한눈에 볼 수 있는 무료 전망대가 있다. 전망대의 높이가 높지 않아서 아주 드라마틱한 풍경은 볼 수 없지만 앨버트 메모리얼 시계탑과 타이타닉호를 건조했던 타이타닉 쿼터까지는 보인다.

Data 지도 376p-E
가는 법 벨파스트 시청에서 도보 7분 **주소** 1 Victoria Sq, Belfast
운영 시간 쇼핑센터 월·화 09:30~18:00, 수~금 09:30~21:00, 토 09:00~18:00, 일 13:00~18:00 전망대 10:00~쇼핑센터 마감 시간 **홈페이지** www.victoriasquare.com

벨파스트

벨파스트 관광의 일등공신
타이타닉 박물관 Titanic Belfast

타이타닉호가 침몰한 지 100주년이 되던 2012년 3월, 타이타닉 쿼터에 설립되었다. 2016년에는 유럽 최고의 명소로 선정될 만큼 벨파스트 관광 사업에 큰 역할을 하고 있다. 중앙의 건물 주위로 뱃머리 모양을 한 네 개의 건물이 연결되어 있다. 크리스탈로 표현된 중앙 건물은 얼음을 뜻하고 깃털처럼 보이는 외벽은 수천 개의 알루미늄 패널을 붙여 파도를 표현했다.

1층에서 티켓을 구입한 후 2층 전시실로 올라가면 자연스럽게 벨파스트의 역사를 시작으로 배가 건조되는 과정과 배의 구조, 사고 전까지의 승객들의 일상과 빙산에 부딪힌 후의 상황들, 생존자들의 이야기, 타이타닉호의 수색 과정 등 시간 순으로 관람할 수 있도록 동선을 유도해 놓았다.

박물관 전시물들을 단순히 보고 만지는 것을 넘어 직접 체험을 해볼 수 있는 배려도 잊지 않았다. 가장 인기가 많은 십야드 전시실에서는 놀이공원에 있을 법한 자동차 모양의 리프트를 타고 지하로 내려가 배의 건조 과정을 볼 수 있다. 어두운 내부와 귀를 찌를 듯한 시끄러운 소음은 당시의 공사 현장을 그대로 느낄 수 있게 해준다.

피트아웃 전시실에서는 벽면 가득 설치된 270도 스크린을 통해 타이타닉호의 엔진실에서부터 지상의 다이닝 룸, 연회장소, 선실 등 지하에서 지상까지의 모습을 3D로 보여준다. 영상을 보고 있으면 크루즈 안에 있는 것처럼 느껴진다. 박물관 밖으로 나가면 건물 뒤쪽에 실제 타이타닉호가 주조되었던 톰슨 그레이빙 독을 둘러볼 수 있다.

Data 지도 376p-C
가는 법 시청에서 대중교통으로 12분 **주소** 1 Olympic Way, Queens Rd, Belfast
전화 028-9076-6300 **운영 시간** 10~3월 10:00~17:00, 4·5·9월 09:00~18:00, 6·7월 09:00~19:00, 8월 09:00~20:00
입장료 성인 19.5파운드, 학생·노인 15파운드(월~금요일만 적용), 어린이 8파운드, 폐장 1시간 전에 입장 시 성인 10파운드 **홈페이지** titanicbelfast.com

©Tourism Northernireland

벨파스트

|Talk|
타이타닉 쿼터 Titanic Quarter

벨파스트 동쪽을 따라 흐르는 라간강을 따라 형성된 대규모 복합 재생단지이다. 20세기 이전에는 세계 최대 선박을 만들던 영국의 조선소였다. 2000년부터 교육시설을 비롯하여 아파트, 관광지구, 역사적인 장소, 영화 스튜디오 등 한화 1조 5천억 원 규모의 재생 프로젝트를 진행했는데 타이타닉 박물관이 대표적인 예이다. 이곳은 타이타닉 박물관 이외에도 볼거리가 풍부하다. 박물관 앞에는 타이타닉호를 제조했던 할랜드 앤 울프Harland and Wolf의 드로잉 오피스와 해양 박물관인 SS 노매딕SS Nomadic이 있다. SS 노매딕은 타이타닉의 운항사였던 화이트 스타 라인White Star Line의 마지막 크루즈선이다. 타이타닉 박물관이 과거의 고증을 통해 역사를 재현한 곳이라면 SS 노매딕은 과거에 실제로 운항을 하던 배를 둘러보는 것이라 현장감을 더 느낄 수 있다. 1~3등석 사람들이 실제로 사용했던 침실과 화장실이 매우 인상적이다.

SS 노매딕
Data 지도 376p-C
가는 법 가는 법 시청에서 대중교통으로 12분
주소 Hamilton Dock, Queens Rd, Belfast
운영 시간
1~3·10~12월 11:00~17:00,
4·5·9월 10:00~18:00,
6·7월 10:00~19:00,
8월 10:00~20:00
입장료 성인 7파운드, 학생·어린이 5파운드
홈페이지 www.nomadicbelfast.com

타이타닉 박물관에서 강을 따라 올라가면 타이타닉호를 건조한 곳이자 출항하기 전까지 머물렀던 톰슨 그레이빙 독 Thompson Graving Dock에서 거대했던 타이타닉 배의 흔적을 가늠해볼 수 있다. 바로 옆에 있는 펌프 하우스Pump House에서는 타이타닉호를 제작할 때 사용했던 거대한 규모의 펌프와 당시 숙련된 엔지니어링 기술을 엿볼 수 있다. 독 주변은 무료로 둘러볼 수 있지만 펌프 하우스는 유료이다. 좀 더 생생한 역사를 알고 싶다면 가이드 투어를 추천한다.

펌프 하우스

Data 지도 376p-C
운영 시간 1~3월 10:30~19:00, 4~10월 10:00~19:00, 11·12월 10:30~16:00
입장료 성인 5파운드, 어린이 3.5파운드
홈페이지 www.titanicsdock.com

놓치기 아까운 장소
울스터 박물관 Ulster Museum

퀸스 대학교 옆 보타닉 공원 내에 위치한다. 총 6층 규모로 런던의 영국 박물관과 자연사 박물관, 내셔널 갤러리의 샘플 버전처럼 느껴진다. 잘 설계된 동선을 따라 관람을 하다 보면 북아일랜드의 역사와 자연사, 미술이라는 세 개의 테마가 한눈에 들어온다.
역사 전시관에는 선사 시대부터 청동 시대에 이어진 북아일랜드의 고고학 유적, 영국과 아일랜드의 독립 역사가 전시되어 있다. 자연사 전시관에는 북아일랜드의 지질학적 시간과 진화에 대한 내용을 다룬다. 미술 전시관에는 영국과 아일랜드에서 활동했던 작가들의 작품이 소장되어 있고 벨파스트 출신인 존 래버리 경Sir John Lavery의 미술 작품이 집중적으로 전시되어 있다. 전시관마다 어린이들의 체험 학습 장소가 있어서 가족 단위로 여행을 하는 사람들에게는 필수로 방문해야 하는 곳이다.

Data 지도 377p-K
가는 법 퀸스 대학교 옆
주소 Botanic Gardens, Belfast
전화 028-9044-0000
운영 시간 화~일 10:00~17:00
요금 무료
홈페이지 www.nmni.com

벨파스트 시민들의 휴식처
보타닉 공원 Botanic Gardens

벨파스트 시민들의 휴식 공간이다. 공원 안 작은 팜 하우스 식물원에서는 다양한 열대 식물과 계절 꽃들을 만날 수 있고 과거 빅토리아 시대의 온실 스타일을 엿볼 수 있다. 팜 하우스 규모가 크지 않아 30분 이내로 둘러볼 수 있다.

Data 지도 377p-K
가는 법 퀸스 대학교 옆
주소 College Park E, Belfast
운영 시간 공원 07:30~21:00,
팜 하우스 4~9월 10:00~17:00,
10~3월 10:00~16:00
요금 무료

벨파스트의 지성
퀸스 대학교 Queen's University Belfast

160년의 전통을 자랑하고 북아일랜드를 대표하는 공립 대학이자 러셀 그룹(영국의 20대 선도 연구 중심 대학교 연합)의 일원으로 그 우수성을 인정받은 명문 대학교이다. 의학을 비롯해 약학, 건축학, 법학, 엔지니어링, 회계학 등이 강세이며 2017년에는 영국의 대학교 랭킹 사이트에서 약학과 회계학이 각각 2위와 4위를 차지했다. 퀸스 대학교는 2명의 노벨상 수상자를 배출했다. 붉은 벽돌로 설계된 메인 캠퍼스의 분위기는 따뜻하고 고풍스러운 분위기를 연출한다.

Data 지도 377p-K
가는 법 벨파스트 시청에서 버스로 10분
주소 University Rd, Belfast
홈페이지 www.qub.ac.uk

나니아 연대기의 등장인물들을 찾아서
C.S. 루이스 광장 C. S. Lewis Square

벨파스트는 소설 〈나니아 연대기〉로 더 잘 알려진 C. S. 루이스의 고향이기도 하다. 그는 유년시절을 이스트 벨파스트 지역에서 보냈다. C. S. 루이스 광장에는 〈나니아 연대기〉의 첫 권인 〈사자와 마녀와 옷장〉에 나오는 7명의 인물들이 청동 조각품으로 전시되어 있다. 광장 옆에 있는 이스트사이드 비지터 센터에서 필요한 정보를 얻을 수 있다.

Data 지도 376p-F
가는 법 벨파스트 시청에서 버스로 16분
주소 402 Newtown Rd, Belfast

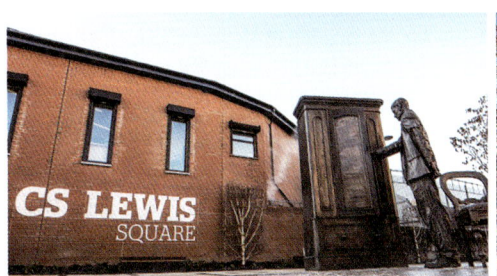

|Theme|
폴스 길과 샨킬 길에서 만나는 아일랜드 독립운동사

피카소 게르니카 작품을 통해 세계적 투쟁을 상징하는 벽화

이스라엘의 팔레스타인 점령과 영국의 점령 사이의 유사성을 통해 연대감을 도모하는 벽화

불과 40년 전만해도 벨파스트는 내전 도시였다. 벨파스트 시청에서 서쪽으로 약 15분을 걸어가면 아일랜드 구교도 주민들이 거주하는 폴스 길과 영국계 신교도 주민들이 거주하는 샨킬 길이 자리 잡고 있다. 이 두 길은 과거 벨파스트의 불안정한 정치 상황을 대변해 준다. 이곳은 800년 이상 영국의 식민지 아래 있던 아일랜드가 영국으로부터 독립하는 과정에서 불가피하게 발생했던 크고 작은 내전의 현장이기도 하다.

아일랜드 독립의 역사는 크게 두 개의 사건이 중심이 된다. 첫 번째는 1919년에 아일랜드 공화국 군인 옛 IRA(Irish Republic Army)가 영국에 대항해서 벌인 독립전쟁이며, 두 번째는 1969년 이후 IRA의 분열로 일어난 '아일랜드 독립전쟁'으로 불리는 내전이다.

1921년 12월, 남아일랜드는 독립시키고 북아일랜드는 영국 자치령으로 남게 한다는 '영국-아일랜드 조약' 체결 이후 아서 그리피스와 아이클 콜린스가 이끄는 찬성파와 에이몬 데 발레라가 이끄는 반대파의 본격적인 내전이 시작되었다.

초기 내전은 1년이 채 되지 않아 끝이 났지만 1972년 1월 30일 북아일랜드의 도시, 런던데리에서 IRA의 일부 세력(구교도의 지지를 받던 아일랜드 공화국군 임시파)이 영국군과 충돌을 하면서 비무장 시민 13명이 그 자리에서 죽고 수십 명이 부상을 당하는 큰 사건이 발생한다. 테러의 정당성을 얻게 된 IRA의 일부 세력은 북아일랜드뿐만 아니라 영국 본토에서도 폭력 투쟁을 감행한다. 이후 영국계 신교도 조직이 만들어지면서 피의 악순환이 계속되었다.

아일랜드 공화국 역시 IRA 일부 세력의 지속적인 테러로 그들과 적대적 관계에 이르렀다. 북아일랜드 독립을 위해 싸우는 그들의 의도는 인정하지만 폭력이 아닌 설득과 동의로 이루어져야 한다는 입장을 확실히 했고 1998년 IRA는 무장을 해제하고 북아일랜드에 자치권을 부여하는 '성 금요일 협정'을 체결하였다.

바비 샌즈 벽화

다양한 벽화가 그려진 폴스 길 풍경

오랜 식민지의 역사와 내전의 역사는 폴스 길과 샨킬 길의 벽화로 남아 있다. 벽화의 내용은 아일랜드 언어의 가르침을 지지하는 민족주의의 성격을 담은 벽화부터 시작해서 아일랜드 독립을 위해 목숨을 바친 공화당 활동가들의 모습, 넬슨 만델라의 반인종주의 운동, 이스라엘의 팔레스타인 점령과 영국 점령 사이의 유사성을 상징하는 벽화 등 아일랜드의 정치, 역사를 넘어 전 세계의 평화를 염원하는 메시지들을 기록해 놓았다.

이 거리에서 가장 유명한 벽화는 IRA 출신의 시인이자 투사였던 바비 샌즈 Bobby Sands의 벽화이다. 샌즈는 1972년 10월 자택에서 무기 소지 혐의로 체포되어 풀려났다가 다시 폭파 사건에 연루되어 투옥되었다. 그는 두루마리 화장지에 시와 글을 적어 밖으로 보냈고 이것이 신문에 게재되면서 사람들의 관심을 끌게 되었다.

바비는 다양한 정치적 쟁점을 정당화시키기 위해 65일간 단식 투쟁을 감행하다가 결국 1981년 27세의 젊은 나이로 사망한다. 그를 포함한 총 10명이 아사하고 난 후, 영국 정부는 그들의 일부 조건을 수용해주었다. 바비 샌즈의 독립 투쟁의 역사 이야기는 2008년에 개봉한 스티브 맥퀸 감독의 영화 〈헝거〉에 담기기도 했다.

한때 이념의 대립으로 같은 민족끼리 피의 전쟁을 치렀던 그들은 많은 이들이 희생하고 나서야 한 발짝 물러날 수 있게 되었다. 샨킬 길과 폴스 길에 있는 벽화들은 마을 구석구석에 흩어져 있기 때문에 도보로 여행을 한다면 최소 1~2시간은 할애해야 한다. 도보가 부담스럽다면 차로 이동하면서 벽화의 역사와 아일랜드 역사를 들을 수 있는 투어 프로그램을 추천한다.

Data 지도 327p-D 가는 법 시청에서 서쪽 방향으로 도보 20분

> **Tip** 택시 투어
>
> **1. 패디 캠벨의 블랙 캡 투어**
> Paddy Campbell's Famous Black Cab Tour
> **Data** 투어 시간 1시간 30분
> 요금 35파운드(최대 2인까지),
> 3명 이상은 1인당 12파운드
> 홈페이지 www.belfastblackcabtours.co.uk
>
> **2. 벨파스트 벽화 투어** Belfast Mural Tour
> 트립어드바이저 검색창에서 'Belfast Mural Tour'를 입력한 후 온라인으로 예매하면 된다. 미리 예약을 하면 호텔 픽업 서비스를 제공한다.
> **Data** 투어 시간 2시간 요금 1인 30파운드,
> 2~3인 35파운드, 4명 이상은 1인당 12파운드
> 홈페이지 muraltoursbelfast.com

도시의 전경이 한눈에 펼쳐지는 곳
벨파스트성&케이브 힐 공원 Belfast Castle&Cave Hill Country Park

첫 번째 벨파스트성은 12세기 말 노르만에 의해 시내 중심에 세워졌고 두 번째 성은 같은 부지 위에 목재와 석재로 건립되었다. 약 100년 후 화재로 소실된 성은 19세기까지 거리 이름으로만 남아 있다가 19세기 말에 제 3대 도니골 후작이 벨파스트에서 가장 높은 케이브 힐 경사면에 성을 세웠다.
일명 '고양이의 성'이라고도 불리는데 이곳 성주가 고양이를 좋아해 성 안에 고양이 조형물들을 만들어 놓았다. 7개의 조형물을 다 찾으면 행운이 찾아온다고 전해진다. 현재는 주요한 회의나 연회, 행사, 결혼식 장소로 사용된다. 성 옆에 잘 가꿔진 정원과 성 아래로 내려다보이는 벨파스트 전경이 매우 아름답다. 벨파스트 성 뒤쪽으로는 현무암으로 이루어진 언덕 '케이브 힐'이 자리 잡고 있다. 유명한 산책로이자 하이킹 코스로 앤트림주(州) 남동부 국경의 일부를 형성한다. 벨파스트성에서 언덕의 정상까지는 약 50분 소요되며 나폴레옹의 코를 닮은 현무암 모양 돌도 발견할 수 있다. 케이브 힐에 있는 동굴 언덕은 조너선 스위프트에게 걸리버 여행기 소설의 영감을 준 곳이기도 하다. 정상에 오르면 벨파스트 시내와 바다가 한눈에 펼쳐진다.

ⓒ Tourism Northernireland

Data 지도 376p-B
가는 법 시청에서 차로 20분
주소 Antrim Rd, Belfast
전화 028-9077-6925
운영 시간 화~토 09:00~22:00, 일·월 09:00~17:30
요금 무료
홈페이지 www.Belfastcity.gov.uk

EAT

Writer's Pick! 벨파스트의 간판 레스토랑
옥스 Ox Restaurant

더블린에 '챕터 원' 레스토랑이 있다면 벨파스트에는 '옥스'가 있다. 벨파스트 출신인 스테판과 브리타니 출신인 알랭이 2013년 오픈해 단번에 벨파스트에서 가장 유명한 레스토랑이 되었다. 스테판은 파리의 미쉐린 3스타 레스토랑에서 일을 한 경험이 있는 베테랑 요리사이며 알랭은 미쉐린 스타 레스토랑에서 다양한 음료 개발과 와인을 담당한 실력파이다. 최고의 품질의 고기와 신선한 계절 채소를 사용하는 것은 기본이며 상상력과 창의력이 발휘된 요리, 음식을 담는 접시까지 신경을 쓴 흔적이 보인다. 저녁 테이스팅 메뉴가 옥스의 시그니처 메뉴이다. 1인당 55파운드라는 싸지 않은 가격이지만 약 2시간 동안 5~6가지의 메뉴를 맛볼 수 있다. 메뉴 또한 매주 바뀌기 때문에 갈 때마다 새로운 메뉴들을 경험할 수 있는 것이 특징이다. 벨파스트 옆으로 흐르는 라간강 옆에 위치해 여유로운 분위기에서 최고급 정찬을 경험할 수 있다.

Data 지도 376p-F
가는 법 벨파스트 시청에서 라간강 쪽으로 도보 10분
주소 1 Oxford St, Belfast
전화 028-9031-4121
운영 시간 화~금 12:00~14:30, 18:00~21:30, 토 13:00~14:30, 18:00~21:30 일 · 월 휴무
가격 런치 2코스 22파운드, 3코스 28파운드, 저녁 테이스팅 메뉴 1인당 55파운드
홈페이지 oxbelfast.com

> **Tip** 예약 필수이며 온라인 예약도 가능하다. '노쇼'일 경우 1인당 50파운드가 자동 차감된다.

벨파스트

인더스트리얼풍의 퓨전 이탈리아 요리
코피 Coppi

적당히 어두운 조명과 오픈 키친, 노출 천장으로 무장한 인더스트리얼풍의 이탈리안 레스토랑이다. 문을 열고 들어가는 순간 감각적이면서 따뜻한 인테리어에 호감도가 상승한다. 분위기를 따지는 여행자들에게 취향저격. 미쉐린 가이드북에도 소개된 곳으로 이탈리안 스타일과 지중해 스타일의 요리를 기본으로 한다. 이탈리안 스타일의 파스타인 치게띠 메뉴는 저렴한 가격으로 다양한 스타일의 이탈리아 음식을 맛볼 수 있는 메뉴이다. 점심시간에 방문하면 3코스를 10파운드에 즐길 수 있다.

Data **지도** 376p-E **가는 법** 세인트 앤 대성당에서 도보 3분
주소 Unit 2 Saint Anne's Sq, Cathedral Quarter, Belfast **전화** 028-9031-1959
운영 시간 12:00~22:00(금·토 ~23:00) **가격** 치게띠 1세트 3.3파운드, 5개 13.5파운드,
피자류 5~6파운드, 파스타 10~13파운드 **홈페이지** www.coppi.co.uk

전망 좋은 곳에서 하는 한 끼 식사
호로한스 Holohan's at the Barge

라간강이 내려다보이는 전망 좋은 곳에 위치한 시푸드 레스토랑이다. 2013년에 문을 연 레스토랑이지만 입소문을 타 이제는 벨파스트를 소개하는 책자에 단골로 등장한다. 아일랜드 해안에서 많이 잡히는 해산물, 영국과 아일랜드 사람들이 즐겨먹는 농산물, 채소들을 현대적으로 해석한 음식을 선보인다. 아일랜드 전통 음식인 복티Holohans Boxty of the Day(점심 10파운드, 저녁 15파운드)를 추천한다.

Data **지도** 376p-F **가는 법** 시청에서 라간강 쪽으로 도보 9분 **주소** 1 Lanyon Quay, Belfast
전화 028-9023-5973 **운영 시간** 월~목 13:00~16:00, 17:00~23:00, 금·토 13:00~16:00,
17:00~24:00, 일 13:00~19:00 **가격** 런치 메인 10~14파운드, 디너 메인 15~20파운드
홈페이지 www.holohansatthebarge.co.uk

신선함과 가격을 함께 잡은 곳

문 시푸드 벨파스트 Mourne Seafood Belfast

현지에서 조달한 싱싱한 해산물 요리를 선보이는 곳으로 매일 아침 그날 사용할 재료 구입을 원칙으로 한다. 전통적인 영국&아일랜드 스타일 메뉴를 포함해 아시아 스타일 메뉴도 선보이고 있어 아시안 관광객의 입맛에도 잘 맞는다. 푸짐한 조개와 생선살이 듬뿍 들어간 차우더 수프, 토마토소스를 베이스로 하고 큼지막한 해산물을 넣은 문 시푸드 카세롤이 인기가 많다. 음식 양이 적은 사람들은 스타터 메뉴만 시켜도 배부르게 먹을 수 있다.

Data **지도** 376p-E **가는 법** 시청에서 도보 5분 **주소** 34-36 Bank St, Belfast **전화** 028-9024-8544
운영 시간 월~목 12:00~16:00, 17:00~21:30, 금·토 12:00~15:30, 17:00~22:00,
일 13:00~16:00, 17:00~21:00 **가격** 런치 스타터 7~8파운드, 메인 11~14파운드, 디너 메인 12~20파운드
추천메뉴 차우더 수프 7.5파운드, 솔트 앤 칠리 스쿼드 8파운드, 문 시푸드 카세롤 13~15파운드
홈페이지 www.mourneseafood.com

아시안 퓨전 요리의 선두주자
유고 Yugo

시청 근처에 위치하는 아시안 퓨전 레스토랑이다. 레스토랑 천장에 달려 있는 나무 소재의 벽 위에 늘어뜨려진 나뭇잎들이 공간을 부드럽고 편안하게 만들어 준다. 한국 사람들에게 익숙한 아시안 메뉴들이 많아 선택하는 즐거움이 있다. 초밥 종류도 괜찮고 간장을 베이스로 사용하는 음식들은 실패할 확률이 적다. 느끼한 서양 음식에 질린 여행자들에 딱 필요한 곳이다.

Data **지도** 376p-E **가는 법** 벨파스트 시청 옆, 도보 3분 **주소** 3 Wellington St, Belfast **전화** 028-9031-9715
운영 시간 월~토 12:00~15:00, 17:00~22:00, 일 휴무 **홈페이지** yugobelfast.com

실패 확률이 적은 메뉴만 모아서
딘스 델리 Deanes Deli

미쉐린 가이드에 소개된 레스토랑으로 아시아와 지중해 요리가 어우러진 메뉴를 제공한다. 사방으로 둘러싸인 넓은 창문은 레스토랑 안에 있는 사람들보다 밖에 있는 사람들에게 레스토랑에 대한 기대감을 심어 준다. 캐주얼한 분위기 속에서 제공되는 음식들은 깔끔하고 군더더기가 없다. 특별한 맛을 경험하기보다는 어떤 음식을 주문해도 실패할 확률이 적은 레스토랑. 레스토랑과 연결되어 있는 다른 쪽은 낮에는 카페로 밤에는 타파스 바로 변신한다. 저녁 7시 전의 프리 시어터Pre Theatre 메뉴는 2코스에 15파운드, 3코스에 18.5파운드로 저렴한 편이다.

Data 지도 377p-H
가는 법 벨파스트 시청 뒤편으로 도보 4분
주소 44 Bedford St, Belfast
전화 028-9024-8800
운영 시간 월~토 08:00~22:00, 일 휴무 가격 프리 시어터 (17:30~19:00) 2코스 15파운드, 3코스 18.5파운드, 런치 메뉴 7~12파운드, 디너 메뉴 10~15파운드
홈페이지 www.michaeldeane.co.uk

그냥 지나치기에는 아까운 곳
징거 비스트로 The Ginger Bistro

미쉐린 가이드를 비롯해 다양한 수상 경력을 가진 화려한 이력과는 달리 레스토랑 내부는 소박하고 따뜻한 분위기다. 음식의 가격 또한 저렴한 편이라 부담 없이 방문할 수 있다. 최근에는 원래 자리 옆에 현대적인 스타일로 레스토랑을 확장해 영업 중이다. 메뉴는 대체로 아일랜드 사람들이 즐겨 먹는 것들이지만 맛은 아이리시 스타일과 아시안 스타일의 중간 느낌이 난다. 심플하고 뻔해 보이는 샐러드 음식조차 예상외의 맛을 선사한다.

Data 지도 377p-H
가는 법 유로파 버스 정류장에서 퀸스 대학교 방향으로 도보 4분
주소 68/72 Great Victoria St, Belfast
전화 028-9024-4421
운영 시간 화~토 12:00~22:00 일·월 휴무
가격 웜 샐러드 9.5파운드, 점심 메인(~18:45) 9~10파운드
홈페이지 www.gingerbistro.com

고소한 아이스라테의 향연
이스태블리시드 커피 Established Coffee

커피 좀 마시는 사람들에게는 너무 유명한 벨파스트의 카페이다. 콘크리트 바닥에 무채색으로 칠해 놓은 벽과 천장, 인더스트리얼 조명들, 카페 중앙에 설치한 커다란 테이블은 심플 그 자체이자 젊은 트렌드를 반영한다. 더블린에서 가장 유명한 카페인 '3fe'에서 공급받은 신선한 원두와 숙련된 바리스타의 만남은 맛있는 커피가 나올 수밖에 없는 환경을 만들어 냈다. 진하고 고소한 에스프레소 커피로 만든 아이스 라테는 밍밍한 아이스 라테를 제공하는 글로벌 체인점의 맛과는 차원이 다르다. 카페에서는 정기적으로 커피 수업도 진행한다.

Data 지도 376p-E
가는 법 세인트 앤 대성당 옆, 도보 3분
주소 54 Hill St, Belfast
전화 028-9031-9416
운영 시간 07:00~18:00
홈페이지 established.coffee

시청 앞 휴식처
호텔 쇼콜라 Hotel Chocolat

시청 앞 벨파스트 관광안내소 옆에 위치해 벨파스트를 여행하다 보면 한 번은 마주치게 되는 곳이다. 다양한 초콜릿 기념품을 구입할 수 있는 곳이며 매장 안에 미니 카페가 있어 벨파스트에서 가장 좋은 위치를 가진 카페이기도 하다. 호텔 쇼콜라에서 차를 마실 기회가 있다면 초콜릿이 들어간 제품을 주문하길 바란다. 특히 아이스 프라페 종류를 추천한다. 특히 솔티드 카라멜 브라우니는 짜고 달콤한 비율이 적절히 섞여 기대 이상의 맛을 제공한다.

Data 지도 376p-E
가는 법 시청 앞
주소 18 Donegall Sq. North, Belfast
전화 028-9033-3562
운영 시간 월~금 08:30~18:00 (목 ~20:00), 토 09:00~18:00, 일 13:00~18:00
홈페이지 www.hotelchocolat.com

벨파스트

 아기자기한 감성이 물씬
더 포켓 The Pocket

퀸스 대학교 맞은편에 위치한 곳으로 일반 주택을 개조해 만들었다. 창가 자리는 책을 놓기도 힘들 만큼 좁은 폭을 가진 테이블이지만 창문 너머로 보이는 풍경 덕분에 인생 사진을 찍기 좋은 곳이다. 햇살이 좋은 날에는 카페 앞 야외 테이블이 가장 인기 장소이다. 노란색 대문과 삐걱거리는 나무 바닥, 벽돌로 마감된 벽, 따뜻한 조명과 향기로운 커피향까지 모든 것이 부족함이 없다. 먼 훗날 카페를 차릴 때 참고하고 싶은 인테리어를 가지고 있다. 카페에서 판매하는 간단한 빵이나 디저트 역시 평균 이상의 맛을 보장한다.

Data 지도 377p-K
가는 법 퀸스 대학교 맞은 편
주소 69 University Rd, Belfast **전화** 7788-878525
운영 시간 월~금 08:00~17:30, 토 09:00~17:00, 일 10:00~16:00
홈페이지 www.thepocket.coffee

노르딕 감성이 그대로
카페 오 Kaffe O

덴마크어로 커피를 뜻하는 'Kaffe'에서 착안한 이름으로 퀸스 대학가 쪽에 있다. 카페 주인은 덴마크에서 유명한 로스터인 리코 소렌슨Ricco Sørensen의 도움을 받아 벨파스트에 북유럽 감성을 담은 카페를 오픈했다. 덴마크의 유명 디자인 브랜드인 헤이와 프란젠 가구들을 수입했고 메뉴 또한 최대한 북유럽 스타일을 고수하였다. 짙은 회색 간판에 적힌 심플한 로고와 나무로 마감된 카페 내부는 따뜻하고 오래 머물고 싶게 만든다. 카페 안에는 다양한 디자인 기념품들도 판매한다. 최근 시청 앞에 테이크아웃 매장을 오픈했다.

Data **지도** 377p-K
가는 법 퀸스 대학교에서 도보 10분
주소 73 Botanic Ave, Belfast
전화 028-9031-9977
운영 시간 월~금 07:00~22:00,
토 08:00~22:00,
일 09:00~22:00
홈페이지 kaffeo.coffee

벨파스트의 중심
텐 스퀘어 Ten Square

벨파스트 시청 바로 뒤에 위치한 4성급 호텔이다. 벨파스트 중심에 위치해 대중교통도 편리하고 호텔에서 도보 5분 이내에 빅토리아 스퀘어 쇼핑센터가 있다. 모든 객실에 킹사이즈의 침대가 있어 별도의 업그레이드 없이 넓은 침대에서 숙면을 취할 수 있다. 호텔 내의 레스토랑은 매일 저녁 라이브 공연과 같은 무료 엔터테인먼트 행사가 펼쳐진다.

Data **지도** 377p-H **가는 법** 벨파스트 시청 뒤편
주소 10 Donegall Sq S, Belfast **전화** 028-9024-1001
요금 시그니처 더블룸 110파운드~
홈페이지 www.tensquare.co.uk

5성급 호텔의 위엄
피츠윌리엄 호텔 Fitzwilliam Hotel Belfast

벨파스트 시청과 유로파 시외버스 터미널 사이에 위치해 도시를 여행하기 편리하다. 5성급 호텔의 위엄은 호텔 로비에서부터 느낄 수 있다. 높은 천장과 따뜻한 색감으로 이루어진 패브릭, 짙은 바닥에서 느껴지는 중후함은 로비에서부터 객실까지 이어진다. 넓은 객실과 욕실은 물론이며 일반 더블룸보다 넓은 매트리스를 보유하고 있다. 깨끗한 침실과 친절한 서비스는 기본이다.

Data 지도 377p-H
가는 법 유로파 시외버스 터미널에서 도보 2분 주소 Great Victoria St, Belfast 전화 028-9044-2080
요금 더블룸 140파운드~
홈페이지 www.fitzwilliamhotelbelfast.com

시외버스터미널 위
유로파 호텔 Europa Hotel

대중교통 시스템과 연결되어 있는 호텔을 찾는 사람에게 추천한다. 유로파 시외버스 터미널과 같은 건물에 있고 호텔 바로 앞에는 벨파스트에서 가장 유명한 크라운 리퀴드 살롱 펍이 있다. 다른 4성급 호텔에 비해 방 사이즈가 작은 편이지만 객실 침구류는 랄프 로렌 브랜드를 사용하고 있으며 매트리스의 쿠션 상태가 아주 좋다.

Data 지도 377p-H
가는 법 유로파 시외버스 터미널 내에 위치
주소 Great Victoria St, Belfast
전화 028-9027-1066
요금 클래식 더블룸 90파운드~, 수페리어 더블룸 110파운드~
홈페이지 www.hastingshotels.com

젊은 취향 저격
벌릿 호텔 Bullitt Hotel

젊은 취향을 타깃으로 하여 2016년 7월에 문을 열었다. 호텔 로비와 레스토랑에는 사진을 남기는 것을 좋아하는 젊은이들의 취향을 고려해 사진 찍기 좋은 장소들이 곳곳에 보인다. 호텔 콘셉트 역시 단순히 호텔에서 휴식만 취하는 것이 아니라 다양한 이벤트를 즐길 수 있는 프로그램을 제공하고 있다. 호텔 근처에 빅토리아 쇼핑센터가 위치해 쇼핑을 하기에도 최고의 위치를 자랑한다. 침실 분위기는 그레이톤으로 차분하고 모던한 편이며 인더스트리얼 디자인을 많이 느낄 수 있다. 모든 침실은 킹사이즈 침대가 제공되지만 전체적인 객실 규모는 평균보다 작은 편이다.

Data 지도 376p-E 가는 법 빅토리아 스퀘어 쇼핑센터에서 도보 3분 주소 40a Church Ln, Belfast
전화 028-9590-0600 요금 스탠다드 킹룸 110파운드~ 홈페이지 bullitthotel.com

우아한 하룻밤
머천드 호텔 The Merchant Hotel

5성급 호텔로 2011년 국제 호텔 어워드에서 수상한 이력을 가지고 있다. 1860년대 지어진 빅토리안 양식의 은행 건물을 호텔로 개조하여 건물의 외관부터 클래식함이 느껴진다. 호텔 레스토랑의 천장은 돔형 스타일로 우아하고 섬세한 아름다움을 가지고 있다. 침실의 마감 역시 바닥 카펫부터 가구, 침구류, 대리석 욕실 등 클래식 스타일로 꾸며져 있어 귀족집에서 하룻밤을 보내는 느낌이 든다. 세인트 앤 대성당 쪽에 위치해 타이타닉 쿼터와도 가깝다.

Data 지도 376p-E 가는 법 시청에서 도보 8분 주소 16 Skipper St, Belfast
전화 028-9023-4888 요금 디럭스 더블룸 180파운드~ 홈페이지 www.themerchanthotel.com

벨파스트

가성비 갑!
듀크 앳 퀸스 호텔 Duke at Queens Hotel

퀸스 대학가 근처에 위치한 4성급 호텔. 벨파스트 중심가와 조금 떨어져 있다는 이유로 조식이 포함된 4성급 호텔의 가격이 매우 착하다. 욕실에는 욕조와 샤워실이 함께 설치되어 있어 가족 단위 여행자들에게 유용하다. 호텔에서 시청까지는 도보로 약 17분이 소요되지만 근처에 버스 정류장을 이용하면 편리하게 벨파스트를 여행할 수 있다. 모든 객실에는 킹사이즈 매트리스가 제공되며 룸 사이즈 또한 평균보다 넓다. 만 6세 이하의 어린이는 같은 침대를 사용할 경우 추가 요금을 받지 않는다.

Data 지도 377p-K **가는 법** 퀸스 대학교에서 도보 3분 **주소** 65-67 University St, Belfast
전화 028-9023-6666 **요금** 스텐다드 더블룸 83파운드~, 디럭스 더블룸 110파운드~ (조식 포함)
홈페이지 dukesatqueens.com

유명 브랜드 호텔을 합리적인 가격으로
힐튼 벨파스트 호텔 Hilton Belfast Hotel

전 세계적으로 4,600개 이상의 지점을 갖고 있는 월드와이드 체인 호텔이다. 5성급 호텔이지만 다른 도시보다 훨씬 저렴한 가격으로 하룻밤을 보낼 수 있다. 중앙 기차역 근처에 위치해 교통이 편리하고 호텔에서 벨파스트 시청이 있는 도심까지는 도보로 약 10분 정도 소요된다. 모든 룸의 매트리트는 킹사이즈이며 만 16세 이하 어린이는 같은 침대를 이용할 경우 추가 요금을 받지 않는다. 조식을 먹는 레스토랑의 뷰도 아름답고 조식이 매우 훌륭하다. 호텔 룸에서는 라간강과 타이타닉 쿼터가 한눈에 들어오는 풍경을 만날 수 있다. 다만 호텔 주차장이 유료이니 참고하자.

Data 지도 376p-F
가는 법 벨파스트 중앙역에서 도보 2분
주소 4 Lanyon Pl, Belfast
전화 028-9027-7000
요금 더블룸 90파운드~
홈페이지 www3.hilton.com

여행자들이 인정한 호텔
타라 라지 Tara Lodge

트립어드바이저를 포함해 다양한 숙박 업체에서 높은 점수를 받은 4성급 호텔이다. 퀸스 대학가 근처에 위치해 주변에 저렴한 음식점과 개성 넘치는 카페들이 많다. 호텔 내 무료 주차가 가능하고 모든 숙박에 조식이 포함되어 있는데도 하루 숙박비는 합리적이다. 호텔에서 벨파스트 시청까지는 도보로는 약 15분, 대중교통으로는 10분 소요된다.

Data 지도 377-H 가는 법 퀸스 대학교에서 도보 7분
주소 36 Cromwell Rd, Belfast
전화 028-9059-0900
요금 디럭스 더블룸(조식 포함) 90파운드~, 시그니처 더블룸(조식 포함) 110파운드~
홈페이지 www.taralodge.com

버스 정류장 앞
바가본드 호스텔 Vagabonds Hostel

퀸스 대학교 근처에 위치하며 호스텔 앞에 버스 정류장이 있어 버스를 이용해서 중심가로 이동하기 편리하다. 오래된 주택을 개조해 만들어 엘리베이터가 없지만 욕실과 화장실은 리노베이션을 거쳐 깔끔하다. 1층의 로비와 주방은 언제나 사람들로 북적거리지만 침실까지 소음이 들리지는 않는다. 저녁에는 5파운드 정도 돈을 지불하면 호스텔에서 저녁 식사를 즐길 수 있다.

Data 지도 377p-K 가는 법 퀸스 대학교에서 도보 3분
주소 9 University Rd, Belfast
전화 028-9023-3017
요금 8인 혼성 도미토리 17파운드~, 6인 여성전용 18파운드~, 스탠다드 트윈룸 50파운드~
홈페이지 www.vagabondsbelfast.com

친구를 사귀기 좋은 곳
글로벌 빌리지 호스텔 Global Village Hostel

2016년 북아일랜드 호스텔 어워드에서 1등을 받은 호스텔로 퀸스 대학교 주택가 내 19세기 빅토리아 건물을 개조해 만든 곳이다. 엘리베이터가 없다는 단점이 있지만 매일 저녁 크고 작은 이벤트들이 열려 다양한 국적의 사람들을 만날 수 있는 기회가 많다. 휴식보다는 친구를 사귀거나 다양한 액티비티를 즐기는 사람들에게 추천한다.

Data 지도 377p-K
가는 법 퀸스 대학교에서 도보 7분
주소 87 University St, Belfast
전화 028-9031-3533
요금 4인 혼성 15파운드~, 8인 혼성 도미토리 14파운드~, 6인 여성 전용 16파운드~
홈페이지 globalvillagebelfast.com

런던데리
LondonDerry

북아일랜드에서 벨파스트 다음으로 큰 도시이자
아일랜드에서 중 4번째로 큰 도시이다. 과거의 이름은 '데리'였으나
영국 식민지 시절, 런던 길드 상인들이 데리로 대거 이주하면서 지명
앞에 '런던'을 붙이게 되었다. 현재 공식 명칭은 런던데리이지만
데리로 부르기도 한다. 아일랜드의 독립 역사에서 중요한 역할을 한 곳이자
문화적, 예술적으로 번성하고 있는 런던데리의 아름다움과 매력을 발견해 보자.

© Tourism Northernireland

LondonDerry
GET AROUND

어떻게 갈까?

벨파스트에서는 버스와 기차, 더블린 국제공항에서는 버스를 이용해 갈 수 있다.

| 벨파스트에서 런던데리 가는 방법 |

1. 버스

타는 곳	버스 번호	운행 시간	운행 횟수	요금	소요 시간
유로파 시외버스 터미널	212번	첫차 06:45 막차 23:00	1일 20회 이상	편도 12파운드~	약 2시간

2. 기차

타는 곳	운행 시간	운행 횟수	요금	소요 시간
중앙역	첫차 09:22, 막차 23:22	1시간 간격, 1일 15회 이상	편도 12파운드~	2시간

| 더블린 국제공항에서 런던데리 가는 방법 |

타는 곳	버스 번호	운행 시간	운행 횟수	요금	소요 시간
제1터미널, 시외버스 터미널 11번 플랫폼	X3, X4	첫차 09:45 막차 02:25	1~3시간 간격 1일 8회	편도 10파운드~	약 3시간 40분

Data 홈페이지 www.translink.co.uk

어떻게 다닐까?

버스 터미널이나 기차역에 내려서 도보로 주요 명소들을 여행할 수 있다.

INFO

관광안내소 Visit Derry
Data 가는 법 데리 성벽에서 도보 8분 **주소** 44 Foyle St, Londonderry
전화 028-7126-7284
운영 시간 월~금 09:30~17:00, 토·일 10:00~16:00

런던데리 기차역
Londonderry Train Station
Data 가는 법 데리 성벽에서 도보 14분
주소 Londonderry Train Station, Londonderry

버스 터미널
Derry Translink Ulsterbus Station
Data 가는 법 데리 성벽에서 도보 8분 **주소** 24 Foyle St, Londonderry
홈페이지 www.translink.co.uk

SEE

아일랜드 최초의 계획도시
데리 성벽 Derry City Wall

런던데리를 여행하면 가장 먼저 가야 하는 곳으로 데리 성벽을 두고 아일랜드 최초의 계획도시라고 부르기도 하지만 성벽의 건설 취지는 매우 아이러니하다. 아일랜드 토착인들과 영국에서 넘어온 런던 시민들이 데리에 함께 살고 있었는데 아일랜드 사람들로부터 런던 시민들을 보호하기 위해 데리 성벽을 의도적으로 세웠기 때문이다. 높은 구릉 위에는 방어에 유리한 다이아몬드형 성벽을 만들고 런던에서 온 사람들은 그 안에서 생활하였다. 현재는 성곽의 안과 밖을 오가는 데 지장이 없지만 과거에는 성벽을 사이에 두고 사람들은 그들의 정체성을 확인받으며 살았다. 성벽 둘레에 포진되어 있는 수십 개의 대포들이 그때의 긴장감을 대변해주고 있다.

Data 지도 408p-B
가는 법 데리 울스터 버스 터미널에서 도보 10분
주소 Bishop St, Londonderry

아일랜드 독립 역사의 현장
프리 데리 구역 Free Derry

데리 성벽 아래에 아일랜드 사람들이 거주하던 구역으로 보그사이드The Bogside라고 불린다. 아일랜드가 영국으로부터 독립을 할 무렵, 데리는 상대적으로 런던에서 넘어온 개신교 신자가 많아 영국자치령에 속하게 되었다. 제 2차 세계대전 이후 북아일랜드는 노골적으로 개신교와 천주교를 차별하는 정책을 펼치고 있었는데, 북아일랜드 안에서 천주교 신자가 상대적으로 높았던 데리는 소외된 도시가 되면서 실업률이 높아지고 경제 상황도 급격히 나빠지기 시작했다. 1960년부터 북아일랜드를 영국으로 독립시키기 위해 아일랜드 국군(IRA, Irish Republican Army)이 결성되었고 이 무렵에 프리 데리 구역이 생겨나게 되었다.

1972년 1월 30일 일요일, 프리 데리 구역에서 구교도 차별을 반대하는 아일랜드 시민들에게 영국군은 총을 겨누었다. 결과 14명의 무고한 시민들이 목숨을 잃고 13명이 부상을 당하는 사건이 발생하였다. 한동안 이 사건은 영국에서 아일랜드 시위단이 먼저 공격했기 때문에 영국 군대는 정당방위였다고 보고되었지만 2010년 영국의 데이비드 캐머런David Cameron 총리는 이 사건이 비무장 시민에 대한 무차별 학살임을 인정하고 공식적인 사과를 하기에 이른다.

1998년 영국과 아일랜드 정부는 북아일랜드 문제를 해결하기 위해 굿 프라이데이 협정을 맺고 2005년에는 IRA도 완전 무장 해제를 선언하였다.

현재 프리 데리 구역에는 당시의 역사를 기억하고 추모하는 벽화들이 그려져 있다. 이 사건은 폴 그린그래스Paul Greengrass 감독의 영화인 〈블러디 선데이Bloody Sunday〉로 일반 대중들에게 알려지게 되었다.

Data 지도 408p-A
가는 법 버스 터미널에서 도보 9분 주소 Free Derry Corner, Londonderry

1. 가솔린 폭파범The Petrol Bomber : 가스 마스크를 입고 폭탄을 들고 있는 소년을 통해 불안했던 정서를 대변
2. 프리 데리 구역 입구
3. 블러디 선데이Bloody Sunday : 영국군에 총을 맞고 쓰러진 잭 더비Jack Dubby를 안고 가는 신부님과 시민들
4. 토요일 마티네Saturday Matinee : 1969년부터 1970년대 초반 보그사이드에서 토요일 오후에 흔하게 볼 수 있던 폭동 장면을 그린 벽화
5. 무고한 자들의 죽음Death of Innocence : 1971년에 영국군에 의해 피살된 14살의 소녀, 아네트 맥가버건Annette McGavigan을 그린 벽화

> **Tip** **가보그사이드 역사 워킹 투어** Bogside History Tour
> 1972년 희생자였던 패트릭 도허티Patrick Doherty의 아들, 폴 도허티Paul Doherty가 만든 워킹투어. 프리 데리 구역을 걸으면서 벽에 그려진 그림에 관한 이야기를 듣고 당시 데리의 상황과 시위가 일어나게 된 배경, 이후의 이야기를 들을 수 있다. 약 1시간에서 1시간 30분간 진행.
>
> **Data** **요금** 성인 6파운드 **투어 시간** 월~금 11:00, 13:00 (4~10월은 15:00 추가)
> **예약 방법** 홈페이지로 예약 혹은 전화 예약 **홈페이지** bogsidehistorytours.com

런던데리

산책하기 좋은 곳
평화의 다리 The Peace Bridge

런던데리를 둘러싸고 흐르고 있는 포일강River Foyle에 세워진 다리로 평화를 염원하는 마음을 담아 2011년에 완공하였다. 다리 주변에는 강을 따라 넓은 산책로가 조성되어 있어 걷기 좋다. 강을 배경으로 사진을 찍기도 좋은 장소이다.

Data 지도 408p-B
가는 법 버스 터미널에서 도보 5분
주소 The Peace Bridge, Londonderry

데리의 중요한 행사는 모두 이곳에서
길드 홀 The Guildhall

1890년에 설립된 건물로 원래는 데리 자치 협회에서 선출된 멤버들이 모이는 장소였다. 아일랜드와 영국 간의 독립전쟁 때에는 여러 번의 테러 공격을 받기도 했다. 현재는 런던데리의 다양한 사회 행사와 정치행사가 열리는 곳이다.
길드 홀의 시계는 런던의 빅 벤을 모델로 디자인하였고 창문의 화려한 스테인드글라스가 매우 아름답다. 길드 홀 앞 광장은 도시의 중요한 행사를 주최하는 곳이자 시민들의 휴식 공간이다. 특정 시간마다 바닥에서 뿜어 나오는 분수는 아이들에게 멋진 물놀이 장소를 제공한다.

Data 지도 408p-B
가는 법 버스 터미널에서 도보 2분
주소 Guildhall St, Londonderry

EAT

런던데리를 방문해야 하는 이유
브릭워크 Brickwork

아일랜드에 있는 수많은 레스토랑 중 열 손가락에 꼽을 만큼 맛과 분위기가 뛰어난 곳이다. 브릭워크를 가기 위해서 런던데리를 가야 할 정도이다. 젊고 활기차고 재미있는 수식어는 레스토랑을 언급할 때 항상 거론되는 단어이다. 모든 음식마다 한 번 더 생각해 조리를 한 흔적이 역력하다. 겉보기에는 일반 레스토랑에서 자주 보는 메뉴들이지만 맛에서 독보적인 차이를 보인다.
아시안 음식을 제대로 경험한 주방장은 아시안 사람들의 입맛에도 맞는 음식을 선보인다. 김치가 들어간 음식도 눈에 띈다. 음식의 비주얼도 훌륭하지만 가격도 매우 합리적이다. 런던데리에서 단 하나의 레스토랑만 가야 한다면 단연코 이곳이라고 자신 있게 추천하고 싶다. 1접시에 5파운드인 스타터 메뉴들은 3접시에 12파운드, 4접시에 15파운드, 5접시에 18파운드로 책정되어 있어 동행이 있다면 함께 나눠 먹기 좋다.

Data **지도** 408p-B
가는 법 데리 성벽 내 타워 박물관에서 도보 2분
주소 12-14 Castle St, Londonderry **전화** 028-7137-2888
운영 시간 월~목 12:00~15:00, 17:30~20:30, 금·토 12:00~15:00, 17:30~21:30, 일 13:00~20:00
가격 아시안 스타일 미니 햄버거 5파운드, 김치 크리스피 치킨 8.5파운드, 아시안 인퓨즈드 비프 샐러드 8.95파운드 **홈페이지** brickworkderry.com

런던데리

기차역 옆 맛집
수티 올리브 레스토랑 The Sooty Olive Restaurant

런던데리 성벽 반대쪽 스펜서 거리에 자리 잡고 있는 레스토랑이다. 현지에서 조달한 신선한 재료로 항상 평균 이상의 맛과 분위기를 연출한다. 점심의 메인 메뉴는 10파운드 이하의 가격으로 저렴하며 저녁 역시 2코스에 18.95파운드라는 착한 가격을 선보여 데리 시민들에게 인기가 많은 곳이다. 스테이크보다는 생선으로 조리한 음식을 추천한다.

Data **지도** 408p-F **가는 법** 데리 기차역에서 도보 4분
주소 162 Spencer Rd, Londonderry **전화** 028-7134-6040
운영 시간 월~목 12:00~14:20, 17:00~21:00, 금·토 12:00~14:20, 17:00~22:00, 일 13:00~21:00 **가격** 런치 메인 7~9파운드, 저녁 2코스 18.95파운드, 3코스 21.95파운드 **홈페이지** thesootyolive.com

런던데리에서만 맛볼 수 있는 맥주
월드 시티 브리워리 Walled City Brewery

런던데리의 첫 번째 양조장이었던 곳을 개조하여 레스토랑으로 운영하고 있다. 레스토랑의 주인인 제임스는 수년간 양조 기술을 연구한 장인으로 이곳에서 생산된 맥주는 다양한 곳에서 수상 경력을 가지고 있다. 지역 특유의 프리미엄 맥주와 함께 먹기 좋은 음식도 판매하고 있다. 나무 프레임이 그대로 드러나는 천장과 적당히 어두운 회색 벽, 적절히 멋스러운 조명은 덤이다. 맥주만 주문하는 것도 가능하다.

Data **지도** 408p-C **가는 법** 데리 기차역에서 도보 10분
주소 Ebrington Sq&Parade Ground, 70 Ebrington St, Londonderry **전화** 028-7134-3336
운영 시간 화~목 17:00~21:00, 금·토 12:30~15:30, 17:00~21:30, 일 14:00~20:00 **가격** 메인 평균 15파운드, 맥주 파인트당 4~5파운드
홈페이지 www.walledcitybrewery.com

앤트림
County Antrim

북아일랜드의 6개 주 중 하나이다.
영토의 동쪽과 북쪽 끝을 둘러싸고 있어서
북아일랜드의 거친 자연을 경험하기 좋은 곳이다.
북아일랜드의 유명 명소는 모두 이곳에 있다고 해도 과언이 아니다.
앤트림 주와 대서양의 경계선에는 세계에서 가장 긴
주상절리 해안인 코즈웨이 해안이 형성되어 있다.

앤트림

해안절벽을 따라 걷는 짜릿함
고빈스 The Gobbins

북아일랜드의 새로운 명소. 현무암 절벽을 감싸고 있는 해안 교량으로 앤트림주의 동쪽에 위치하며 벨파스트에서는 약 30km 떨어져 있다. 약 100년 전 아일랜드 철도 기술자인 버클리 디안 와이즈 Berkeley Deane Wise가 관광을 목적으로 건립하였다.

1902년 터널이 대중에게 공개된 후 아슬아슬한 절벽 길을 걷기 위해 수천 명의 사람들이 고빈스 터널을 방문하기 시작했으나 1930년 이후 철도 회사가 경제적인 어려움을 겪으면서 제 2차 세계대전이 끝날 때까지 폐쇄되었다. 그 이후 몇 차례의 고비를 거쳐 2011년, 북아일랜드의 에란 자치구에서 고빈스 재생 프로젝트를 시행하였고 2015년 8월에 재개장을 하였다.

고빈스 투어는 시간당 10~12명의 소수 인원으로만 진행된다. 갑작스럽게 내리는 비와 해안 근처의 강풍, 미끄러움이 발생하는 지역이기 때문에 개인적으로 비옷과 운동화를 준비해야 한다(안전 헬멧은 투어에서 제공). 비지터 센터에서 가이드로부터 안전 교육을 받은 후 준비된 차량을 타고 고빈스 터널이 있는 해안 절벽으로 출발한다. 투어는 약 2~3시간 소요되며 자연적으로 형성된 절벽을 따라 만들어진 다양한 길을 걷고 다리를 건너게 된다. 길게 뻗은 '아쿠아리움 다리' 아래로 북아일랜드의 물고기들의 움직임을 살펴볼 수 있다.

'터블러 다리'는 원래 고빈스 다리의 원형으로 절벽 위에 약 10m의 길이로 설계되어 있는 터널형 다리이다. 고빈스 투어 코스는 절벽의 끝자락을 걷는 코스이기 때문에 일부 구역은 평평하지 않고 울퉁불퉁하거나 좁다. 또한 작은 동굴을 지나는 구간은 머리를 숙여야 하기도 한다. 사진 촬영은 허락되지만 길이 좁고 가파른 구간이 많기 때문에 지나친 개인행동은 삼가는 것이 좋다.

고빈스 비지터 센터
Data 가는 법 벨파스트 중앙 기차역에서 Larne Harbour Train station으로 가는 Nir 기차 탑승 후 Ballycarry에서 하차. 기차역에서 비지터 센터까지 도보 18분
주소 Middle Rd, Islandmagee, Co. Antrim **운영 시간** 09:30~21:30
홈페이지 thegobbinscliffpath.com

1. 고빈스의 입구. 와이즈 아이Wise's Eye라고 부른다. 2. 비지터 센터 내 전시관
3. 아쿠아리움 다리 4. 터블러 다리Tubular Bridge

> **Tip** **고빈스 투어 정보**
> **투어 신청 방법** 사전 예약만 가능하다. 홈페이지에 접속해 가능한 날짜와 시간, 인원을 설정한 후 결제한다. **투어 가능 기간 및 시간** 4~9월(기상 조건에 따라 투어가 취소될 수 있다). 온라인을 통해 1시간당 10명만 예약 가능 **요금** 어른 15파운드, 학생·노인 12파운드

신비로운 육각형 돌들의 향연
자이언츠 코즈웨이 Giant's Causeway

북아일랜드의 가장 북쪽 해안에 위치한 곳이자 아일랜드에서 첫 번째로 세계 문화유산에 선정된 곳이다. 자이언츠 코즈웨이를 우리말로 번역하면 '거인의 둑길'인데 말 그대로 해안을 따라서 거대한 둑길이 형성되어 있다. 비지터 센터에서 코즈웨이까지는 도보 약 15분 정도로 비지터 센터 옆에 있는 완만한 내리막길을 내려가면 서서히 해안가가 보이기 시작한다.

가장 먼저 보이는 것이 리틀 코즈웨이, 중간 즈음이 미들 코즈웨이, 마지막에 보이는 것이 그랜드 코즈웨이로 나눠진다. 특별한 경계가 있기보다는 처음에는 작고 둥근 현무암 돌들로 이루어진 해안가가 보이다가 점차 크기가 커지면서 크고 선명한 육각형 모양의 돌들이 끝없이 펼쳐진다. 지질학자들의 연구에 의하면 약 6천만 년 전에 화산 폭발로 분출된 용암이 빠르게 식으면서 지금과 같은 주상절리대가 생겼다고 한다.

약 4만 개의 주상절리가 해안가를 따라서 8km 정도에 걸쳐 세계에서 가장 큰 주상절리를 형성하고 있다. 수천만 년 전 화산활동으로 형성되었다고는 믿기지 않을 만큼 바닥의 돌들이 질서정연하다. 사각형부터 팔각형까지 다양한 각을 선보이고 있는데 육각형의 모양을 띈 돌이 가장 많다. 주상절리들은 오랜 시간 동안 강한 비바람에 마모되기도 했고 움푹 파여서 물이 고여 있어 세월의 흔적을 그대로 담고 있다. 끝없이 펼쳐진 대서양과 경계가 모호한 하늘, 그 앞으로 짙은 현무암의 돌덩이들이 촘촘하게 배열되어 있는 모습은 상상 이상의 감동을 선사한다.

Data 지도 425p 주소 44 Causeway Rd, Bushmills

> **Tip** 렌터카로 자이언츠 코즈웨이를 방문할 경우, 비지터 센터가 운영 중인 시간에 방문하면 입장료에 해당하는 주차 요금을 인원당 지불해야 한다. 6~8월의 경우, 오후 9시까지 해가 떠있기 때문에 비지터 센터가 문을 닫은 후 가면 무료입장이 가능하다. 낮에 코즈웨이만 입장할 경우, 비지터 센터에서 300m 떨어진 곳에 자이언츠 코즈웨이&부시밀즈 기차역 주차장을 이용하자. 하루 주차비가 6파운드이므로 코즈웨이 주차장보다는 훨씬 저렴하게 주차할 수 있다.

|Theme|
자이언츠 코즈웨이 완전 정복

자이언츠 코즈웨이 비지터 센터
Giant's Causeway Visitor Centre

자이언츠 코즈웨이로 내려가는 길 입구에 세워진 체험관 및 안내 센터이다. 코즈웨이의 현무암 기둥을 모티브로 삼아 건물을 디자인하였다. 비지터 센터 안에는 이 지역의 지질학에 대한 설명과 카페, 기념품 숍이 마련되어 있다. 입장료에는 오디오 가이드가 포함되어 있으며 1시간마다 가이드 투어가 진행된다.

Data 지도 425p 주소 44 Causeway Rd, Bushmills
운영 시간 11~2·7·8월 09:00~17:00, 3~6·9·10월 09:00~18:00 입장료 성인 11.5파운드, 어린이 5.75파운드
홈페이지 www.nationaltrust.org.uk/giants-causeway

벨파스트 → 자이언츠 코즈웨이

221번 노선이 하루 한 번 코즈웨이로 가는 버스를 운행한다. 다양한 시간대를 이용하고 싶다면 중간 지점인 콜레인Coleraine에서 한 번 갈아타야 한다. 벨파스트에서 콜레인까지는 기차나 시외버스를 이용할 수 있다. 시외버스는 유로파 시외버스 정류장에서 218번(218a) 버스를 이용한다.

벨파스트에서 콜레인행 기차
출발 시간 06:05~22:40 배차 간격 1시간
소요 시간 1시간 30분 요금 편도 어른 11~12파운드, 어린이 5~6파운드

콜레라인에서 자이언츠 코즈웨이로 가는 버스
콜레인 버스 터미널에서 402번(402a) 버스 탑승 후 자이언츠 코즈웨이 더 눅에서 하차
출발 시간 08:40~17:50 배차 간격 30분
소요 시간 약 40분 요금 편도 10파운드 이내
홈페이지 www.translink.co.uk

벨파스트에서 자이언트 코즈웨이행 221번 버스
출발 시간 벨파스트 → 코즈웨이 09:30, 코즈웨이 → 벨파스트 14:45
소요 시간 약 1시간 30분 요금 10파운드 이내
홈페이지 www.translink.co.uk

자이언츠 코즈웨이 투어 버스

시간을 절약하는 가장 좋은 방법이다. 투어 프로그램에는 자이언츠 코즈웨이와 캐릭아레드 로프 다리, 던루스성을 포함한다. 투어회사에 따라서 벨파스트와 다크 헤지스까지 포함하는 곳도 있다. 구글 검색창에서 'Giant's Causeway day tour from Dublin or Belfast'로 검색하면 된다.

이동 방법 더블린이나 벨파스트에서 출발하는 자이언츠 코즈웨이 투어를 이용
요금 더블린에서 출발할 경우 55~65유로, 벨파스트에서 출발할 경우 25~30유로

대표 투어 업체
페디웨건
Data 홈페이지 www.paddywagontours.com

겟 유어 가이드
Data 홈페이지 www.getyourguide.com

|Talk|
특별한 경험, 자이언츠 코즈웨이에서 부시밀즈 기차 여행

부시밀즈Bushmills는 자이언츠 코즈웨이에서 남쪽으로 약 5km 떨어진 작은 마을로 위스키가 유명하다. 자이언츠 코즈웨이 기차역에서 부시밀즈 기차역까지 작은 기차를 타고 해안선을 따라 여행하는 즐거움을 느낄 수 있다. 위스키를 좋아하는 사람이라면 부시밀즈 기차역 근처에 있는 올드 부시밀즈 양조장도 둘러보기 바란다.

400년의 전통을 가진 올드 부시밀즈 양조장은 세계에서 가장 오래 전에 허가권을 얻은 양조장이다. 가이드 투어로만 진행이 되며 약 45분간 부시밀즈 위스키의 역사와 제조방법을 듣고 위스키 시음을 할 수 있다. 특별히 투어를 신청하지 않더라도 부시밀즈 기념품 숍은 가보길 바란다. 위스키와 관련된 다양한 물건들을 전시해놓고 있어서 사진을 찍기도 좋고 기념품을 사기도 좋은 곳이다.

부시밀즈 기차 여행
Data 출발 시간 자이언츠 코즈웨이 11:00~17:00, 부시밀즈 11:30~17:30
배차 간격 1시간 **운영 시간** 4~6월 주말 및 공휴일, 7·8월 매일, 9·10월 주말
요금 왕복 성인 5파운드, 어린이 3파운드
홈페이지 www.freewebs.com/giantscausewayrailway

올드 부시밀즈 양조장 Old Bushmills Distillery
Data 지도 425p **주소** 2 Distillery Rd, Bushmills, Co. Antrim
운영 시간 3~10월, 월~토 09:15~16:45, 일 12:00~16:45
11~2월, 월~토 10:00~16:45, 일 12:00~16:45
입장료 성인 8파운드, 노인 학생 7파운드, 어린이 4.5파운드 **홈페이지** www.bushmills.com

거친 파도 위 외나무다리를 건너는 아찔함
캐릭아레드 로프 다리 Carrick-a-Rede Rope Bridge

Data 지도 425p
주소 119 Whitepark Rd, Antrim
운영 시간 4~10월 09:30~18:00,
11~3월 09:30~15:30
(변동이 잦으니 홈페이지 확인 요망)
입장료 성인 8파운드, 어린이 4파운드
홈페이지 www.nationaltrust.
org.uk/carrick-a-rede

과거 연어잡이 어부들이 사용하기 위해 만들었던 다리를 보수하고 다리까지 가는 길을 잘 닦아 놓은 긴 산책로이다. 길이 20m, 너비 1m 남짓으로 만들어진 로프 다리는 바다 절벽과 캐릭아레드라는 작은 섬 사이에 설치되어 있다. 다리는 매우 안전하게 설치되어 있지만 바다로부터 30m 위에 달려 있고 출렁이는 파도를 보면서 다리를 건너는 것은 생각보다 아찔하다. 출입구에서 입장료를 지불하면 제주도의 올레길과 같은 긴 등산로가 끝없이 펼쳐진다. 다리까지 가는 길은 유모차를 밀 수 있을 정도로 잘 닦여 있다. 등산로 옆으로 펼쳐지는 대서양과 북아일랜드 절벽의 아름다움은 모허 절벽에서 느꼈던 감동만큼 황홀해서 다리를 건너는 아찔함을 경험하지 않더라도 한 번은 걸어볼 만한 곳이다. 다리를 건너는 곳 앞에는 인원수를 체크하는 직원이 상시 대기하고 있다. 이곳은 날씨에 영향을 많이 받는 곳이라 강풍이 불거나 비가 많이 올 때는 운영을 중단한다.

|Theme|
캐릭아레드 로프 다리 스마트하게 여행하기

캐릭아레드 로프 다리 가는 방법

벨파스트에서 캐릭아레드 로프 다리까지 가는 직행 버스는 없다. 중간 지점인 콜레인Coleraine에서 한 번 갈아타야 한다. 벨파스트에서 콜레인까지는 기차나 시외버스를 이용할 수 있다. 유로파 시외버스 터미널 옆, 그레이트 빅토리아 기차역에서 콜레인행 기차를 타고 콜레인 기차역에 내려 버스 터미널로 이동 후 발린토이Ballintoy행 402번 버스를 탑승한다. 도착 후 캐릭아레드 로프 다리까지 도보로 약 20분이 소요된다.

> **Tip** 발린토이 버스 정류장은 건물로 이루어진 것이 아니라 정류장 팻말이 전부인 곳이다. 주변은 넓은 초원과 주택만 있는 곳이니 하차 후 당황하지 말 것.

벨파스트에서 콜레라인행 기차
Data 출발 시간 06:05~22:40
배차 간격 1시간 소요 시간 1시간 30분
요금 편도 성인 11~12파운드, 어린이 5~6파운드

콜레인에서 발린토이행 172·402번 버스
Data 출발 시간 08:40~16:50
배차 간격 1~2시간 소요 시간 약 1시간 이내
요금 편도 10파운드 이내
홈페이지 www.translink.co.uk

캐릭아레드 로프 다리 투어 버스

일반적으로 더블린이나 벨파스트에서 출발하며 자이언츠 코즈웨이 투어가 포함된 상품이 대부분이다. 자세한 내용은 420p 자이언츠 코즈웨이 투어 버스 부분을 참고한다.

콜레인 버스 터미널

그레이트 빅토리아 기차역 진입로

앤트림

|Theme|
놓칠 수 없는 북아일랜드의 해안, 코즈웨이 워킹 트레일

캐릭아레드 로프 다리에서 자이언츠 코즈웨이까지 가는 약 20km의 하이킹 코스이다. 하이킹 코스는 편도로 약 5시간이 소요되며 북아일랜드에서 가장 경치가 다양하고 아름다운 해안 코스로 손꼽힌다. 하이킹 도보 안에는 다양한 명소와 해변, 절벽을 따라 걷는 것이 모두 포함된다. 또한 도보 여행 장소에는 드라마 〈왕좌의 게임〉 촬영지도 만날 수 있다. 난이도는 중~하로 고학년 어린이를 동반한 가족이 걷기에도 무리가 없다. 하루를 투자해서 캐릭아레드 로프 다리를 건넌 후 자이언츠 코즈웨이까지 천천히 걸으며 북아일랜드의 거친 자연의 아름다움을 충분히 느껴 보자.

항구에서 서쪽으로 지나가는 해안선을 따라 낮은 언덕을 지나고 오래된 암석더미를 지나면 2km 길이의 모래사장이 있는 화이트 파크 베이 비치White Park Bay Beach를 만나게 된다. 이곳은 만조가 진행되는 동안 경로가 차단이 될 수 있기 때문에 썰물 시간 중 3시간 이내에 지나가야 한다(만조가 진행이 되고 있다면 다음 목적지인 포트브랜던 항구Portbradden Harbour는 다른 경로를 통해 접근하는 것이 좋다).

해안을 따라 석회암 아치를 지난 후 던세베릭 항구Dunseverick까지 바위로 된 길을 걷게 된다. 던세베릭에서 약 45분간 구불구불한 길을 따라 걷다 보면 워킹 루트에서 가장 높은 지점인 해밀턴스 시트Hamiltons Seat를 만나게 된다. 해밀턴스 시트에서 다음 목적지인 쉐퍼즈 스텝스Shepherd's Steps까지의 약 4km 길은 크고 작은 오르막과 내리막길이 계속 된다. 쉐퍼즈 스텝스부터는 완만한 내리막길이 계속 이어진다. 약 1km를 걸으면 아일랜드의 첫 번째 세계 문화유산인 자이언츠 코즈웨이를 경험하게 된다.

Data **가는 법** 캐릭아레드 로프 다리 주차장에서 서쪽에 있는 래리베인 퀘리 주차장으로 내려가서 잔디 끝에 있는 절벽 길로 내려간다. 1km 정도 걷다가 작은 교회가 나오면 우회전을 한다. 이 도로는 〈왕좌의 게임〉 시즌2의 촬영지였던 빌린토이 항구로 연결되는 길이다.
홈페이지 www.causewaycoastway.com

1. 화이트 파크 베이 비치 2. 던세베릭 3. 해밀턴스 시트 4. 쉐퍼즈 스텝스

Tip 워킹 투어 코스는 자이언츠 코즈웨이가 끝이 아니라 서쪽의 던루스성Dunluce Castle을 거쳐 여름 해양 스포츠 장소로 유명한 포트러시 마을까지 이어진다. 자이언츠 코즈웨이에서 포트러시까지는 약 14km로 3시간 정도가 더 소요된다. 자세한 정보는 홈페이지에서 확인 가능하다.

IRELAND BY AREA 06
북아일랜드

| 왕좌의 게임 촬영지 드라이브 코스 |

2011년부터 시즌제로 방영되고 있는 드라마 〈왕좌의 게임〉은 조지 마틴의 판타지 소설 〈얼음과 불의 노래〉를 원작으로 왕좌를 둘러싼 권력 암투와 전쟁을 그리고 있다. 시즌 1의 성공으로 북아일랜드 관광청은 약 1,420억 원이라는 수익을 창출하였다. 드라마가 북아일랜드를 거대한 세트장으로 사용했을 뿐만 아니라 출연자부터 제작진, 엑스트라 등 필요한 인력의 60%를 북아일랜드 거주자로 고용하면서 수많은 일자리를 창출한 것도 한몫을 했다.

드라마 촬영지는 앤트림 해안에서도 많이 촬영되었기 때문에 촬영지를 따라가다 보면 자연스럽게 해안 드라이브 여행도 할 수 있다. 렌터카를 이용해 〈왕좌의 게임〉 촬영지와 북아일랜드 해안 드라이브 코스를 함께 둘러보는 1석 2조의 여행을 떠나 보자.

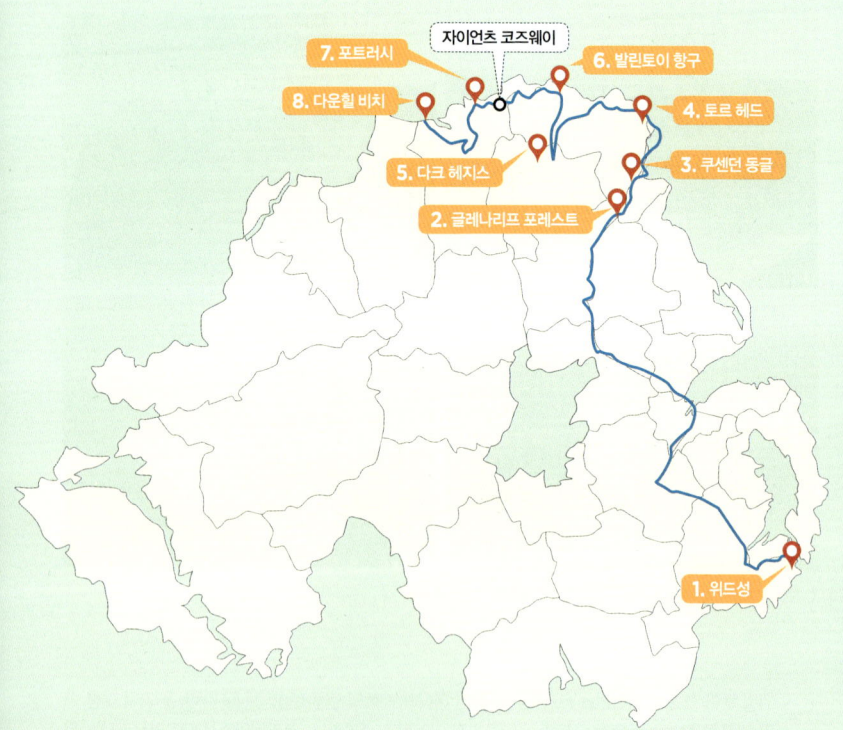

| 잠시 멈춰야 할 스폿들 |

1. 위드성 Castle Ward

시즌 1의 핵심 장소이자 북부 권력의 중심지인 윈터펠Winterfell은 다운주Co.down에 있는 위드성에서 촬영되었다. 이곳은 18세기에 설립된 저택으로 내셔널 트러스트Natural Trust-영국에서 시작한 자연보호와 사적 보존을 위한 민간단체-재산으로 등록되어 있다. 저택 안에는 타워 하우스, 빅토리안 양식의 세탁소, 극장, 옥수수 공장, 레스토랑 등을 관람할 수 있고 윈터펠의 영주인 스타크 가문의 가운과 가죽조끼, 검 등을 빌려 입거나 활을 쏘며 드라마 장면을 재현해볼 수 있는 이벤트 장소가 마련되어 있다. 계절에 따라 건물의 개방 여부와 입장 시간이 달라서 홈페이지를 통해 운영 시간을 확인하는 것이 좋다.

Data 가는 법 벨파스트에서 남쪽으로 약 45km
주소 Strangford, Downpatrick, Co. Down **요금** 성인 9파운드, 어린이 4.5파운드
홈페이지 www.nationaltrust.org.uk/castle-ward

2. 글레나리프 포레스트
Glenariff Forest

위드성에서 벨파스트를 지나 북동쪽에 위치한 국립 공원이다. 벨파스트에서 68km 떨어진 지점에 위치한다. 숲길과 산책로, 하이킹 로드가 잘 조성되어 있다.

Data 주소 98 Glenariff Rd, Glenariff, Co. Antrim
홈페이지 www.nidirect.gov.uk/forests

3. 쿠센던 동굴 Cushendun Cave

시즌 2에서 한 여인이 아기 낳는 장면을 촬영한 곳으로 드라마에서는 스톰랜드The Stormlands라는 이름으로 나왔다. 동굴은 4억 년 전에 형성된 것으로 전해지며 현재는 동굴을 사이로 두고 형성된 마을을 연결하는 터널 역할을 하고 있다.

Data 주소 5 The Bay Apartments, Cushendun, Ballymena, Co. Antrim

4. 토르 헤드 Torr Head

글레나리프에서 30km 떨어진 지점. 북아일랜드 동쪽 끝에 있는 해안 절벽으로 변성 석회암으로 이루어진 지역이다. 남성적이고 거친 느낌의 장엄한 풍경을 자랑하는 곳이며 1800년대 대서양 횡단의 기록을 위해 중요했던 곳이다.

Data 주소 Ballycastle, Co. Antrim.

5. 다크 헤지스 Dark Hedges

킹스 로드King's Road 편의 촬영지로 너도밤나무들이 울창하게 얽히고설켜 자라나 하늘을 뒤덮은 시골길이다. 원래 18세기 제임스 스튜어트라는 부호가 자신의 저택을 방문하는 손님들에게 강한 인상을 주기 위해 저택 입구에 심었다고 한다. 1998년 북아일랜드 관광청이 이곳을 대대적으로 홍보하면서 전 세계 여행자들과 사진작가들의 관심을 받았고 〈왕좌의 게임〉 이후 북아일랜드의 대표적인 명소로 자리 잡았다. 실제 길의 길이는 500m로 생각보다 짧은 코스이지만 어떤 각도에서 찍어도 사진이 드라마틱하게 잘 나온다.

Data 주소 Bregagh Rd, Stranocum, Ballymoney, Co. Antrim

©Tourism Northernireland

6. 발린토이 Ballintoy 항구

시즌 2에서 파이크 항구로 나오는 곳이다. 항구 근처의 해안선이 매우 아름다워 드라마 촬영지와 상관없이 가볼 만한 가치가 있는 곳이다.

Data 주소 Harbour Rd, Ballintoy, Ballycastle, Co. Antrim

7. 포트러시 Portrush

자이언츠 코즈웨이에서 13km 떨어진 앤트림주의 유명한 해양 휴양지이다. 작은 타운이지만 해안을 중심으로 많은 호텔과 레스토랑을 쉽게 찾을 수 있다. 여름에는 포트러시 해변에서 서핑을 비롯한 다양한 해양 스포츠를 즐길 수 있다. 하루 휴식을 취하기 좋은 타운이다.

8. 다운힐 비치 Downhill Beach

데리주에 위치하며 시즌 2에서 드래곤스톤 Dragonstone이라는 지역으로 등장했다. 북아일랜드의 특수 과학 연구 지역이기도 한 이곳은 모래 언덕 아래 다양한 자연 생물이 서식하는 곳이기도 하다.

Data 주소 Cloonavon 66 Portstewart Rd, Coleraine, Co. Londonderry
홈페이지 www.visitcausewaycoastandglens.com

여행 준비 컨설팅

여행을 떠나는 설렘과 함께 찾아오는 두려움. 어떻게 갈지, 뭐부터 준비해야 할지, 잘 다닐 수 있을지 걱정이라고? 막상 다녀보면 별것 아닌데 출발하기 전에는 걱정이 앞서기 마련이다. 두려움과 설렘이 공존하는 시간. 날짜에 맞춰 미리미리 준비하다 보면 두려움은 어느새 설렘으로 변해 있을 것이다.

D-80

MISSION 1 두근두근, 여행을 꿈꾸다

---

1. 큰 그림 그리기

혼자인지, 친구와 함께인지, 아이나 부모님을 동반하는지에 따라 여행은 많이 달라진다. 렌터카 여행을 할 것인지, 대중교통을 이용할 것인지도 일정에 중요한 역할을 한다. 아일랜드에 대해 알고 있는 것들을 떠올리고, 누구와 어떤 여행을 할지 생각해 본다.

2. 여행 시기 정하기

여행 시기와 기간을 정하자. 휴가나 연휴를 이용해서 갈 것인지, 며칠 정도 다녀올 수 있는지 구체화해 본다. 아일랜드를 여행하기 좋은 기간은 5~10월이다. 도심에서 즐길 수 있는 특별한 축제는 여름보다 9~10월에 몰려 있다. 11월부터 3월은 해가 짧은 시기. 날씨는 생각보다 춥지 않고 숙박료는 여름보다 저렴한 편이지만 비가 오는 날이 많다. 여행의 목적에 따라 여행 시기를 감안해서 결정한다.

3. 여행 테마 구상하기

중세풍의 멋스러운 도시 투어, 해안선을 따라 대서양의 아름다움을 온몸으로 느끼는 자연 탐험, 문화와 예술 관광 등 테마를 정하고 조금씩 준비한다. 도시 투어가 목적이라면 역사와 문화에 대해 알아둘 필요가 있고 문학 투어가 목적이라면 문학가들의 책을 읽고 가는 것도 도움이 되겠다. 아일랜드 펍 투어라면 전통 음악을 몇 곡 들어 보는 것도 좋다. 여행은 '아는 만큼 보인다'고, 공부한 만큼 더 알찬 여행을 즐길 수 있다.

D-70

MISSION 2 진짜 가는 거야? 항공권 예약

1. 항공권 구입하기

여행 경비에서 큰 부분을 차지하는 것 중 하나가 항공권이다. 아일랜드는 직항편이 없어 경유를 해서 더블린으로 들어오는 방법을 많이 이용한다. 항공권을 끊을 땐 항공권 비교 사이트를 부지런히 살펴보자. 여러 항공사의 가격을 검색, 비교하여 최저 금액을 제시해 준다. 항공사 웹사이트의 프로모션도 노려볼 수 있다.

항공권 예약 사이트
스카이스캐너 www.skyscanner.co.kr
와이페이모어 www.whypaymore.co.kr
인터파크투어 www.tour.interpark.com
카약 www.kayak.co.kr

2. 여행의 기본, 여권 만들기

해외여행의 필수품이다. 이미 여권을 가지고 있다면 잔여 유효 기간이 6개월 이상인지만 확인하자. 신규 및 재발급은 서울시의 모든 구청, 지방 도청이나 구청의 민원여권과에서 신청하면 된다. 필요 서류는 신청서 1통, 여권용 사진 1매(6개월 내에 촬영한 것), 신분증. 단, 병역 미필 남성은 국외여행 허가서를 병무청 홈페이지에서 다운받아 함께 제출해야 한다. 여권 발급 소요 시간은 3~7일이며, 발급 수수료는 53,000원이다(10년 복수여권, 48면 기준). 렌터카 여행을 준비하고 있다면 국제면허증 발급도 잊지 말자. 여권, 신용카드, 한국 운전면허증을 지참해서 주소지의 경찰서에 방문하면 바로 발급이 가능하다. 발급 수수료는 8,500원이다.

> **Tip** **항공권 예약 시 주의사항**
> 1. **탑승자명:** 여권과 동일해야 한다. 다를 경우, 탑승이 거부될 수도 있다.
> 2. **발권일:** 예약 후 정해진 시간 내에 결제하고 발권하자. 미루다가 취소되면 낭패.
> 3. **항공권 조건:** 수화물 규정, 날짜 변경 및 취소 조건을 미리 확인하자.

D-60
MISSION 3 개성 있게, 숙소 예약

아일랜드는 관광산업이 발달해서 어떤 숙소든 기본은 한다. 또한 지방에는 비앤비Bed&Breakfast 시설이 잘 갖춰져 있다. 시설이 노후하거나 직원이 불친절해 여행을 망치는 일은 거의 없다. 일정에 맞는 위치와 예산, 렌터카가 있다면 주차장 유무만 고려하면 된다. 최고급 호텔은 300유로를 호가하지만 100~150유로대의 중급 호텔과 배낭여행자를 위한 호스텔도 많은 편이다. 더블린과 골웨이는 특별히 저가의 호스텔이 발달한 대표적인 도시이다. 지방은 대부분 무료 주차장을 보유한 호텔이 많지만 도시의 경우, 타운 주변은 유료 주차장이 대부분이다. 가족 여행처럼 인원이 많다면 에어비앤비로 하우스를 빌리거나 2베드룸의 아파트를 렌트할 수도 있다.

호텔 예약 사이트
부킹닷컴 www.booking.com
호스텔스닷컴 www.hostels.com
아고다 www.agoda.com
호텔스컴바인 www.hotelscombined.co.kr
트립어드바이저 www.tripadvisor.co.kr
에어비앤비 www.airbnb.com

D-40
MISSION 4 쓱~여행 정보 수집

정보를 얻고 싶다면 아일랜드 관광청 홈페이지(www.ireland.com)를 참고하자. 지역별, 여행 콘셉트별 관광지, 레스토랑, 호텔 정보가 잘 정리돼 있다. 각 지역 관광청과 특정 사이트로 바로 이동이 가능하며 개인의 SNS에 저장도 가능하다. 여행자가 직접 쓴 리뷰를 보고 싶다면 트립어드바이저나 구글 리뷰가 좋다. 온라인 서핑으로 감을 잡았다면 이제 가이드북을 펼칠 차례. 〈아일랜드 홀리데이〉를 천천히 살펴보자. 5년 이상 아일랜드에 살고 있는 저자가 추천하는 일정과 관광지, 역사, 예술 이야기로 구체적인 계획을 짜보자.

Tip 여행자 보험, 꼭 들어야 하나요?

비행기를 10시간 이상 타고 가는 해외여행이다. 보험에 가입하는 게 좋다. 보험료는 성별, 연령, 기간, 보장 범위 등에 따라 상이하나, 보험사 홈페이지를 통해 가입하는 게 가장 저렴하다. 미리 챙기지 못했다면 출국 당일 국내 공항에서도 가입할 수 있다. 고가의 카메라나 휴대폰을 가지고 가는 여행자라면 분실물 보상도 가능한지 확인하자. 보상 시 필요한 서류도 미리 확인할 것. 여행 중 병원에 갔다면 병원 영수증, 분실 혹은 사고가 발생했다면 폴리스 리포트를 챙겨두어야 한다.

더블린, 벨파스트의 미쉐린 레스토랑

미쉐린 스타 레스토랑에서 식사를 하고 싶다면 미리 예약을 하는 것이 좋다. 꼭 예약을 해야 하는 레스토랑은 더블린의 챕터원 Chapter One과 벨파스트의 옥스 0x이다. 모두 홈페이지를 통해 예약이 가능하며 '노쇼'일 경우 일인당 50유로씩 자동 차감되므로 일정이 변경되었다면 이틀 전에 예약 취소를 해야 한다.

일부 명소들

북아일랜드 고빈스 투어-시간당 10명의 소수정예로 여름에만 진행되므로 미리 예약하는 것이 좋다(416p 참고).

D-10

MISSION 5 똑소리 나게, 여행 경비 준비

1. 환전

주거래 은행에서 하면 수수료 할인을 받을 수 있다. 주거래 은행의 인터넷 또는 전화 환전은 수수료 할인율이 가장 좋다. 인터넷이나 전화로 신청하고 공항이나 지정 은행 창구에서 찾으면 된다. 직접 은행에서 환전하고 싶다면 서울역에 가자. 서울역에 위치한 우리은행과 기업은행은 환전 수수료가 가장 저렴하다. 그러나 대기 시간이 매우 길어 큰 금액이 아니라면 추천하고 싶지 않다.

2. 신용카드

대부분의 관광지와 식당에서 신용카드(Visa, Master)를 쓸 수 있다. 가끔 신용카드나 체크카드의 비밀번호 4자리를 입력해야 결제가 가능한 곳도 있으니 자신의 비밀번호를 기억해 놓자. 일부 아시안 레스토랑이나 지역 마켓은 현금만 사용하는 곳도 있다. 본인이 소지한 신용카드가 해외 사용이 가능한 것인지 확인하자. 신용카드 혜택 중에는 환율 우대를 받을 수 있는 것도 있다. 새로 만들어야 한다면 참고하자. 아일랜드에서 현금이 필요한 경우, ATM에서 현금서비스를 받을 수도 있다.

3. 국제 현금 카드

내 통장에 있는 돈을 아일랜드의 ATM에서 유료로 인출할 수 있다. 많은 현금을 들고 다니기 불편하다면 그때그때 필요한 만큼만 인출해서 사용할 수 있어 좋다. Plus나 Cirrus 등의 마크가 찍힌 국제 현금카드로 준비하자. 인출 ATM에 따라 약간의 수수료가 붙는다.

D-2

MISSION 6 영차영차, 짐 싸기

여권: 없으면 출국부터 불가능. 분실을 대비해 스마트폰으로 사진을 찍어 두고 개인 이메일로도 보내 놓자. 여권용 사진 2~3매 더 챙기는 것도 방법.

항공권: 전자 항공권이라도 예약 확인서를 출력해 가자.

바우처: 바우처(호텔, 기차, 버스)를 출력해서 클리어 파일에 넣어 놓거나 스마트폰에 캡처해 놓으면 허둥지둥하는 일이 없다.

각종 증명서: 국제 학생증을 제시하면 할인받을 수 있는 곳이 많다. 만일의 경우를 대비해 여행자 보험도 챙기자.

계절에 맞는 의류: 현지 날씨를 미리 확인해 적당한 옷을 준비할 것.

카디건, 스카프: 일교차가 심해서 1년 365일, 카디건과 스카프는 챙기는 것이 좋다.

편한 신발: 발이 힘들면 이도저도 싫어진다. 여행할 때는 편한 신발이 최고.

바람막이점퍼: 모자가 달린 후디나 방수점퍼가 더 유용하다.

3단 우산 혹은 일회용 우비: 부피가 작은 우산이 좋다. 짐을 줄이고 싶다면 아일랜드에 와서 페니스Penneys에서 저렴하게 구입하자(129p 참고).

세면도구: 호텔에서는 기본 세면도구를 제공하니 치약, 칫솔만 가져가면 된다. 호스텔, 게스트하우스는 본인이 모두 가져가야 하는 경우도 있다. 호스텔의 경우 개인용 수건도 챙겨야 하는지 확인하자. 예약한 숙소에 따라 챙겨가자.

충전기: 휴대폰, 카메라, 노트북 등의 충전기.

멀티아댑터: 아일랜드는 구멍이 세 개인 220v를 사용한다. 한국과 다르기 때문에 필요한 만큼 준비한다.

비상약: 감기약, 소화제, 반창고, 생리용품 등을 챙기자.

가이드북&필기구: 여행 길라잡이인 <아일랜드 홀리데이>와 메모를 위한 필기구를 가방에 쏙!

보조 가방: 쉽게 접을 수 있는 가벼운 보조 가방은 여행의 필수품이다.

물티슈 또는 손세정제: 뜻밖에 유용한 아이템. 올리브영과 같은 드러그스토어에서 휴대용 미니 사이즈를 판다.

카메라: 메모리 카드도 넉넉히 준비하자.

반짇고리: 단추가 떨어지거나 가방이 망가졌을 때 유용하다.

선글라스&자외선 차단제: 해를 보기 힘든 날이지만 화창한 날은 햇살이 따갑고 자외선 차단제는 해가 없더라도 발라줘야 한다.

화장품: 작은 용기에 덜어 가거나 샘플로 짐을 줄이자.

소형 자물쇠: 소매치기 방지용. 가방 지퍼 부분을 잠글 수 있는 날씬한 자물쇠로 준비하자.

D-day

MISSION 7 드디어 출발&도착!

인천공항에서 출국하기

1. 최근 해외여행자의 급증으로 공항이 많이 혼잡해졌다. 3시간 전에 여유 있게 공항에 도착하자. 자신이 예매한 항공사가 제1터미널에 있는지, 제2터미널에 있는지 확인한다. 입구 쪽 모니터를 통해 자신이 이용할 항공사의 카운터 위치를 확인할 수 있다.
2. 항공사 카운터에서 여권과 전자항공권을 제시하고 보딩 패스를 받는다. 온라인 예약 시 좌석을 선택하지 않았다면, 카운터에서 자신이 원하는 자리를 선택할 수 있다. 1인당 수화물 규정을 넘기지 않았다면 셀프 체크인에서 보딩 패스를 받고 수화물을 부치면 시간을 훨씬 절약할 수 있다.
3. 수화물을 부치고, 5분간 카운터 근처에 머물자. 짐 안에 부적합 수화물이 있는지 확인이 끝난 후 이동해야 한다.
4. 출국 검사장으로 들어가 짐 엑스레이와 몸 검사를 통과한다. 노트북이나 태블릿을 소지했을 경우, 가방에서 꺼내 별도로 바구니에 넣자.
5. 여권과 보딩 패스를 제시하고 이민국 심사를 받는다. 자동출입국심사 서비스를 가입하면 전용심사대에서 신속하게 완료할 수 있다.
6. 탑승구에는 최소 30분 전까지 도착해야 한다. 외국 항공사의 경우, 모노레일을 타고 별도의 청사로 이동해야 하니 시간적 여유가 필요하다.

> **Tip 자동출입국심사 서비스 가입 방법**
> www.ses.go.kr 참고

아일랜드 더블린 국제공항으로 입국하기

1. 비행기에 놓고 내리는 물건은 없는지 재차 확인하자.
2. 별도 서류 없이 여권만 제시하고 입국 심사를 받는다. 유럽의 잦은 테러로 입국심사가 강화되었지만 방문 목적과 기간, 숙소 정보만 분명하게 이야기하면 순조롭게 통과할 수 있다. 영어가 서툴다면 숙소 바우처를 준비해서 보여 주는 것도 방법이다.
3. 해당 항공편의 짐이 도착하는 레일 번호를 확인 후 이동하여 짐을 찾는다.
4. 간혹 세관원들이 세관신고 여부를 물어보는데 당당히 'No'를 외치고 나가면 된다.
5. 제1터미널로 나온 경우, 공항 문을 빠져나오면 왼쪽에 더블린으로 가는 셔틀버스 정류장이 있다. 제2터미널로 나온 경우, 공항 중앙의 조형물을 지나 에스컬레이터를 타고 내려가면 셔틀 버스를 탈 수 있다.
6. 공항에서 바로 벨파스트나 골웨이, 코크 등으로 가는 버스를 타야할 경우, 제1터미널을 나와서 단기 주차장을 지나면 지방으로 가는 버스 정류장이 있다.

친절한 홀리데이 씨의 소소한 팁

01 레스토랑에서 공짜 물을 주문할 땐?
레스토랑에 가면 음식을 주문하기 전에 음료를 주문해야 한다. 일반적으로 소다나 유료 물, 유료 탄산수를 주문하는데, 무료로 물을 마시고 싶다면 수돗물tap water을 달라고 하면 된다. 아일랜드의 많은 사람들은 별도의 여과 장치 없이 수돗물을 마시지만 혹시라도 석회에 대한 불안함이 있다면 생수Still Water를 구입해서 마시면 된다.

02 모든 층은 0층에서부터 시작
아일랜드는 0층에서부터 층이 시작한다. 우리나라의 2층이 아일랜드에서 1층이라는 것을 염두하고 찾아간다.

03 아일랜드의 팁 문화
미국처럼 팁이 의무는 아니지만 생각보다 팁 문화가 발달한 편이다. 레스토랑의 경우, 금액의 10%를 내고 가는 테이블도 있고 1~2유로 정도 올려놓고 가는 사람들도 많다. 또는 전체 금액에서 마지막 잔돈은 팁으로 내고 가기도 한다. 20유로 이하의 음식은 팁을 내야 할 부담을 느낄 필요가 없고 고급 레스토랑에서 서비스가 마음에 들었거나 술까지 마셔서 오래 앉아 있었으면 5유로 이상 내는 사람들도 있다. 펍도 마찬가지로 좋은 서비스를 받았다면 1유로 정도 팁을 내면 된다. 호텔 역시 객실 청소를 해주는 경우 1유로 정도를 침대 위나 옆 테이블처럼 눈에 잘 띄는 곳에 놓아두면 된다.

04 화장실 입장료를 내야 한다?
유럽의 화장실은 유료라는 이야기가 있는데 아일랜드는 예외이다. 더블린 번화가에 있는 세인트 그린 쇼핑센터를 제외한 모든 건물의 화장실은 무료로 사용할 수 있다. 렌터카로 고속도로나 국도를 달리는 도중에 화장실이 가고 싶다면 근처 주유소가 있는 편의점의 화장실을 이용하면 된다. 대부분 화장실이 편의점 안에 있어 눈치가 보일 수 있지만 특별한 물건을 살 필요 없이 화장실을 사용해도 무방하다.

05 펍에서 판매하는 사이다는 알코올이 들어간 음료이다.
통상적으로 알고 있는 사이다는 아일랜드에서는 알코올이 들어간 음료이다. 가장 대표적인 회사가 버머Bulmer로 젊은 사람들이 좋아하는 술의 종류이다. 펍이나 레스토랑에서 알코올이 없는 사이다를 주문하고 싶다면 '스프라이트'와 같은 사이다 브랜드를 이야기하면 된다.

06 밤 10시 이후에 슈퍼마켓에서 술을 팔지 않는다.
아일랜드에는 24시간 편의점이 없으며 술은 밤 10시 이전에만 신분증과 함께 구입을 할 수 있다. 밤 10시 이후에 술을 마시고 싶다면 펍으로 가야 한다.

07 아일랜드에서 점심은 '런치'가 아닌 '디너'로 불린다.
30대 이상의 아일랜드 사람들은 점심을 '런치'가 아닌 '디너'로 부르는 경향이 있다. 도시보다는 지방에서 더 강하게 나타난다. 저녁은 '티타임'이나 '서퍼 Supper'로 부른다.

08 웬만한 상황에서는 'Sorry'로 통용된다.
아일랜드에서는 'Excuse me'보다 'Sorry'를 빈번하게 사용한다. 'Excuse me'를 사용해야 하는 상황에서 간단하게 'Sorry'로 이야기하면 된다.

09 '감사합니다'의 아일랜드식 표현은 'Thanks a million'
아일랜드 상점이나 레스토랑에서 자주 듣는 감사의 표현은 'Thanks a million'이다. 미국식의 'Thank you so much'보다 이 표현을 훨씬 많이 사용한다.

10 저녁에는 가게 문을 닫는다?
아일랜드의 소매 유통점의 영업시간은 평일 오전 9시~오후 6시인 곳이 많다. 큰 도시의 경우 저녁 8시까지 문을 여는 곳도 있지만 작은 매장들은 대부분 저녁 6시에 문을 닫는다. 편의점의 경우 밤 10시 무렵에 문을 닫는다.

11 택시 요금은 탑승한 인원수만큼 추가 요금을 낸다.
기본 택시요금에 추가 인원 1명당 1유로가 부과된다. 12세 이하 어린이는 1명까지는 무료이지만 2명 이상일 경우 1유로 추가된다.

12 길을 건널 때
횡단보도를 건널 때 보행자 단추를 눌러야 파란불로 바뀐다. 신호등이 없는 횡단보도의 경우, 보행자 우선이기 때문에 횡단보도 앞에 서있으면 자동차가 알아서 멈춘다.

13 슈퍼마켓의 캐시백은 우리가 아는 그 캐시백이 아니다.
슈퍼마켓에서 물건을 결제하면 종업원이 캐시백을 할지에 대한 여부를 종종 물어본다. 여기서 말하는 캐시백은 현금 인출의 개념으로 개인 통장에서 무료로 돈을 인출하는 것을 의미한다. 여행자에게는 해당 사항이 없으니 'No'로 답하면 된다.

INDEX

SEE

C.S. 루이스 광장	391
고고학 박물관	100
고빈스	416
골웨이 시티 박물관	218
국립 도서관	104
국립 미술관	102
그래프턴 거리	098
그레셤 호텔	167
글레나리프 포레스트	427
기근 청동 조각상	170
기네스 스토어하우스	148
길드 홀	412
노스	197
뉴그레인지	196
다운힐 비치	429
다우스	197
다크 헤지스	428
달키	204
더 모델	265
더블리니아	146
더블린 동물원	172
더블린 성	142
더블린 시청	144
더블린 작가 박물관	163
더블린 작은 박물관	105
더블린 중앙 우체국	165
던 앵거스	256
던 에클라	257
데리 성벽	409
드럼클리프	269
라틴 구역	215
로세스 포인트	270
로스 하우스	358
록 클로즈	291
루시타니아 기념비	307
린넨 홀 도서관	379
린치스성	217
링 오브 케리	328
마시 도서관	146
마운트 어서 정원	191
모허 절벽	247
몰리 말론 동상	108
발린토이 항구	429
버렌 국립 공원	251
버터슬립	359
번벨번산	269
벨베데레 대학	167
벨파스트 시청	380
벨파스트성&케이브 힐 공원	394
보타닉 공원	390
브레이	203
브루 나 보너	196
블라니성	289
블라니 하우스	290
블랙 포트	257
빅피시	385
세인트 니콜라스 교회	214
세인트 스티븐 그린 공원	098
세인트 앤 교회	285
세인트 앤 대성당	384
세인트 조지 마켓	384
세인트 조지 교회	167
세인트 카니스 대성당	357
세인트 콜먼 대성당	307
세인트 패트릭 대성당	147
세인트 핀 바레스 대성당	285
솔트힐 해변	218
스미딕스 체험장	359
스위니 약국	167
스파이어 첨탑	165
스페인 아치	217
슬라이고 수도원	266
슬라이고 카운티 박물관	264
슬레인성	200
슬리 헤드 드라이브	336
시립 휴레인 미술관	162
아이비 가든	109
아일랜드 독립 추모 공원	169
아일랜드 미술&장식 박물관	171
아일랜드 현대 미술관	150
애비 극장	169
앨버트 메모리얼 시계	383
에클레 7번 집	166
예이츠 동상	264
예이츠 메모리얼 빌딩	264
오코너 펍(둘린)	241
올드 제임슨 양조장	168
울스터 박물관	390
웜 홀	257

위드성	427	타라 언덕	198	딘스 델리	398
위클로산맥 국립 공원	187	타이타닉 박물관	386	라이온스 카페&베이커리숍	270
위클로 웨이	190	템플 바 구역	099	러브 이즈 아트	178
이니스프리섬	267	토르 헤드	428	레오 버독	151
잉글리시 마켓	282	트리니티 대학	094	레크리뱅	113
자연사 박물관	104	트림성	199	리 카페	340
자이언츠 코즈웨이	418	파워스코트 센터	108	리버티 그릴	293
제임스 조이스 센터	163	파워스코트 하우스&정원	192	리지트 커피	154
조지 스트리트 아케이드	099	파크성	267	맥갠	242
지니 존스턴 기근선	170	평화의 다리	412	맥도나	223
찰스 요새	314	포이즌가든	291	맥드르모트 바	242
체스터 비티 도서관	144	포트러시	429	맷 더 트레셔	110
카밀모어 수도원	260	프리 데리 구역	410	머피 아이스크림	341
캐릭아레드 로프 다리	422	피닉스 공원	172	몽골리안 비비큐	114
코리브강	216	피츠제랄드 공원	288	문 시푸드 벨파스트	397
코브 헤리티지 센터	308	하젤우드	268	미소	271
코크 국립 박물관	288	호스	203	미야자키	292
코크 대학교	286			바니 재패니즈 다이닝	117
쿠센던 동굴	428			버틀러스 초콜릿	177
퀸스 대학교	391	**EAT**		벌맨 바&레스토랑	318
크라우포드 아트 갤러리	284	3fe	119	부줌(더블린)	153
크라운 리큐르 살롱	383	그레이 레인 비스트로	341	부줌(골웨이)	225
크라이스트 처치 대성당	145	녹스	270	북셀프 커피	295
킬데이 빌리지 아웃렛	205	니모네의 최고 음식	222	분센	153
킬라니 국립 공원	332	닥스 레스토랑	112	불 앤 캐슬	152
킬루더리 하우스&정원	191	더 포켓	400	브라더 허버드	174
킬마이넘 감옥	150	덕 홍콩 비비큐	115	브라더스 도시락	176
킬머르베이 비치	257	도우 브로	220	브리킨 레스토랑& 박시 하우스	339
킬케니 디자인 센터& 국립 공예 갤러리	362	디노스	317	브릭워크	413
킬케니성	360				

INDEX

블랙 피그 와인바	316	카프	120	**ENJOY**	
빈티지 키친	116	캉파뉴	363	개러반스 바	230
사고	293	커피렉 + 프레스	224	그로간스	124
선 오브 번	294	커피엔젤	120	노 네임 바	121
수티 올리브 레스토랑	414	코누코피아	112	니리	125
슈퍼맥	177	코코로 라멘	111	데이비 번스	123
아나크 레스토랑	364	코크 커피 로스터	295	도허니&네즈빗	126
아로이	364	코피	396	딕스 막스	343
아보카	118	쿠판 테	223	라티튜드 51	298
아오바바	174	퀸 오브 타르트	154	롱 홀	156
아웃 오브 더 블루	341	퀸랜스 시푸드 바	339	머튼 레인 펍	297
어반 그라인드	225	클라우	113	먼로 바	231
엉클 페테스	293	클레멘트&페코	119	멀리건	122
에스콰이어즈	219	토스카나	151	베일리	123
오스카 시푸드 비스트로	219	파라다이소	294	보데가	298
옥스	395	파리 텍사스 바	364	브레이즌 헤드	157
와인딩 스테어	175	파비오 아이스크림	271	비어 마켓	156
와일드	111	팜게이트 레스토랑&카페	292	솔트 하우스	229
울렌 밀스	175	펌블리	152	스완 바	155
월드 시티 브리워리	414	페더블레이드	110	스태그 헤드	122
위그왐&바이스 커피	178	페이드 스트리트 소셜	115	씨네	296
유고	397	포 비에	177	언 푸칸	230
이스태블리시드 커피	399	포에츠 코너	317	오닐스 바	127
젠팅 타이 레스토랑	340	푸드웍스	363	오벌 바	179
조 카페	317	피그스 이어	116	오시어스 머천트	157
징거 비스트로	398	피클 인디안 레스토랑	114	오코너 펍(킬라니)	342
찹드	176	하우스 더블린	117	올리버 세인트 존 고가티 펍	125
챕터 원	173	해치&선스	118	올리버 플렁킷	297
카바 보데가	221	호로한스	396	인터내셔널 바	121
카이	221	호텔 쇼콜라	399	존 베니	343
카페 오	401				

처치 바	179	율리시스 레어 북스	132		138
카이틀러스 인	365	인더스트리	131	레드 도어 더블린	181
커트니	342	잼 아트 팩토리	131	레이크 호텔	347
케호스	124	켈틱 위스키 숍	133	리버 리 호텔	299
코너 하우스	296	코코	319	리우 플라자 더 그레셤 더블린	
퀘이즈	228	클라다 링	232		180
크레인 바	231	킬케니 숍	128	머천드 호텔	403
킹스 헤드	226	페니스	129	모건 호텔	136
타프	229	할머니의 서랍장	318	바가본드 호스텔	405
템플 바	127			바나클 호스텔	237
토너스 펍	126			버틀러 하우스	366
티그 나크테인	228	**SLEEP**		벌릿 호텔	403
티그 코일리	227	가니쉬 하우스	301	벙크 부티크 호스텔	236
프론트 도어	226	가든 레인 백패커스	158	브루 바&호스텔	302
		가브리엘 하우스 게스트하우스		블랙십 호스텔	344
			302	샌디마운트 호텔	137
BUY		골웨이 시티 호스텔	236	스님 호텔	349
둘린 아이리시 기프트 숍		그레이트 서던 킬라니	345	스카이 백패커스	139
	243	글로벌 빌리지 호스텔	405	스트랜드 호텔	348
딜즈	129	넘버 31	135	스펜서 호텔	137
리들	129	네스트 부티크 호스텔	237	시티포인트 홀리데이 아파트	
마무코	319	넵튠 호스텔	344		235
셰리단스 치즈몽거스	133	뉴파크 호텔	366	아그하도 헤이츠 호텔&스파	
스웨터 숍	243	달 뷰 비앤비	244		348
아란 스웨터 마켓	132	둘린 호스텔	244	아나시드 호텔	349
아보카	128	듀크 앳 퀸스 호텔	404	애비게일스	139
아이리시 디자인 숍	130	딘 더블린	135	우드레인 하우스	346
아티클	130	딩글 스켈링 호텔	349	웨스트버리 호텔	134
알디	129	랜커스터 롯지 호텔	300	웨스틴 더블린	134
우든 하트	232	럭셔리 둘린 글램핑	244	유럽 호텔&리조트	347
유로 자이언트	129	럭셔리 아파트, 인크레더블 뷰		유로파 호텔	402

INDEX

제너레이터 호스텔 더블린	182
제이콥스 인	182
제임슨 코트 아파트	235
주니 호텔	367
주리스 인 골웨이	233
주리스 인 더블린 크라이스트처치	158
크로크 파크 호텔	181
클레이톤 호텔 코크 시티	300
킬라니 로열 호텔	346
킬라니 플라자 호텔&스파	346
킬케니 투어리스트 호스텔	367
타라 라지	405
텐 스퀘어	401
파이브 스타 스티븐 그린 아파트	138
파크 하우스 호텔	234
페어뷰 게스트하우스	345
펨부로크 호텔	367
플리트 스트리트 호텔	136
피츠윌리엄 호텔	402
하우스 호텔	234
헤이필드 매너	299
호텔 메이릭	233
호텔 이삭	301
홀리데이인 익스프레스 더블린 시티 센터	180
힐튼 벨파스트 호텔	404

"당신의 여행 컬러는?"